Karl-Oskar Schmittat
Einführung in die Vertragsgestaltung

Einführung in die Vertragsgestaltung

von

Dr. Karl-Oskar Schmittat

Notar in Siegburg

Verlag C.H. Beck München 2000

Die Deutsche Bibliothek – CIP Einheitsaufnahme
Schmittat, Karl-Oskar:
Einführung in die Vertragsgestaltung / von
Karl-Oskar-Schmittat. – München : Beck, 2000
ISBN 3 406 46719 9

ISBN 3 406 46719 9

© 2000 Verlag C.H. Beck oHG, Wilhelmstraße 9, 80801 München
Druck: Nomos Verlagsgesellschaft, In den Lissen 12, 76547 Sinzheim

Umschlaggestaltung: Atelier Seidel, Altötting
Gedruckt auf säurefreiem, alterungsbeständigem Papier
(hergestellt aus chlorfrei gebleichtem Zellstoff)

Inhaltsübersicht

Inhaltsverzeichnis VII
Verzeichnis der abgekürzt zitierten Literatur XIII
Einleitung 1
Gliederungsübersicht 3

Erster Teil. Die Arbeitsmethode des Vertragsjuristen

A. Einführender Überblick 5
B. Sachverhalts- und Willensermittlung 12
C. Auswahl, Prüfung, Konzeption von Regelungsmöglichkeiten ... 27
D. Belehrung und Beratung 47
E. Vertragsformulierung 55

Zweiter Teil. Das Instrumentarium des Vertragsjuristen

A. Allgemeine Vertragstechnik 67
    I. Überblick 67
    II. Die primären Vertragspflichten 68
    III. Berücksichtigung bestehender Drittbeziehungen 94
    IV. Erstreckung vertraglicher Rechte und Pflichten auf Dritte ... 112
    V. Bedingung, Befristung, Rücktrittsvorbehalt, Option, Vernetzung 122
    VI. Weitere allgemeine Gestaltungselemente (Einzelklauseln) ... 142
B. Das Sicherheits- und Risikodenken des Vertragsjuristen 156
    I. Fragestellungen und Blickrichtungen 156
    II. Sicherung der Rechtswirksamkeit des Vertrages 158
    III. Risikovorsorge (1): Die nicht ordnungsgemäße Vertragserfüllung 166
    IV. Risikovorsorge (2): Die störende Entwicklung des Lebenssachverhaltes 203
    V. Schädlichkeitsprüfung 214
C. Vertrags- und Regelungsmuster in der Kautelarpraxis 216
    I. Sachverhaltstypus und Vertragstypus 216
    II. Die Bedeutung von Vertragstypen für den Kautelarjuristen ... 217

Lösungshinweise zu den Aufgaben 221
Sachregister 245

Inhaltsverzeichnis

Verzeichnis der abgekürzt zitierten Literatur	XIII
Einleitung	1
Gliederungsübersicht	3

Erster Teil. Die Arbeitsmethode des Vertragsjuristen

A. Einführender Überblick	5
I. Ausgangssituation und Gesprächsführung	5
II. Phasengliederung	11
B. Sachverhalts- und Willensermittlung	12
I. Erfassen von Sachverhalt und Regelungsziel	12
1. Das Anliegen als Anknüpfung	12
2. Der maßgebliche Sachverhalt	16
3. Unmögliche Ziele, Zielkonflikte, Primär- und Sekundärziele	18
II. Gesprächstechnik	21
1. Strukturiertes Fragen	21
2. Zeitlich punktuelle und zukunftsoffene Gestaltungen	24
3. Adäquate Sprachebene	25
C. Auswahl, Prüfung, Konzeption von Gestaltungsmöglichkeiten	27
I. Von der Informationsgewinnung zum Lösungsansatz	28
II. Maßstäbe zur Beurteilung von Gestaltungsmöglichkeiten	36
1. Der Maßstab der Zieladäquanz	36
2. Der rechtliche Spielraum der Vertragsgestaltung	37
3. Weitere Maßstäbe	38
4. Zusammenfassung	42
III. Die Auswahl des Lösungsansatzes	43
IV. Die Denkmethode des Kautelarjuristen	43
1. Querdenken	44
2. Problemaufspaltung	44
3. Denken in Alternativen	44
4. Topisches Denken	45
5. Typusdenken	46
D. Belehrung und Beratung	47
I. Abgrenzung	47
II. Die Funktion von Belehrung und Beratung bei der Rechtsgestaltung	48
III. Rechtsgrundlagen, Inhalt und Umfang	49
IV. Anwaltliche Prüfung eines Vertragsentwurfs	51

Inhaltsverzeichnis

E. Vertragsformulierung 55
   I. Vertragsformulierung und vorgelagerte Arbeitsphasen 55
   II. Allgemeine Anforderungen 57
   III. Gliederung, Aufbau 59
      1. Aspekte sinnvollen Gliederns 59
      2. Zwischenüberschriften 60
      3. Interne Verweisung 60
      4. Vertragsgliederung und Mustergliederung 61
   IV. Sprache 62
      1. Umgangssprache, Rechtssprache 62
      2. Vertragstext und Gesetzeswiedergabe 63
      3. Die regelungsadäquate Formulierung 64
      4. Unbedingte Regelungen und Eventualregelungen 65

Zweiter Teil. Das Instrumentarium des Vertragsjuristen

A. Allgemeine Vertragstechnik 67
   I. Überblick 67
   II. Die primären Vertragspflichten 68
      1. Erfassen der Primärebene 68
      2. Die zu regelnden Primärpflichten 72
      3. Konkretheit, Detailliertheit, Offenheit 77
         a) Präzision und Offenheit im Widerstreit 77
         b) Konkretisierung und Abänderung von (Leistungs-)
           Pflichten 81
         c) Einschaltung Dritter 83
         d) Zusammenfassung 85
      4. Vermeidung von Widersprüchen und systematisch bedingten
         Unklarheiten 86
      5. Stufen der Leistungs- und Erfolgsverantwortung:
         Beschaffenheitsvereinbarung, Zusicherung, Garantie 87
      6. Hauptpflichten, Nebenpflichten 92
   III. Berücksichtigung bestehender Drittbeziehungen 94
      1. Interessenlage 95
      2. Rechtstechnisches Instrumentarium 96
         a) Vertragsübernahme 96
         b) Abtretung 97
         c) Schuldübernahme 101
            aa) Erscheinungsformen 102
            bb) Schuldübernahme und Erfüllung durch Dritte 107
            cc) Zusammenfassung 108
         d) Freistellung 108
         e) Zusammenfassende Checkliste zu Schuldübernahme und
           Freistellung 111

IV.	Erstreckung vertraglicher Rechte und Pflichten auf Dritte	112
	1. Interessenlage	113
	2. Erstreckung von Pflichten auf Dritte	116
	a) Verdinglichung	116
	b) Bindungen auf schuldrechtlicher Basis	118
	aa) Rechtsnachfolgeklausel	118
	bb) Kettenverträge	118
	3. Erstreckung von Rechten auf Dritte	119
	a) Abtretung	119
	b) Vertrag zugunsten Dritter	119
	c) Subjektiv-dingliche Berechtigung im Liegenschaftsrecht	120
V.	Bedingung, Befristung, Rücktrittsvorbehalt, Option, Vernetzung	122
	1. Überblick	122
	2. Bedingung, Befristung	123
	a) Schuldrechtliche Ebene	123
	b) Verfügungsebene	123
	c) Bedingungsinhalt	124
	d) Zulässigkeit der Bedingung	124
	e) Befristung	124
	f) Zur Bedeutung der Abgrenzung von Bedingung und Betagung anhand von Fälligkeitsregelungen	125
	3. Vertragliche Rücktrittsvorbehalte	127
	a) Anwendungsbereich, Erscheinungsformen, Abgrenzung	127
	b) Gestaltung	128
	4. Optionen	131
	a) Grundgedanke	131
	b) Erscheinungsformen	132
	5. Vernetzung	135
	a) Vernetzung als Denkverfahren (Planung)	136
	b) Vernetzung als Gestaltungstechnik	137
	c) Stufen rechtstechnischer Vernetzung	140
VI.	Weitere allgemeine Gestaltungselemente (Einzelklauseln)	142
	1. Vorbemerkung, Präambel	142
	2. Fälligkeitszinsen, Verzugszinsen	145
	a) Fälligkeitszinsen	145
	b) Verzugszinsen	146
	3. Vertragsstrafe	146
	a) Wesen und Funktion	146
	b) Abgrenzung	147
	c) Regelungsspielräume und Grenzen der Vertragsgestaltung	148
	d) Praktische Gestaltung	148

Inhaltsverzeichnis

4. Wertsicherungsklauseln	148
a) Begriff	148
b) Rechtsgrundlagen	149
5. Schiedsvereinbarung	150
a) Begriff	150
b) Praktische Bedeutung	150
c) Form	150
d) Formulierungsbeispiel (Schiedsklausel zu einem GmbH-Gesellschaftsvertrag)	150
6. Einräumung von Vorrechten: Vorkaufsrecht, Vormietrecht, Vorpachtrecht	152
7. Fristvereinbarungen, Vertragsdauer	152
8. Rechtswahl und Gerichtsstandsvereinbarungen	153
9. Typische Schlußklauseln	154
a) Schriftformklausel	154
b) Salvatorische Klausel	154
c) Vertragskosten	155
d) Ausfertigungen	155
B. Das Sicherheits- und Risikodenken des Vertragsjuristen	156
I. Fragestellungen und Blickrichtungen	156
II. Sicherung der Rechtswirksamkeit des Vertrages	158
1. Rechtswirksames Zustandekommen	158
a) Beteiligte, Vertretung	158
aa) Vertragsparteien, gesetzliche Vertretung	158
bb) Gewillkürte Vertretung	160
cc) Stellvertretung und Innenbindungen	161
b) Formfragen	162
c) Mitwirkung Dritter, erforderliche Genehmigungen	164
2. Inhaltliche Zulässigkeit	165
III. Risikovorsorge (1): Die nicht ordnungsgemäße Vertragserfüllung	166
1. Denkstrukturen der Risikoplanung	166
a) Fallerwägungen	166
b) Zugrundeliegende Denkschritte	169
c) Differenzierungen der „Sicherungsmittel"	173
2. Personalsicherheiten	174
a) Abgrenzung von Bürgschaft, Schuldbeitritt und Garantie	175
b) Personalsicherheiten in der Vertragspraxis	180
aa) Funktionaler Einsatzbereich typischer Personalsicherheiten	180
bb) Regelungsbedürftige Fragen bei der Bürgschaft; besondere Bürgschaftsformen	184

cc) Regelungsbedürftige Fragen beim Garantievertrag (Forderungsgarantie) 185
dd) Personalsicherheiten im Konzernverbund: Patronatserklärungen 186
3. Realsicherheiten 188
   a) Eigentumsvorbehalt 188
   b) Sicherungsübereignung und Sicherungsabtretung 189
   c) Sicherungsgrundschuld 192
      aa) Rechtliche Strukturen, praktische Bedeutung 192
      bb) Vertragspraxis und Grundpfandrechte 194
4. Sicherungsfunktion von vertraglichen Vereinbarungen und Gestaltungsrechten 197
5. Besondere Sicherungsmöglichkeiten im notariellen Gestaltungsbereich 199
   a) Die Vormerkung im Grundstücksrecht 199
   b) Hinterlegung beim Notar, sonstige Treuhandtätigkeiten, Vollzugsweisungen 202
IV. Risikovorsorge (2): Die störende Entwicklung des Lebenssachverhaltes 203
   1. Erfüllungsstörungen und sonstiges Störungspotential 204
   2. Das gedankliche Verfahren der Risikovorsorge 208
   3. Praktische Relevanz 211
   4. Zusammenfassung 212
V. Schädlichkeitsprüfung 214

C. Vertrags- und Regelungsmuster in der Kautelarpraxis 216
I. Sachverhaltstypus und Vertragstypus 216
II. Die Bedeutung von Vertragstypen für den Kautelarjuristen 217
   1. Vorteile der Orientierung an Vertragstypen 218
   2. Zum sachgerechten Umgang mit Vertrags- und Regelungstypen 218
      a) Bedeutung für den Unerfahrenen 218
      b) Bedeutung für den erfahrenen Praktiker 219
      c) Gefahren 219

Lösungshinweise zu den Aufgaben 221
Sachregister 245

Verzeichnis der abgekürzt zitierten Literatur

Basty, Bauträgervertrag	Basty, Der Bauträgervertrag, 3. Aufl. 1997
Baumbach/Hueck	Baumbach/Hueck, GmbH-Gesetz 16. Aufl. 1996
Beck'sches Formularbuch	Beck'sches Formularbuch zum Bürgerlichen Handels- und Wirtschaftsrecht, 7. Aufl. 1998
Boruttau	Boruttau, Grunderwerbsteuergesetz, 14. Aufl. 1997
Brambring, Einführung	Brambring, Einführung in die Vertragsgestaltung, JuS 1985, 380
Brambring, Ehevertrag	Brambring, Ehevertrag und Vermögenszuordnung unter Ehegatten, 3. Aufl. 1997
Bub/Treier, Handbuch	Bub/Treier, Handbuch der Geschäfts- und Wohnraummiete, 3. Aufl. 1999
Clemente	Clemente, Recht der Sicherungsgrundschuld, 3. Aufl. 1999
Gaberdiel	Kreditsicherung durch Grundschulden, 5. Aufl. 1990
Graf Lamdsdorff/Skora, Handbuch	Graf Lambsdorff/Skora, Handbuch des Bürgschaftsrechts, 1994
Hagen/Brambring, Grundstückskauf	Hagen/Brambring, Der Grundstückskauf, 6. Aufl. 1994
Hartstang, Anwaltsrecht	Hartstang, Anwaltsrecht, 1991
Heussen/Bearbeiter, Handbuch	Heussen (Hrsg), Handbuch Vertragsverhandlung und Vertragsmanagement, 1997
Hopt/Bearbeiter	Hopt (Hrsg), Vertrags- und Formularbuch zum Handels-, Gesellschafts-, Bank- und Transportrecht, 1996
Kanzleiter/Wegmann, Vereinbarungen	Kanzleiter/Wegmann, Vereinbarungen unter Ehegatten, 5. Aufl. 1997
Keim, Beurkundungsverfahren	Keim, Das notarielle Beurkundungsverfahren, 1990

Verzeichnis der abgekürzt zitierten Literatur

Knobbe-Keuk, Bilanz- und Unternehmensteuerrecht	Knobbe-Keuk, Bilanz- und Unternehmensteuerrecht, 9. Aufl. 1993
Kübler/Prütting, InsO	Kübler/Prütting, Kommentar zur Insolvenzordnung (Bearbeitungsstand: November 1999)
Kümpel	Kümpel, Bank- und Kapitalmarktrecht, 2. Aufl. 2000
Langenfeld, Handbuch	Langenfeld, Handbuch der Eheverträge und Scheidungsvereinbarungen, 3. Aufl. 1996
Langenfeld, Vertragsgestaltung	Langenfeld, Vertragsgestaltung, Methode-Verfahren-Vertragstypen, 2. Aufl. 1997
Lutter/Hommelhoff, GmbHG	Lutter/Hommelhoff, GmbH-Gesetz Kommentar, 15. Aufl. 2000
Marcks, MaBV	Marcks, Makler- und Bauträgerverordnung, Kommentar, 6. Aufl. 1998
MünchHdb. GesR I/ Bearbeiter	Münchener Handbuch des Gesellschaftsrecht, Band I, 1995
MünchKomm/Bearbeiter	Münchener Kommentar zum Bürgerlichen Gesetzbuch, 3. Aufl. 1992 ff
Münchener Vertragshandbuch	Münchener Vertragshandbuch, 6 Bände, 4. Aufl. 1996 ff
Palandt/Bearbeiter	Palandt, Bürgerliches Gesetzbuch, 59. Aufl. 2000
Rehbinder, Vertragsgestaltung	Rehbinder, Vertragsgestaltung, 2. Aufl. 1993
Reithmann, Handbuch	Reithmann/Albrecht/Basty, Handbuch der notariellen Vertragsgestaltung, 7. Aufl. 1995
Schmidt, K., Gesellschaftsrecht	Schmidt, K., Gesellschaftsrecht, 3. Aufl. 1997
Schmidt/Bearbeiter, EStG	Schmidt, Einkommensteuergesetz, 18. Aufl. 1999
Schollen, Kautelarjurisprudenz	Schollen, Kautelarjurisprudenz und Juristenausbildung, DNotZ 1977 (Sonderheft Deutscher Notartag Stuttgart 1997, 28)
Scholz/Bearbeiter, GmbHG ..	Scholz, Kommentar zum GmbH-Gesetz, 8. Aufl. 1993

Schotten, Internationales Privatrecht	Schotten, Das Internationale Privatrecht in der notariellen Praxis, 1995
Staudinger/Bearbeiter	Staudinger, J. von Staudingers Kommentar zum Bürgerlichen Gesetzbuch, 13. Bearbeitung 1993 ff
Tillmann, Praktikum	Tillmann/Mohr, GmbH-Geschäftsführerpraktikum, 7. Aufl. 1999
Wegmann, Grundstücksüberlassung	Wegmann, Grundstücksüberlassung, 2. Aufl. 1999
Zankl, anwaltl. Praxis	Zankl, Die anwaltliche Praxis in Vertragssachen, 1990

Einleitung

Nach wie vor ist die Ausbildung der Juristen in Deutschland nach Inhalten, vermittelten Kenntnissen und Fähigkeiten sowie nach der Art der Examensaufgaben überwiegend auf die richterliche Tätigkeit zugeschnitten (zum Diskussionsstand jüngst Sauter, ZRP 1999, 273 ff). Im alltäglichen Rechtsleben kommt demgegenüber der Tätigkeit der vorsorgenden Rechtspflege durch Vertragsberatung und Vertragsgestaltung ein überragender Stellenwert zu. Der Vertrag ist das Mittel zur rechtlichen Verwirklichung individueller Ziele auf den verschiedensten privaten und wirtschaftlichen Ebenen.

Das Bedürfnis nach rechtlicher Orientierung und Beratung, nach vorsorgender rechtsgestaltender Tätigkeit wächst ständig. Dies findet seinen Niederschlag augenfällig in einer in den letzten Jahren geradezu explosionsartig angeschwollenen Literatur zu vertragsgestalterischen Fragen. Diese **Publikationen** sind teilweise als Orientierung für den Laien gedacht, zu großen Teilen indessen als Handreichung für die rechtsberatenden Berufe. Die ebenso unaufhörliche **Flut gesetzlicher Vorschriften und Gerichtsentscheidungen** trägt zweifelsfrei wesentlich zu dem gestiegenen rechtlichen Orientierungs- und Sicherungsbedürfnis in einem immer komplexeren rechtlichen Umfeld bei.

Beispiel: Vor ca. 30 bis 40 Jahren war ein „normaler" Grundstückskaufvertrag regelmäßig nicht länger als ca. 3 bis 4 Schreibmaschinenseiten. Der gleiche Vorgang ist heute sachgerecht kaum unter 10 Seiten Text zu bewältigen. Zu dem unvermeidlichen Anschwellen des Umfangs tragen z. B. bei Regelungen über Erschließungs- und Anliegerbeiträge sowie zur Finanzierungsbeleihung durch den Käufer, beides Vertragspassagen, die sich wegen der insoweit bestehenden Sachgegebenheiten nicht in ein oder zwei kurzen Sätzen adäquat behandeln lassen.

Dieses Buch hat zum Ziel, die Tätigkeit des Vertragsjuristen dem jungen Juristen insbesondere dem, der Anwalt werden will, näher zu bringen. In den Blick genommen wird dabei die Tätigkeit des Vertragsjuristen allgemein, ob er nun als Rechtsanwalt, Notar, Wirtschaftsprüfer, Syndikusanwalt oder Industriejurist tätig ist. Denn unbeschadet aller durch die unterschiedlichen Positionen bedingten Perspektiv- und Rollenunterschiede, von denen noch die Rede sein wird, liegt der Tätigkeit der Kautelarjuristen eine **gemeinsame Methode** zugrunde. Die damit gemeinte Denk- und Arbeitsweise wird bislang regelmäßig in der Praxis erlernt, etwa durch Anleitung versierter Berufskollegen (Partner), durch Selbststudium unter Analyse vorfindlichen Anschauungsmaterials, nicht selten auch durch „Versuch und Irrtum" mit auch schmerzlichen und mitunter haftungsträchtigen Erfahrungen. Derart erwirbt der Praktiker nach einiger Zeit – nach den Erfahrungen des Verfassers in Jahren zu bemessen – die zur sachgerechten Vertragsgestaltung erforderlichen Kenntnisse und Fähigkeiten. Die von ihm

Einleitung

angewendete Methode hat er – am praktischen Fall lernend und Erfahrungen sammelnd – zumeist nicht reflektiert. Er benutzt sie regelmäßig intuitiv. Um so erfreulicher ist die Tatsache, daß in jüngerer Zeit eine Reihe von Monographien erschienen ist, deren Gegenstand die Aufhellung, Durchdringung und Vermittlung dessen ist, was in diesem Bereich der Rechtspraxis methodisch gesehen geschieht. Auf diese Werke wird an geeigneter Stelle des Buches zur Vertiefung immer wieder hingewiesen.

Wer es unternimmt, die kautelarjuristische Tätigkeit methodisch zu beschreiben, steht vor nicht geringen darstellerischen Schwierigkeiten. Es lassen sich zwar in der Zeitschiene vom ersten Mandantenkontakt bis zum unterschriftsreifen Vertrag gedanklich einzelne Arbeitsphasen unterscheiden und getrennt beleuchten. Jedoch ist für die Tätigkeit des Vertragsjuristen die Verschränkung dieser Phasen, Verhaltensweisen und Instrumente typisch, also nicht ein Nacheinander, sondern ein Hin und Her, insgesamt ein komplexer Prozeß. Diese Eigenart bewirkt, daß es keine aus der Natur der Sache ableitbare, gewissermaßen zwingende Ordnung in der Darstellung dieser Materie gibt.

Eine weitere Schwierigkeit der Wissensvermittlung liegt darin, daß eine an Praxisfällen orientierte und exemplifizierte Behandlung des Themas nicht sinnvoll möglich ist, ohne erhebliche Sachkenntnisse in dem jeweiligen Rechtsgebiet vorauszusetzen bzw. mit einfließen zu lassen. Die Vermittlung einer **„reinen Methode an sich"** ist schwerlich möglich, jedenfalls aber blutleer. Ihnen wird schon bei der Durcharbeit des Einführungsfalles deutlich werden, daß die Fragen der Vertragsgestaltung nur auf der Basis soliden Fachwissens in dem jeweiligen Rechtsgebiet sinnvoll erörtert werden können.

Die **Ausgangsfälle und Beispiele** werden Sie z.T. in Rechtsgebiete führen, die Ihnen gar nicht (Erbbaurecht, Wohnungseigentum) oder nur oberflächlich vertraut sind (Grundstücksrecht, erbrechtliche Gestaltungen, GmbH-Recht). Dabei werden auch schwierige und komplexe Fragestellungen aufgeworfen. Anspruchsvoll sind Aufgabenstellung und Erörterungen vor allem in Fall Nr. 3. Lassen Sie sich hiervon nicht abschrecken! Es wird nicht vorausgesetzt, daß Sie die dort behandelten Rechtsfragen und Praxislösungen bereits alle kennen. Das Ziel der Stoffbehandlung ist auch hier die exemplarische Vorführung der **Denkmethode des Vertragsjuristen**. Da diese Methode selbst komplex und anspruchsvoll ist, läßt sie sich in dieser Eigenart am besten anhand einer entsprechenden Aufgabenstellung demonstrieren und analysieren. Soweit solche eher „fremden" Rechtsgebiete berührt werden, empfehle ich, daß Sie sich zunächst anhand des Gesetzes und ggf. eines Standardkommentars bzw. der am Abschnittsende genannten Literatur soviel an **Überblick und Grundlagen** aneignen, daß Sie den Fallerwägungen im Text folgen können. Das ist zwar mühsam und zeitraubend und hindert die flüssige Textlektüre, bringt aber erheblichen Gewinn: Gewissermaßen als Begleiteffekt der Lektüre erweitern und vertiefen Sie ihr fachgebietsbezogenes Wissen; Ihr methodisches Wissen wird anwendbar.

Bei der Darstellung zu berücksichtigen sind weiterhin die oft bestehenden Querverbindungen zu ganz anderen Rechtsgebieten, die der Vertragsjurist seiner nicht sachgebietsbezogenen, sondern problemorientierten Denkweise entsprechend mit einbezieht. Dies gilt etwa für steuerrechtliche Aspekte. Der Zunahme an Differenzierung und Komplexität der einzelnen Rechtsgebiete entspricht die Beobachtung, daß in der Praxis der allgemeine Vertragsjurist, der gestaltend auf nahezu allen Rechtsgebieten tätig ist, die Ausnahme bildet, vielmehr meistens – schon aus Zeit- und Kostengründen – eine Konzentration auf eine **Bandbreite von Sachbereichen**, u. U. sogar auf ein oder zwei Spezialmaterien erfolgt.

Gliederungsübersicht

Die Darstellungsweise ist dort, wo es möglich und sinnvoll erscheint, **induktiv**, d. h. vom Fall zum Problem hin aufgebaut. Am Fall wird die Methode des Vertragsgestaltens vorgeführt und durchleuchtet.

An zahlreichen Stellen werden Sie zur **Mitarbeit** aufgefordert, sei es, daß Sie sich in die Lage des Vertragsgestalters hineinversetzen und an seiner Stelle Überlegungen anstellen sollen, sei es, daß wiedergegebene Überlegungen und Verhaltensweisen methodisch zu analysieren sind.

Zur Veranschaulichung enthält der Text weiterhin eine **Vielzahl von Beispielen**, die nahezu ausnahmslos der Praxis entnommen, also nicht „konstruiert" sind. Daß dabei die wichtigsten beruflichen Arbeitsfelder des Verfassers dominieren, dürfte verständlich erscheinen.

Hinweise zum weiterführenden Studium finden Sie an zahlreichen Stellen, z. T. gegliedert in vertragsmethodische und sachgebietsbezogene Vertiefung.

Soweit **Fragen** aufgeworfen sind, ist der Leser aufgefordert, vor der weiteren Lektüre selbst eine Antwort zu versuchen und am besten in Kurzform festzuhalten.

Der Verständniskontrolle, der Übung in der Umsetzung des Stoffes und dem „Weiterdenken" dienen eine Reihe von **Aufgaben mit Lösungshinweisen** am Ende des Buches. Die Bearbeitung dieser Aufgaben erfordert Zeit und ist nicht „aus dem Handgelenk" möglich. Es kann auch durchaus sinnvoll sein, wenn Sie die eine oder andere Aufgabe zunächst aussparen und sie im Zuge eines zweiten Bearbeitungsdurchganges des Buches angehen. Die Lösungshinweise gehen teilweise über das hinaus, was Sie von sich selbst erwarten dürfen. Sie dienen insoweit nicht der Kontrolle, sondern der Weiterführung.

Der Prozeß der Vertragsgestaltung wird nachfolgend unter zwei Aspekten angegangen, wobei mancherlei Überschneidungen unvermeidlich sind:

Im **Ersten Teil** geht es um die **nach Phasen gegliederte Arbeitsmethode**. Hierzu wird einleitend anhand eines Fallbeispiels ein Überblick geboten (I). Die einzelnen Phasen werden sodann getrennt beleuchtet (II–V).

Im **Zweiten Teil** wird die instrumentale Seite in den Blick genommen, gewissermaßen der „Instrumentenkoffer" des Kautelarjuristen, sein Arsenal an Gestaltungsmöglichkeiten. Hier geht es u.a. um das „Risiko- und Sicherheitsdenken des Vertragsjuristen" und die Verwendung anerkannter Vertrags- und Regelungstypen. Die Zuordnung des Risikodenkens zum Bereich des kautelarjuristi-

Gliederungsübersicht

schen Instrumentariums rechtfertigt sich aus Gründen der zweckmäßigen Darstellungsreihenfolge. Das Thema hat zentrale Bedeutung.
Nicht behandelt werden Verhandlungsführung und alle damit verbundenen Fragen. Insoweit verweise ich auf Spezialliteratur (z.B. Heussen, Handbuch, S. 159–364; Zankl, anwaltliche Praxis, S. 38–56; Rehbinder, Vertragsgestaltung, S. 61–79).
§§ ohne Gesetzesangabe beziehen sich auf das BGB.

Erster Teil. Die Arbeitsmethode des Vertragsjuristen

A. Einführender Überblick

> **Fall Nr. 1:**
> Bei Rechtsanwalt Redlich sprechen Herr Fuchs und Frau Hase vor. Herr Fuchs ist 35 Jahre alt, studierter Elektronikingenieur. Frau Hase ist 33 Jahre alt und als angestellte Sprachtherapeutin tätig. Herr Fuchs und Frau Hase leben seit 7 Jahren in einer nichtehelichen Lebensgemeinschaft. Sie wollen nunmehr heiraten. Herr Fuchs möchte sich selbständig machen und plant die Gründung eines Unternehmens, zunächst als Einzelfirma, dessen Gegenstand der Handel mit speziellen elektronischen Bauteilen ist. Er geht davon aus, daß er hierfür eine Marktlücke entdeckt hat, und rechnet sich sehr gute Start- und Wachstumsmöglichkeiten aus. Ihr Anliegen lautet: Da man verhindern wolle, daß die künftige Ehefrau für die Betriebsschulden des Ehemannes einstehen muß und da man außerdem ja heutzutage nie wisse, ob eine Ehe gut gehen werde, wünsche man eine Gütertrennung. Damit seien ja beide Seiten geschützt.
> Geben Sie in einigen Stichworten diesen Sachverhalt wieder! Läßt sich das Vorgetragene gliedern?

I. Ausgangssituation und Gesprächsführung

Die Schilderung der Beteiligten beinhaltet eine für die Vertragspraxis typische **Gemengelage** aus 3
- einem **Lebenssachverhalt** (persönliche Verhältnisse, Heiratsabsicht)
- einem häufig laienhaft und oft „schief" ausgedrückten **Regelungswunsch** (Gütertrennung)
- **Motiven** für den artikulierten Handlungsbedarf sowie **Vorstellungen** und **Erwartungen,** was mit der erstrebten Regelung erreicht wird (Vermeidung gesamtschuldnerischer Haftung, wechselseitiger Schutz vor den Folgen einer eventuellen Scheidung).

Im Kopf des Vertragsjuristen erfolgt automatisch und zumeist unbewußt eine 4
Zergliederung des ihm Vorgetragenen. Er erfaßt den Sachverhalt von vorn herein in strukturierter Form:
- Welches ist die Ausgangslage?
- Was wollen die Beteiligten und warum?
- Welche Wirkungen versprechen sie sich von der erstrebten Regelung?
- Welche Vorstellungen verbinden sie mit ihr?

> Wie sollte sich Ihrer Meinung nach R nach diesem Sachvortrag verhalten?

Erster Teil. Die Arbeitsmethode des Vertragsjuristen

Denkbar wäre folgende Überlegung:
Die Mandanten wissen klar, was sie wollen. Die Lebensumstände verlangen keine weitere Aufklärung. Das Gewollte ist rechtlich zulässig. Also kann sofort zur Ausarbeitung eines Gütertrennungsvertrages geschritten werden.

Läßt sich dagegen etwas vorbringen?

5 Es ist zwar zweifelsfrei möglich, in der Form eines notariellen Ehevertrages (§ 1402) den gesetzlichen Güterstand der Zugewinngemeinschaft auszuschließen und stattdessen den Güterstand der Gütertrennung zu vereinbaren. Die vorgetragenen Motive für die erstrebte Regelung und die hieran anknüpfenden Erwartungen sind jedoch zum Teil von rechtlichen Fehlvorstellungen begleitet und im übrigen noch vage und unklar:
- Entgegen einer – quer durch alle Bevölkerungsgruppen – weit verbreiteten Annahme begründet der gesetzliche Güterstand der Zugewinngemeinschaft keineswegs eine generelle Haftung des einen Ehepartners für die Schulden des anderen. Die durch § 1357 BGB begründete Haftungsgemeinschaft (sog. „Schlüsselgewalt") zählt zu den allgemeinen, nach Maßgabe von § 1357 Abs. 2 ausschließbaren Ehewirkungen, hat also nichts mit dem gesetzlichen Güterstand zu tun. Zur Vermeidung einer gesamtschuldnerischen Ehegattenhaftung ist deshalb die Vereinbarung von Gütertrennung einerseits weder erforderlich, andererseits nicht ausreichend.
- Nach dem Sachverhalt läßt sich durchaus zweifeln, ob A und B die rechtlichen Wirkungen einer Gütertrennung im Unterschied zu den Mechanismen des gesetzlichen Güterstandes der Zugewinngemeinschaft zumindest in den Grundzügen klar sind. Zu hinterfragen wäre, welches die „Schutzwirkungen" der Gütertrennung sind, von denen A und B ausgehen.

6 **Sachgerechtes Verhalten** des Rechtsanwalts Redlich erfordert deshalb in dieser Situation zunächst
– die Ausräumung von rechtlichen Fehlvorstellungen der Mandanten, die ihre Willensbildung beeinflussen, und zwar im Wege der rechtlichen **Belehrung**,
– die (behutsame) **Aufklärung** der weiteren Gründe und Vorstellungen, die den Wunsch nach Vereinbarung der Gütertrennung tragen.

Fortführung von Fall Nr. 1:
Rechtsanwalt Redlich klärt Herrn Fuchs und Frau Hase in der beschriebenen Weise über die Haftungsproblematik auf. Er legt ferner dar, daß auch der gesetzliche Güterstand der Zugewinngemeinschaft kein gemeinsames Vermögen schafft, vielmehr ein jeder Ehegatte das für sich allein „besitze", was er bei Ehebeginn in seinem Eigentum hatte bzw. während der Ehezeit zu Alleineigentum erwirbt (§ 1363 Abs. 2). Das jeweilige Ehegattenvermögen sei Haftungsobjekt nur für die Verbindlichkeiten des betreffenden Ehegatten. Der andere hafte für solche Verbindlichkeiten mit seinem Vermögen nur, wenn es hierfür einen besonderen Verpflichtungsgrund gibt, wie z.B. Übernahme einer Bürgschaft, Mitunterzeichnung von Darlehen.

A. Einführender Überblick

> Herr Fuchs erklärt im Verlauf des weiteren Gesprächs, es gehe ihm neben der erörterten Haftungsvermeidung darum, daß er im Scheidungsfalle nicht das von ihm aufgebaute Unternehmen mit seiner Frau teilen und dadurch wirtschaftlich gefährden müsse. Darüber hinaus werden voraussichtlich sowohl seine Frau als auch er eines Tages von ihren jeweiligen Familien ein Hausgrundstück erben bzw. zu Lebzeiten übertragen erhalten, von denen der jeweils andere Partner im Scheidungsfalle nichts „mitnehmen" solle. Frau Hase stimmt dem zu.
> Welche Überlegungen wird Rechtsanwalt Redlich aufgrund des bisherigen Informationsstandes anstellen?

Offenbar geht es Herrn Fuchs und Frau Hase ganz zentral um das Unternehmen sowie den künftigen Hauserwerb beider durch Zuwendungen Dritter. Zu klären bleibt, ob Herr Fuchs und seine künftige Ehefrau die Teilung des sonstigen während der Ehe erzielten Zugewinns ebenfalls ausschließen wollen. Möglicherweise ist hieran noch gar nicht gedacht worden. Soll der Vermögensausgleich auch insoweit unterbleiben, ist die Gütertrennung im Prinzip die richtige Lösung. Im anderen Fall geht sie in ihren Wirkungen über das erstrebte Ziel hinaus. Wird nur der punktuelle, gegenständliche Ausschluß des Zugewinns angestrebt, stellt sich die Frage, ob die gesetzlichen Vorschriften der §§ 1363 ff in dieser Hinsicht einer Abänderung durch Vertrag zugänglich sind. Diese Frage ist zu bejahen. Den Ehegatten steht die Möglichkeit offen, durch Ehevertrag einzelne Vermögensgegenstände aus dem Zugewinn herauszunehmen. Man spricht insoweit von einer „**modifizierten Zugewinngemeinschaft**".

7

> Lesen Sie die §§ 1373–1378! Besteht hinsichtlich des in der Aufgabenstellung genannten künftigen Grundstückserwerbs überhaupt Veranlassung, über eine Modifizierung der gesetzlichen Regelungen nachzudenken?

Die Vermögenssubstanz der von einem Ehepartner durch Zuwendungen Dritter erworbenen Immobilien unterliegt schon kraft Gesetzes nicht dem Zugewinn (§ 1374 Abs. 2).

> Wie sieht es mit etwaigen Wertsteigerungen eines solchen Grundstücks während der Ehezeit aus; unterliegen sie dem Zugewinnausgleich?

Das Gesetz arbeitet nicht mit der gegenständlichen Herausnahme von Zuwendungen Dritter aus dem gesamten Mechanismus des Zugewinnausgleichs. Vielmehr führt die Zurechnung zum Anfangsvermögen (§ 1374 Abs. 2) dazu, daß ein zugewendeter Vermögenswert wertmäßig als bei Ehebeginn im Vermögen des Empfängers vorhanden fingiert wird und sich deshalb in der Zugewinnermittlung (§ 1373) nicht auswirkt. Systematisch folgerichtig wird hierbei der Wert des Gegenstandes zum Zeitpunkt der Zuwendung für maßgeblich erklärt (§ 1376 Abs. 1). Wertsteigerungen von Gegenständen, die selbst nicht in den Zugewinn einzubeziehen sind, wirken sich deshalb bei der Zugewinnermittlung aus. Auch hinsichtlich der Grundstückszuwendungen besteht insoweit Handlungsbedarf.

Erster Teil. Die Arbeitsmethode des Vertragsjuristen

8 Die Frage, ob **völlige Gütertrennung** oder **modifizierte Zugewinngemeinschaft** die sachgerechte Lösung für die Beteiligten darstellt, muß deshalb mit Herrn Fuchs und Frau Hase noch erörtert werden. Dabei sind weitere Umstände miteinzubeziehen, insbesondere Fragen der individuellen Lebensplanung und der ehelichen Rollenverteilung. Besteht Kinderwunsch? Wird ein Partner nach Geburt von Kindern für einen kürzeren oder längeren Zeitraum oder sogar ganz seine Berufstätigkeit aufgeben? Wie sind die sonstigen Vermögensverhältnisse? Das gesetzliche Regelungsmodell der Zugewinngemeinschaft ist nämlich zugeschnitten auf die Rollenverteilung der Einverdienerehe, bei der ein Ehegatte auf Dauer mangels Berufstätigkeit kein eigenes Einkommen erzielt und deshalb kein eigenes Vermögen aufbaut. Hiervon abzuweichen, obwohl die konkrete Ehe diesem Typus entspricht, ist zwar rechtlich zulässig. Jedoch muß den Beteiligten klar sein, daß der nicht erwerbstätige Ehegatte im Falle der Gütertrennung keinen Anspruch auf Beteiligung an dem Vermögen erwirbt, welches während der gemeinsamen Jahre erworben wurde, dinglich aber dem Einkünfte erzielenden Ehegatten zugeordnet ist (Bankguthaben, Immobilien, Wertpapiere). Dies mag umso leichter fallen und um so eher akzeptiert werden, je mehr der betreffende Ehepartner durch eigenes Vermögen „abgesichert" ist. Spätestens während der notariellen Beurkundung des entsprechenden Ehevertrages werden die Beteiligten vom Notar über diese Fragen aufgeklärt werden. Auch für Rechtsanwalt Redlich besteht schon im Vorfeld eine entsprechende **Belehrungspflicht.**

> Beschreiben Sie in Stichworten, wie Rechtsanwalt Redlich bei seinen in der Fallfortführung angestellten Überlegungen vorgeht! Lassen sie sich gliedern?

9 Eine gliedernde **Beschreibung der Arbeitsmethode** des Rechtsanwalts Redlich könnte wie folgt aussehen:
 – Rechtsanwalt Redlich erwägt, welche **rechtlichen Gestaltungsmöglichkeiten** in Betracht kommen, um den bisher erkennbaren Gestaltungswillen der Beteiligten zu verwirklichen. Die Rechtsfolgen erwogener Lösungen (vollständiger Ausschluß jeglicher Zugewinnteilung bei der Gütertrennung) werden in Beziehung gesetzt zum angestrebten Regelungsziel.
 – Es wird hierbei deutlich, daß der **Gestaltungswille** der Beteiligten noch weiter zu **erforschen,** ggf. unter Mithilfe von Rechtsanwalt Redlich erst noch zu bilden ist.
 – **Hilfsmittel** hierfür sind **Belehrung** und **Beratung:**
 Die von Rechtsanwalt Redlich in Betracht gezogenen Gestaltungsmöglichkeiten sind in ihren wesentlichen rechtlichen Wirkungen Herrn Fuchs und Frau Hase nahezubringen. Hierbei ist der **Blick** der Beteiligten mit der Phantasie des erfahrenen Vertragsgestalters **in die Zukunft** zu richten, nämlich auf typischerweise denkbare Entwicklungen des Lebenssachverhaltes (Aufgabe/langjährige Unterbrechung der Berufstätigkeit des kinderbetreuenden Ehepartners). Die ins Auge gefaßte Lösung muß sich gerade in der Zukunft, wie sie

A. Einführender Überblick

sich aufgrund der derzeit bestehenden Absichten und Wahrscheinlichkeiten darstellt (Lebensplanung), bewähren.

> **Weitere Fortführung von Fall Nr. 1:**
> Im Zuge des weiteren Gesprächs erfährt Rechtsanwalt Redlich, daß Herr Fuchs und Frau Hase an die Teilung des sonstigen Zugewinns noch gar nicht gedacht haben, dies aber für fair und erstrebenswert halten. Kinderwunsch besteht bereits konkret. Man ist sich einig, daß die Ehefrau Kinder selbst langjährig betreuen und demzufolge ihre Berufstätigkeit aufgeben wird, jedenfalls bis die Kinder „sie nicht mehr brauchen".
> Versuchen sie, ein Zwischenresümee des Beratungsgespräches zu ziehen! Wie wird Rechtsanwalt Redlich weiter vorgehen?

Die Gesprächsentwicklung hat für Rechtsanwalt Redlich die Klarheit gebracht, daß nicht die Gütertrennung, sondern die sog. **modifizierte Zugewinngemeinschaft** die den Zielvorstellungen der Beteiligten am besten entsprechende Gestaltungsmöglichkeit ist. Er wird Herrn Fuchs und Frau Hase deshalb anraten, im Wege eines **Ehevertrages** eine solche güterrechtliche Vereinbarung zu treffen. Im Interesse der vollständigen Aufklärung der Mandanten über das damit Erreichbare wird Rechtsanwalt Redlich zugleich auch auf Schwächen der vorgeschlagenen Lösung hinweisen, nämlich auf Manipulationsmöglichkeiten, die mit der begrifflichen Umschreibung des aus dem Zugewinn herausgenommenen „Unternehmens" zusammenhängen: Ausgleichspflichtig wird Vermögen insoweit erst, wenn Herr Fuchs es von seiner Unternehmensbindung löst und in das Privatvermögen überführt. Durch Unterlassen zuvor üblicher Entnahmen für den privaten Verbrauch bzw. die private Vermögensbildung könnte Herr Fuchs, insbesondere in Erwartung einer baldigen Trennung der Ehegatten, das ausgleichspflichtige Vermögen schmälern. Da andererseits betriebliche Notwendigkeiten regelmäßig Flexibilität im Finanzgebaren des Herrn Fuchs erfordern, ist diese Problematik durch weitere vertragliche Vereinbarungen kaum befriedigend in den Griff zu bekommen. Trotz dieser Schwachstellen wird die erwogene Lösung dem Willen der Beteiligten am ehesten gerecht, es ändert sich also im Ergebnis nichts an der Gestaltungsempfehlung des Rechtsanwalts Redlich.

> **Weitere Fortführung von Fall Nr. 1:**
> Rechtsanwalt Redlich belehrt Herrn Fuchs und Frau Hase in der geschilderten Weise. Beide erklären, die aufgezeigten Schwächen der ehegüterrechtlichen Lösungen in Kauf nehmen zu wollen. Rechtsanwalt Redlich schlägt nunmehr vor, daß Herr Fuchs und Frau Hase ihm einen Notar ihres Vertrauens benennen, dem er die in der heutigen Beratung erarbeiteten Regelungswünsche mit der Bitte um Entwurfsfertigung vorträgt. Herr Fuchs und Frau Hase bitten Rechtsanwalt Redlich jedoch ausdrücklich, selbst den erforderlichen Entwurf zu fertigen. In dem daraufhin übersandten Entwurf eines Ehevertrages befindet sich folgende Textpassage:
> „Die gesetzlichen Vorschriften über die Berechnung eines etwaigen Zugewinnausgleichsanspruchs im Falle einer Scheidung unserer zukünftigen Ehe werden nach Maßgabe der folgenden Bestimmungen dieser Urkunde geändert:

Erster Teil. Die Arbeitsmethode des Vertragsjuristen

> 1) ...
> 2) Diejenigen Gegenstände, die jeder von uns im Laufe unserer zukünftigen Ehe aufgrund privilegierten Erwerbes von Todes wegen oder mit Rücksicht auf ein zukünftiges Erbrecht, durch Schenkung oder Ausstattung erwirbt, sollen weder zur Berechnung des jeweiligen Anfangsvermögens noch des jeweiligen Endvermögens hinzugezogen werden. Auch die diese Gegenstände betreffenden Verbindlichkeiten, etwa Grundpfanddarlehen bei Grundstücken, sollen im Zugewinnausgleich keine Berücksichtigung finden. Die Herausnahme aus dem Zugewinnausgleich betrifft auch etwaige die herausgenommenen Gegenstände betreffenden Wertsteigerungen.
> 3) Auch Surrogate dieser aus dem Zugewinnausgleich herausgenommenen Gegenstände sollen nicht ausgleichspflichtiges Vermögen darstellen. Sie werden also bei der Berechnung des Endvermögens nicht berücksichtigt. Die zukünftigen Eheleute sind einander verpflichtet, über derartige Ersatzgegenstände ein Verzeichnis anzulegen und fortzuführen. Auf Verlangen hat diese Fortführung in notarieller Form zu erfolgen."
>
> Herr Fuchs und Frau Hase sind erstaunt, weil über Ziff. 3) im Gespräch mit Rechtsanwalt Redlich kein Wort verloren wurde.

11 Vergegenwärtigt man sich die eingehenden Erwägungen, die Rechtsanwalt Redlich im Fallbeispiel angestellt und mit den Beteiligten erörtert hat, um ihre Willensbildung auf konkrete Fragen zu lenken, so mag es verwundern, daß er eine Vertragspassage vorschlägt, die zuvor mit den Beteiligten nicht erörtert worden ist, hinsichtlich derer sie also keinen Willen gebildet haben. Gleichwohl ist das Vorgehen des Redlich nicht zu beanstanden:
Nachdem Redlich herausgearbeitet hat, welcher Typ von vertraglichen Vereinbarungen zur Verwirklichung der Anliegen von Herrn Fuchs und Frau Hase zu wählen ist, ist es durchaus sachgerecht, im Rahmen der Formulierung des Vertrages ergänzende und sichernde Vereinbarungen vorzuschlagen, die Zukunftsentwicklungen und Störungsmöglichkeiten in der Vertragsrealisierung erfassen sollen, an die die Beteiligten regelmäßig nicht gedacht haben. Einen dahingehenden Willen ermitteln zu wollen, ist deshalb sinnlos. Welche begleitenden, sichernden, künftig denkbare Entwicklungen „einfangenden" Regelungen der Vertragsgestalter von sich aus vorschlägt, hängt von dem jeweils betroffenen Sachbereich und den dort typischerweise eintretenden Problemen und Sachverhaltsentwicklungen ab. Hierfür findet der Vertragsjurist in der einschlägigen kautelarjuristischen Literatur und seinem eigenen Erfahrungsschatz unverzichtbares Rüstzeug, um aus der Lebenserfahrung und der Kenntnis der Regelungsmöglichkeiten Vorsorgemaßnahmen vorzuschlagen.
Im Ausgangsfall haben die Beteiligten mit Sicherheit nicht daran gedacht, daß etwa von dritter Seite vererbte und damit aus dem Zugewinn herausgenommene Immobilien vom Empfänger eines Tages veräußert und der Erlös anderweitig verwendet werden könnte. Dies kann zu ernstlichen Auseinandersetzungen darüber führen, welche Vermögenswerte konkret dem Zugewinnausgleich entzogen sind. Solches zu vermeiden ist gerade Anliegen der kautelarjuristischen Tätigkeit. Die von Rechtsanwalt Redlich vorgeschlagene Regelung ist daher sachgerecht

A. Einführender Überblick

und angezeigt. Auf entsprechende Erläuterung hin werden Herr Fuchs und Frau Hase dies aller Voraussicht nach akzeptieren.

II. Phasengliederung

> Versuchen Sie, die im Ausgangsfall von Rechtsanwalt Redlich praktizierte Arbeitsmethode zusammenfassend nach Phasen zu gliedern und stichwortartig zu beschreiben!

Eine solche Phasengliederung sieht wie folgt aus: 12
- **Ermittlung des Regelungsziels** der Beteiligten und der **Sachverhaltsumstände**, die in diesem Zusammenhang von Bedeutung sein können.
  Hierbei löst sich Rechtsanwalt Redlich von dem laienhaft geäußerten Gestaltungswillen (Gütertrennung) und erforscht den wahren Willen der Beteiligten. Daß im Ergebnis eine Lösung vorgeschlagen wird, die ganz anders geartet ist als der laienhafte „Regelungswunsch", ist in der Praxis an der Tagesordnung.
- **Beseitigung von Fehlvorstellungen** durch rechtliche **Aufklärung** („keine Sippenhaft im gesetzlichen Güterstand").
- **Aufsuchen von Regelungsmöglichkeiten** zur Umsetzung des herausgearbeiteten Gestaltungswillens. Insbesondere wird gefragt, ob ein in der Rechtspraxis anerkannter Vertragstyp einschlägig ist („modifizierte Zugewinngemeinschaft").
- Nähere **Überprüfung erwogener Lösungen** im Hinblick auf die von den Beteiligten angestrebten Regelungswirkungen. Herausarbeiten von Vor- und Nachteilen, rechtlichen Grenzen der Gestaltungsmöglichkeiten sowie unvermeidbaren Unsicherheiten.
- **Beratung** der Beteiligten **über** erwogene Lösungen und Darstellung der **Vorzüge, Nachteile und Risiken** mit dem Ziel einer Entscheidungsfindung.
- **Umsetzung** der gefundenen Lösung **in einen Vertragstext** unter Aufnahme sachbereichsbezogener, ergänzender und sichernder Vereinbarungen für typischerweise auftretende künftige Sachverhaltsentwicklungen.
- **Vermittlung** (Erläuterung) **des Vertragstextes.**

Wenn man sich den Verlauf des Beratungsgesprächs noch einmal vor Augen führt, so wird deutlich, daß diese Phasen nicht zeitlich-logisch in der vorstehend beschriebenen Weise hintereinander geschaltet sind. Für die Arbeit der Vertragsjuristen ist vielmehr die Verschränkung, das mehrfache Hin und Her zwischen den aufgezeigten Phasen typisch.

Dies ist treffend als mehrfaches „**Hin- und Herwandern des Blicks**" zwischen dem Vertragswillen der Beteiligten und immer mehr konkretisierten Regelungsmöglichkeiten beschrieben worden (Schollen, Kautelarjurisprudenz, S. 28 (35)), begleitet von Belehrung und Beratung.

Für den Bereich der notariellen Tätigkeit umschreibt § 17 Abs. 1 BeurkG diese Tätigkeit als **Amtspflichten des Notars** wie folgt:

Erster Teil. Die Arbeitsmethode des Vertragsjuristen

„Der Notar soll den Willen der Beteiligten erforschen, den Sachverhalt klären, die Beteiligten über die rechtliche Tragweite des Geschäfts belehren und ihre Erklärungen klar und unzweideutig in der Niederschrift wiedergeben. Dabei soll er darauf achten, daß Irrtümer und Zweifel vermieden sowie unerfahrene und ungewandte Beteiligte nicht benachteiligt werden."

In den folgenden Abschnitten werden diese Arbeitsphasen des Kautelarjuristen näher betrachtet.

Weiterführend:

- **Gesetzlicher Zugewinnausgleich und vertragliche Regelungsmöglichkeiten**
  - Brambring, Ehevertrag, S. 72–83
  - Langenfeld, Handbuch, S. 52 ff, S. 119 ff
  - N. Mayer, MittBayNot 1993, 342, 344 ff
  - Kanzleiter/Wegmann, Vereinbarungen, Rn 184–192
- **Arbeitsphasen des Kautelarjuristen**
  - Rehbinder, Vertragsgestaltung, S. 6–11
  - Brambring, JuS 1985, 380.

B. Sachverhalts- und Willensermittlung

I. Erfassen von Sachverhalt und Regelungsziel

1. Das Anliegen als Anknüpfung

> **Fall Nr. 2:**
> Herr Triebig, mittelständischer Unternehmer, ruft bei seinem Anwalt Gründlich an und erklärt, er benötige für ein in seinem Eigentum stehendes Gewerbeobjekt „ganz schnell" einen Optionsvertrag. Die Nachfrage durch Rechtsanwalt Gründlich ergibt, daß er für eine leerstehende Gewerbehalle einen Mietinteressenten, Herrn Hirsch, hat. Dieser Mietinteressent möchte die Halle langfristig anmieten (10 Jahre). Er hat darüber hinaus Interesse am Ankauf des Objektes bekundet.
> Kennzeichnet der Ausdruck „Option" in der Fallschilderung einen bestimmten Vertragstyp?

13 „Option" beschreibt ganz allgemein eine Rechtsposition eines Beteiligten, die es – zumeist unter bestimmten Voraussetzungen und in bestimmten (z.B. zeitlichen) Grenzen – seiner künftigen Willensentschließung überläßt, ob eine bestimmte rechtliche Regelung gelten soll oder nicht (z.B. Option des Mieters auf Verlängerung seines Mietvertrages).

In **Fall Nr. 2** ist offenbar eine rechtliche Gestaltung gewünscht, durch die dem Mieter des Herrn Triebig der Grundbesitz rechtlich bindend an die Hand gege-

B. Sachverhalts- und Willensermittlung

ben wird, die für ihn also eine rechtlich gesicherte Erwerbsmöglichkeit ohne Erwerbspflicht schafft.

> Können Sie – in Stichworten – einen Weg aufzeigen dieses Ziel zu erreichen?

Eine klassische Lösung für ein solches Regelungsziel liegt darin, daß Herr Triebig gegenüber dem Mieter Herrn Hirsch in notarieller Form ein Kaufangebot abgibt, welches Herr Hirsch innerhalb bestimmter Frist annehmen kann. 14

Eine andere Variante ist der Abschluß eines Kaufvertrages mit der besonderen Abrede, daß der – vollständig niedergelegte – Vertrag nur gelten soll, wenn Herr Hirsch innerhalb bestimmter Frist schriftlich gegenüber Herrn Triebig erklärt, daß der Vertrag rechtswirksam werden soll (Kauf mit Optionsvorbehalt). 15

In beiden Fällen wäre es sachgerecht, Herrn Hirsch dinglich durch Eintragung einer Vormerkung zu sichern (§ 883).

Der Ausdruck Option kennzeichnet im vorhergehenden Zusammenhang deshalb nicht einen bestimmten vertraglichen Regelungstyp, sondern – gewissermaßen auf einer vorgelagerten, allgemeineren Ebene – eine Gruppe von Rechtsgestaltungen, denen gemeinsam ist, daß sie für einen Beteiligten eine Optionsposition im obigen Sinne begründen. 16

> Wie wird sich Rechtsanwalt Gründlich, in dessen Kopf die vorstehenden Überlegungen „blitzschnell" abgelaufen sind, gegenüber Herrn Triebig verhalten?

Im einführenden Fall Nr. 1 wurde bereits deutlich, welch zentraler Stellenwert der **Ermittlung des Gestaltungswillens** der Beteiligten für eine gelungene Vertragsgestaltung zukommt. Auch ein noch so gut ausgetüftelter, juristisch mit Akribie und Feinarbeit zu Papier gebrachter Vertrag verfehlt die Aufgabenstellung und ist praktisch unbrauchbar, wenn er an dem wahren Willen des Auftraggebers vorbeigeht. 17

Ausgangspunkt des Kautelarjuristen für die Ermittlung des Willens ist das **Anliegen,** welches den Auftraggeber zum rechtlichen Berater führt. Ganz allgemein ausgedrückt geht es dem Mandanten darum, bestimmte Lebenssachverhalte durch rechtliche Gestaltung herbeizuführen, zu sichern, zu verändern oder zu verhindern.

Die Praxis lehrt, daß Anliegen und zugehöriger Sachverhalt in höchst unterschiedlicher sprachlicher Einkleidung, Dichte, Präzision und Typizität an den Berater herangetragen werden. Das hat seinen Grund u.a. in der jeweiligen Herkunft, Bildung und dem Sprachverhalten des Mandanten.

Es gibt Anliegen, bei denen das **Gewollte sogleich auf der Hand** liegt, rechtlich unschwer erfaßbar ist und einem anerkannten Vertragstypus zugeordnet werden kann, so daß Zweifel unangebracht sind, ob sich hinter der sprachlichen Einklei- 18

Erster Teil. Die Arbeitsmethode des Vertragsjuristen

dung des Vorgetragenen ein hiervon abweichender, **aufzudeckender „wahrer Wille"** verbirgt. Dies gilt vor allem für verkehrstypische Massengeschäfte.

Beispiel: Wenn der Mandant vorträgt, er wolle seine Dachgeschoßwohnung einer alleinstehenden Dame für monatlich 700,– DM vermieten und wünsche einen Mietvertrag, so ist das Regelungsziel klar und deckt sich mit der sprachlichen Bezeichnung durch den Mandanten. Erwägungen, ob etwas anderes dahinter stecken könnte, sind hier nicht veranlaßt. Der Berater kann sich deshalb sofort auf der Denkschiene Mietvertrag bewegen und – ausgehend von typischen Regelungsinhalten eines solchen Vertrages – Fragen zu den näheren Modalitäten der Vereinbarung stellen.

Jenseits der vorgenannten Fallgruppe sind besondere Vorsicht und Aufmerksamkeit geboten, wenn die Beteiligten ihren Regelungswunsch unter **Verwendung rechtlicher Begriffe** zum Ausdruck bringen. Hier besteht die gesteigerte Gefahr, daß die sprachliche Einkleidung gemessen an dem wirklichen Anliegen schief, unzutreffend oder irreführend ist.

Es gehört deshalb zu den Grundregeln vertragsgestalterischer Tätigkeit, sich nicht an dem gewählten rechtlichen Ausdruck des Auftraggebers zu orientieren und derart – u.U. voreilig – die gedankliche Schublade eines dem sprachlichen Ausdruck korrespondierenden Vertragstypus „aufzuziehen", sondern die außerrechtlichen, „lebensweltlichen" Ziele und Vorstellungen des Mandanten festzustellen.

19 Das Bemühen muß dahin gehen, den Auftraggeber mit Fingerspitzengefühl und Einfühlungsvermögen **zum Sprechen zu bringen** und sich derart ein möglichst genaues Bild von der Ausgangslage, den Überlegungen, Wünschen und Zielvorstellungen der Beteiligten zu machen.

Im **Fall Nr. 2** wird sich deshalb Rechtsanwalt Gründlich von dem Begriff „Option" gedanklich lösen und den Mandanten danach fragen, was man denn im einzelnen miteinander ausgemacht habe.

> **Fortführung von Fall Nr. 2:**
> Auf Nachfrage berichtet Herr Triebig: Im Grunde seien der Mieter Herr Hirsch und er sich einig, daß Herr Hirsch den Grundbesitz kauft. Offen sei nur noch, in welchem Jahr. Dies solle Herrn Hirsch innerhalb einer bestimmten Frist (5 Jahre) freigestellt sein, wobei sich der Kaufpreis für jedes Jahr der Frist um 5% erhöht. In dem soeben bereits abgeschlossenen Mietvertrag habe der Mieter auch schon die Erklärung unterschrieben, innerhalb der genannten Fünf-Jahres-Frist den Grundbesitz ankaufen zu wollen.
> Paßt auf diesen Regelungswunsch der Ausdruck „Option"?

Zwischen Herrn Triebig und Herrn Hirsch besteht der Wille, sich beidseitig rechtlich hinsichtlich des Verkaufs des Grundstückes zu binden. Offen gelassen werden soll dem Mieter innerhalb eines Zeitraumes der genaue Zeitpunkt der Zahlung des jeweils steigenden Kaufpreises, nicht jedoch das Ob des Ankaufs. Der Ausdruck Option bringt dies nicht zutreffend zum Ausdruck. Gewollt ist vielmehr ein Kaufvertrag mit besonderen Abreden zur Kaufpreiszahlung.

B. Sachverhalts- und Willensermittlung

> **Weitere Fortführung von Fall Nr. 2:**
> Rechtsanwalt Gründlich äußert sich gegenüber Herrn Triebig wie folgt:
> „Wenn ich Sie richtig verstanden habe, sind Sie beide jetzt schon entschlossen, sich hinsichtlich des Verkaufs des Grundstücks zu binden. Alles andere betrifft die Modalitäten der Kaufpreiszahlung. Diesem Wunsche entspricht nicht eine Option, sondern ein Grundstückskaufvertrag mit besonderen Abreden zur Kaufpreiszahlung.
> Sie erwähnten weiter den bereits abgeschlossenen Mietvertrag über 10 Jahre. Haben Sie schon einmal daran gedacht, was mit diesem Mietvertrag geschehen soll, wenn der Mieter den Grundstückskaufpreis innerhalb des Fünf-Jahres-Zeitraumes nicht zahlt, warum auch immer? Soll der Mietvertrag davon unberührt bleiben?"
> Herr Triebig entgegnet: „Mir leuchtet ein, daß ein solcher Kaufvertrag unseren Abmachungen am besten entspricht. Wir wollen da beiderseitig Klarheit.
> Die Sache mit dem Mietvertrag habe ich noch nicht bedacht. Wenn Herr Hirsch den Grundstückskaufpreis nicht zahlt, muß ich das Grundstück anderweitig verwerten. Dafür ist es am günstigsten, wenn die Halle dann leersteht. Läßt sich das erreichen?"

Zur sachgerechten Ermittlung der Regelungsziele der Beteiligten gehört mehr als die Frage nach den Vorstellungen und lebensweltlichen Wünschen. **Aufgabe des Vertragsjuristen ist darüber hinaus, sich in die Interessenlage der Beteiligten hineinzudenken.**

In diesem Bemühen lenkt er den Blick des Mandanten auf Zusammenhänge, Probleme und Fragestellungen, die dieser noch nicht als relevant erkannt hat. In vielen Fällen ist nämlich der vorgetragene Regelungswille davon beeinflußt, daß der Auftraggeber seine eigene Interessenlage und die daraus ableitbaren Zielvorstellungen, aber auch Gefährdungen nicht voll erkannt oder falsch eingeschätzt hat, etwa aufgrund unzutreffender rechtlicher Bewertungen.

> Ermittlung des Willens heißt auch Feststellung der Interessenlage und Aufklärung des Mandanten hierüber. Belehrung und Beratung sind derart untrennbar in den Prozeß der Willensermittlung einbezogen.

In **Fall Nr. 2** hat Rechtsanwalt Gründlich mit der Phantasie und der Erfahrung des Vertragsgestalters die Aufmerksamkeit des Herrn Triebig auf die Frage der möglichen Nichterfüllung des Kaufvertrages gelenkt unter dem besonderen Blickwinkel, welche Auswirkung dieser Fall auf den Mietvertrag hat. Herr Triebig hat daraufhin seine Interessenlage insoweit artikuliert. Rechtsanwalt Gründlich „notiert im Kopf", welche beiden **Zielvorstellungen** die zu treffende vertragliche Vereinbarung umzusetzen hat.

> Wie lassen sich diese Zielvorstellungen schlagwortartig kennzeichnen?

Erster Teil. Die Arbeitsmethode des Vertragsjuristen

Es geht Herrn Triebig um
- die Herbeiführung der beiderseitigen Bindung hinsichtlich des Grundstückskaufs mit besonderen Vereinbarungen zur Kaufpreiszahlung,
- die Möglichkeit zur Auflösung des Mietvertrages, falls Herr Hirsch den Grundstückskaufpreis nicht zahlt.

> Wirft die Fallschilderung weitere besondere Fragen auf, denen Gründlich im Rahmen seiner ferneren Überlegungen nachzugehen hätte?

Zwischen dem Mietvertrag und dem Grundstückskaufvertrag könnte eine rechtliche Einheit in dem Sinne bestehen, daß beide Verträge dem Formzwang des § 313 Satz 1 unterliegen (vgl. MünchKomm/Kanzleiter, § 313 Rn 51 ff). Der bereits privatschriftlich abgeschlossene Mietvertrag enthält – wohl als essentiellen Bestandteil – eine Ankaufsverpflichtung des Mieters. Mangels notarieller Beurkundung könnte der Mietvertrag formnichtig sein.

21 Eine weitere typische Erscheinungsform des Anliegens ist dadurch gekennzeichnet, daß der Mandant **noch kein oder höchstens ein sehr vages Ziel** der von ihm für notwendig erachteten Regelungen angeben kann, vielmehr von dem Bewußtsein beherrscht wird, „es müsse etwas geschehen" und man wolle sich beraten lassen, was denn vernünftigerweise zu tun sei.
Typisch ist etwa der Wunsch eines nichtehelich zusammenlebenden Paares, sich wechselseitig „abzusichern".
In solchen Fällen geht es für den Vertragsjuristen zunächst darum, mit Behutsamkeit ein Gespräch in Gang zu bringen mit dem Ziel, das artikulierte Absicherungsbedürfnis aufzufächern und zu konkretisieren.
So mag sich hierbei beispielsweise ergeben, daß die nichtehelich zusammenlebenden Partner je zur Hälfte eine Eigentumswohnung erworben haben und sich Gedanken machen, was geschieht, wenn ein Partner verstirbt. Diese Information führt zur Beratung über erbrechtliche Möglichkeiten, z.B. den Weg, sich durch Erbvertrag wechselseitig zum Erben einzusetzen oder auch nur den Immobilienanteil dem anderen Teil durch Vermächtnis zuzuwenden. Das kann wiederum zur Folge haben, daß die Beteiligten einen entsprechenden Regelungswunsch äußern. Im Wege des Dialogs, durch Information seitens der Beteiligten, Belehrung, Beratung und gezieltes Nachfragen durch den Rechtsberater verdichtet sich das vage Absicherungsinteresse zu einem konkreten Regelungswunsch. Wiederum zeigt sich das typische Ineinander von Willensermittlung, Belehrung und Beratung.

2. Der maßgebliche Sachverhalt

22 Zur Arbeitsphase der Informationsgewinnung gehört nicht nur der Bereich der subjektiven Regelungswünsche und Ziele der Beteiligten – ihr „Wille" –, sondern auch die Ermittlung des gesamten Sachverhaltes, der für eine Rechtsgestaltung von Bedeutung sein kann.

B. Sachverhalts- und Willensermittlung

Für den Notar ist diese Ermittlungspflicht in § 17 Abs. 1 Beurkundungsgesetz gesetzlich normiert.
Den Rechtsanwalt treffen inhaltlich entsprechende Pflichten aufgrund des übernommenen Mandats. Freilich sind die Mandanten hier zur Mitwirkung und Informationsbeibringung verpflichtet (näher Hartstang, Anwaltsrecht, S. 454 ff).
In welcher Richtung der Vertragsjurist in Erfüllung dieser Aufgabe Fragen zu stellen hat, welche Unterlagen und Informationen er einfordert, hängt – so unbefriedigend diese allgemeine Umschreibung klingen mag – von den Umständen der konkreten Beratungssituation ab. Im Ineinander von Beratung, Definition von Zielvorstellungen, ins Auge fassen von Lösungen kann Informationsbedarf immer wieder neu und anders akzentuiert entstehen. Für die Entstehungsgeschichte einer kautelarjuristischen Lösung ist deshalb das mehrfache Nachfragen, die Bitte um Zusatzinformation – ggf. in mehreren Gesprächsrunden – durchaus typisch.

Unterscheiden lassen sich hier Informationen über 23
- die **Voraussetzungen für die** nach dem vorgetragenen Anliegen in Betracht kommende **Gestaltung**,
- die konkreten **Anforderungen**, denen eine Regelung genügen sollte,
- **sonstige** bei der Lösungserarbeitung zu berücksichtigende **Gesichtspunkte.**

Hierzu einige **Beispiele:**

(1) Vater V möchte Sohn S sein Haus übertragen oder letztwillig zuwenden. Der Blick ins Grundbuch ergibt, daß V mit seinem Bruder in Erbengemeinschaft als Eigentümer eingetragen ist. Auf Nachfrage teilt V mit, daß jeder der beiden Miterben seit Jahrzehnten aufgrund mündlicher Absprache eines der beiden auf dem Nachlaßgrundbesitz aufstehenden Gebäude nutzt. Eine Erbauseinandersetzung hat bislang nicht stattgefunden. Erst durch diese tatsächliche Ermittlungsarbeit des Vertragsjuristen kommt zutage, daß weder die Vererbung des Hauses, noch dessen lebzeitige Übertragung möglich ist, solange nicht vorher eine entsprechende Auseinandersetzung stattfindet.

(2) Eigentümer E hatte seine Gaststätte mit von ihm gestelltem Mobiliar an Pächter P verpachtet. Der zehnjährige Pachtvertrag läuft aus. E möchte nunmehr seinen Grundbesitz mit dem Gaststättenmobiliar an die Brauerei B verpachten. Er wünscht einen neuen Pachtvertrag.
Der vorsichtige Berater R läßt sich den Pachtvertrag mit P vorlegen. Er erklärt dem erstaunten E, daß gemäß Pachtvertrag
- Ersatzgegenstände, die vom Pächter angeschafft worden sind, in dessen Eigentum stehen,
- dem Pächter für den Fall der Beendigung des Pachtvertrages und den Neuabschluß eines neuen Pachtvertrages ein Vorpachtrecht eingeräumt ist.

(3) Die Eheleute Ehrlich haben zwei erwachsene Kinder, eine bereits verheiratete Tochter und einen Sohn. Die Tochter hat zum Zwecke der Errichtung eines Einfamilienhauses bereits ein Baugrundstück erhalten. Das Wohnhaus der Eheleute Ehrlich ist dem Sohn zugedacht, der dort in der oberen Wohnung wohnt. Dies soll ihm nunmehr gesichert werden.
In einer solchen Situation ist der Vertragsjurist erst einmal als Berater gefragt. Er wird den Eheleuten Ehrlich zunächst die grundsätzlich zu unterscheidenden Möglichkeiten einer lebzeitigen Eigentumsübertragung einerseits und einer Zuweisung durch letztwillige Verfügung andererseits aufzeigen und in ihren praktischen Konsequenzen für die Beteiligten darstellen. In dem sich hieran anknüpfenden Gespräch wird er – vorsichtig und mit

Erster Teil. Die Arbeitsmethode des Vertragsjuristen

Einfühlungsvermögen – Gesichtspunkte zu ermitteln suchen, die für die eine oder andere Lösung sprechen. Dabei kann sich z. B. ergeben, daß den Eltern, da gesundheitlich angeschlagen, daran gelegen ist, die Instandhaltung des gesamten Objektes in die Hände des Sohnes zu geben und daß darüber hinaus der Sohn mit erheblichem finanziellen Aufwand den Ausbau und Umbau des gesamten Dachgeschosses plant, welcher zumindest teilweise mit Kreditmitteln finanziert werden muß. Überlegungen dieser Art sprechen für eine lebzeitige Übertragung, insbesondere dann, wenn es darum geht, dem Sohn Vorteile nach dem „Eigenheimzulagengesetz" (Art. 1 d. Gesetzes zur Neuregelung der steuerrechtlichen Wohneigentumsförderung vom 15. 12. 1995, BGBl I 1783) zu sichern. Es kann sich andererseits aber auch ergeben, daß die Eltern sich rein vom Gefühl her schwer tun, ihr Eigentum bereits zu Lebzeiten aus der Hand zu geben und darüber hinaus sich zur eigenen Absicherung vorbehalten wollen, bei entsprechendem Notfallbedarf das Objekt „zu versilbern".

24 Zu den in die Sachverhaltsermittlung einzubeziehenden Gesichtspunkten zählen auch die **Interessen der anderen** an der ins Auge gefaßten Regelung beteiligten Personen, u. U. auch Interessen Dritter (Pflichtteilsberechtigter).

25 Für den **Notar** entspricht die Interessenermittlung und -berücksichtigung des anderen Vertragsteils seiner gesetzlichen Verpflichtung zur Unparteilichkeit (§ 14 Abs. 2 BNotO) und ist selbstverständlicher Bestandteil seines Arbeitsprozesses auch dann, wenn der Beratungs-, Entwurfs- oder Beurkundungsauftrag nur von einer Vertragsseite an ihn herangetragen wird.

Beim **Anwalt** wird man differenzieren müssen:

- Wird er – was zulässig ist – **von mehreren Beteiligten gemeinsam beauftragt** – etwa von Gesellschaftern wegen Neufassung des Gesellschaftsvertrages oder von Ehegatten wegen Abschlusses eines Ehevertrages –, so folgt hieraus der Zwang zur Überparteilichkeit und Objektivität, zur Ermittlung und Berücksichtigung der Interessen aller Beteiligten (vgl. Zankl, anwaltliche Praxis, S. 22 ff, auch zu den Konsequenzen, wenn später Interessenkonflikte entstehen).
- Bei **Beauftragung durch** nur **eine** künftige **Vertragspartei** ist es zwar Recht und Pflicht des Anwalts, die Interessen seines Auftraggebers zu vertreten. Doch tut er auch hier gut daran, sich in die Interessenlage des anderen Vertragsbeteiligten hineinzudenken und sie bei der ins Auge gefaßten rechtlichen Gestaltung angemessen zu berücksichtigen. Ein Vertragskonzept, das elementare Interessen der Gegenseite ignoriert oder die Risiken völlig einseitig verteilt, hat regelmäßig wenig Aussicht auf Akzeptanz. Im Gegenteil wird nicht selten Unmut über derart Unzumutbares erzeugt, was wiederum die weiteren Verhandlungen belastet und die angestrebte Einigung erschwert.

3. Unmögliche Ziele, Zielkonflikte, Primär- und Sekundärziele

Ausgangsbeispiele:
(1) Bei Notar N erscheint Frau F und bittet um den Entwurf eines Ehevertrages. Ihr zukünftiger Mann – Fernfahrer von Beruf – habe bereits eine gescheiterte Ehe hinter sich und wolle beim zweiten „Versuch" die erforderlichen Vorkehrungen treffen. Man habe sich in etwa folgenden Vertragstext überlegt:
„Wir verpflichten uns, eine stets harmonische und vertrauensvolle Partnerschaft zu führen. Sollte einer von uns einen Fehltritt begehen, so ist der andere Teil ohne weiteres sofort berechtigt, hieraus die Konsequenzen (Scheidung) zu ziehen."
(2) Die getrennt lebenden Eheleute E, die ihre Scheidung aus besonderen Gründen erst in einigen Jahre betreiben wollen, wünschen zur gegenseitigen Absicherung einen wechselseitigen Unterhaltsverzicht.

B. Sachverhalts- und Willensermittlung

(3) Der wohlsituierte Privatier P, der über erheblichen Grundbesitz verfügt, möchte zum Zwecke der Einkünfteverlagerung jeweils ein Miethaus auf seine beiden noch im Studium befindlichen Kinder übertragen. Da er diesen in wirtschaftlicher Hinsicht aber noch nicht so recht traut, möchte er sich ein jederzeit ausübbares und durch Vormerkung grundbuchlich gesichertes „freies" Rückforderungsrecht einräumen lassen.

(4) Die Eheleute E wollen ihr Einfamilienhaus auf Sohn und Schwiegertochter übertragen. Diese wollen mit erheblichen Fremdmitteln durch An- und Umbau eine weitere Wohnung schaffen und selbst nutzen. Die Eltern sollen ein Wohnrecht erhalten und in jedem Fall 100 %ig abgesichert werden.

Im **Beispiel Nr. 1** ist für den Notar sofort erkennbar, daß der ausgedachte Ehevertrag in seiner ersten Abrede eine Vereinbarung enthält, die einer sinnvollen rechtlichen Regelung nicht zugänglich ist: Harmonie als Rechtspflicht begründet keinen justitiablen Verhaltensmaßstab. Der weitere Regelungswunsch beruht auf der irrigen Annahme, man könne durch Vertrag die Voraussetzungen für eine Scheidung abweichend vom Gesetz regeln. Diese Vorschriften stehen jedoch nicht zur Disposition der Beteiligten. Die Aufklärung über diese rechtlichen Gegebenheiten wird der Notar gegebenenfalls mit dem Hinweis verbinden, in welchen Sachbereichen ehevertragliche bzw. scheidungsvorsorgende Regelungen zulässig sind. 26

Grenzen der Vertragsfreiheit werden ebenfalls sichtbar im **Beispiel Nr. 2**. Ein Unterhaltsverzicht für die Zeit des Getrenntlebens ist rechtlich unzulässig, soweit es die Zukunft angeht (§ 1614 Abs. 1). Auch hier gehen die Vorstellungen der Beteiligten auf ein rechtlich unmögliches Ziel.

In den **Beispielen Nrn. 3 und 4** geht es zunächst um die **Aufdeckung von Zielkonflikten**: 27

Der Wunsch des Privatiers P in **Beispiel Nr. 3**, sich eine jederzeitige Rückholmöglichkeit hinsichtlich des Grundbesitzes einräumen zu lassen, ist mit dem steuerlichen Ziel der Einkünfteverlagerung nicht vereinbar. Das von ihm gewünschte freie Rückforderungsrecht führt dazu, daß das betreffende Wirtschaftsgut (Miethaus) nach wie vor steuerlich ihm zugerechnet, die Einkünfteverlagerung also nicht anerkannt wird (§ 39 AO). Steuerlich unschädlich wäre eine Beschränkung des Rückforderungsrechtes auf bestimmte Fälle (Ereignisse), wie z.B. Vorversterben oder Insolvenz des Erwerbers (vgl. BFH NJW 1990, 1751 betr. Gesellschaftsbeteiligungen). Dies entspricht aber gerade nicht der Intention von P. Hier kann der Vertragsgestalter keine zielverwirklichenden Alternativen anbieten. P muß sich, entsprechend aufgeklärt, neu orientieren. U.U. wird er um Rat fragen, welche sonstigen Gesichtspunkte für eine lebzeitige Grundbesitzübertragung zu erwägen sind.

> Worin besteht in **Beispiel Nr. 4** der Zielkonflikt?

Die Eltern sind durch ein im Grundbuch einzutragendes Wohnungsrecht (§ 1093) nur dann gegen alle Eventualitäten gesichert, wenn dieses Recht **erstrangig** eingetragen wird. Andererseits besteht für die Durchführung des Ausbauvorhabens offenbar das unabweisbare Bedürfnis, die aufzunehmenden Fremd-

Erster Teil. Die Arbeitsmethode des Vertragsjuristen

mittel durch Grundpfandrechtseintragung auf demselben Grundbesitz abzusichern. Die Kreditinstitute verlangen in solchen Fällen regelmäßig, daß ihr Grundpfandrecht die erste Rangstelle erhält, also Rang vor dem Wohnungsrecht der Eltern. Aus der Sicht der jeweiligen Bank ist dies durchaus nachvollziehbar, weil ein vorrangiges Wohnungsrecht im Zwangsversteigerungsfalle in das geringste Gebot fiele, d. h. bestehen bleiben würde (§ 44 Abs. 1 ZVG). Dies könnte sich als Erschwernis bei der Verwertung des Objektes auswirken. Ein nachrangig eingetragenes Wohnungsrecht birgt für die Eltern andererseits die Gefahr, daß bei Nichtbedienen des Kredits der Kinder eine Zwangsversteigerung des Objektes stattfinden könnte mit der Folge des Erlöschens des nachrangigen Wohnungsrechtes. Schlagwortartig gekennzeichnet geht es um den Zielkonfikt zwischen dem **Absicherungsinteresse** der älteren und dem **Beleihungsinteresse** der jüngeren Generation.

> Gibt es einen Weg, beides miteinander in Einklang zu bringen?

Je nach den baulichen Gegebenheiten kommt die **Aufteilung des Wohnhauses** in zwei selbständige Wohnungseigentumsrechte nach dem Wohnungseigentumsgesetz (WEG) in Betracht. Übertragungsgegenstand an Sohn und Schwiegertochter könnte sodann nur „ihre" noch auszubauende Wohnung sein, ggf. auch beide Einheiten. Durch die rechtliche Aufteilung des bislang einheitlichen Eigentums werden selbständige grundbuchliche Belastungsobjekte gebildet mit der Möglichkeit, daß bei Übertragung beider Einheiten das Wohnrecht für die Eltern nur auf der von ihnen genutzten Wohnung eingetragen wird – dort erstrangig –, wohingegen die Beleihung sich beschränkt auf das effektiv finanzierte Wohnungseigentum der Erwerber.

Der Vertragsberater wird den Beteiligten deshalb nicht nur den geschilderten Zielkonflikt, sondern auch die in Betracht zu ziehende Ausweichlösung darstellen.

Läßt sich der Ausweg durch Bildung von Wohnungseigentum nicht beschreiten, bleibt hier, wie in zahlreichen Fallsituationen, die Notwendigkeit, die artikulierten **Zielvorstellungen** gegeneinander zu **gewichten** und durch die Beteiligten eine **Vorrang- bzw. Nachrangzuweisung** vornehmen zu lassen. Auch dabei wird der Vertragsgestalter beratend gefragt sein. So werden im Beispielsfall Nr. 4 etwa die Höhe der aufzunehmenden Fremdmittel und die finanzielle Gesamtsituation der Erwerber zu erwägen sein (Risikobeurteilung), ebenso die finanziellen Möglichkeiten der Eltern, gegebenenfalls helfend einzuspringen, um die Zwangsversteigerung des gesamten Objekts zu verhindern. Bei Vorrang des Beleihungsinteresses werden schließlich rechtliche Kompensationsmöglichkeiten in Betracht zu ziehen sein, um das Risiko für die Eltern zumindest etwas herabzumindern: Erreichbar ist immerhin, daß die vorrangig einzutragende Grundschuld nicht ohne Zustimmung der Eltern ganz oder teilweise neu ausvalutiert wird (Einmalvalutierungserklärung). Anders formuliert: Durch Vereinbarung mit dem Kreditinstitut wird das Risiko der Grundschuldverwertung auf konkrete objektbezogene einmalige Kreditverbindlichkeiten der Erwerber beschränkt, nach deren

Tilgung das Wohnungsrecht der Eltern durch Löschung der Grundschuld im Grundbuch an die erste Rangstelle aufrückt.

Die erörterten **Beispiele** haben **zusammengefaßt** folgendes deutlich gemacht: 28
- Bisweilen sind die Zielvorstellungen der Auftraggeber generell oder hinsichtlich bestimmter Aspekte auf etwas rechtlich **Unzulässiges** und damit **Unmögliches** gerichtet. Darüber hat der Vertragsjurist aufzuklären. U.U. lassen sich andere Wege der Rechtsgestaltung aufzeigen, um an Rechtswirkung zumindest in die Nähe dessen zu gelangen, was die Beteiligten wollen.
- **Zielvorstellungen** können derart diametral miteinander in Widerstreit liegen, daß ein Ziel nur unter vollständiger Vernachlässigung eines anderen verwirklicht werden kann. Nicht selten gibt es jedoch Möglichkeiten, auch das zurücktretende Ziel noch begrenzt zu berücksichtigen, den Konflikt also abzumildern.

Die Beteiligten müssen in solchen Fällen entscheiden, welche Zielvorstellung ihnen wichtiger ist **(Vorrangzuweisung)**.

II. Gesprächstechnik

Ausgangsbeispiele:
(1) Frau F erscheint bei Notar N und äußert den Wunsch, ihr Einfamilienhaus, ca. 10 Jahre alt, an K zu veräußern.
(2) A, B und C, Initiatoren von Grundstücksgesellschaften in der Rechtsform von Gesellschaften bürgerlichen Rechts, haben von der Stadt S den Zuschlag zum Erwerb eines ganzen Baugebietes aus städtischem Bestand erhalten. Aus Vertriebsgründen entscheidet man sich, den zur Errichtung vorgesehenen, planerisch einheitlichen Baublock, bestehend aus vier Wohnhauskörpern in der Gesamtform eines Vierecks, in vier rechtlich selbständige Objekte zu zerlegen. Jeder Baukörper soll Vermögen einer selbständigen Grundstücksgesellschaft werden. Es verbleiben darüber hinaus anzukaufende Flächen, die für die bautechnische und baurechtliche Durchführung der Gesamtbaumaßnahme erforderlich sind: Eine innerhalb des Gesamtbaublocks gelegene Freifläche, die der Aufnahme der baurechtlich vorgeschriebenen Entwässerungsanlage (Oberflächenverrieselung) aller vier Häuser dient, zwei weitere Flächen zur Herstellung der baurechtlich insgesamt erforderlichen PKW-Einstellplätze. Rechtsanwalt R wird beauftragt, die Käufer zu beraten, wie die Rechtsverhältnisse an diesen Gemeinschaftsflächen am besten gestaltet werden. Dabei werden Stichworte genannt wie Kostenverteilung zwischen den Fonds-Gesellschaften, Absicherung der gemeinsamen Nutzung der Verrieselungsfläche, alleiniges Nutzungsrecht jeder Gesellschaft an festzulegenden PKW-Stellplätzen.

1. Strukturiertes Fragen

Unter dem Gesichtspunkt der Informationsgewinnung geht das Ziel des Ver- 29
tragsgestalters, mit dem er in das Mandantengespräch hineingeht, dahin, ein möglichst **umfassendes Bild** der Angelegenheit zu gewinnen. Unter „Bild" läßt sich verstehen die Summe der Gestaltungsabsichten, Zielvorstellungen und Erwartungen der Beteiligten, ihre Interessenlage sowie die rechtlich und tatsächlich relevanten Umstände, sozusagen das „Umfeld".

In der Rechtspraxis läuft dieses Gespräch nicht beliebig und zufällig ab, sondern wird von Seiten des Vertragsgestalters zielgerichtet und gegliedert geführt. Der Mandant ist regelmäßig nicht in der Lage zu erkennen, welche Informationen dem Vertragsgestalter gegeben werden müssen, was wichtig und weniger wichtig ist.

Die Strukturierung richtet sich in erster Linie danach, wie typisch das vorgetragene Regelungsanliegen ist:

Ist nach wenigen Worten klar, daß ein gesetzlicher oder in der Vertragspraxis entwickelter Vertragstyp zum Zuge kommt, so orientiert sich die weitere Fragestellung an den regelmäßigen Inhalten des betreffenden Typus. Der **Vertragstyp** liefert dem Vertragsgestalter eine Art **gedankliche Checkliste** über die im Normalfall regelungsbedürftigen Punkte und zugleich typischen Lösungsvarianten (Regelungsalternativen).

Der Vertragsjurist weiß also nur dann, wonach er sinnvollerweise fragen soll, wenn er mit diesen Vertrags- und Regelungstypen vertraut ist. Er stellt seine Fragen nicht ins Blaue hinein, sondern sogleich unter dem Blickwinkel gedanklich typischerweise abzuarbeitender Punkte und hierbei ins Auge zu fassender Lösungen.

30 Im **Ausgangsbeispiel Nr. 1** ist ohne weiteres klar, daß der Vertragstyp „Verkauf einer gebrauchten Immobilie (Einfamilienhaus)" einschlägig ist. Die weiteren Fragen richten sich deshalb an den typischen Regelungsinhalten und -möglichkeiten eines solchen Vertrages aus. So wird der Vertragsgestalter u.a. folgende Punkte ansprechen:
– Kaufpreishöhe und gewünschter Zahlungszeitpunkt.
– Sind dinglich abgesicherte Belastungen (Hypotheken, Grundschulden) vorhanden, ggfs. in welcher Höhe?
– Will der Käufer bestehende Kredite übernehmen?
– Ist das Haus vermietet? Wenn ja, wird das Mietverhältnis vom Käufer übernommen oder legt er Wert auf ein geräumtes Objekt? Ist der Mieter ggfs. auszugswillig bzw. zu einer Aufhebungsvereinbarung bereit?
– Ist der Grundbesitz voll erschlossen (Vorhandensein einer ausgebauten Straße und eines Kanalanschlusses)? Sind die Beiträge hierfür entrichtet? Wenn nicht, wer soll diese Beiträge tragen?

31 Anders liegen die Dinge, wenn das Anliegen nicht sogleich zweifelsfrei einem bestimmten Vertragstyp als Lösungsrahmen zugeordnet werden kann, vielmehr verschiedene Gestaltungswege in Betracht kommen. In solchen Situationen ist die Fragerichtung des Beraters etwas tastender, trotzdem zielorientiert, wenn auch in einem anderen Sinne. Die Aufgabe geht hier zunächst dahin, die Interessenlage und Zielvorstellung des Auftraggebers zu ermitteln – ggf. unter Ausscheiden von Unmöglichem –, um hieraus ein zunächst eher grobes Anforderungsprofil für die gesuchte rechtliche Gestaltung zu formulieren: Welche **wesentlichen rechtlichen Wirkungen** soll die gesuchte Lösung haben?

B. Sachverhalts- und Willensermittlung

> Wie könnte man im **Ausgangsbeispiel Nr. 2** ein solches Anforderungsprofil stichwortartig skizzieren?

Die zu findende Regelung soll
- zu einem Erwerb der fraglichen Gemeinschaftsflächen führen unter angemessener Verteilung des Kaufpreises auf alle vier Grundstücksgesellschaften,
- die Herstellungskosten und die späteren Bewirtschaftungskosten angemessen zwischen den Beteiligten verteilen,
- die Vermietbarkeit der einzelnen PKW-Einstellplätze durch die einzelnen Gesellschaften gewährleisten (ausschließliches Nutzungsrecht),
- die vorgenannten Rechtswirkungen möglichst „verdinglichen", d.h. ihnen möglichst Wirkung gegen Rechtsnachfolger im Eigentum beilegen.

An diesen Arbeitsschritt schließt sich das Aufsuchen von Gestaltungsmöglichkeiten als **Lösungshypothesen** an. Ist der Vertragsgestalter in dem betreffenden Rechtsgebiet zu Hause, so wird seine Erfahrung den Blick vom Anforderungsprofil sogleich zu verschiedenen in Betracht zu ziehenden Lösungsansätzen führen. In sonstigen Fällen tut er gut daran, das bisherige Gesprächsergebnis für sich in Ruhe zu durchdenken und vor weiteren Gesprächen Lösungsmöglichkeiten zu suchen, ggfs. mit Hilfe der einschlägigen kautelarjuristischen Literatur.

> Welche Gestaltungsmöglichkeiten kommen im **Ausgangsbeispiel Nr. 2** in Betracht?

Näher zu durchdenken sind drei Varianten:
- **Erwerb durch eine Gesellschaft;** Nutzungsbeteiligung der anderen über Grunddienstbarkeiten, die auch die alleinige Nutzung bestimmter Stellplätze zum Inhalt haben kann, Beteiligung an Instandhaltungskosten über den Dienstbarkeitsinhalt (§ 1021); Beteiligung an Grundstückserwerbs- und Herrichtungskosten durch Zahlung eines einmaligen Entgeltes für die Einräumung des Nutzungsrechtes.
- **Erwerb** durch alle vier Gesellschaften **in Form einer** zwischen ihnen neu zu gründenden **GbR** (§§ 705 ff), deren Zweck der Erwerb dieser Fläche, deren Herrichtung und sodann deren Verwaltung ist.
- **Erwerb** durch alle vier Gesellschaften in Bruchteilseigentum (§§ 741 ff).

Sind Lösungsvarianten im Blick, geht die Zielrichtung des weiteren Gesprächs dahin, durch zusätzliche Erörterungen mit den Beteiligten und durch weitere Informationen Gesichtspunkte zur Auswahl des endgültigen Lösungsansatzes zu finden. Maßstab für die Gesprächsinhalte sind hier wiederum die typischen Regelungen der in Betracht gezogenen Gestaltungsvarianten, wobei es in dieser Phase im allgemeinen nur um die essentialia und ihre mit dem Anforderungsprofil zu vergleichenden Wirkungen geht. Zumeist ist eine Entscheidung auf der Ebene des **Vergleichs von Grobstrukturen** möglich, mitunter kann es empfehlenswert sein, die Lösungen vollständig alternativ zu durchdenken und entsprechend die Fragestellungen auszurichten.

Im **Ausgangsbeispiel Nr. 2** kann sich im weiteren Verlauf des Gesprächs ergeben, daß Beleihungserfordernisse bestehen, denen beim zweiten Lösungsansatz nicht Rechnung getragen werden kann: Besteht die Notwendigkeit, bei jeder Grundstücksgesellschaft die anteiligen Kosten für den Grunderwerb und die Herrichtung der Gemeinschaftsanlagen durch Bankdarlehen fremdzufinanzieren und diese Mittel grundbuchlich abzusichern, u. U. zugunsten verschiedener Kreditinstitute, so führt der Erwerb in GbR zu Problemen. Der Anteil der Gesellschaft an der Gemeinschaftsflächen-GbR ist kein selbständig beleihbarer Gegenstand. Bei der dritten Lösung ist das anders: Der Miteigentumsanteil kann Gegenstand einer selbstständigen grundbuchlichen Belastung mit einer Grundschuld oder einer Hypothek sein. Die erste Lösung wird aus diesem Grund und wegen ihrer zusätzlichen erheblichen rechtlichen Komplexität ausscheiden.

> Wir halten fest, daß die Gesprächsführung vom Vertragsgestalter an den möglichen Lösungen ausgerichtet wird.

34 Je (verkehrs-)typischer das Anliegen des Mandanten ist, desto eher und intensiver wird sich das Gespräch an den regelmäßigen Inhalten und Inhaltsvarianten hierfür bereit stehender Vertragstypen orientieren. Die Aufmerksamkeit des Beraters richtet sich hierbei **zunächst** auf **Grundstrukturen und Eckdaten, dann** erst auf **Details,** mögen die Beteiligten letztere auch zuerst vorbringen und für vordringlich halten.

2. Zeitlich punktuelle und zukunftsoffene Gestaltungen

35 Eine weitere Differenzierung in der Gesprächstechnik hängt mit der Art der zu treffenden Regelung zusammen.
Bei Vorgängen zeitlich begrenzter Art, insbesondere einmaligen Leistungsaustauschverträgen, kann sich die Gesprächsführung zumeist auf die Regelungsmodalitäten des alsbald abgeschlossenen Lebenssachverhaltes beschränken.
Bei zukunftsoffenen Gestaltungen braucht der Vertragsjurist demgegenüber in erhöhtem Maße Informationen aus dem Umfeld der zu treffenden Regelung.
So ist es z. B. bei der Konzeption einer Familiengesellschaft für den Inhalt der Gewinnverwendungsregelung durchaus von Belang zu erfahren, ob Gesellschafter, die nicht aktiv in der Gesellschaft tätig sind, über sonstige Einkünfte verfügen. Je mehr ein Gesellschafter auf Einkünfte aus der Gesellschaft angewiesen ist, desto eher wird sein Interesse auf eine (volle) Gewinnausschüttung, weniger auf eine Zuweisung des Gewinns zu den Rücklagen der Gesellschaft („Thesaurierung") gerichtet sein. Auch die Kenntnis allgemeiner Lebenseinstellungen und Werthaltungen der Beteiligten kann für die sachgerechte Gestaltung von Bedeutung sein (z. B. Risikobereitschaft, ausgeprägtes Gleichbehandlungsdenken). Ähnliches gilt für familiäre Verhältnisse (z. B. absehbare Entwicklungen in Berufsweg und Persönlichkeit der nachwachsenden Generation einer Unternehmerfamilie).

B. Sachverhalts- und Willensermittlung

Auch bei solchen Aufgabenstellungen ist das Fragen des Vertragsjuristen nicht beliebig, sondern ausgerichtet an den jeweils zu regelnden Punkten mit der Zielrichtung, die Informationen zum Hintergrund und Umfeld zu gewinnen, die für die Erarbeitung einer individuell passenden Lösung erforderlich sind.

3. Adäquate Sprachebene

Ein letzter Aspekt geglückter Gesprächsführung betrifft die Wahl der adäquaten Sprachebene. 36

Dies ist in doppeltem Sinn gemeint: Es geht um **richtiges Hören** und um **verständliches Sprechen**.

Der Vertragsjurist ist in dieser Hinsicht je mehr gefordert, desto weniger vertraut der Mandant nach seiner sozialen Herkunft, Bildung und (beruflichen) Erfahrung mit der Gedanken- und Begriffswelt des Rechts- und Wirtschaftslebens ist. Sich hier in die Sprache und die Denkkategorien des Beteiligten hineinzuhören und hineinzufühlen und aus der juristisch oft völlig falschen und schiefen Ausdrucksweise das Anliegen, die Wünsche und Sorgen und die oft nur unzureichend artikulierte Interessenlage herauszuhören, ist die erste, banal erscheinende und doch elementare Aufgabe des Vertragsjuristen. Sie stellt sich etwa bei dem hohen Ministerialbeamten in ganz anderer Weise als etwa bei einem Landwirt und wiederum anders bei einer ungelernten Hilfskraft aus dem Baugewerbe. Sie kann auch bei der Vertragsberatung eines Unternehmers unterschiedlich akzentuiert sein, je nach dem, ob der Gesprächspartner z.B. ein mit dem Vertragswesen vertrauter Kaufmann oder ein Techniker ist.

Zum richtigen Hören und Verstehen muß die für den Gesprächspartner **passende Sprachebene** des Vertragsjuristen hinzukommen. Gelingt es ihm nicht, die durch das Anliegen des Mandanten und die in Betracht kommenden Lösungen angesprochenen Rechtsfragen dem Gesprächspartner so zu „übersetzen", daß sie in seiner Begriffs- und Erfahrungswelt faßbar werden, so wird bestenfalls Kopfschütteln erzeugt, im schlimmeren Falle werden unzutreffende Assoziationen und Vorstellungen hervorgerufen. 37

Die gelungene Vermittlung oft rechtlich komplizierter Zusammenhänge, die **Übersetzung der Rechtskategorien** in die Verständniswelt des Zuhörers, die Zuspitzung rechtlicher Fragestellungen, Zweifelsfragen und Konflikte auf ihren Kern und in eine für den Gesprächspartner faßbare Form zählt zur Kunst der vertragsgestaltenden Berufe. Unter dem Blickwinkel der Informationsgewinnung ist die Beherrschung dieser Fertigkeit Voraussetzung dafür, daß der Mandant die Entscheidungen, die er im Rahmen der Vertragsgestaltung letztlich selbst zu fällen hat, auf der Grundlage richtigen Verständnisses der Problematik treffen kann. Wer etwa eine Risikolage mangels für ihn faßbarer Erläuterung nicht voll erkennt, bildet sich seine Meinung auf fehlerhafter Grundlage. 38

Für diese oft mühselige alltägliche Übersetzungsarbeit haben sich **zwei Maximen** in der Praxis bewährt: 39

Erster Teil. Die Arbeitsmethode des Vertragsjuristen

Die **Reduzierung des juristischen Sachverhaltes/Begriffs** auf den zum Verständnis im Kontext des jeweiligen Lebenssachverhaltes notwendigen Kern. Juristen neigen oft dazu, um eines vollständigen Bildes willen Erläuterungen zu kompliziert anzulegen und zu relativierend zu formulieren mit einschränkenden Zusätzen, Vorbehalten und Ergänzungen. Das erleichtert den Zugang des Laien zum Verständnis der Angelegenheit zumeist nicht, sondern erschwert ihn. Bei der hier gestellten Aufgabe geht es aber nicht um eine vollständige, korrekte Problemdarstellung, nicht um eine juristisch unanfechtbare Definition, sondern um die sprachliche Darstellung in der Begriffswelt des Gesprächspartners, die ihm den Kern der Problematik eines Rechtsinstitutes faßbar macht.

In vielen Fällen ist eine **bildhafte Ausdrucksweise** hilfreich. Vor allem bei sprachlich weniger gewandten Mandanten kann die Erläuterung in Bildern und bildhaften Ausdrücken schneller und tiefergehend Verständnis erzeugen als viele Worte.

Zur Verdeutlichung einige **Beispiele:**

(1) Vielen Menschen ist die in notariellen Verträgen häufig vorkommende Unterwerfung unter die sofortige Zwangsvollstreckung schwer verständlich. Wenn der Notar zur Erläuterung ausführt, die Urkunde wirke hinsichtlich der eingegangenen Zahlungspflicht wie ein „vollstreckbarer Titel", wird das zumeist nicht weiterhelfen. Wieviele Nichtjuristen wissen, was in diesem Sinne ein „Titel" ist?

Anders diese „Übersetzung": „Wenn sie den Kaufpreis nicht bezahlen, kann der Verkäufer ohne weiteres den Gerichtsvollzieher zu ihnen schicken". Das versteht jeder!

(2) Bei Rechtsanwalt R erscheinen die Eheleute E mit der Bitte um erbrechtliche Beratung. Man wolle ein gemeinschaftliches Testament errichten. Die Ehe ist kinderlos. Aus erster Ehe hat die Ehefrau zwei Kinder, die im Prinzip ihren gesamten Nachlaß erben sollen, insbesondere das ihr allein gehörende Haus. Dem Ehemann soll, falls er die Ehefrau überlebt, ein im Grundbuch einzutragendes Wohnrecht im gesamten Haus eingeräumt werden. R überläßt die Gesprächsführung und Entwurfsfertigung dem bei ihm zur Ausbildung beschäftigten Referendar F. In dem Entwurf findet sich folgende Passage: „Der Ehemann erhält aus dem Nachlaß der Ehefrau als Vermächtnis das lebenslange Wohnrecht (§ 1093 BGB) an allen Räumlichkeiten des Hauses ... Sollte das Haus verkauft werden, erhält der Ehemann als Ersatz für sein Wohnrecht 20% des Kaufpreises". Auf Rückfrage von R erklärt F, er habe die letztgenannte Regelung auch nicht recht verstanden, den Beteiligten sei dieser Satz aber sehr wichtig gewesen.

R bestellt die Eheleute zu einem weiteren Gespräch. Er legt ihnen dar, die von ihnen gewünschte Regelung könnte die Frage aufwerfen, ob der Ehemann im Falle des Hausverkaufs verpflichtet sei, sein Wohnrecht gegen Zahlung des ihm zugedachten Kaufpreisanteils aufzugeben. Wenn man ihn schützen wolle, solle man besser nichts derartiges aufnehmen. Durch sein Wohnrecht könne er dann zwar nicht rechtlich, aber doch faktisch den Hausverkauf verhindern. Wollten die Erben ihm im Interesse der Hausveräußerung das Wohnrecht „abkaufen", so könne er ja zu gegebener Zeit den Preis nennen, zu dem er hierzu bereit sei.

Des Rätsels Lösung: Die Beteiligten hatten die Wirkungsweise eines dinglichen Wohnrechtes nicht erfaßt. Sie gingen davon aus, daß dieses bei einer Veräußerung von Rechts wegen erlösche und der Ehemann in solch einem Fall über eine Kaufpreisbeteiligung entschädigt und geschützt werden müsse. Ihr leicht vorwurfsvoller Kommentar: „Das hat uns ja niemand erklärt".

C. Auswahl, Prüfung, Konzeption von Gestaltungsmöglichkeiten

(3) Einem Grundstückskäufer, der gerne wissen möchte, was eine „Auflassungsvormerkung" ist, wozu sie dient und ob man – er habe gehört, sie koste Geld – nicht darauf verzichten könne, kann der Notar juristisch korrekt, aber ohne „Übersetzungswirkung" folgendes sagen: „Die Auflassungsvormerkung ist ein arteigenes Sicherungsmittel. Sie wird in Abteilung II des Grundbuches eingetragen und bewirkt, daß Verfügungen, die nach ihrer Eintragung über den Grundbesitz getroffen werden, dem Berechtigten gegenüber, d. h. relativ unwirksam sind".

Die Erläuterung bedient sich Begriffe wie „Abteilung II des Grundbuches", „Verfügungen", „Berechtigter", „relative Unwirksamkeit", deren juristischer Gehalt den meisten Mandanten genau so unklar sein wird, wie der zu erklärende Begriff selbst.

Verständnis wird hier erzeugt mit folgender Erläuterung, die näher an der Umgangssprache ist:

„Die Vormerkung im Grundbuch reserviert ihnen gewissermaßen das Haus. Sie schützt sie dagegen, daß der Verkäufer ihr Haus schnell noch an der nächsten Ecke einem anderen verkauft, daß der Verkäufer Pleite macht und daß er (weitere) Hypotheken eintragen läßt".

Diese Erklärung mag sprachlich hemdsärmelig und juristisch gesehen unvollständig und unpräzise sein. Der Durchschnittsmandant erfaßt aber mehr davon, wozu die Vormerkung dient, als bei der korrekten, für ihn jedoch blutleeren ersten Erläuterung.

Aufgabe Nr. 1

Investor Reich plant die Errichtung eines Geschäftshauses auf einem soeben erworbenen Grundstück. Diplom-Sportlehrer Fitmann ist sich mit Herrn Reich im Grundsatz einig, daß die Gesellschaft des Herrn Firmann, die „Sportbetriebsstätten Fitmann-GmbH", im ersten Stock des geplanten Gebäudes Räumlichkeiten anmietet zum Betrieb eines bislang anderweitig untergebrachten Fitneß-Studios.

a) Der Anwalt des Herrn Reich soll einen Mietvertrag ausarbeiten. Wonach wird er Herrn Reich im wesentlichen fragen? Welche wesentlichen Punkte wird er mit ihm erörtern?
b) Angenommen, Herr Fitmann beauftragt seinen Anwalt mit dem Entwurf. Ergeben sich hieraus Unterschiede in den Fragestellungen?

C. Auswahl, Prüfung, Konzeption von Gestaltungsmöglichkeiten

Fall Nr. 3:
Mandant Fix ist junger Inhaber einer von ihm gegründeten Firma in der Rechtsform einer GmbH, die Einrichtungsgegenstände aus Acryl herstellt. Seine Frau arbeitet im Unternehmen mit. Herr Fix ist jedoch alleiniger Gesellschafter und Geschäftsführer. Das Unternehmen mit derzeit 30 Mitarbeitern expandiert stetig und braucht dringend neue Räumlichkeiten. Herr Fix ist sich mit dem Eigentümer Großacker eines größeren Gewerbegrundstücks im Stadtrandgebiet einig, daß Herr Großacker ihm das benötigte Areal (ca. 3000 qm) zum Bau einer neuen Fertigungshalle mit Ausstellungs-, Büro- und Nebenräumen zur Verfügung stellt. Der Gesamtaufwand von ca. 3 000 000,- DM für die Baumaßnahme des Herrn Fix soll ganz überwiegend durch ein Darlehen der Hausbank des Herrn Fix finanziert werden. Herr Großacker

> ist allerdings nicht zu einem Verkauf des Grund und Bodens bereit, weil er dies für spätere Generationen im Familienbesitz halten möchte, wohl aber zu einer langfristigen Nutzungsüberlassung (30–40 Jahre). Bei Vertragsablauf soll der Eigentümer an Herrn Fix für die von diesem errichtete Bausubstanz eine Entschädigung zahlen, über deren Höhe Herr Fix und Herr Großacker z.Zt. noch verhandeln. Das Gebäude soll nach dem Willen von Herrn Fix möglichst nicht als Haftungsobjekt für betriebliche Schulden herangezogen werden können.
>
> Herr Fix trägt seinem Rechtsanwalt Schürfer diesen Sachverhalt vor mit der Bitte um Beratung und Erstellung der „erforderlichen Verträge".

I. Von der Informationsgewinnung zum Lösungsansatz

40 In vielen Routineangelegenheiten der Vertragsgestaltung und Vertragsberatung bedarf es keiner großen Suche nach dem richtigen Lösungsansatz. Die Grundstruktur der zu formulierenden Lösung, zumeist ein bestimmter Vertragstyp, ergibt sich sozusagen aus der Natur der Sache, aus den an den Vertragsjuristen herangetragenen objektiven und subjektiven Fakten. Der Lösungsrahmen („Abschluß eines Vertrages vom Typ X") liegt von vornherein fest oder ergibt sich unschwer aus Sachverhalt und Regelungswillen. Die Aufmerksamkeit des Vertragsjuristen richtet sich in solchen Fällen sogleich auf die **Binnenstruktur der Lösung,** auf einzelne Regelungskomplexe und Einzelfragen.

Beispiele:
(1) Das Autohaus A GmbH hat G als neuen technischen Geschäftsführer gewonnen und bittet den Anwalt des Hauses R, „alle in diesem Zusammenhang erforderlichen rechtlichen Schritte vorzubereiten".
Hier ist klar, daß ein Anstellungsvertrag als Geschäftsführer erforderlich und gewünscht ist. R wird deshalb die Vorstellungen der Beteiligten zu Einzelfragen eines solchen Vertrages abklären (z.B. Vergütung, Gewinntantieme, Urlaub, Dienstwagen). Darüber hinaus wird er den formell erforderlichen Gesellschafterbeschluß über die Bestellung des G zum Geschäftsführer vorbereiten. Dieser Beschluß muß dem Handelsregister am Sitz der Gesellschaft vorgelegt werden und ist deshalb schriftlich zu fassen (§ 39 Abs. 2 GmbHG). Klärungs- und ggf. regelungsbedürftig sind in diesem Zusammenhang noch zwei weitere Fragen: Wie soll die Vertretungsbefugnis des G geregelt werden? Soll er zur alleinigen Vertretung berechtigt sein? Soll G von den Beschränkungen des § 181 BGB befreit werden? Schließlich wird R veranlassen, daß unter Einschaltung eines Notars die erforderliche Handelsregisteranmeldung des neuen Geschäftsführers stattfindet (§ 39 GmbHG).
(2) Das Wohnungsunternehmen W bittet Rechtsanwalt R um Erstellung je eines Vertragsmusters für die Tätigkeit von W als Wohnungseigentumsverwalter sowie für die Mietverwaltung von Eigentumswohnungen.

41 Häufig liegen die Dinge indessen nicht so klar. Das kann seinen Grund insbesondere darin haben, daß
- **verschiedene** typische **Gestaltungen** alternativ in Betracht kommen,
- der Lösungsrahmen – z.B. durch Kombination von Vertragstypen – noch erarbeitet werden muß, weil jedenfalls auf den ersten Blick **kein „vorrätiger" Typ** paßt,

C. Auswahl, Prüfung, Konzeption von Gestaltungsmöglichkeiten

– das Regelungsziel nicht in einem Schritt erreicht werden kann, vielmehr **mehrere** im einzelnen noch festzulegende und aufeinander abzustimmende **Schritte** erforderlich sind.

In solchen Situationen hält der Vertragsgestalter die ernsthaft in Betracht kommenden Varianten bzw. die einzelnen denkbaren Schritte einer Lösung als Denkmodelle fest und behandelt sie als **Lösungshypothesen**. Er handelt methodisch ähnlich einem Richter, der bei seinen gutachterlichen Überlegungen alle näher zu erwägenden, den geltend gemachten Anspruch möglicherweise rechtfertigenden Normen gedanklich festhält.

Es besteht in dieser Phase die Gefahr, daß dem Vertragsgestalter vertrautere und deshalb näher liegende Lösungen als die einzig denkbaren erscheinen, andere Wege nicht ins Blickfeld treten oder vorschnell abgetan werden. Offenheit und ein waches Auge für Alternativen sind wichtiges methodisches Rüstzeug des Kautelarjuristen.

Die Frage, ob bei der konkreten Aufgabenstellung verschiedene Lösungsansätze in Betracht kommen, beantwortet der Vertragsjurist unter Rückgriff auf die ihm vertrauten Vertragstypen der Rechtspraxis und sein durch Erfahrung gewonnenes Wissen über die jeweils einschlägigen Rechtsgebiete und die dort bestehenden Regelungsmöglichkeiten hinsichtlich Grobstruktur und Detail. Mit anderen Worten:

> Das Sehen von anderweitigen Gestaltungsmöglichkeiten setzt methodisch Offenheit und Problembewußtsein, inhaltlich Überblick und vertiefte Sachgebietskenntnis voraus.

Um sich den Blick nicht frühzeitig zu verstellen, sollte der Vertragsgestalter in dieser Arbeitsphase noch keine Vorbewertung verschiedener Lösungsansätze vornehmen. Es geht zunächst nur darum, im Sinne einer **Stoffsammlung** ohne Zuweisung von Vor- und Nachrangverhältnissen die Möglichkeiten zusammen zu tragen, die einer näheren Untersuchung wert sind. 42

> Sind im **Fall Nr. 3** verschiedene Gestaltungen in Betracht zu ziehen?

Das gedankliche Herantasten an den Lösungsansatz könnte in etwa so aussehen:
Das vorgegebene Eckdatum „Nutzungsüberlassung statt Eigentumsübertragung (Kauf)" legt einen Miet- oder Pachtvertrag nahe. Welcher von beiden Typen hier einschlägig ist, ist zu prüfen. Herr Fix will einen Bau auf fremdem Grund und Boden errichten. Er geht vermutlich selbstverständlich davon aus, Eigentümer des Gebäudes zu werden. Das könnte aus verschiedenen Gründen auch in seinem Interesse liegen. Es sind deshalb weiterhin Gestaltungen zu erwägen, die – als Ausnahme von der Regel des § 93 – die Trennung des Eigentums am Gebäude von dem Eigentum am Grund und Boden ermöglichen. Eine solche klassische

Erster Teil. Die Arbeitsmethode des Vertragsjuristen

Möglichkeit ist die Einräumung eines Erbbaurechts. Eine – freilich weniger bekannte – Variante ist die Bestellung eines Dauernutzungsrechtes nach § 31 Abs. 2ff Wohnungseigentumsgesetz (WEG).

43 Rechtsanwalt Schürfer wird deshalb drei mögliche **Lösungsansätze** festhalten:
– Mietvertrag/Pachtvertrag
– Bestellung eines Erbbaurechtes
– Bestellung eines Dauernutzungsrechtes.

Rechtsanwalt Schürfer stellt folgende **Überlegungen** an:
- Begründung eines Nutzungsverhältnisses
    - Ist die Nutzungsüberlassung als **Miete oder Pacht** einzuordnen? Über die Gebrauchsüberlassung hinausgehende Früchte des Grundstücks (§ 581) sollen von Herrn Fix nicht gezogen werden. Es handelt sich deshalb um einen Mietvertrag.
    - Ist ein Mietvertrag mit einer **Laufzeit von 40 Jahren zulässig?** Nach § 567 ist die Vereinbarung einer längeren Vertragslaufzeit als 30 Jahre nicht unwirksam. Jedoch besteht ein Kündigungsrecht nach Ablauf von 30 Jahren. Dies ist zwingend (Palandt/Putzo Rn 2 zu § 567). Wenn Herr Fix also eine **längere Bindung** erreichen möchte – z.B. auch durch Verlängerungsoptionen – so ist dies durch **Mietvertrag nicht möglich.**
    - **Wird Herr Fix Eigentümer des Gebäudes?** Nach §§ 93, 94 folgt das Eigentum an einem Gebäude grundsätzlich dem Eigentum am Grund und Boden, soweit nicht ein Ausnahmetatbestand nach § 95 eingreift. Eine Verbindung des Gebäudes mit dem Grund und Boden zu einem nur vorübergehenden Zweck (§ 95 S. 1) scheidet aus, weil das Gebäude bei Ablauf des Nutzungsrechtes dem Grundstückseigentümer zufallen und von ihm vergütet werden soll. § 95 S. 2 betrifft nur die bauliche Verbindung in Ausübung eines dinglichen Rechtes, wozu ein Mietverhältnis nicht zählt. Herr Fix wird deshalb nicht Eigentümer des aufgrund Mietvertrag errichteten Gebäudes.
    - Besteht für Herrn Fix ein **Interesse, Eigentümer** des geplanten Gebäudes **zu werden?** Dafür könnte sprechen, daß das bürgerlich-rechtliche Eigentum an dem Gebäude – in diesem Fall rechtlich eine Mobilie – nach §§ 929ff übertragen werden kann. Andererseits handelt es sich um ein Gebäude auf fremdem Grund und Boden. Die Nutzung des Grund und Bodens durch dieses Gebäude und seinen Nutzer braucht der Grundstückseigentümer nur im Rahmen und nach Maßgabe des Mietvertrages zu dulden. Eine wirtschaftliche Verwertung des ohnehin nur auf Zeit möglichen Fahrniseigentums durch Veräußerung setzt daher eine gleichzeitige Übernahme des Mietverhältnisses voraus (Vertragsübernahme). Der Vermieter wird aber schwerlich damit einverstanden sein, daß Herr Fix die Befugnis erhält, das Mietverhältnis auf beliebige Dritte zu übertragen. Er wird zumindest ein Interesse haben, sich den neuen Mieter „anzusehen" und sich eine Meinung über dessen Bonität und Vertragstreue zu bilden. Unter dem Gesichtspunkt der Fungibilität kommt es deshalb letztlich auf die Übertragbarkeit des Nutzungsrechtes (Mietvertrag) an.

C. Auswahl, Prüfung, Konzeption von Gestaltungsmöglichkeiten

Aus steuerlichen Gründen könnte ein Interesse bestehen, daß Herr Fix persönlich oder „seine" GmbH Eigentümer des Gebäudes wird, damit die Aufwendungen für die Gebäudeerrichtung steuerlich geltend gemacht, d. h. „abgeschrieben" werden können. Allerdings reicht nach § 39 Abs. 2 AO hierfür auch „wirtschaftliches Eigentum". Nach der Rechtsprechung des BFH und der h. L. (vgl. Schmidt/Weber-Grellet, EStG, § 5 Rz 270 „Bauten auf fremdem Grund und Boden" m. w. N.) vermittelt ein Nutzungsrecht aufgrund Mietvertrages dem Mieter wirtschaftliches Eigentum an dem von ihm errichteten Gebäude, so daß er im Rahmen der von ihm verwirklichten Einkunftsart Absetzungen für Abnutzungen („Abschreibungen") in Anspruch nehmen kann. Erzielt der Grundstücksmieter durch entgeltliche Nutzungsüberlassung des von ihm errichteten Gebäudes Einkünfte aus Vermietung und Verpachtung (§ 21 EStG), so kann er die Gebäudeherstellungskosten im Rahmen des Werbungskostenabzugs steuerlich geltend machen (§ 8 EStG). Ist der Mieter hingegen selbst gewerblich tätig – und sei es fiktiv im Rahmen der sog. „Betriebsaufspaltung" (dazu im nachfolgenden Text) –, so sind Abschreibungen nach § 7 EStG vorzunehmen. Steuerlich ist daher das hier fehlende bürgerlich-rechtliche Eigentum an dem Gebäude kein Nachteil.

- **Wie sicher ist** für Herrn Fix die **Rechtsposition aufgrund eines Mietvertrages?** Die Frage ist deshalb hier von Bedeutung, weil Fix mit ganz erheblichem Aufwand auf fremdem Grund und Boden investieren will. Er hat deshalb ein vitales Interesse, daß ihm das vertragliche Nutzungsrecht für die vereinbarte Laufzeit ohne Verlustrisiko eingeräumt wird. Bei der Analyse dieses Risikos kann man eine Entziehung des Nutzungsrechtes aus Gründen, die Herr Fix selbst zu vertreten hat (Nichtzahlung der Miete, sonstige nachhaltige Verletzung des Mietvertrages), vernachlässigen. Einen quasi-dinglichen Schutz vermittelt § 571 auch gegenüber Rechtsnachfolgern im Eigentum. Es verbleibt das theoretische Risiko der Zwangsversteigerung des Grund und Bodens und eines hieran anknüpfenden Sonderkündigungsrechtes des Erwerbers nach § 57a Zwangsversteigerungsgesetz. Vertragliche Ersatzansprüche des Mieters für diesen Fall – sie wirken über § 57 ZVG i. V. m. § 571 auch gegenüber dem Ersteigerer – können u. U. das Nutzungsinteresse des Herrn Fix an dem Objekt nur begrenzt entschädigen.
Weitgehend vorgebeugt werden kann diesem Risiko dadurch, daß das mietvertragliche Nutzungsrecht zusätzlich durch eine grundbuchlich erstrangig einzutragende beschränkte persönliche Dienstbarkeit gesichert wird (§§ 1090 ff).
- Kann durch Einräumung einer Dienstbarkeit zugleich eine über 30 Jahre hinausgehende Sicherung des Nutzungsrechtes erreicht werden?
Nach der Rechtsprechung des BGH (NJW 1974, 2123) findet auf das einer Dienstbarkeitseinräumung zugrundeliegende Kausalverhältnis die Vorschrift des § 567 keine Anwendung. Legt man die Grundsätze dieser Entscheidung zugrunde, so käme in Betracht, die Rechtsbeziehungen abschließend durch

Bestellung einer Dienstbarkeit und Abschluß eines zugehörigen schuldrechtlichen Grundverhältnisses zu regeln, ohne daß es eines daneben abgeschlossenen Mietvertrages bedürfte. In dem Kausalverhältnis könnten insbesondere die Abreden über das wiederkehrende Entgelt für die Einräumung des dinglichen Rechtes und ebenso die spätere Entschädigungsverpflichtung des Grundstückseigentümers für das ihm zufallende Gebäude geregelt werden. Das gleiche gilt für die Laufzeit der Kausalvereinbarung, ihre Kündigung und die an die Beendigung des Kausalverhältnisses anknüpfende auflösende Bedingung für die Dienstbarkeit. Zugleich würde in diesem Fall das Gebäude nach § 95 Abs. 1 S. 2 zum Scheinbestandteil des Grundstücks und zum Fahrniseigentum des Dienstbarkeitsberechtigten.

– Ist der Weg über eine **beschränkte persönliche Dienstbarkeit** mit anderweitigen **Nachteilen bzw. Risiken** behaftet?

Zweifelhaft ist zunächst, ob ein Recht zur Gebäudeerrichtung Inhalt einer Dienstbarkeit sein kann. Nach dem Gesetz (§ 1090 Abs. 1) kann Inhalt einer beschränkten persönlichen Dienstbarkeit nur die Befugnis sein, ein Grundstück „in einzelnen Beziehungen" zu benutzen. Die Einräumung eines umfassenden Nutzungsrechtes ist nur in Gestalt eines Nießbrauches möglich. Die Errichtung eines Gebäudes entzieht, so könnte man argumentieren, dem Grundstückseigentümer jegliche Nutzungsmöglichkeit an der bebauten Fläche (Zur Gebäudeerrichtung als Inhalt einer Grunddienstbarkeit bzw. eines Nießbrauchrechtes vgl. Staudinger/Ring (1994) § 1018 Rn 44 sowie Staudinger/Frank (1994) § 1037 Rn 5).

Eine beschränkte persönliche Dienstbarkeit ist kein vererbliches und veräußerliches Recht. Sie erlischt mit dem Ableben des Berechtigten (§§ 1090 Abs. 2, 1061). Abweichende Vereinbarungen sind nicht möglich. Die Einräumung eines solchen Rechtes zugunsten einer natürlichen Person birgt deshalb die Gefahr in sich, daß diese Person vor der vorgesehenen Nutzungsdauer verstirbt. Diesem Nachteil kann dadurch aus dem Wege gegangen werden, daß die GmbH Inhaberin der beschränkten persönlichen Dienstbarkeit wird. Diese ist dann nach Maßgabe von §§ 1092 Abs. 2, 1059a bis 1059d übertragbar. Allerdings würde dies zwingend zur Folge haben, daß das Gebäude zivilrechtlich Eigentum und steuerlich Betriebsvermögen der GmbH wird. Das kann nicht nur steuerliche Konsequenzen haben (Bildung „stiller" Reserven), sondern eröffnet den Zugriff von Geschäftsgläubigern der GmbH auf das Gebäudeeigentum, was Herr Fix gerade vermeiden möchte. Auf dieser Basis ist deshalb die haftungsrechtlich wünschenswerte Möglichkeit ausgeschlossen, daß Herr Fix persönlich – besser noch seine Ehefrau – den Mietvertrag abschließt, das Gebäude errichtet und an die GmbH vermietet. Eine Zuordnung des Gebäudeeigentums zum Privatvermögen des Herrn Fix bzw. seiner Ehefrau ist bei dieser Gestaltung nicht möglich.

Die für Herrn Fix wichtige Abrede, daß der Grundstückseigentümer bei Beendigung des Nutzungsverhältnisses den Gebäudewert entschädigt, kann

C. Auswahl, Prüfung, Konzeption von Gestaltungsmöglichkeiten

nicht zum dinglichen Inhalt der Dienstbarkeit gemacht werden. Sie bindet daher einen Rechtsnachfolger im Eigentum nur bei ausdrücklicher Übernahme dieser schuldrechtlichen Verpflichtung. Wird dies versäumt, hat der Nutzungsberechtigte gegen den späteren Eigentümer diesbezüglich keine Rechte. Abhilfe ist denkbar durch Bestellung einer gesonderten dinglichen Sicherheit, z.B. einer Höchstbetragshypothek (§ 1190) zugunsten der GmbH als Bauwerkeigentümerin zulasten entweder des hier betroffenen oder eines anderen Grundstücks des Eigentümers.

– Ein weiterer Gesichtspunkt ist die **Beleihbarkeit.** Die Dienstbarkeitslösung hat den Nachteil, daß der finanzierenden Bank kein adäquates Beleihungsobjekt zur Verfügung gestellt werden kann. Bei der erörterten Gestaltung erwirbt die GmbH ein Gebäude auf fremdem Grund und Boden, rechtlich eine bewegliche Sache im Sinne von §§ 929 ff. Eine Verpfändung scheidet aus praktischen Gründen aus (§§ 1205, 1206), eine Sicherungsübereignung verschafft dem Kreditinstitut keine adäquate Sicherheit, weil die Verwertbarkeit von der gleichzeitigen Übertragbarkeit des Mietverhältnisses abhängt.

– Welche **Folgen** hat die erwogene Lösung **hinsichtlich Kosten bzw. Steuern?** Ob der Erwerb der Befugnis, in Ausübung eines dinglichen Rechtes ein Gebäude auf fremdem Grund und Boden zu errichten, Grunderwerbsteuer auslöst, ist zweifelhaft, wenn – wie hier – der Grundstückseigentümer bei Beendigung des Nutzungsverhältnisses zur Entschädigung des Gebäudewertes verpflichtet ist. Hierin könnte ein Anwendungsfall von § 1 Abs. 2 i.V.m. § 2 Abs. 2 Nr. 2 Grunderwerbsteuergesetz liegen. Im Ergebnis ist diese Frage zu verneinen. Die Steuerfrage stellt sich allerdings erneut für den späteren Rechtsvorgang des Erwerbs des Eigentums an dem Gebäude durch den Grundstückseigentümer gegen Entschädigung. Dieser Erwerb ist nach § 1 Abs. 1 i.V.m. § 2 Abs. 2 Nr. 2 GrEStG steuerpflichtig (vgl. Boruttau/Viskorf, § 2 Rn 180).

Zusammengefaßt:
Die mietvertragliche Lösung verschafft Herrn Fix eine sichere Rechtsposition nur für einen Zeitraum von 30 Jahren. Im Falle der Zwangsversteigerung des Grundbesitzes bestehen Kündigungsrisiken. Herr Fix erwirbt kein Eigentum an dem zu errichtenden Gebäude. Steuerlich ist die allerdings ohne Belang („wirtschaftliches Eigentum"). Durch Dienstbarkeitsbestellung in Verbindung mit einem schuldrechtlichen Kausalverhältnis kann eine darüber hinausgehende, auch im Krisenfall wirksame Absicherung herbeigeführt und zugleich bürgerlich-rechtliches Eigentum an dem Gebäude begründet werden. Als Berechtigter der hier nur denkbaren beschränkten persönlichen Dienstbarkeit kommt nur eine juristische Person, die GmbH des Herrn Fix, in Betracht. Demzufolge wird das Gebäude Eigentum der GmbH und kann dem Zugriff der Gesellschaftsgläubiger nicht entzogen werden. Eine adäquate Absicherung der vorgesehenen Bankkredite durch das Bauwerk selbst ist nicht möglich.

Erster Teil. Die Arbeitsmethode des Vertragsjuristen

- **Bestellung eines Erbbaurechtes**
  - Läßt sich das Anliegen des Herrn Fix durch Bestellung eines Erbbaurechtes verwirklichen?

  Durch Vertrag und Eintragung im Grundbuch kann für Herrn Fix das Recht begründet werden, auf dem Grund und Boden des Herrn Großacker ein Gebäude zu errichten und zu haben. Das Erbbaurecht wird im Grundbuch als Belastung des Grundeigentums erstrangig eingetragen und zugleich durch Anlegung eines selbständigen Erbbaugrundbuches wie ein Grundstück behandelt (grundstücksgleiches Recht). Es ist veräußerlich, vererblich und selbständig beleihbar (§ 11 ErbbauVO). Es kann zwar vereinbart werden, daß Veräußerung und Beleihung der Zustimmung des Grundstückseigentümers bedürfen. Jedoch besteht grundsätzlich ein gesetzlicher Zustimmungsanspruch des Erbbauberechtigten (§ 7 Abs. 2 ErbbauVO).

  Das in Ausübung des Erbbaurechtes errichtete Gebäude wird nicht wesentlicher Bestandteil des Grund und Bodens, sondern gilt als solcher des Erbbaurechtes (§ 12 ErbbauVO). „Eigentümer" des Gebäudes ist also der Erbbauberechtigte.

  Das Erbbaurecht kann auf Zeit bestellt werden. Es kann weiterhin vereinbart werden, daß bei Zeitablauf für die dann vorhandene Gebäudesubstanz vom Grundstückseigentümer in bestimmter Höhe Ersatz zu leisten ist (§ 27 Abs. 1 S. 2 ErbbauVO). Für diese Entschädigungsforderung haftet das Grundstück dinglich mit dem Rang des Erbbaurechts (§ 28 ErbbauVO). Die wechselseitigen Rechte und Pflichten können weitgehend zum dinglichen Rechtsinhalt des Erbbaurechtes gemacht werden. Das dem Eigentümer zu zahlende Nutzungsentgelt kann als Erbbauzins in das Grundbuch eingetragen werden als Belastung des Erbbaurechtes.

  Der frühere Konflikt zwischen dem Absicherungsinteresse des Eigentümers hinsichtlich seines Erbbauzinses und dem Beleihungsinteresse des Erbbauberechtigten (Rangkonflikt) ist durch die Neuregelung des § 9 Abs. 3 ErbbauVO weitgehend beseitigt: Ist hinsichtlich des Erbbauzinses eine Nichtkapitalisierungsvereinbarung nach § 9 Abs. 3 Nr. 1 ErbbauVO getroffen worden, kann der Grundstückseigentümer einem Finanzierungsgrundpfandrecht den Vorrang einräumen, ohne Gefahr zu laufen, daß bei dessen Verwertung der Erbbauzins erlischt (§§ 91, 44 Abs. 2 ZVG) und aus dem Versteigerungserlös ihm weniger als dessen Kapitalwert zufließt. Die praktische Einsetzbarkeit des Instituts Erbbaurecht auch für private Erbbaurechtsausgeber hat sich dadurch erheblich erhöht.

  - Spielt es eine Rolle, wer Inhaber des Erbbaurechts wird?

  Da das Erbbaurecht veräußerlich und vererblich ist, kann es unproblematisch einer natürlichen Person bestellt werden. Es besteht deshalb die Möglichkeit, das Erbbaurecht und damit das Gebäude vom Vermögen der GmbH zu sondern. Wird Herr Fix Erbbaurechtsnehmer und Bauherr und überläßt er das Gebäude seiner GmbH zur Nutzung, so erzielt er nicht etwa Einkünfte aus Vermietung und Verpachtung (§ 21 EStG). Vielmehr entsteht

C. Auswahl, Prüfung, Konzeption von Gestaltungsmöglichkeiten

steuerlich die Situation einer sog. „Betriebsaufspaltung": Herr Fix wird persönlich, ob er will oder nicht, steuerlich zu einem Unternehmer, nämlich Inhaber des „Besitzunternehmens Fix", welches der GmbH ein für deren Betrieb notwendiges Wirtschaftsgut zur Nutzung überläßt. I.E. wird das Gebäude derart zwar nicht Betriebsvermögen der GmbH, wohl aber Betriebsvermögen des „Besitzunternehmens Fix". Soll das Gebäude auch steuerlich nicht Betriebsvermögen werden, müßte das Erbbaurecht zugunsten der Ehefrau von Herrn Fix bestellt und das Gebäude an die GmbH vermietet werden. Damit wird auch zugleich der Haftungsgefahr unter dem Gesichtspunkt der eigenkapitalersetzenden Nutzungsüberlassung vorgebeugt: Nach der Rechtsprechung des BGH (BGHZ 127, 1 ff und 17 ff) ist die Nutzungsüberlassung eines Gegenstandes an die GmbH durch einen Gesellschafter unter bestimmten Voraussetzungen entsprechend §§ 32 a, 32 b GmbHG als eigenkapitalersetzend anzusehen mit der Folge, daß beim Zusammenbruch der GmbH deren Insolvenzverwalter die weitere unentgeltliche Nutzungsüberlassung jedenfalls für den Zeitraum vertraglich vereinbarter Nutzungsüberlassung verlangen kann.

- Hat die Erbbaurechtslösung Nachteile?
  Solche sind nicht erkennbar.
- Welche Kosten- bzw. Steuerfolgen werden ausgelöst?
  Die Bestellung des Erbbaurechtes löst Grunderwerbsteuer in Höhe von 3,5 % aus. Sie bemißt sich nach der Gegenleistung (Erbbauzins). Diese ist auf das 18fache des Jahresentgeltes begrenzt.

• **Bestellung eines Dauernutzungsrechtes**
Nach § 31 Abs. 2 WEG kann im Wege einer Grundstücksbelastung ein Recht begründet werden auf ausschließliche Nutzung bestimmter nicht zu Wohnzwecken dienender Räume in einem zu errichtenden Gebäude. Das Recht kann auch das ganze Gebäude erfassen. Mit dem Eigentümer kann vereinbart werden, daß der Dauernutzungsrechtsinhaber das Gebäude auf eigene Rechnung selbst errichtet.
Ähnlich wie beim Erbbaurecht können bestimmte Rechte und Pflichten zum dinglichen Inhalt des Dauernutzungsrechts gemacht werden (§ 33 Abs. 4 WEG). Hierzu zählt nicht die Vereinbarung einer Entschädigung an den Dauernutzungsberechtigten bei Zeitablauf des Dauernutzungsrechtes.
Als dingliches Recht sichert das Dauernutzungsrecht die Gebäudenutzung des Herrn Fix für den vereinbarten Zeitraum jedenfalls dann, wenn keine vorrangigen Belastungen im Grundbuch eingetragen sind.
Kraft Gesetzes ist das Dauernutzungsrecht veräußerlich und vererblich (§ 33 Abs. 1 WEG).
Eigentümer des Gebäudes wird der Berechtigte zwar nicht. Doch kann das Dauernutzungsrecht durch entsprechende Ausgestaltung des dinglichen Rechtsverhältnisses steuerlich betrachtet zu einem eigentumsähnlichen Recht (§ 39 AO) ausgestaltet werden. Die Vererblichkeit hat zur Folge, daß es hier auch zugunsten einer natürlichen Person (Herrn Fix oder seiner Ehefrau) be-

Erster Teil. Die Arbeitsmethode des Vertragsjuristen

stellt werden kann. Es läßt sich also aus dem Vermögen der GmbH heraushalten.

Nicht möglich ist die selbständige Belastung des Dauernutzungsrechtes. Als Kreditunterlage für die aufzunehmenden Fremdmittel ist es deshalb nicht geeignet.

Grunderwerbsteuer löst die Einräumung eines Dauernutzungsrechtes nicht aus.

II. Maßstäbe zur Beurteilung von Gestaltungsmöglichkeiten

1. Der Maßstab der Zieladäquanz

44 Das Durchdenken in Betracht kommender Gestaltungsmöglichkeiten führt den Vertragsgestalter nur dann weiter, wenn die **Untersuchungen unter bestimmten Aspekten,** bestimmten Blickwinkeln angestellt werden.

> Welches ist – in einem Wort ausgedrückt – der leitende Gesichtspunkt für die Erwägungen des Rechtsanwalt Schürfer?

Leitmotiv ist die **Zieladäquanz**: Untersucht wird, inwieweit die erwogene Lösung die vorgegebenen Gestaltungsziele verwirklicht.

> Woraus ergeben sich diese Ziele?

Sie sind abzuleiten aus dem vorgetragenen **Anliegen,** den dabei mitgeteilten **Tatsachen, Vorstellungen und Umständen** und aus der hieraus zu ermittelnden **Interessenlage.**

In Aufgabenstellungen wie hier, bei denen die Lösung auch im groben nicht von vornherein auf der Hand liegt, ist eine **Auffächerung der Zieladäquanz** in Einzelkriterien notwendig.

45 Dies führt zur Erstellung eines **Anforderungsprofils**, dem die gesuchte Lösung möglichst weitgehend entsprechen sollte. Auch den Erwägungen des Rechtsanwalt Schürfer liegt ein solches – im obigen Text nicht wiedergegebenes – Anforderungsprofil zugrunde, wobei hier dahingestellt bleiben kann, ob dieser gedankliche Schritt sinnvollerweise vor oder nach dem Zusammentragen denkbarer Lösungsansätze stattfindet.

> Woraus besteht das Anforderungsprofil in Fall Nr. 3?

Rechtsanwalt Schürfer überprüft in seinen Erwägungen den jeweiligen Lösungsansatz unter folgenden (Haupt-)Blickwinkeln:
- Rechtliche Begründung und Sicherung der Nutzungsbefugnis für die gesamte angestrebte Nutzungszeit,

C. Auswahl, Prüfung, Konzeption von Gestaltungsmöglichkeiten

- Sicherstellung der Zahlung der Gebäudeentschädigung bei Zeitablauf,
- Möglichkeit steuerlicher Abschreibung der Bauaufwendungen,
- kein Zugriff von Geschäftsgläubigern auf die Gebäudesubstanz,
- Verwendung des Gebäudes als Kreditunterlage für die das Gebäude finanzierende Bank.

2. Der rechtliche Spielraum der Vertragsgestaltung

Je weiter sich der Vertragsjurist mit seinen Überlegungen von anerkannten Typen bzw. anerkannten Einzelregelungen entfernt, desto mehr Bedeutung erlangt die Frage, ob und inwieweit in dem betreffenden Bereich überhaupt **vertragliche Vereinbarungen rechtlich zulässig** sind. Hieran schließt sich die Frage an, ob die konkret **erwogene Lösung gesetzeskonform** ist. 46

Der Grundsatz der Vertragsfreiheit ist in mancherlei Hinsicht eingeschränkt.
Zu nennen sind vor allem folgende Bereiche:

- **Zwingende Gesetzesnormen,** solche also, die eine abweichende vertragliche Regelung des Normbereichs nicht zulassen:

Beispiele:
(1) Ein Gewährleistungsausschluß des Verkäufers kann nicht auf das arglistige Mängelverschweigen des Verkäufers erstreckt werden (§ 476).
(2) Der soziale Kündigungsschutz bei Mietwohnungen nach § 564 b ist nicht abdingbar (§ 564 b Abs. 6).

- **Verbotsnormen,** die bestimmte vertragliche Vereinbarungsinhalte für unwirksam erklären, ohne selbst eine (positive) Regelung des Normbereichs zu enthalten (z.B. §§ 134, 138, §§ 9, 11 AGBG):

Beispiel: Bei einem Bauträger-Formularkaufvertrag über eine neu errichtete Eigentumswohnung ist der Ausschluß der Mängelgewährleistung des Verkäufers unwirksam (vgl. BGH DNotZ 1982, 626; 1984, 760).

- **Typenzwang im Sachenrecht.** Dies beinhaltet zweierlei:
    - neue gesetzlich nicht geregelte dingliche Rechte können nicht durch Vertrag „erfunden werden",
    - die einzelnen gesetzlichen Sachenrechte sind nur in gewissen Grenzen einer inhaltlichen Ausgestaltung bzw. Abänderung zugänglich.

- **Öffentlich-rechtliche Vorschriften,** die bei öffentlich-rechtlichen Verträgen den öffentlichen Rechtsträger in Vertragsabschluß und inhaltlicher Gestaltung einschränken (z.B. Erschließungsverträge, Verträge zur Ablösung von Erschließungsbeiträgen).

- In einem weiteren Sinne kann man auch **behördliche Genehmigungserfordernisse** zu den Gestaltungsgrenzen zählen, jedenfalls dann, wenn die erwogene Gestaltung nicht genehmigungsfähig ist oder kein Rechtsanspruch auf Genehmigungserteilung besteht (behördliche Ermessensentscheidung).

Erster Teil. Die Arbeitsmethode des Vertragsjuristen

> Spielen in den obigen Überlegungen von Rechtsanwalt Schürfer zu Fall Nr. 3 rechtliche Gestaltungsgrenzen eine Rolle?

47 Die **Grenzen des Aktionsraumes der Vertragsgestaltung** werden an mehreren Stellen sichtbar:
- Zeitliche Begrenzung der bindenden Mietvertragslaufzeit,
- Unvererblichkeit einer beschränkten persönlichen Dienstbarkeit,
- Zahlung einer Entschädigungssumme durch den Eigentümer kann nicht Dienstbarkeitsinhalt sein,
- ein Dauernutzungsrecht kann nicht Beleihungsgegenstand sein.

3. Weitere Maßstäbe

48 Zentraler Gesichtspunkt für die Beurteilung von vertraglichen Gestaltungsmöglichkeiten sowohl hinsichtlich der Grundstruktur, als auch hinsichtlich einzelner Regelungsfragen ist die **Sicherheit**. Es geht dabei um die Frage, ob und inwieweit die von der jeweiligen Vertragsseite angestrebte Rechtsposition – z.B. eine rechtliche Befugnis, ein Gestaltungsrecht, eine Forderung – durch die erwogene Regelung rechtlich gesichert ist, ob und welche Risiken unausräumbar bestehen bleiben. Zumeist wird der Gesichtspunkt der rechtlichen Sicherheit wegen seiner zentralen Bedeutung Bestandteil des herauszuarbeitenden Anforderungsprofils sein, so auch in Fall Nr. 3. Seinem Charakter nach handelt es sich nicht um eine konkret-fallbezogene, sondern um eine **allgemeine Zielvorstellung**. Der Aspekt der Sicherheit und die daran anknüpfenden kautelarjuristischen Begleitregelungen zur Risikovermeidung, z.B. Sicherung der Zug-um-Zug-Leistung bei Austauschverträgen, Vorkehrungen gegen Leistungsstörungen und sonstige Veränderungen des Sachverhalts (z.B. Erbfall), ist nachfolgend gesondert behandelt (Zweiter Teil, Abschnitt B. III., IV.) und wird deshalb hier nicht weiter vertieft.

> Welches Fazit ergibt sich aus den Überlegungen von Rechtsanwalt Schürfer in Fall Nr. 3 unter dem Blickwinkel der Sicherheit?

Das Ziel einer rechtlichen Sicherung der Grundstücksnutzung auf 40 Jahre kann durch Bestellung eines Erbbaurechtes oder eines Dauernutzungsrechtes verwirklicht werden, ebenso durch die Dienstbarkeitslösung, nicht jedoch durch einen Mietvertrag. Sicherheit dahingehend, daß der Grundstückseigentümer nach Ablauf der Nutzungszeit die Gebäudeentschädigung zahlt, kann im Rahmen der Erbbaurechtsbestellung erreicht werden, bei den übrigen Lösungsansätzen nur durch Zusatzkonstruktionen (zusätzliches Grundpfandrecht).

49 Die gesuchte Lösung sollte weiterhin **praktikabel** sein. Dieses Kriterium ist abzugrenzen gegenüber dem Gesichtspunkt der Vermeidung von überflüssiger rechtlicher Komplexität. Bei der Praktikabilität geht es darum, daß die im Ver-

C. Auswahl, Prüfung, Konzeption von Gestaltungsmöglichkeiten

tragswerk vorgesehenen Verhaltensmöglichkeiten, Vorgehensweisen und Rechtspositionen von den Beteiligten – und sei es auch nach Inanspruchnahme rechtlicher Interpretationshilfe zum Vertragsverständnis – in der Lebenswirklichkeit sinnvoll wahrgenommen werden können, der Vertrag in die Rechtswirklichkeit umgesetzt werden kann. Rechtliche Komplexität tunlichst vermeiden heißt, sie nur dort zuzulassen, wo sie aus der Sache heraus zur Verwirklichung der Zielvorstellungen der Beteiligten oder zu ihrer Sicherheit nicht zu umgehen ist. Ist eine komplexe Struktur unvermeidlich, wird ihr im Interesse der Sachziele von den Beteiligten meist der Vorrang vor der einfacheren aber schlechteren Lösung eingeräumt werden.

Beispiele:
(1) Bei einem Grundstückskauf über ein Haus ist bekannt, daß die Anliegerstraße soeben zum erstenmal durch die Gemeinde ausgebaut und dies noch ca. 6 Monate in Anspruch nehmen wird. Der Vertrag enthält folgende Klausel: „Erschließungsbeiträge nach dem Baugesetzbuch sowie Anliegerbeiträge und Hausanschlußkosten nach kommunalem Abgabenrecht für die erstmalige Herstellung von gemeindlichen Erschließungsanlagen (Straße und Kanal) trägt der Verkäufer, soweit diese Beiträge auf Baumaßnahmen entfallen, die bis zum heutigen Tage tatsächlich durchgeführt worden sind, für den Zeitraum danach der Käufer". Eine solche schuldrechtliche Abschichtung der Verpflichtungen zur Beitragszahlung ist rechtlich zulässig, entspricht auch dem Gerechtigkeitsdenken zahlreicher Vertragsbeteiligter, ist jedoch bei der gegebenen Sachlage extrem unpraktikabel. In welchem Umfang der letztendliche Beitrag dem fraglichen Zeitraum vor dem Stichtag zuzuordnen ist, könnte nur die Gemeinde beantworten. Hierzu wird sie sich nicht in der Lage sehen, oftmals auch nicht zu entsprechenden Berechnungen bereit sein. Überdies gehen in den Betrag Kosten ein, die zeitlich nicht einer Bauphase zugeordnet werden können, wie z.B. gemeindliche Grunderwerbskosten.

(2) Wenn ein geschiedener Erblasser mit Kindern aus der geschiedenen Ehe unter allen denkbaren Umständen verhindern will, daß sein geschiedener Ehepartner über die Zwischenstufe der Vererbung an die gemeinsamen Kinder nach deren Vorversterben etwas aus seinem Nachlaß erhält – und sei es auch nur durch Pflichtteilsansprüche –, so ist die Anordnung einer gestuften Vor- und Nacherbfolge unvermeidlich. Die Kinder werden zunächst nur Vorerben und bleiben dies, solange der geschiedene Ehepartner lebt. Versterben sie vor diesem, werden wiederum ihre Abkömmlinge zu Nacherben eingesetzt, diese ihrerseits nur als Vorerben (usw.). Die damit verbundene Rechtskonstruktion ist äußerst kompliziert und mag für die Betroffenen immer wieder Erläuterungsbedarf begründen, wird aber bei entsprechendem unbedingten Vermeidungswillen akzeptiert werden.

Besondere Bedeutung für die Beteiligten hat der Gesichtspunkt **Kosten und** 50 **Steuern.** Nach dem Willen des typischen Auftraggebers soll der Vertrag möglichst wenig kosten und tunlichst keine Steuern auslösen. Dabei geht es nicht nur um sofort eintretende, sondern auch um potentielle spätere Steuerbelastungen.

Beispiele:
(1) Der Verkauf eines Baugrundstücks zu 150000,- DM 3 Jahre nach Erwerb zu 100000,- DM löst Spekulationssteuer aus (§ 23 Abs. 1 Nr. 1 EStG). Der Mandant muß dies in Kauf nehmen oder mit dem Verkauf noch warten. Maßgeblich für die Fristberechnung ist grds. jeweils der Abschluß des schuldrechtlichen Grundgeschäftes (vgl. Schmidt/Heinicke, § 23 EStG, Rn 11).

Erster Teil. Die Arbeitsmethode des Vertragsjuristen

(2) Bei Festlegung von GmbH-Beteiligungsquoten in der Gründungsphase kann der Gesichtspunkt durchaus eine Rolle spielen, ob ein Beteiligter 10% oder mehr vom Stammkapital übernimmt und damit eine wesentliche Beteiligung im Sinne von § 17 EStG erwirbt mit der Folge einer evtl. Steuerpflicht im Veräußerungsfalle.

(3) Die Schenkung eines Hausgrundstücks an Sohn und Schwiegertochter kann hinsichtlich der Schwiegertochter Schenkungsteuer auslösen, weil insofern erheblich geringere Freibeträge einschlägig sind. Zu ihrer Vermeidung kann der gesamte Grundbesitz zunächst auf den Sohn übertragen werden, der – nach einer gewissen Schamfrist – einen ½ Anteil seiner Ehefrau weiter überträgt („Kettenschenkung"). Dies ist aber nur dann sinnvoll, wenn die hierdurch zusätzlich ausgelösten Notar- und Gerichtskosten geringer sind als die ansonsten entstehende Schenkungsteuerschuld. Die Notwendigkeit der „Schamfrist" ergibt sich aus BFH BStBl II 1994, 128 f. Die zweite Schenkung sollte erst beurkundet werden, wenn der erste Vertrag grundbuchlich vollzogen ist (ebenso Wegmann, Grundstücksüberlassung, Rn 123).

51 Beachtung verdient weiter der **Zeitaspekt.**
Die Prüfung komplexer Lösungsansätze und die Ausarbeitung entsprechend individualisierter Lösungen kostet – sachgerecht ausgeführt – erheblich mehr Zeit als die Standardlösung. Oft wollen die Beteiligten hierauf nicht warten. Mitunter können sie nicht übersehen – und deshalb nicht einsehen –, warum bei solchen Aufgabenstellungen eine sorgfältige Fallbearbeitung nicht von heute auf morgen zu haben ist. Der gedankliche und zeitliche Aufwand für die vom Vertragsjuristen erwartete geistige Leistung wird seitens des Mandanten regelmäßig unterschätzt. Dies gilt insbesondere, je weniger sich die oft beträchtliche Gedankenarbeit einschließlich Literatur- und Rechtsprechungsstudium in entsprechender Textmenge niederschlägt.
Zeitdruck ist für den Vertragsjuristen berufstypisch und in bestimmten Grenzen auch durchaus heilsam. Er zwingt zur konzentrierten rationellen Arbeitsweise, zur Beschränkung auf das Wesentliche. Wo Zeitdruck allerdings dazu führen würde, daß der Vertragsgestalter Lösungen „abliefern" müßte, die er nicht zu Ende durchdacht oder ausformuliert hat, ist die kritische Grenze erreicht. Passieren hier Fehler, wird der Vertragsjurist sich später (zu Recht) nicht darauf berufen können, man habe ihm zu sorgfältigerem Arbeiten keine Zeit gelassen. Der Auftraggeber erwartet – und hierin zeigt sich ein typischer Zielkonflikt – eine schnellstmögliche Lösung, die selbstverständlich frei von Fehlern ist, alles wesentliche berücksichtigt und die geringstmöglichen Kosten verursacht. Hat der Zeitdruck die geschilderte kritische Grenze überschritten, ist der Vertragsjurist gehalten, dem Auftraggeber unmißverständlich klar zu machen, daß eine sachadäquate Lösung seiner Wünsche nicht in der zur Verfügung stehenden Zeit machbar ist. Bietet er als Alternative – besser: als Zwischenschritt – die den Zielvorstellungen weit weniger genügende schnelle Standardlösung an, so muß er ebenso zweifelsfrei deutlich machen, wo deren Schwächen liegen und daß es u. U. bessere Ansätze gibt, die zu überprüfen und auszuarbeiten in der Kürze der Zeit nicht möglich ist. In diesem Umfang ist also eine unmißverständliche Distanzierung von der „Schnellösung" angezeigt.

C. Auswahl, Prüfung, Konzeption von Gestaltungsmöglichkeiten

Ob eine ins Auge gefaßte Vertragsgestaltung ferner **ausgewogen, fair,** zumutbar, kurz: **gerecht** zu sein hat, scheint je nach beruflicher Rolle und Standpunkt des Betrachters zweifelhaft zu sein:

Der **Notar** ist gesetzlich zur Unparteilichkeit verpflichtet. Er hat darauf hinzuwirken, daß Unerfahrene nicht benachteiligt werden (§ 17 Abs. 1 S. 2 BeurkG). Der ihm abverlangte Gestaltungsrat darf deshalb die zu regelnden Fragen nicht aus der Sichtweise nur eines Beteiligten angehen. Sein aus beruflicher Erfahrung gewonnenes Vorverständnis wird ihn in der Regel Lösungen vorschlagen lassen, die bewährten und in diesem Sinne von der Vertragspraxis für „gerecht" gehaltenen Regelungsmustern entsprechen. Paßt für die Problemlage kein anerkanntes Rechtsmuster, wird er bei der Erarbeitung von neuen Lösungsvorschlägen um einen fairen Interessenausgleich bemüht sein.

Eine klarstellende Differenzierung ist hier wichtig: Von Extremfällen abgesehen ist es nicht Aufgabe des Notars, die wirtschaftliche Äquivalenz von Leistung und Gegenleistung (z.B. Angemessenheit von Kaufpreis oder Miete) zu beurteilen oder gar hier einzugreifen. Sein Augenmerk wird sich auf die Ausgewogenheit der übrigen Vereinbarungen konzentrieren. Seine rollenspezifische Gerechtigkeitsverpflichtung darf nicht in dem Sinne mißverstanden werden, daß der Notar den Beteiligten die von ihm für gerecht gehaltene Lösung aufdrängt oder gar vorschreibt. Er kann letztlich nicht mehr tun, als auf die von ihm für gerecht gehaltene Lösung (ggfs. mit Alternativen) hinzuwirken. Die Vertragspraxis zeigt, daß dies zumeist auch gelingt, weil die Überzeugungskraft und die Sachkompetenz des Notars ihre Wirkung ausüben. Mitunter beharren die Beteiligten trotz Belehrung und Beratung auf ihren Vorstellungen. Dann stößt der Notar auf Grenzen seiner Einflußnahmemöglichkeiten. Herren des Vertragsinhaltes sind letztendlich die Beteiligten. Die Privatautonomie beinhaltet auch die Freiheit, ungünstige, stark risikobehaftete, auch einseitig vorteilhafte Rechtsgeschäfte abzuschließen. Vom Notar ist in solchen Situationen vordringlich die **Herstellung von Transparenz** gefordert. Den Beteiligten ist in aller Deutlichkeit vor Augen zu führen, worauf sie sich entgegen seinem Rat einlassen wollen, wenn sie z.B. auf bestimmte übliche Sicherungsmöglichkeiten verzichten wollen. Bleiben sie trotz dieser warnenden Belehrungen bei ihrem Regelungswunsch, ist dies vom Notar in der Regel zu respektieren, solange die gesetzlichen Gestaltungsgrenzen nicht tangiert sind. U.U. kommt eine Ablehnung der Beurkundung in Betracht, etwa wenn der Notar den Eindruck hat, ein Beteiligter vermag trotz gegenteiliger Bekundung die Tragweite der von ihm gewünschten, ihm nachteiligen Regelung nicht zu erfassen.

Die Perspektive des **Anwalts** ist, sofern er nicht von beiden Seiten beauftragt ist, eine andere. Er ist zur Wahrnehmung der Interessen seines Mandanten, im Grundsatz also zur Einseitigkeit, verpflichtet. Vertragsgestaltung hat diesen Interessen zu entsprechen und wird unter diesem Blickwinkel beurteilt. Das Vertragsrecht wird bewertet und eingesetzt zur Interessenverwirklichung, es hat ausschließlich **instrumentale Funktion.**

Erster Teil. Die Arbeitsmethode des Vertragsjuristen

> Spielen deshalb Gesichtspunkte wie Fairneß, Ausgewogenheit, Zumutbarkeit und Gerechtigkeit bei der anwaltlichen Vertragsgestaltung und -beratung keine Rolle?

53 In der Regel hat eine Vertragskonzeption nur dann die Chance, von beiden Seiten akzeptiert zu werden, wenn die Interessen des anderen Vertragsteiles angemessen berücksichtigt sind. Mittelbar ergibt sich hieraus auch für den Anwaltsentwurf ein gewisser Zwang zur Ausgewogenheit. Grob einseitige Gestaltungsvorschläge können darüberhinaus bei der Gegenseite deutlichen Unmut erzeugen, den weiteren Einigungsprozeß belasten und sich letztlich als kontraproduktiv erweisen. Als weiterer Gesichtspunkt kommt hinzu, daß völlig unausgewogene Vertragsgestaltungen dem erhöhten Risiko eines künftigen gerichtlichen Verdikts ausgesetzt sind. Auch unter diesem Sicherheitsaspekt ergeben sich zumindest gewisse äußerste Grenzen der instrumentalen Betrachtungsweise.

4. Zusammenfassung

54 Der Vertragsjurist untersucht in Betracht kommende Gestaltungen sowohl hinsichtlich Grobstruktur als auch bei der Frage von Einzelregelungen nach Maßstäben, die sich in fallbezogene (konkrete) und allgemeine gliedern lassen:
Das Kriterium der **Zieladäquanz** führt zur gedanklichen Erarbeitung eines **Anforderungsprofils**, dem die gesuchte Lösung so weit wie möglich entsprechen sollte. Es besteht aus **konkret-fallbezogenen Zielen** als Beurteilungsmaßstäben.
An **allgemeinen Beurteilungsmaßstäben** sind vor allem zu nennen
– Beachtung des konkreten rechtlichen Gestaltungsspielraums (**Gesetzeskonformität**),
– **Sicherheit**,
– **Praktikabilität**,
– **Verminderung/Vermeidung von Kosten und Steuern**,
– **Schnelligkeit**.
Gesichtspunkte wie **Fairneß, Ausgewogenheit, Zumutbarkeit und Gerechtigkeit** sind je nach Berufsrolle des Vertragsgestalters von unterschiedlichem Gewicht. Für den Notar sind sie zentrale Zielvorstellungen, die seine Beratungs- und Entwurfstätigkeit prägen, auch wenn er in der Durchsetzung auf die Überzeugungskraft seiner Argumente angewiesen ist. Für den Anwalt als Vertreter einer Partei treten sie in ihrer Wichtigkeit deutlich zurück, sind aber nicht ohne Belang, weil ein grob einseitiger Vertrag in aller Regel wenig Aussicht auf Abnahme bei der anderen Seite hat.
Zielkonflikte zwischen den genannten Maßstäben gehören zum Alltag der Vertragspraxis. Der sicherste Weg ist oft nicht der billigste, der praktikabelste in seiner rechtlichen Zulässigkeit mitunter zweifelhaft. Auf den besonderen Stellenwert der Sicherheit wird noch gesondert eingegangen (Zweiter Teil, Abschnitt B).

C. Auswahl, Prüfung, Konzeption von Gestaltungsmöglichkeiten

III. Die Auswahl des Lösungsansatzes

Es mag naheliegen, daß der Vertragsjurist zwischen mehreren in Betracht gezogenen Gestaltungsmöglichkeiten unter Abwägung des Für und Wider selbständig eine Entscheidung trifft. 55

> Zu welchem Ergebnis käme Rechtsanwalt Schürfer im Fall Nr. 3?

Die Erbbaurechtslösung erfüllt alle Zielanforderungen. Das gilt für die Einräumung eines Dauernutzungsrechtes nur eingeschränkt, für die Variante der Dienstbarkeitsbestellung in noch minderem Umfang. Nachteile sind mit der erstgenannten Lösung nicht verbunden mit Ausnahme der zweifelsfrei eintretenden Grunderwerbsteuerbelastung. Diese fällt aber im Verhältnis zu den ansonsten erzielbaren Wirkungen nicht ins Gewicht. Rechtsanwalt Schürfer wird deshalb die Erbbaurechtslösung favorisieren.

Es ist regelmäßig empfehlenswert, daß der Vertragsjurist solche Weichenstellungen, von Evidenzfällen abgesehen, **nicht ohne Rücksprache** mit den Beteiligten vornimmt. Es läßt sich zumeist nicht ausschließen, daß die Erörterung der Lösungsvarianten nach Voraussetzungen, Wirkungen, Vor- und Nachteilen mit dem Mandanten noch weitere Gesichtspunkte und Informationen zutage fördert, die ein neues Licht auf die Angelegenheit werfen und ein Überdenken erfordern. Um dies offen zu halten, sollten Entscheidungen dieser Art in Rücksprache mit dem Mandanten getroffen werden. Das gilt nicht nur für die Auswahl eines von mehreren Gestaltungswegen insgesamt, sondern je nach Sachlage auch für die Regelung von Einzelfragen. 56

Zur Verdeutlichung sei auf das oben (Rn 49) erwähnte Beispiel einer zwar gerechten aber unpraktikablen Erschließungsbeitragslösung hingewiesen (Beispiel Nr. 1). Die Verteilung des Erschließungskostenrisikos zwischen den Kaufvertragsparteien ist in verschiedener Weise möglich. Eine gewissermaßen abstrakte, nur auf der Grundlage der Interessenlage getroffene Entscheidung des Vertragsgestalters ist nicht sinnvoll möglich. Sie erfordert Zusatzinformationen durch die Beteiligten auf der Basis einer Darstellung der verschiedenen Lösungsmöglichkeiten. Unterbleiben kann eine solche Rückkoppelung an den Mandantenwillen allerdings im Bereich der sichernden Begleitregelungen, einem wichtigen originären Aufgabenfeld des Kautelarjuristen (dazu näher im Zweiten Teil, Abschnitt B).

IV. Die Denkmethode des Kautelarjuristen

Die Erwägungen des Rechtsanwalt Schürfer lassen typische Merkmale kautelarjuristischen Denkens erkennen:

Erster Teil. Die Arbeitsmethode des Vertragsjuristen

1. Querdenken

57 Geprüft und erwogen werden die Kernpunkte des zu regelnden Lebenssachverhaltes in allen seinen vertragsrelevanten Aspekten. Der Vertragsjurist fragt – bei Prüfung der oben erwogenen Mietvertragslösung – nicht, welche mietvertraglichen Probleme zu lösen sind, sondern, welche Gestaltungsprobleme sich durch Lebenssachverhalt, Regelungsziel und Interessenlage stellen. Hieran orientieren sich der gedankliche Horizont und der Inhalt der konzipierten Lösung, nicht an der Gesetzessystematik.
Dies führt zur Einbeziehung von Gesichtspunkten aus den unterschiedlichsten Rechtsgebieten, jeweils so, wie es der Lebenssachverhalt nahelegt.

> Welche Beispiele aus der Gedankenführung des Rechtsanwalt Schürfer in Fall Nr. 3 lassen sich hierfür nennen?

Im Rahmen des mietvertraglichen Ansatzes wird sachenrechtlichen Fragen nachgegangen, nicht zuletzt unter dem Blickwinkel steuerlicher Abschreibungsmöglichkeiten. Überlegungen zur Absicherung des Nutzungsrechtes führen zur Einbeziehung zwangsversteigerungsrechtlicher Aspekte und Fragen der „Perpetuierung" der Dienstbarkeit für die gesamte Nutzungszeit. Schließlich werden Finanzierungsnotwendigkeiten in die Erörterung mit einbezogen.

2. Problemaufspaltung

58 Komplexere Fragestellungen lassen sich nicht eindimensional behandeln. Vielmehr ist es notwendig, Probleme getrennt von verschiedenen Blickwinkeln anzugehen, durch die Sonderung von Aspekten das Problem aufzuspalten und sodann die Einzelergebnisse zusammenzuführen. Dabei kann sich z.B. herausstellen, daß sich die weitere Verfolgung eines Aspektes erübrigt durch Erkenntnisse und Folgerungen, die unter einem anderen Blickwinkel gewonnen wurden.

> Inwiefern arbeitet Rechtsanwalt Schürfer in Fall Nr. 3 mit dieser Methode?

Ein Beispiel für diese Arbeitstechnik sind die Überlegungen des Rechtsanwalt Schürfer zur Eigentumsfrage an dem von Herrn Fix errichteten Gebäude. Die Frage, ob an dem Eigentumserwerb ein Interesse des Herrn Fix besteht, wird in einen zivilrechtlichen und in einen steuerlichen Aspekt aufgespalten. Dabei ergibt sich, daß zivilrechtlich kein durchschlagendes Interesse zu erkennen ist, steuerlich auch der Mietvertrag – insofern ausreichendes – wirtschaftliches Eigentum des Herrn Fix an dem Gebäude begründet.

3. Denken in Alternativen

59 Ein weiteres Kennzeichen der problemorientierten Arbeitsweise des Kautelarjuristen ist das Denken in Alternativen. Ergibt die Prüfung, daß ein bestimmter

C. Auswahl, Prüfung, Konzeption von Gestaltungsmöglichkeiten

Lösungsansatz nicht (vollständig) zum Ziel führt, wird der Vertragsjurist den Gedankengang nicht abbrechen, sondern nach Ersatzlösungen suchen, die das aufgetretene Problem, den mit dem Ursprungsansatz verbundenen Nachteil möglichst vermeiden. Gefordert sind in diesem Zusammenhang **Kreativität und Phantasie.** Mit ihrer Hilfe geht es darum, den im konkreten Fall gegebenen rechtlichen Gestaltungsrahmen und die gesetzlich zulässigen Gestaltungsmittel so einzusetzen, ggfs. neu zu kombinieren, daß die Zielvorgaben bestmöglich erreicht werden.

Hat ein Richter die Voraussetzungen einer die Klage rechtfertigenden Norm bejaht, kann er seine Entscheidung hierauf stützen und weitere Anspruchsgrundlagen dahingestellt sein lassen. Der Vertragsjurist wird idealerweise auch bei letztlich positiver Prüfung eines von mehreren Lösungsansätzen andere Denkansätze noch weiter verfolgen, Alternativen „ausloten", weil nicht auszuschließen ist, daß hierbei Gesichtspunkte auftauchen, die die Alternativlösung als den besseren Weg erscheinen lassen.

> Finden sich in Fall Nr. 3 Beispiele für die Erörterung von Ersatzlösungen?

Der Entschädigungsanspruch des Herrn Fix gegen Herrn Großacker auf Ersatz des Gebäudewertes bei Beendigung des Nutzungsverhältnisses kann nicht Inhalt der erwogenen Dienstbarkeit sein. Zur Verdinglichung erwägt Rechtsanwalt Schürfer, ein Grundpfandrecht (z.B. Höchstbetragshypothek) zu Lasten des Grund und Bodens und zu Gunsten von Herrn Fix eintragen zu lassen.

4. Topisches Denken

Topoi sind vorgedachte, vorfindliche Gesichtspunkte, Argumentationsfiguren, Erfahrungen, die sich in der Praxis, vor allem durch Konsens der Fachleute als brauchbar erwiesen haben, die deshalb den Argumentationshaushalt des Vertragsjuristen bereichern und die Verständigung mit anderen erleichtern. Ihre Existenz macht deutlich, daß die kautelarjuristische Tätigkeit nicht in der Stunde Null ansetzt, sondern auf solche Denkeinheiten zurückgreifen kann. Ein Beispiel für diese Denkform ist die Erstellung einer **Checkliste** über die Probleme, die typischerweise bei Abfassung einer Vollmacht gedanklich abzuarbeiten sind.

> Können Sie regelungsbedürftige Fragen benennen, die bei einer Vollmachtsformulierung zu klären sind?

Zu nennen sind z.B. Umfang der Vollmacht, Befreiung des Bevollmächtigten von § 181 BGB, Befugnis zur Erteilung von Untervollmacht, Erlöschen der Vollmacht mit dem Ableben des Vollmachtgebers oder Vollmacht über den Tod hinaus.

Erster Teil. Die Arbeitsmethode des Vertragsjuristen

Aus **Fall Nr. 3** ist als Beispiel der Gesichtspunkt zu nennen, daß die Finanzierung des geplanten Bauvorhabens erfahrungsgemäß jedenfalls erleichtert wird, wenn ein adäquates Beleihungsobjekt zur Verfügung gestellt werden kann.

5. Typusdenken

61 Die vom Vertragsjuristen zu regelnden Lebenssachverhalte sind in der Regel nicht jeweils einzigartig. In der Mehrzahl der Fälle haben sie untereinander Gemeinsamkeiten, Verbindendes, sich wiederholende Sachverhalts- und Problemlagen, weisen in bestimmter Hinsicht Ähnlichkeiten auf. Es liegt nahe, daß die Vertragspraxis für immer wieder vorkommende, durch gemeinsame Merkmale gekennzeichnete Fälle – also einen bestimmten **Sachverhaltstyp** – eine hierfür passende **typische Lösung** entwickelt und vorhält.

In der Alltagspraxis der Vertragsgestaltung kommt der Arbeit mit Vertragstypen überragende Bedeutung zu. Die Orientierung des konkreten Falls an dem in Betracht kommenden nächstgelegenen Typus, seinen Regelungsnotwendigkeiten, Regelungsvarianten und besonderen Gesichtspunkten trägt dazu bei, die Probleme des konkreten Falles besser zu erkennen, die Interessenlage zu erfassen, Lösungsmöglichkeiten in den Blick zu bekommen. Davon wird im folgenden noch näher die Rede sein (Zweiter Teil, Abschnitt C).

Weiterführend:

- **Erbbaurecht:**
  E. Maaß, DStR 1995, 1230 ff, 1273 ff (empfehlenswerter Überblickaufsatz)
- **Betriebsaufspaltung und steuerliches Betriebsvermögen:**
  Knobbe-Keuk, Bilanz- und Unternehmensteuerrecht, S. 862 ff, 881 ff
- **Eigenkapitalersetzende Nutzungsüberlassung im GmbH-Recht:**
  BGH NJW 1994, 2760
  Goette, DStR 1994, 1658
  Lutter/Hommelhoff, § 32 a/b, Rn 138 ff
- **Methodisch:**
  Rehbinder, Vertragsgestaltung, S. 16–30, 34–36, 42–53
  Langenfeld, Vertragsgestaltung, S. 22 ff, 45 ff, 81 ff
  Zankl, anwaltliche Praxis S. 57–64

Aufgabe Nr. 2

Rechtsanwalt Grübler wird von einer Versicherung gebeten, ein Vertragsmuster für den Verkauf eines gebrauchten Kraftfahrzeuges zu entwerfen, welches die Versicherung ihrem Kunden zur Verfügung stellen will. Rechtsanwalt Grübler möchte „unbefangen" an diese Aufgabe herangehen und zunächst eigene Überlegungen anstellen, bevor er zur Kontrolle einschlägige Vertragshandbücher zu Rate zieht.
Welche Überlegungen wird er anstellen? Wie wird er dabei methodisch vorgehen?
Wie könnte – in Stichworten – sein Vertragsmuster aussehen?

D. Belehrung und Beratung

> **Fall Nr. 4:**
> Architekt Hausfreund möchte ins Bauträgergeschäft einsteigen. Er erscheint bei Rechtsanwalt Pfiffig und trägt ihm diese Absicht mit der Bitte um Beratung vor. Er legt Pfiffig den am Vortag abgeschlossenen Grundstückskaufvertrag über eine größere unbebaute, noch zu vermessende Teilfläche vor, ferner das Muster eines Bauträgerkaufvertrages des ihm bekannten Notars Würdig. Auf der erworbenen Fläche wolle er unter Einschaltung von Subunternehmern acht schlüsselfertige Häuser errichten und baldmöglichst „vom Plan weg" veräußern. Die Baugenehmigung sei beantragt, der Vertrieb könne beginnen.

I. Abgrenzung

Im Schrifttum werden Belehrung und Beratung oft in einem Atemzug genannt (vgl. Reithmann, Handbuch, Allg. Teil, Abschnitt B). Das hat eine gewisse Berechtigung, weil in der Praxis des Kautelarjuristen zumeist beide Tätigkeiten ineinander verwoben sind. Dennoch ist eine begriffliche Unterscheidung trotz aller damit verbundenen Schwierigkeiten sinnvoll, weil sie verschiedene Aspekte vertragsgestaltender Tätigkeit deutlicher hervortreten läßt: 62

§ 17 BeurkG statuiert die **Belehrungspflicht des Notars** hinsichtlich der rechtlichen Tragweite des beurkundeten Rechtsgeschäfts. Das bezieht sich zunächst auf den Eintritt des von den Beteiligten gewünschten Rechtserfolges. Hierhin gehört z.B. der Hinweis, daß der Käufer eines Grundstücks mit der Unterschrift unter den Vertrag noch nicht das Eigentum erlangt.

Je nach Sachlage geht die Belehrungspflicht des Notars weit darüber hinaus. So läßt sich z.B. unterscheiden (vgl. Keim, Beurkundungsverfahren, Abschnitt G Nr. 11) die **erklärende Belehrung**, die die Vertragssprache den Beteiligten übersetzt, die **warnende Belehrung**, die die Beteiligten auf bestimmte Risiken der von ihnen gewünschten Gestaltung aufmerksam macht, und die **Belehrung zum Umfeld**. Der letztgenannte Fall liegt z.B. vor, wenn darauf hingewiesen wird, daß ein bestimmter Vertrag erst vollzogen werden kann, wenn ein anderer, logisch vorrangiger Vorgang erledigt ist (z.B. ein Erbschein erteilt ist, der die Verfügungsbefugnis des Verkäufers dokumentiert). 63

Allgemeines Kennzeichen der Belehrung ist die rechtliche Aufklärung der Beteiligten über das betreffende Rechtsgeschäft in Voraussetzungen, Konsequenzen und Abhängigkeiten sowie der Hinweis auf Gefahren. Gegenstand der Belehrung – und hierauf liegt der Akzent – ist ein gewissermaßen vorgegebener rechtlicher oder rechtserheblicher Sachverhalt.

Beratung ist anders ausgerichtet: Wer im Rahmen der Vertragsgestaltung berät, beschränkt sich nicht auf Erklärung, Warnung und Hinweis, sondern bewertet 64

Erster Teil. Die Arbeitsmethode des Vertragsjuristen

Erwogenes unter dem Blickwinkel bestimmter Ziele, sucht ggfs. nach Alternativen, fragt nach Möglichkeiten zur Vermeidung nachteiliger Folgen oder erkannter Gefahren. Auf eine **Kurzformel** gebracht ließe sich sagen: Belehrung erklärt und informiert, Beratung stellt in Frage. Geht man davon aus, daß die Beratung hinsichtlich einer bereits konzipierten oder einer noch zu entwerfenden Rechtsgestaltung naturgemäß die Erläuterung mitumfaßt, warum – bei mehreren Möglichkeiten – ein bestimmter Weg vorgeschlagen wird, welche Rechtswirkungen auf diesem oder jenem Wege erreicht werden, so schließt Beratung die Belehrung mit ein, geht aber weit über sie hinaus (so auch Reithmann, Handbuch, Rn 171). Bildlich ausgedrückt bilden die beiden Begriffe konzentrische Kreise.

II. Die Funktion von Belehrung und Beratung bei der Rechtsgestaltung

65 Im Einführungsfall wurde bereits deutlich, daß Belehrung und Beratung bei der Entstehung einer Vertragsregelung keine selbständige Arbeitsphase darstellen, vielmehr mit den anderen Phasen eng verwoben sind. Die Ermittlung des Sachverhaltes ist häufig mit belehrenden Hinweisen verbunden, weil der objektive Ausgangssachverhalt und die Annahmen der Beteiligten hierüber sich durchaus nicht immer decken.

Einfaches **Alltagsbeispiel** ist die irrige Annahme der Beteiligten, eine vor vielen Jahren getilgte dingliche Grundstücksbelastung sei mit der Tilgung zugleich grundbuchlich verschwunden und könne demzufolge nicht mehr im Grundbuch stehen.

Beispiele sind weiter falsche Vorstellungen über bestehende Eigentumsverhältnisse, über die Bedeutung eines privatschriftlichen Testamentes, über die Rechte und Pflichten aus bestehenden Verträgen.

Bei der Ermittlung des Gestaltungswillens der Beteiligten dient die Belehrung vor allem dazu, Fehlvorstellungen zu korrigieren, rechtlich Mögliches von Unmöglichem zu sondern, die rechtlichen und praktischen Konsequenzen der gewünschten Gestaltung zu verdeutlichen und auf Risiken aufmerksam zu machen.

Beratung findet in diesem Bereich statt, wenn den Beteiligten Gestaltungsmöglichkeiten genereller Art oder zur Lösung eines Einzelproblems aufgezeigt werden, etwa zur Vermeidung eines besonderen Risikos.

Belehrung und Beratung sind gefordert, wenn der Vertragsjurist mehrere von ihm durchdachte Alternativen mit den jeweiligen Vorzügen und Nachteilen den Beteiligten nahebringt, mit ihnen erörtert und einen Rat erteilt, welche Gestaltung letztendlich gewählt werden sollte.

Ist der Vertragstext konzipiert, dient die Belehrung dazu, den Inhalt, auch soweit er für den grundsätzlichen Entschluß der Beteiligten bezüglich einer bestimmten Lösung nicht entscheidend ist, dem Auftraggeber/den Vertragsparteien so zu übersetzen, daß sie ihn im Idealfall vollständig erfassen, zumindest im Sinne einer laienhaften Erkenntnis über Sinn und Zweck der jeweiligen Passage.

D. Belehrung und Beratung

> Zusammenfassend kann man die Funktion von Belehrung und Beratung kennzeichnen als „Geburtshelfer" des rechtsgeschäftlichen Gestaltungswillens und als Verfahren zur Vermittlung des rechtlichen Gehaltes der gewählten Regelung.

III. Rechtsgrundlagen, Inhalt und Umfang

Für den **Notar** folgt die Verpflichtung zur Belehrung über die rechtliche Tragweite des Geschäfts aus **§ 17 Abs. 1 Satz 2 BeurkG**. Daneben besteht nach der Rechtsprechung (BGH, DNotZ 1954, 330; hierzu Haug, DNotZ 1972, 382/453 sowie Reithmann, Handbuch, Rz 175ff) eine auf **§ 14 BNotO** gestützte sogenannte „**erweiterte Belehrungspflicht**", die auf weitergehende Warnungs- und Hinweispflichten gerichtet ist. Nach der Rechtsprechung beinhaltet die sogenannte erweiterte Belehrungspflicht neben der Warnpflicht auch die Pflicht, Lösungen zur Vermeidung bestehender besonderer Risiken vorzuschlagen. Das ist terminologisch unbefriedigend, weil Belehrung und Beratung nicht mehr auseinandergehalten werden. (vgl. Reithmann, Handbuch, a.a.O.). Die erweiterte Belehrungspflicht kann auch gegenüber nicht am Vertrag beteiligten Dritten bestehen, soweit diese mit dem Notar in Verbindung getreten sind. 66

Belehrungs- und Beratungspflichten bilden beim **Anwalt** eine Einheit. Sie finden ihre Rechtsgrundlage in dem Anwaltsvertrag und dem hieran anknüpfenden von der Rechtsprechung ausgeformten Pflichtenkreis (zur Anwaltshaftung in der Rspr. des BGH vgl. Fischer, NJW 1999, 2993). Ihr gegenständlicher Umfang richtet sich nach dem übernommenen Mandat, ggfs. unter Berücksichtigung einer vereinbarten Eingrenzung. 67

> Auf welche Fragen und Bereiche erstreckt sich die Belehrungs- und Beratungspflicht von Rechtsanwalt Pfiffig in Fall Nr. 4?

Zweifelsfrei bezieht sie sich auf die inhaltliche Gestaltung der abzuschließenden Bauträgerkaufverträge. Hierzu legt Hausfreund Anwalt Pfiffig ein Muster vor und möchte es ersichtlich auf seine Brauchbarkeit für den konkreten Fall geprüft haben. Nach der Sachverhaltsschilderung erschöpfen sich die Beratungspflichten hierin jedoch nicht. Hausfreund will sich neben seinem Architekturbüro einen neuen Geschäftszweig erschließen. Der Zusammenhang zwischen diesem Sachverhalt und dem Beratungsauftrag ergibt, daß eine Beratung auch hinsichtlich sonstiger Fragen gewünscht wird, die bei der Aufnahme der Bauträgertätigkeit im allgemeinen zu beachten sind. Beratungsgegenstand ist also zum einen der allgemeinere Bereich „Aufnahme des Geschäftszweiges Bauträgertätigkeit", zum anderen die Gestaltung der Rechtsverhältnisse hinsichtlich der konkreten Baumaßnahme.

> Kommen in erstgenannter Hinsicht Ratschläge bzw. belehrende Hinweise in Betracht?

Wer gewerbsmäßig als Bauträger tätig sein will und hierbei während der Bauphase im Rahmen des zulässigen Ratenplanes nach § 3 der Makler- und Bauträgerverordnung Teilbeträge des Kaufpreises vor Fertigstellung des Objektes entgegennehmen will, bedarf der Genehmigung der zuständigen Behörde nach § 34c GewO. Im vorliegenden Fall ist Anwalt Pfiffig gehalten, dem Mandanten einen Hinweis darauf zu geben, daß er sich schnellstmöglich um die Erteilung der behördlichen Genehmigung bemühen sollte.

Anders als der Notar kann der **Anwalt** je nach Sachlage auch zur Belehrung über wirtschaftliche Risiken verpflichtet sein (vgl. Fischer, NJW 1999, 2993). Ohne die haftungsrechtliche Gebotenheit entsprechender Aufklärungstätigkeiten hier erörtern zu wollen, wäre im Fall Nr. 4 jedenfalls unter dem Gesichtspunkt optimaler und effektiver Beratung ein Hinweis auf die mit der geplanten Bauträgertätigkeit unvermeidlich verknüpften langjährigen Haftungsgefahren, namentlich auf die fünfjährige Mängelgewährleistungsverpflichtung (BGH DNotZ 1982, 626; 1984, 760) angezeigt. Naheliegend wäre ferner der Beratungshinweis, daß sich diese Risiken durch Gründung einer GmbH, deren Gegenstand das Bauträgergeschäft ist, begrenzen lassen.

Zu der allgemeinen, d.h. nicht objektbezogenen Beratung gehört hier weiter der Hinweis auf die sonstigen rechtlich bedeutsamen Eigenarten des für Hausfreund neuen Geschäftszweiges. Hausfreund will laut Sachverhalt die Bauerrichtung durch Subunternehmer durchführen lassen. Erforderlich ist also der Abschluß von Verträgen mit nachgeordneten Handwerksfirmen. Es wäre sinnvoll, derartige Verträge in standardisierter Form zu erarbeiten, damit sie der geschäftlichen Tätigkeit von Hausfreund immer wieder zugrundegelegt werden können. Diese Subunternehmerverträge (Werkverträge) sind inhaltlich mit den von Hausfreund mit den Käufern zu schließenden Bauträgerkaufverträgen abzustimmen, vor allem hinsichtlich der Gewährleistungsfrist. Andernfalls können Lücken zwischen der Haftungsverantwortung des Hausfreund gegenüber seinen Käufern und seinen Rückgriffsmöglichkeiten gegenüber den Subunternehmern entstehen. Dies betrifft nicht nur die Vereinbarung einer ebenfalls fünfjährigen Mängelgewährleistung in den Subunternehmerverträgen, sondern auch die Koordination des jeweiligen Gewährleistungsfristbeginns.

Der Fall zeigt, daß ein allgemeiner Beratungswunsch der geschilderten Art eine breite Palette von Hinweis-, Warn-, Konzeptions- und Beratungspflichten auslösen kann.

> Es ist deshalb empfehlenswert, Umfang und Gegenstand des übernommenen Mandats – ggfs. eingrenzend – ausdrücklich festzuhalten.

D. Belehrung und Beratung

IV. Anwaltliche Prüfung eines Vertragsentwurfs

Anwaltliche Berater werden in einer Vertragsangelegenheit oft erst dann „mit der Bitte um Prüfung" eingeschaltet, wenn mitunter schon seit langem Verhandlungen stattgefunden haben und ein Vertragsentwurf vorliegt. Dieser mag von dem Mandanten, dem Vertragsgegner oder einem Berater stammen.
In solchen Fällen wäre es arbeitsmethodisch verfehlt und haftungsträchtig, wenn der Anwalt seine Aufgabe allein darin sähe, den ihm vorgelegten Text für sich genommen auf „immanente Richtigkeit" zu prüfen.

68

> Wie läßt sich diese Aussage begründen?

Der Fremdentwurf verkörpert die Arbeitsergebnisse eines Dritten. Für den prüfenden Anwalt kann dies zunächst nicht mehr als eine Lösungshypothese sein, wie er sie möglicherweise im Rahmen eigener Überlegungen in Betracht ziehen würde. Um insbesondere die Zieladäquanz der zu beurteilenden Regelung bewerten zu können, muß sich der Anwalt durch zusätzliche Informationen außerhalb des Vertrages Gewißheit verschaffen über die Ausgangslage und die Zielvorstellungen seines Mandanten.
Methodisch gesehen muß er die **Arbeitsphase der Informationsgewinnung** auch hier durchlaufen, und sei es auch nur mit dem Ergebnis, daß der Ausgangssachverhalt und die Zielvorstellungen seines Mandanten so gelagert sind, wie es nach dem Studium des Entwurfstextes den Anschein hat und weitere Gesichtspunkte nicht zu beachten sind.
Hieran schließt sich die Frage an, ob die vom Entwurfsverfasser vorgeschlagene Regelung unter Berücksichtigung aller Vor- und Nachteile die aus der Sicht seines Mandanten optimale ist, oder ob andere Wege zu bevorzugen wären. Methodisch muß sich der Entwurfskritiker hierzu **derselben gedanklichen Mühe** unterziehen, wie wenn er selbst die Lösung zu entwickeln hätte.
Die immanente Kritik eines Textes etwa auf innere Widersprüche oder besondere Risiken und Nachteile, die mit der dort vorgeschlagenen Lösung verbunden sind, ist nur ein Ausschnitt aus einer sachgerechten Entwurfskontrolle. Auch in sich völlig stimmige Konzeptionen können an den Interessen des Mandanten vorbeigehen, etwa dadurch, daß für ihn wesentliche Gesichtspunkte nicht verarbeitet sind. Dies zu erkennen und mit den oben beschriebenen methodischen Mitteln zu verhindern, zählt zum Inhalt anwaltlicher Vertragsprüfung.

> Gibt es im Fall Nr. 4 Sachverhaltsumstände, deren Berücksichtigung in den abzuschließenden Bauträgerkaufverträgen zumindest zu erwägen ist, so daß Pfiffig sie – sofern nicht im vorgelegten Vertragsmuster schon allgemein geregelt – zur Sprache bringen müßte?

Erster Teil. Die Arbeitsmethode des Vertragsjuristen

Nach der Fallschilderung hat Hausfreund das Areal soeben erst gekauft, ist also noch nicht Eigentümer. Die Baugenehmigung für die Gesamtbaumaßnahme ist beantragt, aber noch nicht erteilt.

> Welche Risiken für Hausfreund können sich aus diesen Gegebenheiten für seine Verpflichtung aus den demnächst abzuschließenden Bauträgerkaufverträgen ergeben?

Es stellt sich zum einen die Frage, ob für Hausfreund der Erwerb des Gesamtareals nach Lage der Dinge bereits rechtlich gesichert ist. Der abgeschlossene Ankaufsvertrag vermittelt eine solche Erwerbssicherheit noch nicht. Vollzugshindernisse mancherlei Art sind zumindest denkbar. Konkret in Betracht kommt etwa die Nichterteilung einer möglicherweise erforderlichen Teilungsgenehmigung nach Bundes- oder Landesrecht für den Erwerb des Gesamtareals (§§ 19ff BauGB, § 8 nw BauO). Zu denken ist weiter an private oder öffentliche Vorkaufsrechte, die Eintragung einer Auflassungsvormerkung und die Beseitigung etwaiger dinglicher Grundstücksbelastungen.

Eine weitere Unsicherheit hinsichtlich der „Lieferfähigkeit" des Hausfreund kann bestehen unter dem Blickwinkel der für die weitere Unterteilung des Areals erforderlichen Teilungsgenehmigung. Das gleiche gilt für die Baugenehmigung.

Die genannten Risiken könnten, wenn sie sich verwirklichen, dazu führen, daß Hausfreund seiner Verpflichtung zur Eigentumsverschaffung an einer bestimmten Fläche und zur Errichtung eines näher beschriebenen Hauses hierauf nicht nachkommen könnte. Dies kann wiederum Haftungsfolgen auslösen, denen sich durch entsprechende Vertragsgestaltung vorbeugen ließe.

Pfiffig wird deshalb diese Risiken Hausfreund aufzeigen und Möglichkeiten vertraglicher Abhilfe erörtern.

> Welche Regelungen kämen z.B. in Betracht?

Zu denken wäre an ein befristetes Rücktrittsrecht des Hausfreund für den Fall, daß bis zu einem bestimmten Termin (näher zu definierende) Erwerbssicherheit und baurechtliche Sicherheit (Baugenehmigung/Vorbescheid) noch nicht eingetreten wären. Allerdings können solche Vorbehalte den Vertrieb der Immobilien auch dann beeinträchtigen, wenn der Verkäufer für diesen Fall die vergeblichen Beurkundungskosten übernimmt. Es ist durchaus denkbar, daß der Mandant das ihm in allen Konsequenzen nahegebrachte Risiko zu tragen bereit ist, etwa weil er die baurechtliche Situation mit der zuständigen Behörde „informell" abgeklärt hat. In einer solchen Situation ist der Anwalt gut beraten, wenn er die von ihm gegebene **Risikoaufklärung beweiskräftig dokumentiert**, z.B. durch ein ausführliches Mandantenschreiben oder Zusenden eines Aktenvermerks. Dieser Rat gilt erst recht, wenn der Mandant die Warnungen nicht für realistisch hält und in den Wind schlägt, oder wenn vom Anwalt für notwendig erachtete Korrekturen – bis hin zur völligen Neufassung – beim Vertragspartner nicht durchsetzbar

D. Belehrung und Beratung

sind. Der Anwalt sollte in solchen Fällen unmißverständlich deutlich machen, daß und warum der Vertrag nicht den Interessen seines Mandanten entspricht und sein Abschluß deshalb in der vorliegenden Form nicht empfohlen werden kann.

Weiterführend:

- Zankl, anwaltliche Praxis, S. 7–9
- Keim, Beurkundungsverfahren, Abschnitt G Nr. 11

Aufgabe Nr. 3

Die Stadt Domstadt veräußert Bauflächen in einem größeren neuen Baugebiet. Es besteht ein Bebauungsplan. 50% der Gesamtbebauung sollen im Rahmen einer Sonderfördermaßnahme des Landes im „öffentlich-geförderten Wohnungsbau" errichtet werden. Bedingung zur Gewährung der Landesmittel ist u.a. der zeitgleiche Baubeginn des öffentlich-geförderten und des frei finanzierten Wohnungsbaus. Vor diesem Hintergrund hat die Stadt Domstadt ein essentielles Interesse daran, daß die Käufer der für den frei finanzierten Wohnungsbau vorgesehenen Bauflächen sich zu einem genau bestimmten Termin vertraglich zum Baubeginn verpflichten.
Die Immobiliengesellschaft Köbau GmbH ist mit der Stadt grundsätzlich übereingekommen, eine etwa 3000 qm große Fläche als Bauland zu erwerben. Man ist sich darüber einig, daß der Kaufpreis für das noch zu vermessende Kaufgrundstück nicht von dessen tatsächlicher Größe, sondern von der vom Käufer dort geschaffenen Wohnfläche abhängen soll unter Ansatz eines qm-Preises von 750,– DM je errichtetem Quadratmeter Wohnfläche. Der Käufer hat hierzu eine (vorläufige und überschlägige) Planung vorgelegt, nach der er ca. 5000 qm Wohnfläche errichten will. Eine Baugenehmigung hat der Käufer noch nicht, ein Bauantrag ist mangels konkretisierter Planung noch nicht eingereicht. Die Stadt Domstadt legt einen Kaufvertragsentwurf vor, der im Urkundseingang die geschilderte Finanzierungssituation des Gesamtareals und die daran anknüpfenden zeitlichen Koordinationsnotwendigkeiten schildert und sodann u.a. folgende Regelungen enthält:

„**§ 2**
Kaufpreis

1) Der vorläufige Kaufpreis beträgt pauschal **3 750 000,– DM.** Der Käufer sieht vor, auf dem Grundstück Mietwohnungen zu errichten.
Bei dem Kaufpreis handelt es sich um einen Mindestkaufpreis, begründet auf der zur Errichtung vorgesehenen Wohnfläche unter Ansatz eines qm-Preises von 750,– DM je errichtetem Quadratmeter Wohnfläche. Die endgültige Berechnung des Kaufpreises erfolgt aufgrund der tatsächlich errichteten Wohnflächen gemäß DIN 277. Sollte der vorstehend genannte vorläufige Kaufpreis durch Ansatz der tatsächlich errichteten Wohnflächen rechnerisch unterschritten werden, so vermindert sich dieser als Mindestkaufpreis **nicht**.

§ 4
Bau- und Nutzungsbeschränkungen

1) Der Käufer verpflichtet sich, den Grundbesitz auf Dauer ab dem heutigen Tag nur mit Aufbauten für Wohnungen, mit Tiefgaragen sowie mit KFZ-Stellplätzen und der notwendigen inneren Erschließung gemäß den Ausweisungen des rechtskräftigen Bebauungsplanes für dieses Baugebiet zu bebauen und nur für diese Zwecke zu

nutzen. Er verpflichtet sich darüber hinaus unwiderruflich, sein Bauvorhaben bis zum 15. September des Jahres X zu beginnen und alle hierfür notwendigen Vorarbeiten unverzüglich durchzuführen. Dem Käufer ist bekannt, daß die Bereitstellung der Fördermittel des Landes ... für die Bebauung des benachbarten restlichen Grundstücks an die Erfüllung dieser Verpflichtung gebunden ist.

§ 5
Bauverpflichtungsfrist

Der Käufer verpflichtet sich, sein Bauvorhaben (§ 4) so zu fördern, daß die Aufbauten spätestens 3½ Jahre nach Vertragsbeurkundung bezugs- und betriebsfertig hergestellt sind.

§ 6
Rücktritt

1) Die Verkäuferin ist berechtigt, von diesem Vertrag zurückzutreten, wenn der Käufer ... den Grundbesitz vertragswidrig bebaut oder nutzt (§ 4) oder die vereinbarte Frist nicht einhält (§ 5) ...

§ 7
Kaufpreisnachzahlung

1) Die Verkäuferin hat einen Anspruch auf Kaufpreisnachzahlung über den Kaufpreis gemäß § 2 hinaus, wenn der Grundbesitz baulich intensiver als in §§ 2 und 4 zugrundegelegt oder zu einem anderen als dem vereinbarten Zweck (§ 4) bebaut und genutzt wird. Dies gilt jedoch nur, wenn diese Voraussetzungen innerhalb von 20 Jahren nach Vertragsbeurkundung eintreten.

2) Die Kaufpreisnachzahlung bemißt sich nach der intensiveren oder geänderten Nutzung. Als Bewertungsstichtag gilt der Beginn der neuen Nutzung. Bei Meinungsverschiedenheiten über die Höhe der Kaufpreisnachzahlung gilt verbindlich das Ergebnis eines von dem zuständigen Gutachterausschuß für die Ermittlung von Grundstückswerten erstatteten Gutachtens.
...

§ 9
Gewährleistungsausschluß

1) Der Grundbesitz wird verkauft ohne Gewähr für seine Größe, Beschaffenheit oder Verwendbarkeit in dem Zustand, in dem er sich gegenwärtig befindet. Die Verkäuferin haftet nicht für sichtbare oder unsichtbare Sachmängel sowie ihr nicht bekannte Belastungen.
...

§ 10
Miet- und Pachtverhältnisse

Die mit drei Landwirten bestehenden Pachtverhältnisse sind durch die Verkäuferin fristgerecht zum 31. 10. des Jahres X gekündigt worden.
Hinsichtlich der vor diesem Termin vorgesehenen Inanspruchnahme von Teilflächen durch den Käufer wird die Verkäuferin nach deren Festlegung die notwendigen Freistellungsverhandlungen führen und hierbei ggf. zu zahlende Fruchtentschädigungen übernehmen.

§ 11
Besitzübergang

Besitz, Nutzungen, Lasten und Gefahr des Grundbesitzes sowie die Verkehrssicherungspflicht gehen am Monatsersten nach Vertragsbeurkundung auf den Käufer über.
..."

Die Köbau GmbH legt ihrem Rechtsanwalt Beisser diesen Vertrag unter Schilderung des oben genannten Sachverhaltes zur Prüfung vor. Auf welche Bedenken und Probleme wird dieser seine Mandantin aufmerksam machen? Angenommen, der Informationsstand des Rechtsanwalts Beisser entspricht der Fallschilderung, in welcher Hinsicht wird er die Mandantin um ergänzende Informationen bitten?

E. Vertragsformulierung

Fall Nr. 5:
Dipl.-Kfm. Kussmaul ist mit dem zuständigen Gremium (Aufsichtsrat) des städtischen Krankenhauses in Südstadt einig geworden, als weiterer Geschäftsführer in die Leitung des Krankenhauses einzutreten. In Absprache mit dem Aufsichtsratsvorsitzenden beauftragt Kussmaul seinen Anwalt Nöhler, den für die Anstellung erforderlichen Vertrag zu entwerfen.

I. Vertragsfomulierung und vorgelagerte Arbeitsphasen

Hat sich der Vertragsjurist Klarheit verschafft über Ausgangssituation und Interessenlage, Zielvorstellungen des Auftraggebers, regelungsbedürftige Fragen und anzustrebende Lösungen, so erscheint die Formulierung des Vertragstextes als logisch-zeitlich nachgeordneter Arbeitsschritt: Die in Stichworten oder vom Ergebnis her skizzierten Einzellösungen sind zu ordnen, auszuformulieren und mit üblichen allgemeinen Vertragsbausteinen (z.B. Schriftformklausel) zu einem Ganzen zusammenzufügen.

Die Annahme, erst in dieser Phase werde aus unverbundenen, formulierungsmäßig noch nicht fixierten Einzelaspekten eine strukturierte Einheit, entspricht indes nicht der Wirklichkeit. Vielmehr sind auch hier mannigfache Verschränkungen mit bereits behandelten Arbeitsschritten des Vertragsjuristen zu beobachten. Das Abarbeiten regelungsbedürftiger Fragen durch den Vertragsjuristen orientiert sich im alltäglichen Regelfall an den typischen Inhalten des zu entwerfenden Vertrages. Dies gilt um so mehr, je weitgehender der zu regelnde Sachverhalt von einem in der Praxis anerkannten Vertragstyp erfaßt wird. Die Regelinhalte eines solchen Vertragstyps stellen wiederum keine lose Abfolge von ungeordneten Einzelgesichtspunkten dar, sondern weisen eine der jeweiligen Sachgesetzlichkeit folgende Struktur und Gliederung auf. Bildlich gesprochen läuft in dem erwähnten Regelfall im Kopf des Vertragsjuristen in den Arbeitsphasen vor der Vertragsniederschrift die Gliederung eines typischen Vertrages der gewünschten Art ab. Aus dem strukturierten Durcharbeiten des zu regelnden Falles ergibt sich bereits vor Beginn der Niederschrift die mehr oder weniger eingehende Gliederung des zu formulierenden Vertrages. Strukturieren und Gliedern ist also keine Tätigkeit, die erst bei der Formulierung des Vertragstextes einsetzt.

Erster Teil. Die Arbeitsmethode des Vertragsjuristen

> Der Vertragsjurist durchdenkt in Strukturen und ausgehend von solchen.

In **Fall Nr. 5** ist der zu regelnde Lebenssachverhalt unzweifelhaft vom Vertragstyp „Geschäftsführeranstellungsvertrag" erfaßt und abgedeckt. In einem solchen Vertrag sind typischerweise bestimmte Fragen zu regeln. Diese Regelinhalte wird Rechtsanwalt Nöhler mit Herrn Kussmaul im einzelnen durchgehen.

Können Sie solche regelungsbedürftigen Fragen eines GmbH-Geschäftsführer-Anstellungsvertrages nennen?

Ungeordnet könnten dem Bearbeiter z.B. folgende Stichworte in den Sinn kommen: Vergütung, Laufzeit, Aufgabenbereich, Weisungsgebundenheit, Dienst-PKW, Urlaub, Tantieme, Krankheit, Wettbewerbsverbot, Kündigung.
Rechtsanwalt Nöhler bespricht den Vertragsinhalt mit Herrn Kussmaul in einer bestimmten Gruppierung und Abfolge von Gesichtspunkten.
Hieraus leitet sich die Gliederung des im Anschluß zu formulierenden Vertrages ab. Sie könnte etwa wie folgt aussehen:
- Aufgabenbereich, Kompetenzen, Weisungsgebundenheit
- Vergütung
  - Festvergütung als Jahresvergütung
  - Tantieme (Gewinntantieme)
  - weitere Nebenleistungen
  - PKW
  - Direktversicherung/Altersversorgung
- Urlaub
- Krankheit, Tod des Geschäftsführers
- Laufzeit, Verlängerungsklausel, ordentliche Kündigung, außerordentliche Kündigung aus wichtigem Grund
- nachvertragliches Wettbewerbsverbot.

71 Auch einzelne Formulierungen liegen nicht selten schon vor Beginn der Vertragsniederschrift fest. Dies gilt etwa dort, wo die erzielte sachliche Einigung mit einem bestimmten fachsprachlichen Ausdruck verbunden ist, auf den die Beteiligten gerade in Abgrenzung zu ähnlichen Wendungen mit inhaltsnuanciertem Bedeutungsgehalt Wert legen.
In **Fall Nr. 5** macht es für die Kompetenzen eines Geschäftsführers einer GmbH einen wichtigen Unterschied, ob er bestimmte Entscheidungen „im Einvernehmen" mit dem weiteren Geschäftsführer oder nach „Rücksprache" mit diesem treffen darf: Im ersten Fall bedarf er der Zustimmung des weiteren Geschäftsführers. Bei der zweiten Formulierung muß er den anderen Geschäftsführer lediglich informieren und ihm Gelegenheit zur Stellungnahme, zur Erörterung der Angelegenheit geben.

E. Vertragsformulierung

II. Allgemeine Anforderungen

An einen als „gelungen" zu bezeichnenden Vertrag sind in formeller und darstellerischer Hinsicht ähnliche Anforderungen zu stellen, wie an jede andere schriftliche Bearbeitung eines Themas. Die Praxis zeigt, daß dem nicht immer entsprochen wird. Auf einige wesentliche Aspekte soll deshalb im folgenden eingegangen werden:
Ein **Vertragstext** soll – jedenfalls für den fachlich gebildeten Leser – nach Möglichkeit **aus sich heraus verständlich** und nachvollziehbar sein.
Dies ist umso wichtiger, je komplexer der zu regelnde Lebenssachverhalt oder die gefundene rechtliche Regelung ist. Hier ist es eine wichtige Aufgabe des Vertragsgestalters, den Leser gedanklich zu führen. Dazu mag es je nach den Umständen sinnvoll sein, den Ausgangssachverhalt so knapp wie möglich aber so ausführlich wie zum Verständnis nötig in den Vertrag einzuführen, in geeigneten Fällen etwa in Form einer Präambel.
Für die Erfaßbarkeit gerade komplexer Regelungszusammenhänge ist weiterhin eine **nachvollziehbare** gedankliche und formal-sprachliche **Gliederung des Regelungsstoffes** wesentlich. Negativbeispiel ist ein Vertrag, in dem sachlich Zusammengehöriges an verstreuten (schlimmer noch: versteckten) Stellen des Vertrages zu finden ist.
Wird eine Vertragsbeziehung zum wiederholten Male geändert, so kann die nunmehr geltende Regelung unübersichtlich werden. Wer hier dem Leser umfangreiches und zeitaufwendiges vergleichendes Studium verschiedener Änderungen in ihrem Verhältnis zueinander ersparen will, sollte in der jetzt zu formulierenden Änderung klarstellen, welche Teile aus welchen früheren Vereinbarungen künftig noch fortgelten und was in der Zusammenschau nunmehr insgesamt Vertragsinhalt ist (**Informationsfunktion des Vertrages**).
Ist die Nichtbeachtung der soeben genannten Gesichtspunkte für den Vertragsanwender in erster Linie ärgerlich und zeitraubend – mitunter aber auch irreführend –, so wird die Grenze zur eigentlich fehlerhaften und haftungsträchtigen Vertragsgestaltung überschritten, wenn ein **Vertrag** nicht in sich **widerspruchsfrei** und sowohl in seiner Gesamtheit als auch in Detailformulierungen soweit **zweifelsfrei** ist, wie dies nach der Sachlage möglich und angezeigt ist.
Widerspruchsfreiheit zu erreichen verlangt, daß der Vertragsjurist die Einzelregelungen auch aus dem Blickwinkel des Gesamtvertrages durchdenkt und prüft, ob die fragliche Vertragsaussage mit anderen harmoniert. Je komplexer die Vertragsstruktur, insbesondere die vorgesehene Vertragsabwicklung, angelegt ist, desto wichtiger ist die **Harmonisierung der Details**. Wird die Arbeitsphase vernachlässigt, droht etwa die regreßträchtige Situation, daß der Vertrag seinem Wortlaut nach gar nicht abwickelbar erscheint und die Parteien zur Lösung des Konfliktes jeweils unterschiedliche Interpretationsstandpunkte einnehmen.
Beispiel: In einem Grundstückskaufvertrag über ein vom Verkäufer selbst bewohntes Einfamilienhaus heißt es unter der Überschrift „Kaufpreis": „Der Kaufpreis ist fällig,

wenn ... der Verkäufer das Objekt geräumt und übergeben hat." An anderer Stelle des Vertrages findet sich zum Thema Besitzübergang der Satz: „Der Verkäufer ist zur Räumung und Übergabe bis zum ... verpflichtet, nicht jedoch vor vollständiger Kaufpreiszahlung." Kann der Verkäufer Zahlung **vor** Objektübergabe verlangen oder muß er **zunächst** übergeben und kann **sodann** den Kaufpreis beanspruchen?
Für sich betrachtet ist jede Einzelregelung denkbar und sinnvoll. Sie wird nicht selten als Bausteinformulierung eingesetzt. Eine Abstimmung im Kontext ist aber offenbar unterblieben. Weder dem Notar noch den Vertragsbeteiligten ist die Unvereinbarkeit der Detailregelungen aufgefallen. Die Gefahr, daß sich jede Partei auf die ihr günstige Regelung beruft und es zu einem vermeidbaren Rechtsstreit kommt, ist groß.

Das Gebot, bei der Vertragsgestaltung Zweifel soweit wie möglich zu vermeiden, ist für den **Notar** gesetzlich in **§ 17 Abs. 1 S. 2 BeurkG** normiert, für den **Rechtsanwalt** Bestandteil seines Pflichtenkreises aus dem Anwaltsvertrag. Diese Anforderung darf zunächst nicht in dem Sinne mißverstanden werden, daß ein Vertrag alles und jedes bis ins Detail hin so regeln müßte, daß der Vertrag auf alle denkbaren Situationen eine zweifelsfreie Antwort gibt. Das wäre nicht zu leisten, deshalb lebensfremd und würde den Vertragstext mit Fernliegendem überfrachten.
In der Vertragsanwendung wird nahezu immer ergänzend auf gesetzliche Vorschriften zurückgegriffen werden müssen. Auch läßt sich durch einen noch so sorgfältig formulierten Vertrag ein Streit zwischen den Beteiligten nie gänzlich ausschließen.
Weiterhin soll durch das Gebot der Zweifelsvermeidung nicht die Verwendung von sog. unbestimmten oder „offenen" Rechtsbegriffen, wie etwa „Unzumutbarkeit" oder „Angemessenheit" ausgeschlossen werden, wenn nach der Sachlage eine befriedigende Auflösung in konkrete Regelungen nicht möglich ist oder die Beteiligten im Falle von Meinungsverschiedenheiten die Konkretisierung bewußt dem Richter überlassen wollen.
Schließlich kann das Bemühen um Klarheit und Eindeutigkeit auch zu überflüssigem Formulierungsballast führen.

74 Anzustreben ist vielmehr dasjenige **Maß an Klarheit und Zweifelsvermeidung,** das nach der Sachlage des Einzelfalles überhaupt machbar und angezeigt ist. Angezeigt sind Klarstellungen in Punkten, bei denen man ohne Präzisierung ernsthaft mit rechtlichen Meinungsverschiedenheiten der Beteiligten rechnen muß und die dabei denkbaren Auffassungen je für sich nicht als abwegig erscheinen. Derartigem hat der Vertragsjurist tunlichst vorzubeugen. Was hingegen bei verständiger Auslegung zweifelsfrei erscheint, bedarf keiner Klarstellung. Insoweit darf auch der Vertragsgestalter auf die richtige Rechtsanwendung, ggf. durch die Rechtsprechung, vertrauen.

Zur Erläuterung einige Beispiele:
(1) Der Gesellschaftsvertrag einer GmbH regelt in § 10 Abs. 1 a) bis k), in welchen Fällen die Geschäftsführung vor einer bestimmten Geschäftsführungsmaßnahme einen Beschluß der Gesellschafterversammlung einzuholen hat. In § 10 Abs. 2 heißt es sodann: „Beschlüsse zu Abs. 1 bedürfen der einfachen Mehrheit der abgegebenen Stimmen, in den Fällen des Buchstaben a) bis **mit** e) einer $^2/_3$-Mehrheit." Die Formulierung „... bis mit ..."

soll offenbar jedem Zweifel vorbeugen, ob die Regelung in Buchstabe e) von der Verweisung mitumfaßt ist. Dies ist bei verständiger Betrachtung zweifelsfrei, der klarstellende Zusatz deshalb überflüssig.

(2) In einem Grundstückskaufvertrag über ein größeres unbebautes Grundstück ist vereinbart, daß der Kaufpreis u. a. erst dann fällig wird, „wenn dem Käufer eine Baugenehmigung erteilt ist". Weitere Regelungen zu diesem Punkt enthält der Vertrag nicht. Ein Bauantrag war bei Vertragsabschluß noch nicht eingereicht. Bei Auslegung dieses Vertrages nach Treu und Glauben wird man zu dem Ergebnis kommen müssen, daß der Käufer verpflichtet ist, einen Bauantrag zu stellen, doch innerhalb welchen Zeitraums? Auch die Antwort „im Zweifel unverzüglich" (vgl. § 271) beseitigt nicht vermeidbare Zweifel über den sich daraus ergebenden Zeitrahmen. Hier ist durch die Aufnahme einer Frist die Schaffung von Klarheit zur Streitvermeidung ohne weiteres möglich und angezeigt.

III. Gliederung, Aufbau

1. Aspekte sinnvollen Gliederns

> Welche Gliederungsgrundsätze liegen dem Aufbau des Geschäftsführervertrages durch Rechtsanwalt Nöhler im Fall Nr. 5 zugrunde?

Der Vertrag befaßt sich zunächst mit dem Tätigkeitsbereich des Geschäftsführers, dem Kerninhalt seiner Dienstpflichten. Soweit damit inhaltlich verbunden, werden zugleich die korrespondierenden Rechte geregelt (Kompetenzen, Recht zur eigenverantwortlichen Geschäftsführung). Diesen **Hauptpflichten** folgen als zweiter Regelungsblock synallagmatische **Hauptrechte** des Geschäftsführers, die Vergütungsansprüche, aufgegliedert in feste und variable Geldleistungen sowie Sachleistungen. Daran schließen sich **weitere Rechte und Pflichten** an, wieder in gruppierter Weise. Im Aufbau wird also Zusammengehöriges zusammengefaßt. 75

Den Hauptpflichten folgen die Nebenpflichten, der Aufbau ist **degressiv** (zu diesem allgem. Vertragsordnungsprinzip Langenfeld, Vertragsgestaltung, S. 65).

Welche Einzelaspekte in concreto als zusammengehörig behandelt werden, ist eine Frage der **Sachlogik** und der **Zweckmäßigkeit**. Zu vermeiden sind beliebige Aneinanderreihung und „verstreute" Regelungen. 76

Enthält etwa der Vertrag Vereinbarungen für den Fall der Nichterfüllung von Primärpflichten einer Partei – sog. „Risikoplanung" (vgl. Rehbinder, Vertragsgestaltung, S. 4f) –, so kann eine solche Regelung auf der Sekundärebene zum einen im Kontext mit der betreffenden Hauptpflicht behandelt werden. Es hat sich z.B. eingebürgert, in Grundstückskaufverträgen die Folgen der Nichtzahlung des Kaufpreises im Anschluß an dessen Fälligkeit zu regeln. Es mag in anderen Fällen durchaus sinnvoll sein, vertragliche Leistungsstörungsregelungen gesondert als eigenen Gliederungspunkt zu formulieren. Dies bietet sich vor allem dann an, wenn diese Regelungen sich übergreifend auf verschiedene potentielle Pflichtverletzungen eines Vertragsteiles beziehen.

Erster Teil. Die Arbeitsmethode des Vertragsjuristen

In **Fall Nr. 5** wäre es redaktionell nicht angezeigt, bei den Hauptpflichten des Geschäftsführers (§ 1) ein Recht zur fristlosen Kündigung für die GmbH einzuführen, falls der Geschäftsführer wiederholt Maßnahmen ohne die erforderliche Abstimmung mit dem weiteren Geschäftsführer ergreift. Da ein solcher Vertrag regelmäßig mehrere solcher Kündigungsrechte enthält, die an unterschiedliche Pflichtverstöße oder Sachverhaltsentwicklungen anknüpfen (z. B. Nichtbefolgung von Gesellschafterbeschlüssen, Insolvenz des Geschäftsführers), empfiehlt sich deren zusammenfassende Regelung nach Voraussetzungen und Rechtsfolgen. Das entspricht am besten der Aufgabe des Vertrages zur zuverlässigen und schnellen Information der Vertragspartner über ihre Rechte und Pflichten.

2. Zwischenüberschriften

77 Die Verwendung von Zwischenüberschriften unter **Bezeichnung des jeweiligen Hauptgliederungspunktes** ist in aller Regel empfehlenswert. Es erhöht die Übersichtlichkeit und Handhabbarkeit des Vertrages. Bei umfangreichen Vertragswerken sollte auch die nächstfolgende Gliederungsstufe durch eine Überschrift gekennzeichnet sein.

In **Fall Nr. 5** bietet sich an, die oben aufgeführten Hauptgliederungspunkte als Überschriften der Vertragsabschnitte zu verwenden.

3. Interne Verweisung

78 Der dem Gesetzgeber vertraute redaktionelle Kunstgriff des Verweisens innerhalb desselben Gesetzes (**internes Verweisen**, Beispiel: Umwandlungsgesetz vom 28. 10. 1994) ist auch in der Vertragspraxis verbreitet.

Unter **externem Verweisen** ist demgegenüber die Bezugnahme im Vertrag auf außerhalb des Vertragstextes liegende Sachverhalte (z. B. Ausstattung des Bürohauses in der X-Straße in Y-Stadt), Rechtsvorschriften und sonstige Regelungskomplexe (z. B. AGB, VOB) gemeint. Diese Art der Gestaltung gehört inhaltlich weniger zum Bereich Vertragsaufbau als zum allgemeinen vertragstechnischen Instrumentarium. Damit werden Sie sich deshalb im dortigen Zusammenhang näher befassen (Zweiter Teil, Abschnitt A).

Die **Technik des internen Verweisens** hat Vorzüge, ebenso unübersehbare Schattenseiten. Sie kann – richtig eingesetzt – dazu dienen, Regelungen, die an mehreren Stellen eines Vertrages von Bedeutung sind, an einer Stelle zu konzentrieren und sie zur Vermeidung von Wiederholungen durch Verweisung auch in andere Zusammenhänge „hineinzuholen".

Ein Vertrag, der mit Quer-, Rück- und Weiterverweisungen gespickt ist, legt auf der anderen Seite die Vermutung nahe, daß sein Verfasser die Möglichkeiten sinnvoller Gliederung und Konzentration nicht ausgeschöpft hat, die Verweisungen vielmehr Gliederungsmängel ausgleichen sollen. Das Ergebnis beeinträchtigt nicht nur die Lesbarkeit und Durchschaubarkeit des Vertragswerkes, sondern verstärkt das Risiko von Mißdeutungen und fehlerhafter Handhabung in der Vertragsanwendung. Mit Querverweisen sollte deshalb vorsichtig umgegangen werden, insbesondere wenn von vorne nach hinten verwiesen wird. Nach Möglichkeit zu vermeiden sind Weiter- und Wechselverweisungen.

Dazu ein **Beispiel sinnvoller Verweisung:**

In einem umfangreichen Unternehmenskaufvertrag in der Erscheinungsform des Anteilskaufes (sog. „share-deal") sind an mehreren Stellen Rücktrittsrechte des Käufers geregelt, die an unterschiedliche Sachverhaltsentwicklungen anknüpfen (z.B. Entzug einer bestimmten behördlichen Erlaubnis, Durchführung einer steuerlichen Betriebsprüfung mit einer Mehrsteuerbelastung bestimmter Größenordnung, Feststellung von Altlasten auf einem Betriebsgrundstück). Im Zusammenhang mit dem ersten Rücktrittsrecht werden die formalen Rücktrittsvoraussetzungen (Form und Frist) und die Rücktrittsfolgen geregelt. Soweit diese Formalien sowie die Rechtsfolgen bei den weiteren Rücktrittsrechten ebenso gelten sollen, ist es sinnvoll, dort jeweils zu formulieren: „Für Form und Frist des Rücktrittsrecht sowie die Rücktrittsfolgen gelten die obigen Regelungen zu Abschnitt ... Ziff. ... entsprechend". Es mag stattdessen auch sinnvoll sein, die Rücktrittsrechte in einer Vertragspassage zusammenzufassen, etwa wie folgt:

„(1) Der Käufer ist zum Rücktritt berechtigt, wenn
    a) ...
    b) ...
    c) ...
(2) Der Rücktritt bedarf des eingeschriebenen Briefes mit Rückschein und ist nur zulässig innerhalb einer Frist von einem Monat. Die Frist beginnt im Fall zu Ziff. (1) Buchst. a) und b) mit Eintritt des das Rücktrittsrecht auslösenden Umstandes, im Fall von Ziff. (1) Buchst. c) mit Kenntniserlangung des Käufers vom Rücktrittsgrund.
(3) Im Rücktrittsfalle ist der Käufer zur Rückabtretung der veräußerten Geschäftsanteile Zug um Zug gegen zinslose Erstattung des Kaufpreises verpflichtet. Im übrigen sind wechselseitige Ansprüche gleich welcher Art ausgeschlossen, insbesondere auch Ansprüche aus culpa in contrahendo und positiver Vertragsverletzung. Entstandene Ansprüche auf Ersatz von Verzugsschaden bleiben unberührt."

Soweit solche Rücktrittsrechte an verschiedene, im Vertrag behandelte Sachverhalte, Vorgänge, Pflichten anknüpfen, ist es redaktionell ratsam, die Rücktrittsrechte erst nach den genannten Sachverhaltsregelungen im Vertrag aufzuführen.

4. Vertragsgliederung und Mustergliederung

Je mehr der zu entwerfende Vertrag einem in der Praxis anerkannten Vertragstyp entspricht, desto naheliegender ist es, sich in der Besprechung mit den Beteiligten und dem Aufbau des zu formulierenden Vertrages an den anerkannten und gebräuchlichen Vertragsmustern zu orientieren.

In der Praxis tritt die Heranziehung früherer vom Vertragsgestalter erarbeiteter Lösungen für entsprechende Fallgestaltungen (**Vorstücke**) hinzu.

Dies hat unbestreitbar den Vorteil der Entlastung. Der Vertragsstoff muß nicht jedesmal vollständig neu geordnet und gegliedert werden, sinnvolle und erprobte Ordnungen liegen bereit. Es sollte jedoch stets die Wachsamkeit dafür erhalten bleiben, welche Besonderheiten des konkreten Falles ein **Abweichen vom Musteraufbau** angezeigt sein lassen.

Erster Teil. Die Arbeitsmethode des Vertragsjuristen

Beispiel: Für den Kauf einer gebrauchten Eigentumswohnung gibt es anerkannte Vertragsmuster. Ist aber die Wohnung nach Überlassung an einen Mieter zur Eigentumswohnung umgewandelt worden, muß das Vertragsmuster mit Rücksicht auf das Vorkaufsrecht des Mieters nach § 570b in Aufbau und Inhalt in mehrfacher Hinsicht modifiziert werden. Vor allem ist ein Rücktrittsrecht des Verkäufers für den Fall der Ausübung des Vorkaufsrechtes unverzichtbar.

> Warum?

Die Ausübung des Vorkaufsrechtes hat nicht zur Folge, daß der abgeschlossene Vertrag auf den Vorkaufsberechtigten „übergeleitet" wird. Vielmehr kommt durch Ausübung des Vorkaufsrechtes ein neuer selbständiger Vertrag zustande, der inhaltlich dem abgeschlossenen Erstvertrag entspricht (§ 505 Abs. 2). Der Verkäufer gerät dadurch in die Situation, aus zwei Kaufverträgen verpflichtet zu sein. Erfüllen kann er aber nur einmal. Er setzt sich deshalb dem Risiko von Ersatzansprüchen aus. Abhilfe schafft die Abrede im Ausgangsvertrag, daß der Verkäufer von diesem zurücktreten kann, falls das Vorkaufsrecht ausgeübt wird. Auf den Vertrag mit dem Vorkaufsberechtigten ist diese Abrede ohne Auswirkung (§ 506).

Auch im **Fall Nr. 5** entspricht das Konzept des Rechtsanwalts Nöhler im wesentlichen anerkannten Vertragsmustern. Besonderheiten, die eine Abweichung hiervon nahelegen, sind aus dem Sachverhalt nicht erkennbar.

IV. Sprache

1. Umgangssprache, Rechtssprache

80   Zu den obersten Maximen der Vertragsgestaltung zählt die **Eindeutigkeit und Klarheit** der in ihm enthaltenen Regelungen. Um dies zu erreichen, ist es **unverzichtbar**, sich der juristischen **Fachsprache** zu bedienen. Gemeint ist damit in erster Linie die Begriffswelt des Gesetzes in seiner anerkannten Auslegung durch Rechtsprechung und Schrifttum. Daß ein Vertrag aus diesem Grund für den nicht fachlich vorgebildeten Leser nicht ohne „Übersetzung in die Umgangssprache" verständlich ist, muß um dieses Zieles willen in Kauf genommen werden.

Diese Zwangsläufigkeit schließt indes nicht aus, daß sich der Vertragsjurist im Rahmen der trotz Verwendung der juristischen Fachausdrücke noch verbleibenden Formulierungsspielräume um Allgemeinverständlichkeit bemüht. Fachlich präzise Begrifflichkeit muß nicht zwangsläufig zum fachlichen Kauderwelsch führen.

Dem Verständnis abträglich sind etwa nicht-fachsprachliche Ausdrücke im überkommenen **Kanzleistil**, **Schachtelsätze** und die unter Juristen verbreitete **Substantivierungsneigung**.

E. Vertragsformulierung

Beispiel: In einem Grundstückskaufvertrag heißt es: „Belastungen in Abteilung III sind aus dem hinterlegten Kaufpreis wegzufertigen". Dies kann bei gleicher Genauigkeit durch die auch Laien eher verständliche Wendung ersetzt werden: „Rechte in Abteilung III des Grundbuches, insbesondere Grundschulden und Hypotheken, sollen aus dem hinterlegten Kaufpreis abgelöst und sodann im Grundbuch gelöscht werden, so daß der Käufer lastenfreies Eigentum erwirbt".

2. Vertragstext und Gesetzeswiedergabe

Der Vertrag setzt das Gesetz voraus, baut auf ihm auf, füllt es aus, ändert seine Regelungen ab, ergänzt sie oder schließt die Anwendung einzelner Vorschriften aus. 81
Es ist kaum ein Vertrag denkbar, bei dessen Auslegung und Anwendung nicht ergänzend das Gesetz heranzuziehen ist. Die Bestimmungen eines Vertrages bilden kein in sich geschlossenes Regelungssystem, sondern sind durch einen je nach Vertragstyp unterschiedlich intensiven **Gesetzesbezug** gekennzeichnet. Es ist regelmäßig nicht erforderlich oder sinnvoll, den konkreten Gesetzesbezug durch Angabe der gesetzlichen Vorschrift, von der man abweicht oder die konkretisiert wird, herzustellen. Dies kann im Gegenteil die Verständlichkeit des Vertrages mindern.
So ist z.B. in nahezu allen Grundstückskaufverträgen eine Regelung enthalten, die die Anwendung des hier nicht sachgerechten § 454 BGB ausschließt. Dies ist zulässig. Die Formulierung „§ 454 BGB wird abbedungen", ist hierfür eine zwar juristisch korrekte, gleichwohl nicht zu empfehlende, da verkürzte Formulierung. Die Angabe der ausgeschlossenen Vorschrift ist nicht erforderlich. Als inhaltliche Regelung genügt und ist verständlicher: „Gerät der Käufer mit der Kaufpreiszahlung in Verzug, so ist der Verkäufer zum Rücktritt nach den gesetzlichen Vorschriften auch dann befugt, wenn er seinerseits schon erfüllt hat".
Sinnvoll ist die **(genaue!) Angabe der Gesetzesvorschrift**, von der ausgegangen oder die geändert wird, wenn Zweifel auszuschließen sind, was in concreto geregelt werden soll. So wird in Eheverträgen häufig formuliert: „Unter Beibehaltung des gesetzlichen Güterstandes der Zugewinngemeinschaft, in dem wir zur Zeit leben, sind wir einig, daß die Beschränkungen der §§ 1365 und 1369 nicht gelten sollen". Inhaltlich wäre dies ausreichend und die Bezugnahme auf das Gesetz durchaus sinnvoll, um die außer Kraft gesetzten Regelungen präzise zu bezeichnen. Wer eine größere Verständlichkeit des Vertrages erzielen möchte, wird erwägen, folgendes hinzuzufügen: „Demnach ist ein jeder von uns berechtigt, über sein Vermögen im Ganzen oder über ihm gehörende Gegenstände des ehelichen Haushalts ohne Zustimmung des anderen Ehegatten zu verfügen". Dann entfällt allerdings der Grund für die Angabe der Gesetzesvorschrift. Im Interesse der Verständlichkeit sollte deshalb besser formuliert werden: „In Abänderung der gesetzlichen Vorschriften soll ein jeder von uns berechtigt sein, über sein Vermögen im Ganzen oder ...". Diese inhaltliche Regelung läßt keine Zweifel, daß die §§ 1365, 1369 ausgeschlossen werden.

Ein weiterer Fall sinnvoller Bezugnahme auf das Gesetz ist die **Nutzbarmachung gesetzlicher Begriffe, Tatbestandsvoraussetzungen oder Rechtsfolgen** für vertragliche Regelungen, bei denen die entsprechende Vorschrift ansonsten nicht anwendbar wäre. Schließen Ehepartner oder Verlobte einen Erbvertrag, so ist nicht selten vorsorglich ein Rücktrittsrecht vom Erbvertrag für den Zeitraum gewünscht, in dem die gesetzlichen Scheidungsvoraussetzungen noch nicht erfüllt sind (vgl. §§ 2279 Abs. 2, 2077), die Partner gleichwohl sich endgültig getrennt haben. Hier kann der gesetzlich definierte Tatbestand des „dauernden Getrenntlebens" (§ 1567) in seiner Ausformung durch Rechtsprechung und Schrifttum für die Vertragsgestaltung nutzbar gemacht werden: „Jeder Vertragsteil ist zum Rücktritt berechtigt, wenn die Ehepartner im Sinne des § 1567 BGB dauernd getrennt leben".

Über derartige Fallgestaltungen hinausgehend ist in der Vertragspraxis namentlich bei **Regelungen mit Dauercharakter** (Gesellschaftsrecht, Teilungserklärung nach dem Wohnungseigentumsgesetz) die wörtliche oder sinngemäße Gesetzeswiedergabe zum Teil in ganzen Passagen anzutreffen. Motiv ist zumeist die Information der Beteiligten über das, was zwischen ihnen rechtens ist, auch wenn es nicht ausgehandelt wurde. So verstanden soll der Vertrag nicht nur regeln, was in concreto aufbauend oder ergänzend zum Gesetz oder abweichend von diesem gewollt ist, sondern darüber hinaus Auskunft geben über wichtige Rechte und Pflichten in den typischen Situationen des betreffenden Dauerrechtsverhältnisses (**Informationsfunktion des Vertrages**).

Hierzu ist anzumerken:

Von **sinngemäßer Gesetzeswiedergabe** wird zu Recht **abgeraten** (Langenfeld, Vertragsgestaltung S. 76). Die Gefahr von Mißverständnissen und Fehldeutungen ist groß. Hält der Vertragsjurist die wörtliche Wiedergabe von Gesetzesvorschriften zu Informationszwecken für angebracht, so sollte er sich auf solche Regelungen beschränken, die zur Anwendung keiner „Übersetzung" durch einen Fachmann bedürfen, wie z.B. Formalregelungen (Beispiel: § 51a GmbHG). Was darüber hinausgeht, ist für die Vertragsparteien keine wirkliche Hilfe.

3. Die regelungsadäquate Formulierung

82 Ganz besonderes Augenmerk muß der Vertragsjurist auf die Präzision der Ausdrücke und Wendungen des Vertrages richten. **Präzision** in diesem Sinne meint, daß das gewollte Regelungsziel so genau, wie dies sprachlich möglich ist, erfaßt wird. Hieran gemessen darf die verwendete Formulierung weder zu weit noch zu kurz greifen.

> **Anzustreben ist die den Sachverhalt bzw. den gewünschten Rechtserfolg abdeckende Formulierung.**

Mitunter kann dies nur zweistufig erreicht werden, etwa durch Aufstellen einer **Regel mit** anschließenden **Ausnahmen** oder durch Beifügung einer **Positiv-/Ne-**

E. Vertragsformulierung

gativiste. Im Extremfall können schon geringfügige Formulierungsunsauberkeiten dazu führen, daß das Regelungsziel in der Rechtsanwendung verfehlt wird.

Dazu einige **Beispiele:**

(1) Ist gewollt, daß ein Vertragsteil für ein bestimmtes Risiko, einen Erfolg uneingeschränkt und ohne Rücksicht auf ein Verschulden „haftet" in dem Sinne, daß er anderenfalls den anderen Vertragsteil schadlos zu stellen hat, so muß diese scharfe Haftung aus selbständiger Garantieübernahme im Vertragstext unmißverständlich zum Ausdruck gebracht werden. Die Rechtsprechung stellt an die Annahme einer solchen Garantie hohe Anforderungen (BGH NJW 1967, S. 1020). Stört sich, wie bisweilen zu beobachten, der durch eine solche Haftung zu belastende Vertragsteil an dem Ausdruck „selbständige Garantie", so wird Gleichwertiges bewirkt mit der Formulierung „X steht dafür ein, daß …". Nicht ausreichend wäre demgegenüber „… X sichert zu, daß …"

(2) Der Pächter einer Immobilie soll berechtigt sein, den Pachtvertrag vor Fristablauf zu kündigen, wenn die Fortführung des von ihm dort betriebenen Altenzentrums „wirtschaftlich nicht mehr zumutbar ist". Dabei haben die Vertragspartner in erster Linie an die Fälle gedacht, daß kein geeignetes Personal zu Tarifvertragsbedingungen zu gewinnen ist oder die Nachfrage nach solchen Altenheimplätzen nachhaltig sinkt. Andere zur Zeit nicht vorstellbare, ebenso schwerwiegende Situationen sollen dadurch aber nicht ausgeschlossen werden. Diese Gestaltungsabsicht wird gefährdet, wenn der Vertragsjurist den Begriff der „wirtschaftlichen Unzumutbarkeit" abschließend durch die genannten Anwendungsfälle wie folgt konkretisiert: „Wirtschaftliche Unzumutbarkeit liegt vor, wenn
a) …
b) …
Durch bloße Einfügung des Wörtchens „insbesondere" wird hingegen dem Vertragsanwender deutlich gemacht, daß der Oberbegriff über die genannten Fälle hinausgehend weiterer Konkretisierung zugänglich ist. Sind die Beteiligten andererseits bereits jetzt darüber einig, daß bestimmte dem Pächter nachteilige Entwicklungen nicht zur wirtschaftlichen Unzumutbarkeit führen sollen, so kann dem durch eine ergänzende Negativkonkretisierung Rechnung getragen werden: „Wirtschaftliche Unzumutbarkeit liegt insbesondere vor, wenn
a) …
b) …
nicht jedoch, wenn …"."

4. Unbedingte Regelungen und Eventualregelungen

Formulierungstechnisch lassen sich Vertragsinhalte vor allem im Bereich des Leistungsaustausches bei vergröbernder Betrachtung in zwei Gruppen aufteilen: Die unbedingten Regelungen und die bedingten (Eventualregelungen).
Inhaltlich entspricht dieser Zweiteilung in etwa die rechtstheoretische Unterscheidung von **Erfüllungsplanung und Risikoplanung** bei der Vertragsgestaltung (vgl. Rehbinder, Vertragsgestaltung, S. 4f).
Kennzeichnend für die **erste Gruppe** sind alle Pflichten, deren Erfüllung Bestandteile einer normalen, „geglückten" Vertragsabwicklung sind. Das sind die wechselseitigen Hauptpflichten, aber auch Nebenpflichten wie die Übergabe von Hausunterlagen durch den Grundstücksverkäufer. Derartige Regelungsinhalte

Erster Teil. Die Arbeitsmethode des Vertragsjuristen

werden in unbedingter Form niedergelegt, die Pflichten voraussetzungslos statuiert.

Zur **zweiten Gruppe** gehören all diejenigen Vereinbarungen, mit denen für bestimmte mögliche und zugleich unerwünschte Sachverhaltsentwicklungen Vorkehrung getroffen wird. Sie haben die logische und sprachliche Struktur von Eventualprogrammen, sind also durch eine „**wenn ... dann ...**"-Struktur gekennzeichnet.

In solchen Regelungsbereichen ähnelt die Vertragssprache der Gesetzessprache des Zivilrechts. Hauptanwendungsfall sind vertragliche Leistungsstörungsrechte.

Beispiel: „Zahlt der Käufer den Kaufpreis nicht zu dem vorstehend vereinbarten Zeitpunkt, so hat er ab dem darauffolgenden Tage ... % Fälligkeitszinsen p.a. vom jeweils offenstehenden Betrag zu entrichten. Die Geltendmachung eines darüberhinausgehenden Verzugsschadens wird dadurch nicht ausgeschlossen".

Weiterführend:

Langenfeld, Vertragsgestaltung S. 65–67, 73–76.

Aufgabe Nr. 4

Privatmann Leichtfuß ist durch hochverzinsliche Kreditschulden in finanzielle Schwierigkeiten geraten. Sein Freund Fleissig ist bereit, ihm durch ein günstiges Privatdarlehen über 100 000,– DM unter die Arme zu greifen. Dieses Darlehen soll dazu dienen, bestimmte Verbindlichkeiten des Leichtfuß abzulösen, damit Leichtfuß sich durch Minderung seiner laufenden Belastungen finanziell wieder „erholen" kann. Abgesichert werden soll das Darlehen durch Eintragung einer erstrangigen Grundschuld auf dem derzeit unbelasteten Privathaus des Leichtfuß. Herr Leichtfuß soll verpflichtet sein, das Darlehen mit 5% p.a. zu verzinsen. Zur Verzinsung und laufenden Tilgung soll er vierteljährlich gleichbleibende Leistungsraten von 1500,– DM entrichten. Die Laufzeit des Darlehens soll auf fünf Jahre begrenzt sein. Den nach Ablauf von fünf Jahren noch nicht getilgten Darlehnsrest hat Herr Leichtfuß sodann in einer Summe zurückzuzahlen. Aus wichtigem Grund, insbesondere bei Verzug mit mehr als zwei Raten, soll Fleissig berechtigt sein, den Darlehnsvertrag fristlos zu kündigen.
Entwerfen Sie den Darlehnsvertrag! Notieren Sie vorab, auf welche Gesichtspunkte bei der Formulierung besonders zu achten ist.

Zweiter Teil. Das Instrumentarium des Vertragsjuristen

A. Allgemeine Vertragstechnik

I. Überblick

Wurde im Ersten Teil die Arbeitsmethode des Vertragsjuristen als ein in Arbeitsphasen zu gliedernder Prozeß betrachtet, so geht es im folgenden in einem engeren Sinne um Vertragstechnik, um Aufbau und Formulierung von Verträgen, um „typische" Klauseln, eine Art „Allgemeinen Teil" des Instrumentenkoffers des Kautelarjuristen. Mit dieser Ausdrucksweise mag man das Bild assoziieren, daß der Vertragsgestalter hierin für alle typischen Lebenslagen und rechtlichen Gestaltungsaufgaben Klauseln und ganze Musterverträge bereit hält, so daß es nur noch darum gehen kann, gekonnt auszuwählen und zusammenzusetzen. An dieser Vorstellung ist richtig, daß es einen Bereich rechtsgebietunabhängiger, in diesem Sinne allgemeiner Regelungsaufgaben und typische Antworten hierauf in Gestalt von Klauseln gibt. Das gilt z.B. für die nachstehend behandelte Rechtsnachfolgeklausel. Daneben existiert – eine Stufe spezieller – eine Ebene typischer Problemstellungen und Lösungen für einzelne Rechtsbereiche, sozusagen ein allgemeiner Teil im Besonderen. Exemplarisch zu nennen sind hier das Miet-/Pachtrecht und das Gesellschaftsrecht. Die folgende Darstellung konzentriert sich im wesentlichen auf Gestaltungsfragen, die sich – so oder ähnlich – in vielen der Vertragsgestaltung zugänglichen Rechtsgebieten stellen. Auch soweit sehr spezielle Sachverhalte geschildert werden, soll hieran die allgemeine Gestaltungsproblematik deutlich werden.

Bewußt wird die Aufmerksamkeit zunächst der Formulierung der primären Vertragspflichten zugewendet (**II.**). In diesem Bereich gibt es nur verhältnismäßig wenige sachbereichsunabhängige, allgemeine Gestaltungselemente: Die typischen beiderseitigen Primärpflichten eines Darlehnsvertrages, eines Mietvertrages, eines Wohnungskaufvertrages sind rechtsgebietsspezifisch. Hierüber informieren einschlägige Musterverträge und Formularbücher. Im Bereich der primären Vertragspflichten ist das Allgemeine weniger ein Allgemeinklauselkasten, mehr eine Methode. Es geht etwa um die Fragen: Was bedeutet Primärebene? Wie erkennt der Vertragsgestalter die zu regelnden Primärpflichten? Welche typischen Zielkonflikte bestehen hierbei? Das Bewußtsein für die Methode der Ermittlung und Formulierung solcher Pflichten ist eine der Voraussetzungen für einen souveränen Umgang mit Vertragsmustern und Einzelklauseln.

Eingehend behandelt wird sodann die Problematik vertraglicher Drittbeziehungen, und zwar zunächst retrospektiv, d.h. unter dem Blickwinkel der Berück-

84

sichtigung bereits existierender rechtlicher Beziehungen eines Vertragspartners zu einem Dritten, soweit diese für den abzuschließenden Vertrag von Bedeutung sind (**III.**), sodann zukunftsgerichtet unter dem Aspekt, wie Dritte in die Rechtswirkungen des Vertrages einbezogen werden können (**IV.**). Nach Beobachtung des Verfassers werden diese eminent wichtigen Gestaltungsaspekte in der Vertragspraxis zu wenig beachtet und rechtstechnisch nicht immer ausreichend beherrscht.

Die in Abschnitt **V.** behandelten Gestaltungsmittel, insbesondere die Bedingung, das Rücktrittsrecht und der Bereich der Optionen sind ebenfalls zentrale Instrumentarien aus dem allgemeinen „Werkzeugkoffer" der Kautelarjurisprudenz. Da in der Praxis nicht selten für sich betrachtet „richtige" Klauseln falsch, nämlich im Kontext unpassend oder aufgabeninadäquat eingesetzt werden, geht die folgende Darstellung zum größten Teil nicht von den einzelnen Gestaltungsinstrumenten, sondern von typischen Gestaltungsaufgaben, vor allem von der Interessenlage aus. Unter diesem Blickwinkel werden Gestaltungsmöglichkeiten erörtert.

Übrig bleibt eine Anzahl typischer Einzelklauseln (**VI.**), bei denen eine solche Problemeinbindung weniger geboten erscheint.

Bereits erwähnt wurde, daß Wiederholungen und Überschneidungen mit anderen Abschnitten unvermeidlich erscheinen, weil Gestaltungselemente und methodische Prinzipien in anderem Kontext erneut aufzugreifen sind.

II. Die primären Vertragspflichten

1. Erfassen der Primärebene

> **Fall Nr. 6:**
> Die Deutsche Bahn AG – kurz „Bahn" – plant in Siegerstadt auf einem eigenen Grundstück die Errichtung eines neuen zweistöckigen Bahnhofsgebäudes in schlichter Bauweise. Politiker und Verwaltung von Siegerstadt wünschen sich statt dessen ein erheblich größeres, städtebaulich prägendes und repräsentatives vierstöckiges Gebäude. Die damit verbundenen Mehrkosten will die Stadt tragen. Die Bahn ist einverstanden, daß die Stadt die oberen beiden Stockwerke als Teileigentum erhält zum Zwecke der Weiterveräußerung bzw. Vermietung von einzelnen Büro- bzw. Gewerbeeinheiten. Die beiden Untergeschosse verbleiben der Bahn für bahnspezifische Nutzungen und sonstige gewerbliche Verwendung (z.B. Buchladen, Reisebüro). Notar Gründlich wird mit der „Anfertigung der erforderlichen Verträge" beauftragt. Man übergibt ihm eine Anzahl von Aktenordnern mit Bauplänen, Baubeschreibungen, Schallschutz-, Boden- und Verkehrsgutachten, Kostenschätzungen und dergleichen mehr. Nach Sichtung der Unterlagen vereinbart Notar Gründlich mit Vertretern beider Seiten einen Besprechungstermin. Zur Vorbereitung notiert er sich – ohne die Aktenordner im einzelnen schon durchgesehen zu haben – eine Reihe klärungsbedürftiger Punkte.
> Wie wird diese Liste aussehen?

Sieht man von Verträgen mit rein dinglichem (Abtretung, Verzicht) oder erb- 85
rechtlich-verfügendem Charakter (erbvertragliche Erbeinsetzung) ab, so geht es
im Vertragsrecht um die Begründung, Änderung, Erfüllungsweise von Rechten
und Pflichten, sei es einseitigen oder zweiseitigen, schuldrechtlichen, familien-
rechtlichen oder gesellschaftsrechtlichen Charakters. Für den Vertragsgestalter
ist von zentraler Wichtigkeit, vor dem Hintergrund der Zielvorstellungen der
Beteiligten und der Analyse der Interessenlage herauszuarbeiten, welche wesentlichen Rechte und Pflichten die Beteiligten wechselseitig begründen wollen
(**primäre Leistungs- bzw. Verhaltenspflichten**).
Die Kernfragen lauten:
– wer soll/will welche (Leistungs-)Pflichten übernehmen?
– wer trägt welches Risiko?
Je mehr die zu lösende Gestaltungsaufgabe einem gesetzlich vorgeformten oder
im Rechtsleben anerkannten Vertragstypus mit einer typischen Risikoverteilung
und im Kern feststehenden Konturen hinsichtlich der (Haupt-)Leistungs-
pflichten entspricht, desto weniger mögen – jedenfalls auf den ersten Blick –
diese Fragen klärungsbedürftig erscheinen.

Beispiel: Wer einen 10jährigen Mietvertrag über bestehende Büroräume mit an den Lebenshaltungskostenindex gekoppelter Miete verabredet, schuldet den indexierten Mietzins und kann andererseits die alleinige Nutzungsüberlassung verlangen für den vereinbarten Zeitraum. Das Risiko, daß die Räumlichkeiten im Laufe der Jahre zu klein werden
oder daß die ortsüblichen Büromieten sinken, während der Lebenshaltungskostenindex
steigt, trägt unzweifelhaft der Mieter. Nicht unbedingt typusmäßig vorgezeichnet sind
hingegen z.B. Fragen der Ausstattung der Räumlichkeiten mit bestimmten Einrichtungen
(z.B. Kabelkanal) zur Herbeiführung des Zustandes, den der Mieter für seine Zwecke
voraussetzt, weiterhin eine etwaige Umgestaltungsbefugnis des Mieters, Fragen der Instandhaltung und Kostentragung u.d.m. Weiterhin kann – ohne daß die Beteiligten bei
ihrer „Vertragseinigung" daran überhaupt gedacht haben – ein vitales Interesse des Vermieters daran bestehen, hinsichtlich der Miete zur Umsatzsteuer zu optieren, d.h. die
Miete zuzüglich Umsatzsteuer zu vereinbaren. Die steuerliche Anerkennung dieser Option hängt von der Art der in den Mieträumen ausgeübten Nutzung durch den Mieter ab
(§§ 4 Nr. 12a, 9 Abs. 1, 2 UStG).

Die Aufgabe der Klärung primärer vertraglicher Rechte und Pflichten besteht
aber auch innerhalb der durch einen anerkannten Vertragstypus vorgezeichneten
Strukturen. Ein noch viel größerer Stellenwert kommt dieser Arbeitsphase zu,
wenn sich das wirtschaftlich Gewollte bislang keinem Vertragstypus zuordnen
läßt, etwa weil noch Weichenstellungen in der Willensbildung zu durchlaufen
sind. Auch mag sich bei komplexeren Situationen ergeben, daß die Angelegenheit
auch nach weiterer Aufklärung atypisch bleibt.
Meinungsverschiedenheiten der Vertragsbeteiligten im Zuge der Vertragsab- 86
wicklung haben ihren Grund zumeist in unterschiedlichen Vorstellungen über
primäre Vertragspflichten (Leistungspflichten, Handlungspflichten, Informati-
onspflichten etc.). Der „gelungene Vertrag" entfaltet streithindernde Wirkung
durch möglichst präzises Erfassen und widerspruchsfreies Formulieren der wechselseitigen primären Rechte und Pflichten. Es kann deshalb nicht genug betont

werden, welche entscheidende Rolle der Aufklärung und einwandfreien Niederlegung dieser Vertragsebene zukommt. Der Einsatz des ganzen kautelarjuristischen Arsenals von Klauseln zur Absicherung und Risikovorsorge (Klauselkasten) knüpft sachlich-logisch an diese Primärebene an und ist wenig wert, wenn die vorrangige Ebene der primären Pflichten der Beteiligten nach jeweiligen Inhalten und Grenzen nicht klar und in sich stimmig bearbeitet wurde und die sich hieraus ergebenden Risikozuweisungen unzweifelhaft erkennen läßt.

> Welche zentralen Besprechungspunkte wird sich Notar Gründlich im Fall Nr. 6 notieren?

Die Kernfrage wird lauten: Wer soll als Bauherr das Gebäude errichten, die Bahn als jetziger Grundstückseigentümer oder eine Bauherrengemeinschaft aus Bahn und Stadt?

> Inwieweit ist die Antwort hierauf für die zu konzipierenden vertraglichen Vereinbarungen von Bedeutung?

In der erstgenannten Variante müßte die Bahn zwei Etagen des von ihr errichteten Gebäudes an die Stadt veräußern nach dem Grundtypus eines sog. Bauträgervertrages. Die Bahn würde bei dieser Variante die Leistung (Herstellung und Übereignung) eines mehr oder weniger schlüsselfertigen Teileigentumsrechtes nach dem Wohnungseigentumsgesetz (WEG) übernehmen. Im zweiten Fall sehen die rechtlichen Realisierungsschritte grundlegend anders aus: Begründung und Übertragung (Kauf) von buchmäßigem Teileigentum an den oberen Etagen und Vereinbarung der gemeinsamen Errichtung eines Gebäudes.

> Welchen rechtlichen Charakter hat eine solche Abrede zur gemeinsamen Gebäudeerrichtung?

Vom rechtlichen Typus her handelt es sich bei dieser Variante um die Gründung einer Gesellschaft bürgerlichen Rechts (GbR) als sog. Innengesellschaft, d.h. ohne Schaffung von gesamthänderischem (Grund-)Vermögen. Jeder Gesellschafter hat in seinem Vermögen ein zunächst nur buchmäßiges Teileigentumsrecht. Der gemeinsame Zweck besteht in der Gebäudeerrichtung auf gemeinschaftliche Rechnung.

Als weitere Frage wird Notar Gründlich notieren, welches Entgelt die Stadt dafür zu zahlen hat, daß sie die beiden oberen Geschosse erhält.

> Hat die soeben erörterte Weichenstellung hierauf Auswirkungen?

Wird die Gestaltung eines Bauträger-Kaufvertrages gewählt, ist durchaus vorstellbar, daß die Bahn der Stadt die oberen Etagen als Teileigentum zu einem Festpreis veräußert und liefert. Die Bahn wird in diesem Fall das sie hierbei treffende

typische Unternehmerrisiko (z.B. unvorhergesehene Baukostenerhöhung, Ausfall eines Subunternehmers) zu bedenken und bei der Kaufpreisbemessung zu berücksichtigen haben. Wird der Weg der Bauherrengemeinschaft beschritten, so wird das Bauherrenrisiko gemeinschaftlich getragen, anstehende Entscheidungen sind gemeinsam zu treffen. Die Baukosten werden in einem zu vereinbarenden Schlüssel zu teilen sein, das beschriebene Mehrkostenrisiko trifft hier also beide Vertragsteile. Gewährleistungsansprüche wegen Baumängeln bestehen in diesem Fall gemeinsam gegenüber den ausführenden Firmen, nicht jedoch, wie bei der Bauträgerlösung, im Verhältnis Käufer – Verkäufer. Die hier gar nicht abschließend erörterten Unterschiede der beiden Gestaltungswege sind also erheblich.
Zur Sprache bringen wird Notar Gründlich weiterhin die Ausgestaltung der zu bildenden Teileigentumsrechte. Da die der Stadt einerseits und der Bahn andererseits zufallenden Teileigentumsrechte sachenrechtlich noch nicht gebildet sind – mangels Aufteilungsurkunde und Grundbucheintragung (§§ 8, 3ff WEG) – ist zwischen den Beteiligten zu klären, wie diese Rechtsebene zumindest in ihren Eckdaten zu gestalten ist. Dieser Aspekt betrifft bei beiden oben erwogenen Gestaltungsvarianten einen wesentlichen Teil der wechselseitigen primären Pflichten. Der gemeinsam herbeizuführende bzw. der geschuldete und vom Vertragspartner zu akzeptierende Rechtsinhalt der Teileigentumsrechte bemißt sich nach den zu formulierenden Eckdaten. Bei der obigen Bauträgervariante wird von der Bahn ein Teileigentumsrecht geschuldet, welches rechtlich den zu formulierenden Eckdaten entspricht.

> Um welche Fragen wird es bei diesen Eckdaten der Ausgestaltung der Teileigentumsrechte vornehmlich gehen?

Kernpunkte sind die zulässige Nutzung der jeweiligen Einheit, ihre Unterteilung in Untereinheiten (unter Eingriff in die Bausubstanz), Fragen der Instandhaltung von Sonder- und Gemeinschaftseigentum einschließlich Kostentragung, Bemessung des Stimmrechtes in der Eigentümerversammlung, Nutzung des Gemeinschaftseigentums (Werbeanlagen an der Fassade) usw.

> Wie könnte man zusammenfassend die bisher angestellten Überlegungen von Notar Gründlich methodisch beschreiben?

Die Gestaltungsaufgabe ist an Notar Gründlich herangetragen worden im Zustand eines noch recht groben, in konkreten Einzelheiten wenig durchdachten wirtschaftlichen Vertragsziels. Notar Gründlich erwägt Gestaltungswege zur Zielrealisierung. Aus dem Blickwinkel der objektivierten Interessen der Parteien wird analysiert, welche Risikozuweisung mit dem jeweils erwogenen Gestaltungsweg typischerweise verbunden ist und welche (Leistungs-)Pflichten bei der jeweiligen Variante von den Beteiligten zu übernehmen wären, um die wiederum typisierten Erwartungen der Gegenseite zu erfüllen. Die Vermittlung dieser Erwägungen an die Vertragsteile führt diesen vor Augen, was die Umsetzung ihrer bislang noch groben Vorstellungen für sie konkret an Rechten und Pflichten, an Chancen und Risiken bedeutet. Auf diesem Weg wird Klarheit geschaffen darüber, welche vertraglichen primären Pflichten ein jeder Teil zu übernehmen bereit ist bzw. vom anderen Teil erwartet. Mitunter scheitert ein Vertrag schon an dieser Phase der Bewußtseins- und Entscheidungsbildung der Partner. Klarheit auf dieser Ebene ist jedoch unabdingbar anzustreben, selbst um den Preis der Aufgabe des Vorhabens. Die Aufgabe der Vertragsjuristen in der hier erörterten Arbeitsphase besteht in der Schaffung von Bewußtsein und Transparenz hinsichtlich rechtlicher Bedingungen und Folgen des Gewollten. Die individuell persönliche, die kaufmännisch-unternehmerische Bewertung aufgezeigter Risiken und Konsequenzen ist im Normalfall nicht seine Aufgabe. Der Vertragsjurist – ob nun von Gesetz wegen unparteiisch oder Interessenvertreter einer Seite – sollte deshalb im Regelfall nicht aus Rechtsgründen eine grundsätzlich ablehnende Position einnehmen.

2. Die zu regelnden Primärpflichten

87 Es stellt sich die Frage, wie dem Vertragsjuristen die jeweils angemessene Bestimmung und Formulierung der primären Vertragspflichten der Beteiligten gelingen kann. Die hierzu erforderlichen Denkvorgänge und die dabei zu stellenden Fragen lassen sich illustrieren anhand einer alltäglichen Gestaltungsaufgabe aus dem Bereich der Leistungsaustauschverträge, nämlich dem Kauf eines gebrauchten Einfamilienhauses:

> **Fall Nr. 7:**
> Im Oktober des Jahres 01 will Verkäufer Vielhaber sein von ihm selbst genutztes, vor einigen Jahren als gebraucht erworbenes Einfamilienhaus zum Preis von 300000,- Euro an Käufer Schollenfreund verkaufen. Das Haus ist grundbuchlich lastenfrei. Über folgendes sind sich Herr Vielhaber und Herr Schollenfreund einig: Herr Vielhaber bleibt im Objekt wohnen, bis sein neues Domizil, mit dessen Bau in den nächsten Wochen begonnen werden soll, fertiggestellt ist. Dies ist voraussichtlich im Juli des Jahres 02 der Fall. Herr Vielhaber prüft allerdings noch die Möglichkeit einer (Teil-)Fertigbauweise, bei der sich eine um mehrere Monate verkürzte Bauzeit ergäbe. Der Kaufpreis soll gezahlt werden „unmittelbar nach Räumung des Objektes". Nach Zahlung soll die Übergabe erfolgen. Herr Vielhaber ist bereit, zwei Rolläden und ein Fenster instand zu setzen. Im übrigen wird das Haus „in besichtigtem Zustand" übernommen. Das Objekt ist mit einer aufwendigen Gebäudetechnik ausgestattet (Schwimmbad, Alarmanlage, Solarenergie). „Zustimmend zur Kenntnis genommen" hat Herr Vielhaber folgende Information seitens Herrn Schollenfreund: Herr Schollenfreund wohnt zur Zeit zur Miete. Er geht davon aus, daß das Objekt spätestens am 31. 7. 02 geräumt ist. Er will vor seinem Einzug noch kleinere Umbaumaßnahmen durchführen. Den Kaufpreis will er sich zu gegebener Zeit z.T. über Bankdarlehen beschaffen, teilweise Eigenkapital einsetzen, welches zur Zeit als Monatsfestgeld angelegt ist.
> Halten Sie stichwortartig fest, wie eine „geglückte" Vertragsabwicklung aussehen könnte, die sowohl die ausgesprochenen als auch die stillschweigenden, aus der Interessenlage ableitbaren Erwartungen der Beteiligten erfüllt!

A. Allgemeine Vertragstechnik

Eine geglückte Vertragsabwicklung würde sich etwa wie folgt darstellen:
Alsbald nachdem die Entscheidung für bzw. gegen die Fertigbauweise gefallen ist, informiert Herr Vielhaber Herrn Schollenfreund hierüber schriftlich unter Angabe der voraussichtlichen Bauzeit, „damit er sich darauf einstellen könne". Acht Wochen vor dem Räumungstermin teilt Herr Vielhaber Herrn Schollenfreund diesen „verbindlich" mit. Der mitgeteilte Termin liegt vor dem 31. 7. 02. Daraufhin kündigt Herr Schollenfreund seinen Wohnungsmietvertrag und seine Festgeldanlage und deckt sich bei seiner Bank mit dem erforderlichen Fremdkapital ein. Zum vereinbarten Besichtigungstermin ist das Haus geräumt und in einem Zustand wie seinerzeit besichtigt, weist also keine nachträglichen Beschädigungen auf. Die erwähnten Rolläden und das Fenster sind nicht erneuert, aber funktionsfähig. Am übernächsten Werktag veranlaßt Herr Schollenfreund die Kaufpreisüberweisung (die Notarmitteilung über die üblichen allgemeinen Fälligkeitsvoraussetzungen lag den Beteiligten vor). Drei Tage nach Kaufpreiseingang vereinbaren Herr Vielhaber und Herr Schollenfreund telefonisch einen Übergabetermin. Bei der Übergabe erhält Herr Schollenfreund sämtliche Haus- und Garagenschlüssel sowie die Hausunterlagen (Baupläne, Bedienungs- und Wartungsunterlagen für die Gebäudetechnik, Grundsteuerbescheide) und wird in die Gebäudetechnik eingewiesen. Herr Vielhaber bestätigt gegenüber dem abwickelnden Notar sofort schriftlich den Kaufpreiseingang. Herr Schollenfreund wird grundbuchlicher Eigentümer.

> Läßt sich aus diesem Geschehensablauf ein Katalog von Handlungen ableiten, deren Formulierung als vertragliche Pflichten in Betracht kommt, um den geschilderten geglückten Ablauf zu erreichen?

Zu nennen sind:
- Mitteilung der voraussichtlichen Fertigstellung (je nach Bauweise) durch Herrn Vielhaber;
- Mitteilung des verbindlichen Räumungstermins durch Herrn Vielhaber;
- Instandsetzung von Rolläden und Fenster;
- Vollständige termingerechte Räumung;
- Abhaltung eines Begehungstermins nach Räumung;
- Zahlung des Kaufpreises;
- Übergabe aller Schlüssel und Hausunterlagen;
- Einweisung in die Haustechnik;
- Veranlassung der lastenfreien Eigentumsumschreibung auf Herrn Schollenfreund.

> Würden diese Handlungen – als Pflichten formuliert – die Erwartungen und Interessen der Beteiligten abdecken?

Für die geglückte Abwicklung spielt im vorliegenden Fall die Zeitschiene eine ganz bedeutsame Rolle. Herr Schollenfreund möchte so frühzeitig wie möglich disponieren können. Er will informiert werden, am besten zweistufig, zunächst über den voraussichtlichen, sodann über den endgültigen Räumungstermin. Auf den letztgenannten Termin will er sich verlassen können. Ihm ist weiterhin wichtig, daß bis zur Übergabe die vereinbarten Instandsetzungen durchgeführt sind. Bei der Übergabe will er alle für ihn wichtigen Hausunterlagen und Informationen erhalten, ebenso alle Schlüssel. Herr Vielhaber will nach Räumung schnellstmöglich den Kaufpreis erhalten, Herr Schollenfreund sofort danach die Übergabe. Für den Zahlungsvorgang benötigt Herr Schollenfreund zumindest einen im Lebensalltag realistischen Zahlungszeitraum.

> Ergeben sich unter dem Zeitaspekt Präzisierungen und Ergänzungen der oben zusammengestellten (Handlungs-)Pflichten?

Naheliegend ist
- die Mitteilungspflicht des Herr Vielhaber über den verbindlichen Räumungstermin damit zu verknüpfen, daß er die Räumung zum mitgeteilten Termin, d.h. gegebenenfalls früher als zu dem zunächst vereinbarten Endtermin, schuldet,
- festzulegen, bis wann Herr Vielhaber seine Mitteilungspflichten zu erfüllen hat,
- zu präzisieren, daß die vereinbarten Instandsetzungen bis zur Räumung und vor Kaufpreiszahlung durchzuführen sind,
- festzulegen, wie schnell Herr Schollenfreund nach Räumung und anschließender Begehung den Kaufpreis zu zahlen hat.

> Sind die so präzisierten Pflichten vertraglich sämtlich regelungsbedürftig?

Aus der kaufvertraglichen Grundabrede „Vielhaber verkauft an Schollenfreund das Objekt O zum Kaufpreis X" ergibt sich gesetzlich die Pflicht des Herrn Vielhaber zur Besitz- und Eigentumsverschaffung und die Pflicht des Herrn Schollenfreund zur Kaufpreiszahlung. Hinsichtlich Grundstücksbelastungen gelten die §§ 435, 439. Diese Hauptpflichten bedürfen als solche also keiner vertraglichen Niederlegung neben der Kaufabrede selbst. Regelungsbedürftig sind hingegen die Modalitäten des Leistungsaustausches, weil das gesetzliche Regelungsmodell des sofortigen Leistungsaustausches Zug um Zug (§§ 271, 320) für den zeitlich gestreckten Vorgang der Grundstücksveräußerung nicht paßt. Aus der Besitzverschaffungspflicht ist ohne weiteres abzuleisten, daß Herr Vielhaber die Übergabe der in seinem Besitz befindlichen Schlüssel schuldet. Dies bedarf als selbstverständliche Pflicht keiner Erwähnung im Vertrag.

Im Wege der Auslegung käme man wohl zu parallelen Schlußfolgerungen für die Übergabe der Hausunterlagen sowie die Einweisung in die Haustechnik: Nach Treu und Glauben ist regelmäßig kein Interesse des Herrn Vielhaber anzuerkennen, die Hausunterlagen zu behalten. Bei besonderem Bedarf kann er Kopien zurückhalten. Die Einweisung in die technischen Einrichtungen läßt sich ebenso

A. Allgemeine Vertragstechnik

unschwer als Nebenpflicht begründen. Trotzdem ist zu erwägen, diese letztgenannten Pflichten in den Vertrag ausdrücklich aufzunehmen, um Herrn Vielhaber vor Augen zu führen, welche Begleit- und Nebenpflichten ihn treffen, ferner zur Vorbereitung der erforderlichen Maßnahmen (Durchsicht von Akten und Unterlagen). Dabei geht es um die **Informationsfunktion des Vertrages.** Anregungen dafür, welche Pflichtenregelungen primärer Art in concreto weiterhin sinnvoll sein könnten, erhält der Vertragsjurist durch Vertragsmuster (Vorstücke) und einschlägiges kautelarjuristisches Schrifttum (Formularbücher). Die dort in Gestalt von Vertragstypen und Regelungstypen behandelten Gestaltungsvorschläge sind in diesem Zusammenhang sinnvoll einsetzbar als gedankliche Checkliste für im Einzelfall zu erwägende sonstige Regelungen (näher hierzu unten in Abschnitt C.).

> Wie läßt sich die an Fall Nr. 6 und Fall Nr. 7 vorgeführte Vorgehensweise zur Bestimmung der primären Vertragspflichten methodisch beschreiben?

Es lassen sich drei Arbeitsschritte unterscheiden: 88
- Ausgangspunkte des Kautelarjuristen sind das **Vertragsziel** und die **Interessenlage.** Er fragt: Was wollen die Beteiligten in erster Linie, in zweiter Linie usw. wirtschaftlich erreichen? Was ist ihnen wichtig? Welche Interessen sind objektiv vorhanden? Welche Erwartungen bestehen ausgesprochen oder stillschweigend? Welche dieser Interessen und Erwartungen sind der anderen Seite bekannt und werden von ihr als schutzwürdig anerkannt?
- Vor diesem Hintergrund durchdenkt der Vertragsjurist die einzelnen **Schritte des positiv verlaufenden Normalfalls**: Was muß wann, wie und wo durch wen geschehen, damit im Ergebnis die erkennbaren Ziele und Erwartungen befriedigt werden? Hieraus kann sich je nach Sachgebiet und Vertragstyp (Leistungsaustausch, Dauerschuldverhältnis) eine mehr oder minder große Anzahl von einzelnen Pflichten ergeben, Pflichten zu rechtlichen oder tatsächlichen Handlungen, zur Information, zum Unterlassen etc.
- Sodann ist zu entscheiden, ob alle diese Pflichten **Aufnahme in den Vertragstext** finden sollen. Zweifelsfrei sich aus dem Gesetz ergebende Pflichten bedürfen keiner Regelung, soweit nicht im Einzelfall die Informationsfunktion des Vertrages vorrangig erscheint. Regelungsbedürftig sind Pflichten namentlich dann, wenn ihre gesetzliche Fundierung nicht zweifelsfrei ist, wenn vom Gesetz in zulässiger Weise abgewichen werden soll oder eine gesetzliche Regelung gänzlich fehlt. Wichtige Hilfestellungen im Sinne einer Checkliste erfährt der Vertragsgestalter durch anerkannte Vertragsmuster und Regelungstypen des Fachschrifttums.

> Wodurch sind nach alledem die bislang erörterten Primärpflichten der Vertragsparteien abzugrenzen von ihren anderweitigen Pflichten (Sekundärpflichten)?

89 Die bisher dargestellte Denkweise befaßt sich nicht mit der Frage, durch welche Ereignisse das beiderseitig gewollte Vertragsziel gefährdet werden, die Interessen der Beteiligten beeinträchtigt werden könnten, welche Sicherungsmöglichkeiten in Betracht kommen und welche Rechte und Pflichten gelten sollen, wenn der Vertrag nicht so realisiert wird, wie die definierten Primärpflichten es vorsehen. Betrachtet wurden bislang die Schritte zur Befriedigung des beiderseitigen „**Erfüllungsinteresses**" – ausgedrückt und praktiziert in Primärpflichten –, nicht die Gefährdung, Beeinträchtigung oder das Scheitern dieses Erfüllungsinteresses und die daran anknüpfenden Rechtsfolgen (Sekundärebene). Dieser Abschichtung entspricht im wesentlichen die Zweiteilung in **Erfüllungsplanung** und **Risikoplanung** in der Vertragsgestaltung (dazu näher Rehbinder, Vertragsgestaltung, S. 4 ff, 21 ff m.w.N. sowie unten in Abschnitt B). Mit der Unterscheidung von Haupt- und Nebenpflichten hat dies nichts zu tun. Das Erfüllungsinteresse kann sowohl Hauptleistungspflichten als auch vertragliche Nebenpflichten (z.B. zur Information) beinhalten. Beides bewegt sich auf der sog. Primärebene.

> Spielt es für die vorstehend behandelte Methodik eine Rolle, ob der Vertragsjurist neutraler Berater beider Teile oder „parteiischer" Interessenvertreter seines Auftraggebers ist?

Der neutrale Vertragsgestalter wird die erörterten Fragen aus dem Blickwinkel beider Vertragsteile aufwerfen. Soweit hierbei Interessen einer Seite erkennbar werden, hinsichtlich derer noch nicht bekannt ist, ob der andere Teil die Berücksichtigung, Wahrung, Durchsetzung dieser Interessen akzeptiert, wird er auf die Klärung dieses Punktes hinwirken. Handelt es sich um Interessen, die für einen Vertrag dieser Art typisch sind und in der Rechtspraxis üblicherweise Berücksichtigung finden (Vertragsmuster), wird er in der Regel eine übliche Lösung vorschlagen. Denn das in der Kautelarpraxis für solche Fälle Übliche hat eine gute Chance, auch im konkreten Fall akzeptiert zu werden, es erscheint zumutbar.

Beispiele:
(1) In Wohnungsmietverträgen ist durchaus üblich, daß der Mieter die Schönheitsreparaturen durchzuführen hat. Üblich ist ferner, daß dies in bestimmtem Zeitrhythmus geschieht.
(2) In Grundstückskaufverträgen ist üblich, daß die Grunderwerbsteuer vom Käufer getragen wird.

90 Mitunter gibt es zu nach der Interessenlage regelungsbedürftigen Fragen keine übliche Lösung, sondern ein Ja oder Nein der Interessenberücksichtigung oder eine Reihe von Lösungsvarianten. Hier wird der neutrale Vertragsgestalter auf die Problematik aufmerksam machen, Lösungsvarianten vorstellen und eine Entscheidung herbeiführen.
Der Interessenwalter einer Partei durchläuft diese Gedanken aus der Sicht seines Mandanten. Dessen Interessen hat er zu analysieren und zu wahren. Für das, was er sodann als Regelungsvorschlag seines Auftraggebers zu Papier bringt, gilt:

Nur wenn er auch das grundlegende Erfüllungsinteresse der anderen Seite erkennt und angemessen wahrt und sich im übrigen ein Bewußtsein aneignet und aufrecht erhält für „Übliches", „Zumutbares" und „Faires", wird im Normalfall sein Lösungsvorschlag die Chance haben, vom anderen Teil akzeptiert zu werden. So gesehen ist das **Erfassen der Primärebene aus der Sicht beider Vertragsteile** auch für den Parteivertreter nützlich. Zwischen neutralem und parteiischem Berater bleibt ein Unterschied in der Interessensicht, nicht jedoch in der prinzipiellen Denkmethode.

3. Konkretheit, Detailliertheit, Offenheit

a) Präzision und Offenheit im Widerstreit. Ein vordringliches Ziel sachgerechter Vertragsgestaltung ist die **Streitvermeidung**. Je klarer und zweifelsfreier die Rechte und Pflichten nach Inhalt und Modalitäten im Vertrag niedergelegt sind – bzw. sich ergänzend unzweideutig aus dem Gesetz ergeben –, desto größer ist die Chance, daß die Beteiligten hierüber nicht in Streit geraten. Man könnte geneigt sein hieraus abzuleiten, daß die vertraglichen Primärpflichten zur Erreichung dieser Streitverhütung tunlichst in höchstmöglicher Präzision und in größter Detailgenauigkeit zu regeln wären. Streitverhütung durch **konkretdetaillierte Regelungen** sollte der Vertragsjurist als **eine Handlungsmaxime** stets im Bewußtsein haben. Ihre Umsetzung stößt in der Rechtswirklichkeit jedoch auf **Grenzen des Machbaren** und **Grenzen des Sinnvollen**. Einige **Beispiele** mögen dies verdeutlichen:

(1) Im Anstellungsvertrag des GmbH-Geschäftsführers G, der als Fremdgeschäftsführer nicht zugleich Gesellschafter der mittelständischen Gesellschaft ist, wollen die Gesellschafter sicherstellen, daß G, der nach außen hin alleine zeichnungsberechtigt sein soll, vor bestimmten, besonders bedeutsamen Maßnahmen zunächst einen Gesellschafterbeschluß einholt. Man denkt hierbei insbesondere an Investitionen, die im Einzelfall bestimmte Beträge überschreiten, an die Einstellung von Mitarbeitern ab einer bestimmten Einkommensgröße, an die Ausstellung von Wechseln, die Übernahme von Bürgschaften und Garantien. Firmenanwalt R soll eine solche Liste erarbeiten.

(2) Witwe W möchte ihr Einfamilienhaus der ältesten Tochter T überschreiben, die in der Nachbarschaft wohnt. W verspricht sich davon ihre Absicherung dahingehend, daß T sie, soweit erforderlich, pflegt und betreut und sie deshalb nicht in ein Pflegeheim kommt. T ist durchaus bereit, die Versorgung der Mutter zu übernehmen. Sie möchte aber ihre halbtägige Berufstätigkeit nicht aufgeben und hat selbst noch Kinder zu betreuen. Soweit unter diesen Umständen Kraft und Zeit zur Verfügung steht und ihre eigene Gesundheit mitspielt, ist sie bereit, sich um die Mutter zu kümmern. Allerdings möchte sie in bisher üblichem Umfang Urlaub machen können.

(3) Im obigen Fall Nr. 6 legen Baubeschreibung und Pläne die Verpflichtung der Bahn zur Gebäudeerrichtung in vielen Details fest (Bauweise, Baustoffe, Ausstattungsgegenstände). Auf Rückfrage erklärt die Bahn, selbstverständlich könne man nicht dafür einstehen, daß etwa ein bestimmter Fassadenstein zum maßgeblichen Zeitpunkt tatsächlich lieferbar sei. Man müsse sich deshalb vorbehalten, auf Ersatzprodukte umzusteigen. Auch könnten sich selbstverständlich noch Änderungen aus dem noch durchzuführenden Baugenehmigungsverfahren ergeben. Die Stadt will andererseits nicht ausschließen, daß sie nach Vertragsabschluß noch Änderungswünsche an die Bahn heranträgt. Selbstverständlich möchte sie, daß diese Wünsche, soweit technisch möglich, berücksichtigt werden.

> Gibt es in Beispiel (1) Gesichtspunkte, die gegen die Erarbeitung einer abschließenden Liste zustimmungsbedürftiger Geschäfte sprechen?

Rechtsanwalt R könnte unter Rückgriff auf Vertragsmuster einen „üblichen" Katalog zustimmungspflichtiger Maßnahmen zusammenstellen. Er könnte diesen im einzelnen mit den Beteiligten diskutieren und in diesem Zuge Erweiterungen oder Streichungen vornehmen. Durch gedankliches Durcharbeiten einer Vielzahl denkbarer Entscheidungen und Situationen könnte die Gefahr, etwas nicht bedacht zu haben, was die Gesellschafter – würde man sie darauf ansprechen – für besonders bedeutsam und zustimmungspflichtig halten, minimiert werden. Es bliebe ein nicht unerhebliches Restrisiko unvorhergesehener Situationen, auch deshalb, weil sich die wirtschaftlichen und rechtlichen Rahmenbedingungen für das Handeln des Unternehmens in der Zukunft entscheidend ändern können, was wiederum Auswirkungen auf die Wichtigkeit von Geschäftsführerentscheidungen haben kann. Die Zukunftsgerichtetheit des zu regelnden Interesses bewirkt, daß eine das Regelungsziel vollständig abdeckende, in diesem Sinne abschließende Konkretisierung durch eine „Positivliste" nicht sinnvoll möglich ist. Das Konkretisierungsbemühen stößt auf Grenzen des Machbaren. Das Regelungsziel entzieht sich einer abschließenden sprachlichen Umsetzung.

> Welche Entscheidungsmöglichkeiten hat R angesichts dieses Befundes?

R könnte die Bemühungen um eine Positivliste einstellen und generalklauselartig formulieren: „Zu allen über den gewöhnlichen Betrieb des Unternehmens hinausgehenden Maßnahmen bedarf der Geschäftsführer eines vorherigen zustimmenden Gesellschafterbeschlusses". Gegenüber einer abschließenden Konkretisierung durch Einzelfälle hätte er damit eine Offenheit des Anwendungsbereichs der Klausel gerade für die Zukunft erreicht. Andererseits müßte er erhebliche Unschärfen und daraus resultierende Rechtsanwendungsunsicherheiten in Kauf nehmen, selbst in vorhersehbaren alltäglichen Konfliktbereichen, in denen eine Konkretisierung durchaus möglich wäre (z.B. Wertgrenze für zustimmungspflichtige Investitionen).

92 In solchen Situationen bietet sich als Mittelweg häufig an, die **generalklauselartige Pflichtenformulierung** mit einem nicht abschließenden **Katalog von Konkretisierungen** zu verbinden. In der Rechtsanwendung wird sodann zunächst auf die Konkretisierungen zurückgegriffen. Aus ihnen lassen sich positive wie auch negative Aussagen für den Einzelfall gewinnen. Soweit keine dieser Konkretisierungen einschlägig ist, kommt die abstrakte Pflichtenformulierung zum Zug. Dieser verbleibt die Funktion einer **Auffangklausel**. Die Formulierung könnte wie folgt lauten (vgl. auch das Beispiel Nr. 2 in Rn. 82):

Formulierungsbeispiel: 1. Der Geschäftsführer bedarf zu allen Handlungen, die über den gewöhnlichen Betrieb des Unternehmens hinausgehen, der vorherigen Zustimmung durch Gesellschafterbeschluß.

2. Als solche Handlungen gelten insbesondere
   a) ...
   b) ...
   c) ...

Das Bemühen um möglichst genaue und zweifelsfreie Formulierung von primären Vertragspflichten kann sich auch niederschlagen in der **Aufnahme vertraglicher Begriffbestimmungen.** In der angelsächsischen Vertragspraxis ist diese Methode verbreitet, im deutschen Rechtsraum weniger, weil die hier verwendeten Rechtsbegriffe durch Gesetz, Rechtsprechung und Literatur in den meisten Bereichen hinreichend bestimmte Konturen haben. Es kann gleichwohl durchaus sinnvoll sein, im Vertrag verwendete Begriffe, die nicht der Rechtssprache entstammen und für die es keine zweifelsfreie Definition gibt, für Vertragszwecke zu definieren.

93

> Können Sie Beispiele hierfür nennen?

Anwendungsfelder sind z.B. technische Begriffe wie „Wohnfläche", für die es je nach Kontext unterschiedliche Definitionen (Berechnungsmethoden) gibt. Ein weiteres Beispiel ist der Begriff „Altlastenkosten" bei Grundstücken. Der Vertragsgestalter ist frei, für den Bereich des zu entwerfenden Vertrages diese Begriffe verbindlich zu definieren. Er kann sich hierbei außerrechtlicher Standards bedienen, insbesondere auf außerrechtliche Definitionen verweisen (z.B. DIN-Vorschrift, Verwaltungsvorschriften).
Wie schwierig und zugleich definitionsbedürftig im Grundstücksrecht Begriffe wie „Altlastenkosten" oder „Gründungsmehrkosten" sein können – trotz der Legaldefinition in § 2 Abs. 5 des neuen Bundes-Bodenschutzgesetzes (BGBl I 1998, 502) –, zeigt folgendes

Formulierungsbeispiel: a) Dem Verkäufer ist bekannt, daß der Käufer den Abriß der vorhandenen Altbausubstanz (Bauhof) und sodann die Errichtung eines Bürogebäudes, eines Logistik-Zentrums und eines Parkdecks plant auf der Grundlage des Bauvorbescheides der Stadt ... vom ... 1999 (Az.: ...)
Der Verkäufer versichert, daß ihm nichts über das Vorhandensein von schädlichen Bodenveränderungen oder Altlasten i.S. des Bundes-Bodenschutzgesetzes (BBodSchG) bekannt ist. Ebenso wenig sind ihm Tatsachen bekannt, die i.S. dieses Gesetzes und der Bundes-Bodenschutz- und Altlastenverordnung (BBodSchV) zu einer Einstufung der Kauffläche als Verdachtsfläche oder als altlastverdächtige Fläche führen können.
Ferner ist dem Verkäufer, wie er versichert, nichts über das Vorhandensein etwaiger unterirdischer Gebäude (wie z.B. Bunker) oder sonstiger nicht natürlicher Bodenbestandteile, wie insbesondere Kampfmittel, Maschinen, Anlagen bekannt. Entsprechendes gilt für nicht im Grundbuch eingetragene (Versorgungs-)Leitungen. Schließlich versichert der Verkäufer, daß ihm nichts bekannt ist über ungewöhnliche Bodenverhältnisse, die im Hinblick auf das genannte Bauvorhaben des Käufers besondere Maßnahmen und Aufwendungen, insbesondere zur Gründung erforderlich machen (z.B. Treibsand, Quellen, hoher Grundwasserstand). Der Verkäufer hat auch keine Kenntnis vom Vorhandensein von Bodendenkmälern.
Ein Bodengutachten zur Ermittlung und Bewertung diesbezüglicher Risiken liegt nicht vor.

Zweiter Teil. Das Instrumentarium des Vertragsjuristen

b) Sollte sich bis zur Beendigung der Ausschachtungsarbeiten für die Gesamtbaumaßnahme des Käufers herausstellen, daß der Kaufgrundbesitz schädliche Bodenveränderungen oder Altlasten i. S. des BBodSchG aufweist oder sollten entsprechende Anhaltspunkte für solche Tatbestände bis zu diesem Zeitpunkt vorliegen, so hat der Verkäufer den Käufer von sämtlichen Kosten freizustellen, die durch behördlich angeordnete Untersuchungs-, Sanierungs- oder Schutz- und Beschränkungsmaßnahmen nach dem BBodSchG bzw. der BBodSchV verursacht sind, soweit die Kosten solcher Maßnahmen über diejenigen Kosten hinaus gehen, die dem Käufer im Zuge des Aushubs, des Transportes, der Behandlung und der Lagerung von Bodenmaterial normaler Beschaffenheit, welches behördliche Anordnungen im vorstehenden Sinne nicht ausgelöst hätte, ohnehin entstanden wären.

Zu den der Freistellungspflicht unterfallenden Kosten zählen auch die Kosten der Hinzuziehung von Beratern und Gutachtern, ferner etwaige Folgekosten einer Bodenentsorgung (Nachverfüllung, Nachverdichtung entsorgter Bodenbereiche), schließlich die Kosten einer behördlich angeordneten wiederholten Untersuchung und dauerhaften Überwachung von Sicherungsmaßnahmen.

Die Freistellungspflicht beinhaltet insbesondere die unverzügliche Erstattung nachgewiesener Kosten behördlich angeordneter Maßnahmen im vorstehenden Sinne. Ein etwaiger Ausgleichsanspruch des Verkäufers gegen den Käufer nach § 24 Abs. 2 BBodSchG wird vertraglich ausgeschlossen. Die Freistellungspflicht umfaßt ferner einen etwa dem Käufer seitens der Behörde abverlangten Wertausgleich nach § 25 Abs. 1 BBodSchG für maßnahmebedingte Wertsteigerungen.

c) Sollte sich im Zuge der Erdarbeiten herausstellen, daß fremde Bodenbestandteile oder Bodendenkmäler wie zu lit. a) beschrieben vorhanden und im Zuge der Baumaßnahme des Käufers zu beseitigen sind, hat der Verkäufer den Käufer auch insoweit von nachgewiesenen Mehrkosten freizustellen durch sofortige Erstattung. Von der Freistellungspflicht umfaßt werden auch die Kosten der Untersuchung des Kaufgrundstückes auf Kampfmittelbetroffenheit sowie die Mehrkosten für als Folge der Beseitigung solcher Fremdkörper bzw. Bodendenkmäler erforderliche Bodenverfüllungen bzw. -nachverdichtungen zur Erreichung normaler Tragfähigkeit des Bodens.

d) Die Freistellungs- bzw. Kostenerstattungspflicht des Verkäufers aus den vorstehenden Buchstaben b) und c) ist der Höhe nach max. auf den in dieser Urkunde vereinbarten Kaufpreis begrenzt. Die Verjährungsfrist des § 477 BGB wird vertraglich auf einen Zeitraum von drei Jahren ab dem heutigen Tage verlängert.

Über die vorstehend vereinbarte Freistellungspflicht des Verkäufers hinausgehend sind im übrigen sämtliche sonstigen wechselseitigen Ansprüche ausgeschlossen.

In obigem **Beispiel (2)** steht die Pflegebereitschaft der Tochter unter Vorbehalten:
– Sie will ihre Halbtagstätigkeit nicht aufgeben.
– Sie hat ihre eigene Familie zu betreuen.
– Ihre Gesundheit muß „mitspielen".
– Sie will wie bisher Urlaub machen.

Auf der anderen Seite sind Art und Maß dessen, was die Mutter eines Tages als Pflege benötigt, zur Zeit völlig unvorhersehbar. In einer solchen Situation könnte man als Vertragsgestalter zwar einiges zu Konkretisierung der Pflegepflicht tun, z.B. festlegen, daß hierzu etwa die Hilfe beim Anziehen, bei der Körperpflege, die Reinigung der Wohnung, die Erledigung von Besorgungen und die Begleitung bei Terminen und dergleichen mehr zählen. Auch könnte man Regelungen zum maximalen täglichen oder durchschnittlichen wöchentlichen Zeitaufwand sowie zu den Kosten für Lebensmittel, Arzt, Krankenhaus treffen. Denkbar ist weiterhin eine Orientierung des Leistungsumfangs an den Stufen der gesetzlichen Pflegeversicherung. Jedoch wird man schwerlich umhin können, Begriffe wie „Zumutbarkeit" oder „Angemessenheit" in die Regelungen einzuführen, um das Geschuldete für die zu berücksichtigenden Interessen offen zu halten. Wo die körperlichen oder seelischen Kräfte der Tochter die Erbringung der Pflegeleistungen nicht mehr zulassen oder die notwendige Betreuung der eigenen Kinder einer stärkeren Zuwendung zur Mutter entgegensteht, kann sie hierzu nicht verpflichtet werden. Es gibt wie hier in der Vertragsgestaltung nicht wenige Bereiche, in denen der zu regelnde Sachverhalt und die hierbei zu berücksichtigenden Interessen wegen der ihnen innewohnenden Dynamik den Bemühungen um Präzisierung der vertraglichen Primärpflichten Grenzen setzen. Die Verwendung von ausfüllungsbedürftigen, eine wertende Zuordnung erfordernden **offenen Begriffen** zur Bestimmung des Leistungsinhalts ergibt sich gewissermaßen aus der Natur des zu regelnden Lebenssachverhaltes. Darin liegt nicht unbedingt eine Schwäche der Vertragsgestaltung. Generalklauselartige Formulierungen haben oft auch den Vorteil der Elastizität und Aufnahmefähigkeit für Unvorhergesehenes, naturgemäß allerdings um den Preis verminderter Rechtssicherheit (Subsumtionssicherheit). Wichtig ist in solchen Fällen, daß der Vertragsgestalter diese Problematik erkennt und im Rahmen seiner Beratung dem Mandanten/den Beteiligten vermittelt.

b) Konkretisierung und Abänderung von (Leistungs-)Pflichten. In obigem 94 **Beispiel (3)** gehen die Interessen der Bahn als Sachleistungsschuldnerin dahin, daß die von ihr zu erbringende Bauleistung nicht in allen Details unveränderlich „festgezurrt" wird, sie vielmehr einen gewissen Spielraum zur Abänderung behält. Ferner mag es Details geben, die bei Vertragsschluß noch gar nicht konkretisiert sind (z.B. Gestaltung von Treppengeländern). Einen ähnlichen Spielraum wünscht sich die Stadt für die nachträgliche Berücksichtigung von Änderungswünschen hinsichtlich der Bauausführung.
Die Aufgabe des Vertragsgestalters besteht hier zunächst darin, sich auf der Ebene des Lebenssachverhaltes und seiner Entwicklungsmöglichkeiten in die Wünsche nach Flexibilisierung hineinzudenken, ggf. im Dialog mit dem Mandanten. Aufgegeben ist das **Erfassen** von Anlaß und Umfang **des gewünschten Spielraums.** Rechtstechnisch geht es zum einen um eine **Abänderungs- bzw. Ersetzungsbefugnis,** zum anderen um die **Konkretisierungskompetenz** für noch nicht näher beschriebene Leistungsteile, also um sog. **Leistungsbestimmungs- bzw. Leistungsänderungsrechte.** Bei der Abänderungsbefugnis soll dem Schuldner der Sachleistung gestattet werden, von der genau beschriebenen Leistung (Ausführungsart) abzuweichen bzw. in diesem Bereich eine andere Leistung zu erbringen. Bei der Konkretisierungsklausel wird festgelegt, welcher Vertragspartner – ggf. auch ein Dritter – die Befugnis erhält, den Leistungsinhalt (ergänzend) zu bestimmen. Es liegt auf der Hand, daß die Befugnis zur Detailkonkretisierung dem Sachleistungsschuldner nur in dem Bereich und in dem Umfang zugebilligt werden wird, in dem die Interessen des anderen Vertragsteils dies zulassen, regelmäßig also nur in untergeordneten Detailfragen.

> Das Gesetz spricht die Befugnis zur Leistungskonkretisierung durch einen Vertragsteil in einer allgemeinen Vorschrift an. Wo?

Die §§ 315 ff regeln den Inhalt des Leistungsbestimmungsrechtes einer Vertragspartei bzw. eines Dritten. Vorausgesetzt wird, daß im Vertrag eine solche Befugnis eingeräumt ist. In einem solchen Fall stellt also die mangelnde Einigung über den Leistungsinhalt keinen unvollständigen Vertragsschluß (§ 154) dar. Leistungsbestimmungsrechte bewirken, daß der von diesem Recht erfaßte Bereich auf vertraglicher Basis konkretisiert wird, Leistungspflichten häufig auch geändert werden. In der Praxis dienen solche Klauseln nicht nur dazu, offene Lücken in der Einigung, sondern auch versteckte Einigungsmängel zu überwinden (zum praktischen Anwendungsbereich solcher Bestimmungsklauseln, namentlich in der Erscheinungsform der Anpassungsklausel instruktiv die Zusammenstellung bei Staudinger/Mader § 315 (1995) Rn 47 ff).

95 Die Problematik von Leistungsabänderungsklauseln liegt in der Bestimmung ihrer Grenzen. Die einschränkungslose Zulassung einer abweichenden Leistungsausführung entwertet nicht nur die Bemühungen um eine präzise Leistungsbeschreibung. Sie widerspricht auch den Interessen des anderen Vertragsteils und ist deshalb regelmäßig nicht durchsetzbar. Es ist Aufgabe des Vertragsjuristen, eine Klausel so zu formulieren, daß sie dem Bedürfnis nach Elastizität ebenso genügt, wie dem Interesse des anderen Teils, nicht statt der genau definierten Leistung eine solche zu erhalten, die er nicht will bzw. nicht gebrauchen kann.

> Können Sie sich allgemeine Kriterien zur Eingrenzung einer solchen Abänderungsbefugnis vorstellen?

Man könnte gedanklich zum einen ansetzen bei den Gründen, aus denen der Sachleistungsschuldner abweichen darf (z.B. vorübergehende Nichtlieferbarkeit des geschuldeten Materials, entgegenstehende behördliche Auflagen), um eine Abweichung nach Ermessen oder gar nach Belieben auszuschließen. Ein im Ergebnis wichtigerer Ansatzpunkt ist das **Gleichwertigkeitsgebot**. Es besagt, daß die geänderte Leistung vom Leistungsempfänger zu akzeptieren ist, wenn sie der ursprünglich vereinbarten gleichwertig ist. Dies ließe sich wiederum präzisieren z.B. hinsichtlich Funktionsgleichwertigkeit, Wertgleichheit, optisch einwandfreier Gestaltung etc.

96 In **Beispiel (3)** geht das Interesse der Stadt an der Berücksichtigung nachträglicher Änderungswünsche/Sonderwünsche in Richtung auf eine sog. **Sonderwunschklausel**. Deren Inhalt kann es nach den bisherigen Überlegungen nicht sein, der Stadt das Recht zu geben, zu beliebigen Zeitpunkten stets neue Wünsche an die Leistung der anderen Seite zu stellen, die diese sodann zu erfüllen hat. Auch hier geht es um die Grenzen einer solchen Leistungsflexibilisierung auf Wunsch des Leistungsempfängers. Es wird Fälle geben, in denen die nachträglich

abweichend gewünschte Leistungsausführung für den Leistungserbringer keinen zusätzlichen Aufwand erfordert. Es mag je nach Sachlage auch möglich und sinnvoll sein, dem Leistungsempfänger sogar definierte Wahlrechte zugunsten der einen oder anderen Ausführungsart einzuräumen. Auch ist denkbar, Sonderwunschpakete zu bestimmten Preisen zu definieren (Sonderwunschbausteine). Jenseits solcher konkret faßbarer Sachverhalte wird sich der Leistungsschuldner nur auf Änderungsverpflichtungen einlassen, deren Tragweite er einschätzen kann. Regelmäßig wird deshalb in diesem Bereich eine Sonderwunschklausel – wenn sich der Sachleistungsschuldner überhaupt hierauf einläßt – nur den Inhalt haben, den Sachleistungsschuldner zur Verhandlung über solches Begehren zu verpflichten. Voraussetzung hierfür wird sein, daß eine Realisierung technisch mit zumutbarem Aufwand (noch) möglich ist. Alles weitere, insbesondere die Auswirkungen auf die Kosten (Mehrpreis? ersparte Kosten?) ist gesondert zwischen den Beteiligten auszuhandeln. Soweit die möglicherweise nachträglich abweichend gewünschte Leistung nicht von vornherein nach Art und Umfang konkretisierbar und damit kalkulierbar ist, reduziert sich eine solche Sonderwunschklausel ihrem rechtlichen Gehalt nach auf eine **Verhandlungsklausel**. Sie hat immerhin den Sinn, dem Leistungsschuldner zu verwehren, nachträgliche Änderungswünsche ohne jede Prüfung pauschal abzulehnen.
Verhandlungsklauseln als besondere Erscheinungsform von Vertragsanpassungsvereinbarungen beinhalten regelmäßig kein einseitiges Leistungsbestimmungs-/änderungsrecht eines Vertragsteils i.S.v. § 315. Für den Nichteinigungsfall ist regelmäßig nicht gewollt, daß ein Vertragsteil hinnehmen soll, was der andere Teil in den Grenzen der Billigkeit als Anpassung festlegt. Im Ergebnis kommt die Rechtsprechung in solchen Fällen durch Auslegung zu einer Leistungsbestimmung durch das Gericht nach § 317 (hierzu Staudinger/Mader § 315 (1995) Rn 24 m.w.N.).
Die Problematik der Flexibilisierung der Geldleistung als Gegenleistung – **Preisklausel** – ist in den Grundfragen ähnlich gelagert. Der Sachleistungsschuldner möchte die von ihm zu fordernde Vergütung elastisch gestalten, um insbesondere ihm entstehende höhere Kosten weitergeben zu können. Der Sachleistungsempfänger und Geldschuldner will Klarheit, was die bestellte Leistung ihn kostet. Im Wirtschaftsleben finden sich Preisklauseln typischerweise eher bei Dauerschuldverhältnissen (z.B. Miete eines technischen Gerätes), als im Bereich des einmaligen kurzfristigen Leistungsaustausches.
Im **Geltungsbereich des AGB-Gesetzes** sind für Leistungsabänderungsklauseln und Preisklauseln die dort aufgerichteten Grenzen zu beachten (§§ 9, 10 Nr. 4, 11 Nr. 1, 24a AGBG).

c) **Einschaltung Dritter.** Je offener, ausfüllungsbedürftiger die bei der Vertragsgestaltung verwendeten Begriffe sind, desto größer ist das Risiko, daß die Vertragspartner unterschiedliche Auffassungen darüber haben, was dieser Begriff in Anwendung auf einen bestimmten Sachverhalt bedeutet (Auslegungs- und Subsumtionszweifel).

Zweiter Teil. Das Instrumentarium des Vertragsjuristen

> Gibt es Möglichkeiten, diese Unsicherheit zu überwinden, den fraglichen Begriff verbindlich zu konkretisieren, ohne die Angelegenheit vor Gericht auszustreiten?

98 Die Befugnis, den Vertragsinhalt für beide Partner bindend zu konkretisieren, kann einem Dritten übertragen werden. Dies geschieht durch die Vereinbarung einer **Schiedsgutachterklausel**. Hiervon wird häufig Gebrauch gemacht.

> Gibt es hierfür eine gesetzliche Regelung?

Die §§ 317ff regeln die **Leistungsbestimmung durch einen Dritten.** Der unmittelbare Anwendungsbereich dieser Vorschriften erfaßt nur die **rechtsgestaltende Tätigkeit des Dritten** bei der Festlegung noch nicht vertraglich definierter Leistungsinhalte, ggf. auch nur in einzelnen Aspekten. Der Dritte ergänzt **konstitutiv** den Vertrag.

Beispiel: In einem Werkvertrag über landschaftsgärtnerische Anlagen ist vereinbart: „Die genaue räumliche Plazierung der herzustellenden Freitreppe ergibt sich aus der noch anzufertigenden Teilzeichnung des Landschaftsarchitekten L".

Wird der Dritte hingegen beauftragt, vertragserhebliche Umstände klarzustellen und tatsächliche Feststellungen zu treffen, die für vertragliche Vereinbarungen von Bedeutung sind, ist er genau genommen nur „Erkenntnisgehilfe der Vertragsparteien" über das, was sie vereinbart haben. Dann handelt es sich um eine **Schiedsgutachtenabrede**, für die die §§ 317ff entsprechend gelten. Die Grenzen sind fließend, die Praxis spricht auch im rechtsgestaltenden Bereich oft von Schiedsgutachten. Wichtig ist hingegen die Abgrenzung zur **Schiedsgerichtsvereinbarung**, für die die besonderen Vorschriften des 10. Buches der ZPO gelten. Die **Abgrenzung** ist – auch aus vertragsgestaltender Sicht – **nach der gewünschten Rechtsfolge** vorzunehmen. Soll die Entscheidung des Dritten auf offenbare Unrichtigkeit oder Unbilligkeit gerichtlich überprüfbar sein, so ist ein Schiedsgutachten gewollt. Ist der Ausschluß der gerichtlichen Überprüfung angestrebt, handelt es sich um einen Schiedsvertrag (Schiedsgerichtsvereinbarung). Der Vertragsgestalter sollte insoweit keinen Zweifel entstehen lassen.

> Wie könnte eine Schiedsgutachterklausel aussehen, durch die im oben erörterten Fall eines Bauleistungsvertrages bei Meinungsverschiedenheiten geklärt wird, ob eine abweichende Ausführung der Sachleistung „gleichwertig" ist?

Eine solche **Schiedsgutachtervereinbarung** könnte wie folgt lauten:

„Entsteht zwischen den Beteiligten eine Meinungsverschiedenheit darüber, ob eine vom Auftragnehmer vorgesehene oder ausgeführte, von diesem Vertrag und seinen Anlagen abweichende Ausführungsart im obigen Sinne „gleichwertig" ist, und wird diese Meinungsverschiedenheit nicht innerhalb von zwei Wochen beigelegt, so entscheidet hierüber

A. Allgemeine Vertragstechnik

für beide Parteien bindend als Schiedsgutachter (§§ 317 ff BGB) ein amtlich vereidigter Bausachverständiger. Der Sachverständige ist auf Antrag eines Beteiligten vom Präsidenten der Industrie- und Handelskammer in ... zu benennen. Die Kosten des Sachverständigen tragen die Beteiligten je zur Hälfte."

In der Vertragsgestaltungspraxis hat die Schiedsgutachterklausel die wichtige Funktion, Risiken, die sich in zeitlicher und kostenmäßiger Hinsicht aus der Verwendung nicht normativ definierter Sachbegriffe (z. B. Wohnfläche) ergeben, die ihren Grund in der Schwierigkeit für die Parteien haben, bestimmte Sachverhalte selbst festzustellen und unter die Begriffe des Vertrages zu subsumieren, oder die darin begründet liegen, daß der Vertrag mit wertausfüllungsbedürftigen „offenen" Begriffen arbeitet, für die Beteiligten eher tragbar zu machen (Vermeidung langjähriger und teurer Gerichtsprozesse). Die **Schiedsgutachterklausel** hat daher objektiv nicht nur die **Funktion** der **Streitvermeidung** in der Rechtsanwendung, einschließlich Tatsachenfeststellung; sie steht auch in einer **Ergänzungsfunktion** zur elastisch-offenen Vertragsformulierung.

> Kennen Sie typische Anwendungsbereiche für Schiedsgutachterklauseln?

Schiedsgutachterklauseln finden sich vor allem dort, wo es um Art und Maß einer geschuldeten Leistung, ihre Angemessenheit, Zumutbarkeit, Geeignetheit geht. Typisch ist ferner ihr Einsatz, wenn es nach dem Vertrag auf den Wert einer Sache, eines Rechts, eines Unternehmens ankommt. 99
Klassische Anwendungsfelder sind deshalb etwa
– **gesellschaftsrechtliche Abfindungsklauseln,**
 insbesondere dann, wenn sie nicht auf den sog. „Buchwert" einer Gesellschaftsbeteiligung, sondern auf den „wirklichen Wert" des Unternehmens abstellen;
– **Bauleistungsverträge,** soweit es Meinungsverschiedenheiten betrifft etwa zu Mängeln, erforderlichen Kosten der Mängelbeseitigung, angemessenen Fristen für die Mängelbeseitigung u.d.m.

d) Zusammenfassung. Bei zusammenfassender Betrachtung ist ein **Spannungsverhältnis** erkennbar: Einerseits sind vertragliche Primärpflichten im Interesse der Streitvermeidung so konkret und präzise zu fassen, wie dies nach der Sachlage möglich und sinnvoll ist. So kann es z.B. angezeigt sein, Handlungspflichten nach Zeit und Form zu formalisieren. Die Aufnahme vertraglicher Begriffsbestimmungen kann zur Streitvermeidung beitragen. 100
Gegenpol hierzu ist die aus der jeweiligen Sachgegebenheit oder der Interessenlage abzuleitende Grenze des Konkretisierbaren, die Notwendigkeit, Regelungen offen zu formulieren bis hin zur Verwendung von Generalklauseln, wenn eine abschließende Präzisierung nicht machbar oder nicht sinnvoll ist.
Je offener die verwendeten Begriffe sind, desto größer werden die Auslegungs- und Subsumtionsunsicherheiten und die Zweifel in der Rechtsanwendung. Durch Vereinbarung kann die Kompetenz zur Pflichtenkonkretisierung einer Partei zu-

gewiesen werden (§ 315). Dies wird regelmäßig nur in untergeordneten Fragen von der Gegenseite zugestanden werden. Einen Mittelweg zwischen Offenheit und Konkretheit stellt die auch vom Gesetzgeber verwendete (§§ 9 bis 11 AGBG) Regelungstechnik dar, bei der ein generalklauselartig offener Begriff (z.B. „wichtiger Grund") in bestimmter Hinsicht konkretisiert wird („insbesondere ..."), ohne daß diesem Katalog abschließende Bedeutung zukommt (Generalklausel mit Konkretisierung).

Das Bedürfnis nach Flexibilisierung zeigt sich auch in Klauseln, die eine Abweichung von der vertraglich definierten Leistung gestatten (Leistungsänderungsklauseln/Preisänderungsklauseln). Ihre Problematik liegt in der Bestimmung der Grenzen solcher Abänderungsbefugnisse. Eine besondere Erscheinungsform stellt die sog. Verhandlungsklausel dar.

Die häufig verwendete Schiedsgutachterklausel dient dazu, formulierungsmäßig unvermeidliche Meinungsverschiedenheiten und Rechtsanwendungsunsicherheiten der verbindlichen Konkretisierungs- und Rechtsanwendungskompetenz eines sachverständigen Dritten zuzuweisen und hierdurch zugleich dem gerichtlichen Streit weitgehend zu entziehen (vorbehaltlich gerichtlicher Kontrolle gem. § 319).

4. Vermeidung von Widersprüchen und systematisch bedingten Unklarheiten

> **Fortführung von Fall Nr. 6**
> Nach eingehenden Erörterungen mit den Beteiligten hält Notar Gründlich als Vertragswillen folgendes fest: Die Bahn liefert der Stadt zu einem Festpreis ein Teileigentum, nämlich die beiden obersten Etagen. Die bauliche Ausführung soll sich nach umfangreichen Unterlagen richten (Pläne, Baubeschreibung, Gutachten, Baugenehmigung), die Notar Gründlich übergeben worden sind. Notar Gründlich will unter der Zwischenüberschrift „Baupflicht" im Vertrag wie folgt formulieren: „Die Bahn schuldet die Errichtung und bauliche Ausstattung des Gebäudes nach Maßgabe der als Anlage beigefügten Unterlagen".
> Bestehen gegen diese Formulierung Bedenken?

101 Von der unvermeidlichen Unschärfe offener Begriffe sind Unklarheiten und Widersprüche zu unterscheiden, die aus der mangelnden Abstimmung der einzelnen Vertragsregelungen untereinander herrühren und regelmäßig vermeidbar sind. Das Gebot widerspruchsfreier Vertragsformulierung ist im Ersten Teil Abschnitt E. unter II. schon angesprochen worden.

Eine klassische Quelle solcher Unklarheiten ist die **Verwendung von Vertragsanlagen**. Je umfangreicher und technisch komplexer derartige Anlagen sind, desto größer ist die Gefahr, daß sie in sich nicht stimmig sind, einander widersprechen. Mitunter sollen diese Anlagen auch nur teilweise maßgeblich sein. Bisweilen verweisen solche Anlagen textlich wiederum auf andere Schriftstücke oder Pläne, die aber nicht beigefügt sind.

Der Vertragsgestalter wird deshalb im Regelfall nicht umhin kommen, solche Anlagen zumeist nicht unmittelbar rechtlichen Gehaltes zumindest grob durch-

A. Allgemeine Vertragstechnik

zusehen. Er hat festzustellen, welche Inhalte sie im Kern haben, inwiefern sie zur Konkretisierung der Vertragspflichten beitragen sollen. Manches läßt sich schon durch diesen Arbeitsgang klären, z.B. Überflüssiges aussondern, Fehlendes rügen. Es bleibt die Frage nach der Behandlung nicht sofort ins Auge springender Widersprüche innerhalb solcher Anlagen. Was soll z.B. gelten, wenn in der Bauzeichnung bodentiefe Fenster eingezeichnet sind, die Baubeschreibung aber von halbhohen Fenstern mit Brüstung spricht?

Notwendig sind in solchen Fällen **Vorrang- und Kollisionsregeln** im Vertragstext selbst. Festzulegen ist, welche Darstellung/Beschreibung im Zweifelsfall als vorrangig gelten soll, d.h. primär die geschuldete Leistung definiert. Je komplexer das Vertragswerk ist, desto umfangreicher kann die so definierte **Rangordnung** für die Anforderungen an die zu erbringenden Leistungen ausfallen.

102

Beispiel: In Fall Nr. 6 könnte Notar Gründlich z.B. wie folgt formulieren:
„1. Die Bahn ist verpflichtet, der Stadt das Kaufobjekt in der Größe, Art und Beschaffenheit zur Verfügung zu stellen, wie sich das aus den nachstehenden Unterlagen im einzelnen ergibt:
   a) aus der Baubeschreibung des Architekten A vom ... (Anlage 1),
   b) aus den als Anlage 2 beigefügten Plänen (Genehmigungsplanung),
   c) aus der VOB, Teil C in der bei Abschluß dieses Vertrages geltenden Fassung, soweit es um die von der Bahn geschuldeten baulichen Leistungen geht.
2. Etwaige Objekt- und/oder Möblierungseinzeichnungen in den vorstehenden Unterlagen sind nicht Vertragsbestandteil und werden nicht geschuldet, soweit diese Leistungsteile nicht ausdrücklich in den o.a. Anlagen als zur Vertragsleistung gehörend aufgeführt worden sind.
3. a) Bei Widersprüchen zwischen den Darstellungen in der Anlage 1 und denen gemäß Anlage 2 gilt die Regelung gemäß Anlage 1.
   b) Widersprechen sich die Beschreibungen, zeichnerischen Darstellungen oder sonstigen Inhalte innerhalb einer der obigen Anlagen, werden die Parteien um eine einvernehmliche Festlegung bemüht sein, welche Darstellung gilt. Kommt dieses schriftlich niederzulegende Einvernehmen nicht binnen einer angemessenen Frist von höchstens fünf Werktagen zustande, hat die Bahn das Recht, nach billigem Ermessen zu bestimmen, welche Darstellung gilt. Diese gilt im Verhältnis der Vertragsparteien dann als die vertragsgerechte Ausführung."

5. Stufen der Leistungs- und Erfolgsverantwortung: Beschaffenheitsvereinbarung, Zusicherung, Garantie

Fall Nr. 8:
In einem Kaufvertrag über eine vor fünf Jahren von Verkäufer Friedlich errichtete Dachgeschoßwohnung mit Balkon findet sich folgender Satz: „Die Wohnung hat eine Größe von 70 qm". Weiteres ist hierzu nicht geregelt. Der Käufer Sorglos vermietet die Wohnung an den Mieter Fuchser. Im Mietvertrag findet sich derselbe Satz. Fuchser mißt vor Einzug nach und „ermittelt" eine Wohnfläche von 63,8 qm. Er macht Mietminderung geltend. Herr Sorglos beauftragt Rechtsanwalt Scharfblick mit der Prüfung des geschilderten Vorgangs.
Welche Überlegungen zur Analyse der obigen Vertragsbestimmungen wird Rechtsanwalt Scharfblick anstellen?

Zweiter Teil. Das Instrumentarium des Vertragsjuristen

Zunächst wird Scharfblick Herrn Sorglos darauf hinweisen, daß der Begriff „Wohnfläche" keine feststehenden Konturen hat. Er läßt sich nicht einfach gleichsetzen mit „Grundfläche". Zu berücksichtigen sind ggf. schräge Wände, Balkonflächen, Terrassenflächen. In der Praxis finden vor allem zwei i. E. durchaus nicht deckungsgleiche Berechnungsmethoden Verwendung, die DIN 277 und die Verordnung über wohnungswirtschaftliche Berechnungen (sog. II. Berechnungsverordnung). In dem Wohnungskaufvertrag ist über diese Meßmethoden nichts ausgesagt. In solchen Fällen fühlt sich die Rechtsprechung an die genannten Meßmethoden nicht gebunden (vgl. BGH NJW 1991, 912/ 913; 1997, 2874; 1999, 1859). Rechtsanwalt Scharfblick wird also zunächst feststellen, daß die Wohnflächenangabe im Kaufvertrag nicht mit der wünschenswerten und machbaren Klarheit formuliert ist. Für den Mietvertrag gilt diese Feststellung entsprechend. Weiterhin ist jedenfalls auf den ersten Blick unklar, wie die oben wiedergegebenen Vertragspassagen rechtlich einzuordnen sind.

Inwiefern?

103 Sowohl im Kaufvertrag als auch im Mietvertrag kann es sich um eine sog. **Beschaffenheitsvereinbarung** handeln. Auf der Basis des subjektiven Fehlerbegriffs definiert die Beschaffenheitsvereinbarung die Soll-Beschaffenheit des Kaufobjektes bzw. der Mietsache. Entspricht sie diesen Anforderungen nicht, so ist sie fehlerhaft. Denkbar ist ferner, daß die Angabe der Wohnungsgröße die rechtliche Qualität einer **Eigenschaftszusicherung** hat. Der Wortlaut des Vertrages ist hierfür nicht allein ausschlaggebend. Es kann z.B. eine Rolle spielen, ob der Verkäufer im Vorfeld mit einem bestimmten Quadratmeterpreis geworben hat.

Welche Bedeutung hat diese Unterscheidung allgemein und im konkreten Fall?

Der Anwendungsbereich von Eigenschaftszusicherungen – im Kaufrecht ebenso wie im Mietrecht, Pachtrecht und Werkvertragsrecht – geht über diejenigen Merkmale der geschuldeten Sache hinaus, die Gegenstand einer Beschaffenheitsvereinbarung sein können. So kann etwa der (zu geringe) Mietertrag eines Hausgrundstücks keinen Fehler des Objektes i. S. v. § 459 Abs.1 begründen, wohl aber Inhalt einer Eigenschaftszusicherung nach § 459 Abs. 2 sein (BGH WM 1980, 673, 674). Entsprechendes gilt für objektgebundene Voraussetzungen für die Inanspruchnahme steuerlicher Vorteile (BGHZ 79, 183).
Aus Verkäufersicht ist im Auge zu behalten, daß u. U. auch ohne vertragliche Eigenschaftszusicherung bei falschen Angaben im Vorfeld des Vertrages eine Haftung wegen Verschuldens bei Vertragsschluß in Betracht kommt (vgl. hierzu Hagen/Brambring, Grundstückskauf, Rn 177 ff, Ewers DStR 1999, 421 ff).
Erst die Eigenschaftszusicherung löst im Kaufrecht die verschuldensunabhängige Haftung nach § 463 aus (Stückkauf), während der Vermieter/Verpächter verschuldensunabhängig für jeden anfänglichen Mangel haftet. Der Werkunterneh-

A. Allgemeine Vertragstechnik

mer wiederum haftet – neben den Pflichten aus § 633 – auf Schadensersatz für Mängel des Werkes nur verschuldensabhängig (§ 635).
Zum Fehlerbegriff bei allen angesprochenen Vertragstypen zählt die Erheblichkeit der Abweichung der Soll-Beschaffenheit von der Ist-Beschaffenheit (zu Unterschieden in Details siehe die Normtexte). Beim Fehlen zugesicherter Eigenschaften spielt dies keine Rolle.
Ist in Fall Nr. 8 die Angabe der Wohnungsgröße Beschaffenheitsvereinbarung, so kommen, wenn tatsächlich eine erhebliche Abweichung vorliegt, die kaufvertraglichen Rechte auf Wandelung bzw. Minderung in Betracht. Handelt es sich hingegen um eine zugesicherte Eigenschaft (anfänglich fehlend), so würde der Verkäufer nach § 463 verschuldensunabhängig auf Schadensersatz haften, auch bei nur unerheblicher Flächendifferenz. Als Vermieter haftet Sorglos zwar verschuldensunabhängig für jeden anfänglichen Mangel auf Schadensersatz (§ 538); doch bleiben unerhebliche Flächenabweichungen gänzlich ohne Folgen, wenn es sich um eine Beschaffenheitsvereinbarung handelt. Bei der Schadensersatzhaftung für zugesicherte Eigenschaften spielt die Unerheblichkeit der Abweichung hingegen keine Rolle.
Für die Vertragspraxis ergibt sich hieraus folgende Erkenntnis: Kommt es dem Vertragspartner des Sachleistungsschuldners darauf an, daß die zu liefernde, zu übergebende, herzustellende Sache ganz genau bestimmten Anforderungen entspricht, präzise definierte Merkmale und Eigenschaften aufweist, ist der richtige Gestaltungsweg die **Eigenschaftszusicherung**. Da die Rechtsprechung an die Annahme einer solchen Zusicherung strenge Anforderungen stellt, sollte sie im Vertragstext unzweifelhaft zum Ausdruck kommen.

Formulierungsbeispiel: Der Verkäufer gibt folgende Zusicherungen im Sinne von § 459 Abs. 2 BGB ab:
...
...

In Fall Nr. 8 spricht deshalb in beiden Verträgen mehr für die Annahme einer Beschaffenheitsvereinbarung. Es kommt deshalb i.E. darauf an, mit welcher Meßmethode die Wohnfläche zu ermitteln ist und ob sich hierbei eine Abweichung ergibt, die im Sinne des subjektiven Fehlerbegriffs erheblich ist.
Fazit: Die unklaren Vertragsformulierungen haben ein beträchtliches Streitpotential erzeugt.

Fortführung von Fall Nr. 8:
Nehmen Sie an, Verkäufer Friedlich wäre im Vorfeld des Kaufvertrages gefragt worden, wie die Wohnfläche ermittelt worden sei und ob er für diese Angabe „gerade stehen" wolle. Daraufhin erklärt Verkäufer Friedlich, zugrundegelegt sei die DIN 277. Im Prinzip wolle er sich an dieser Flächenermittlung auch festhalten lassen, allerdings nur mit einer Abweichungstoleranz von 1%, da es beim Bau „nicht so genau zugeht". Bei einer geringeren Wohnfläche wäre er mit einer Kaufpreisanpassung einverstanden. Zu einer weitergehenden Verantwortung sei er nicht bereit.
Wie könnte die dieser Verhandlungsposition entsprechende Klausel lauten?

104 Gewollt ist ersichtlich nicht eine Zusicherung, weil Verkäufer Friedlich die daran unter Umständen anknüpfende Schadensersatzpflicht ablehnt. Gemeint ist vielmehr eine Beschaffenheitsvereinbarung i.S.v. § 459 Abs. 1 S. 1, mit der Einschränkung, daß eine Abweichung von bis zu 1% keinen Fehler darstellen soll, ferner unter Beschränkung der dadurch ausgelösten Rechtsfolgen.
Hierzu folgendes **Formulierungsbeispiel:**

> Die Wohnung hat eine Wohnfläche von 70 qm, ermittelt nach der DIN 277. Diese Angabe dient der Beschreibung des Kaufgegenstandes; sie enthält nicht die Zusicherung einer Eigenschaft. Eine Wohnflächenabweichung (Mindermaß) von bis zu 1% begründet keinen Sachmangel. Weist die Wohnung ein Mindermaß von mehr als 1% aus, so mindert sich der Kaufpreis um ... DM je qm Mindermaß, unter Ausschluß sonstiger Ansprüche.

Im Wirtschaftsverkehr spielen Zusicherungen – oft zu Unrecht auch Garantien genannt – eine außerordentlich große Rolle. Durch ihre im Kaufrecht, Mietrecht, Pachtrecht und Werkvertragsrecht gesetzlich ausgeformten Rechtsfolgen schützen sie bestimmte wesentliche Erwartungen des Leistungsempfängers hinsichtlich des Leistungsgegenstandes. Vielfach werden die Rechtsfolgen eingegangener Zusicherungen abweichend vom Gesetz vertraglich geregelt. Der Sachleistungsschuldner wird eine Zusicherung nur einzugehen bereit sein, wenn er aufgrund seiner Herstellungs- und Objektkenntnisse bzw. seiner Kontrolle der Produktqualität das damit verbundene Haftungsrisiko einschätzen kann.

105 Die intensivste Form der Übernahme von Leistungs- bzw. Erfolgsverantwortung ist die sog. **selbständige Garantie** (selbständiges Garantieversprechen). Aufgrund der Vertragsfreiheit steht den Beteiligten frei zu vereinbaren, daß ein Vertragsteil die volle Verantwortung für die Befriedigung des Sachleistungsinteresses des anderen Teils in bestimmter Hinsicht übernimmt. Dabei kann es sich handeln um Eigenschaften des Leistungsgegenstandes, um einen darüber hinausgehenden Leistungserfolg, um das Ausbleiben gewisser Nachteile u.d.m.

> Was unterscheidet demnach in der praktischen Verwendbarkeit das Gestaltungsinstrument der Garantie von der Eigenschaftszusicherung?

Aus dem Blickwinkel des Gläubigers einer Sachleistung stellt die selbständige Garantie gegenüber der Beschaffenheitsvereinbarung und der Zusicherung die oberste Stufe des Schutzes seiner Interessen dar. Als praxisrelevante **Unterschiede zur Eigenschaftszusicherung** sind vor allem zu nennen:

- Die Garantie kann sich auf Umstände und Aspekte beziehen, die nicht Gegenstand einer Eigenschaftszusicherung sein können, weil sie nichts mit der physischen Beschaffenheit der Sache selbst sowie ihren Beziehungen zur Umwelt zu tun haben (instruktiv BGH NJW 1981, 1600).
- Die Garantie begründet eine **verschuldensunabhängige Haftung** auch dort, wo eine solche bei Fehlen einer vertraglich zugesicherten Eigenschaft gesetzlich nicht eintreten würde.
  Beispiel: Verkauf einer bestimmten Sache unter Zusicherung von Eigenschaften für den Zeitpunkt des Kaufes, die beim Kauf vorlagen, vor Gefahrübergang jedoch entfallen sind.

- Die kurzen Verjährungsfristen der §§ 477, 638 werden durch eine 30jährige Verjährungsfrist ersetzt.

Für den Vertragsjuristen stellt sich die Aufgabe, durch Interessenanalyse herauszufinden, ob Belange seines Mandanten/einer Vertragspartei im Spiele sind, deren Wahrung von gesteigerter Bedeutung ist und hinsichtlich derer die Ebene „schlichter" Leistungs- bzw. Handlungspflichten aus den obigen Gründen nicht zur Interessenwahrung ausreicht. In solchen Fällen sind Zusicherungen im Rechtssinne in Betracht zu ziehen, soweit es sich überhaupt um zusicherungsfähige Eigenschaften handelt. Als stärkste Form ist, namentlich dort, wo eine Zusicherung rechtlich ausscheidet, eine Garantie in Betracht zu ziehen. Ferner ist zu fragen, ob der Vertragspartner sich von seiner Interessenlage her betrachtet auf derartige verschärfte Verantwortungen einlassen wird. Dieser Blickwinkel kann dazu führen, die selbständige Garantie nach Umfang und Rechtsfolgen abweichend vom Gesetz zu vereinbaren, um das damit verbundene Risiko für den Garantieschuldner tragbar zu gestalten (z.B. Ausschlußfristen, Begrenzung des ersatzfähigen Schadens).

Bei der Formulierung einer selbständigen Garantie muß der Begriff Garantie im Vertragstext nicht verwendet werden. Es genügt eine Formulierung, die zweifelsfrei zum Ausdruck bringt, daß der Betreffende verschuldensunabhängig die volle Verantwortung für bestimmte Umstände, einen bestimmten Erfolg übernehmen will.

Wie könnte in Fall Nr. 8 die Formulierung einer selbständigen Garantie lauten?

Formulierungsbeispiel: Der Verkäufer steht dafür ein, daß die verkaufte Wohnung eine Wohnfläche von mindestens 70 qm hat, ermittelt nach DIN 277. Ansprüche wegen eines Mindermaßes können nur geltend gemacht werden innerhalb von sechs Monaten nach Übergabe. Im übrigen sind insoweit anderweitige Ansprüche ausgeschlossen.

Der im Gesetz nicht geregelte Vertragstypus der selbständigen Garantie hat praktische Bedeutung nicht nur in der hier erörterten Variante einer sachleistungsbezogenen Gewährleistungsgarantie. Als Ausfluß der Vertragsfreiheit kann ein Vertragspartner durch Garantievertrag allgemein für den Eintritt eines bestimmten Erfolges schuldensunabhängig einstehen. Er hat sodann den Garantiegläubiger grundsätzlich so zu stellen, wie dieser stehen würde, wenn der garantierte Erfolg eingetreten wäre.

Beispiele:
(1) Der Verkäufer eines Hauses garantiert dem Käufer, daß das Objekt bis zum 31.7. desselben Jahres tatsächlich und rechtlich mietfrei ist.
(2) Der Architekt und Baubetreuer eines Vorhabens garantiert dem Bauherrn, daß bestimmte Baukosten nicht überschritten werden.

6. Hauptpflichten, Nebenpflichten

> **Fall Nr. 9:**
> Verkäufer Hirsch will an Käufer Fuchs ein Zehn-Familien-Haus verkaufen. Das Objekt wurde von Herrn Hirsch als Bauherr im Wege der getrennten Vergabe von Handwerkerleistungen errichtet (Einzelgewerkausschreibung), wobei Gewährleistungsfristen von jeweils fünf Jahren vereinbart wurden. Das Gebäude wurde vor knapp drei Jahren fertiggestellt. Es ist voll vermietet. Herr Fuchs möchte mit der Mietverwaltung die X-GmbH beauftragen. Im Vorfeld des Kaufvertragsabschlusses erstellt diese für Herrn Fuchs eine Liste „wichtiger" Hausunterlagen (Baugenehmigung nebst allen dazugehörigen Anlagen, behördliche Prüf- und Abnahmebescheinigungen, Bescheide über Anliegerkosten und Grundsteuern, sämtliche Mietverträge nebst Kautionen/Bürgschaften, Verträge mit bauausführenden Firmen, Architektenvertrag, Wartungsverträge etc.). Herr Fuchs wünscht, als Vertragsbedingung die vollständige und zeitgerechte Übergabe dieser Unterlagen aufzunehmen. Dies sei für ihn von wesentlichem Interesse. Man einigt sich darauf, daß Herr Fuchs am 25. 3. des Jahres 01 den Kaufpreis zahlt, unter dieser Voraussetzung am 1. 4. Besitz, Nutzungen und Lasten auf ihn übergehen und er spätestens zu diesem Zeitpunkt auch die genannten Unterlagen erhält. Herr Fuchs fragt seinen Rechtsanwalt Biene, ob durch die Aufnahme einer solchen Regelung seine Interessen geschützt seien. Er will insbesondere wissen, ob er aus dem Vertrag „aussteigen" könne, wenn Herr Hirsch diese Pflichten nicht erfülle, oder ob er wenigstens die Kaufpreiszahlung bis dahin verweigern könne.
> Was wird Rechtsanwalt Biene antworten?

106 Rechtsanwalt Biene wird zunächst darauf hinweisen, daß Herr Fuchs natürlich die Herausgabe der Unterlagen einklagen könne, ferner, daß die schuldhafte Verletzung dieser Pflicht Herrn Hirsch zum Schadensersatz verpflichte, so daß adäquat-kausal hierdurch verursachte Vermögensnachteile durch Herrn Hirsch auszugleichen wären (z. B. Kosten der Ersatzbeschaffung von Planungsunterlagen). Möglicherweise ist Herrn Fuchs mit beiden Rechtsfolgen aber nur wenig gedient, weil ein Herausgabeprozeß zu zeitaufwendig ist und die Geltendmachung von Schadensersatz daran scheitern wird, daß Schäden u.U. zunächst gar nicht eintreten, schwer darzulegen und zu beweisen sind, Nachteile zum Teil nicht als ersatzfähiger Schaden anerkannt werden (eigener Zeitaufwand).

> Könnte sich Herr Fuchs bei Nichterfüllung der geschilderten Pflichten vom Vertrag lösen?

Nach allgemeinem Schuldrecht ist Herr Fuchs zum Rücktritt vom Vertrag, zum Abstand nehmen vom Vertrag als Erscheinungsform des Schadensersatzes wegen Nichterfüllung (§ 326) oder – bei fehlendem Verschulden – zur Rückabwicklung nach § 323 BGB berechtigt, wenn es um die Nichterfüllung einer Hauptpflicht geht. Die Unterscheidung von Hauptpflichten und Nebenpflichten wirkt sich bei diesen den Bestand des gesamten Vertrages erfassenden Rechtsfolgen aus.

> Wie beurteilt man, ob es sich jeweils um eine Haupt- oder Nebenpflicht handelt?

Für die gesetzlich geregelten Vertragsverhältnisse und die praeter legem entwikkelten Vertragstypen der Praxis (z.B. Leasing-Vertrag) hat die Rechtsprechung Abgrenzungskriterien entwickelt, die sich, soweit vorhanden, am gesetzlichen Leitbild des jeweiligen Schuldverhältnisses orientieren. Nach dem Grundsatz der Privatautonomie steht es den Beteiligten jedoch frei, Vertragspflichten, die nach typisierender Betrachtungsweise als Nebenpflichten einzuordnen wären, in den Rang von Hauptpflichten zu erheben.

> Wie wäre in Fall Nr. 9 die ins Auge gefaßte Aushändigungsklausel einzuordnen?

Beließe man es dabei, die Herausgabepflicht des Herrn Hirsch nach Inhalt und Zeitpunkt im Vertrag zu regeln, so wäre zumindest nach dem Vertragstext die Wertung nicht auszuschließen, daß es sich hierbei um die konkretisierende Ausgestaltung einer bei Verträgen dieser Art typischen Nebenleistungspflicht des Verkäufers handelt. Der Rückgriff auf die bei den Vertragsverhandlungen zu Tage getretene Interessenlage des Herrn Fuchs und deren Akzeptanz durch Herrn Hirsch könnte zwar im Wege der Vertragsauslegung zur Annahme einer Hauptpflicht führen. In der Praxis können solche Auslegungshilfsmittel jedoch mit Beweisschwierigkeiten verbunden sein.

> Was ergibt sich aus dieser Einsicht für den Vertragsgestalter?

Ist eine bestimmte Vertragspflicht im Hinblick auf die gewünschten Rechtsfolgen als Hauptpflicht gewollt, so muß dies bei der Formulierung zum Ausdruck gebracht werden **(sprachliche Hochzonung)**, wenn es sich nicht um Pflichten handelt, die schon nach dem gesetzlichen Leitbild und den Kriterien der Rechtsprechung zweifelsfrei als Hauptpflichten anzusehen sind.

> Wie steht es mit dem Recht des Herrn Fuchs, den Kaufpreis zurückzuhalten, bis die fraglichen Unterlagen übergeben sind?

Nach der Fallschilderung hat sich Herr Fuchs darauf eingelassen, daß er erst den Kaufpreis zahlt und sodann die Unterlagen erhält. Verbleibt es bei dieser Abrede, so ist Herr Fuchs insoweit vorleistungspflichtig und kann den Kaufpreis nicht deshalb zurückhalten. Die Einordnung der Übergabepflicht als vertragliche Hauptpflicht spielt insoweit keine Rolle. Die jeweils einschlägigen Einrederechte (§§ 273, 320) werden durch die Vorleistungsabrede überlagert.

> Wie ist die Vertragssituation des Herrn Fuchs insgesamt zu bewerten?

Zweiter Teil. Das Instrumentarium des Vertragsjuristen

Da Herrn Fuchs bei dieser Sachlage das entscheidende Druckmittel der Kaufpreisverweigerung genommen ist und ihm bei praktischer Betrachtung im Wesentlichen nur die Rückabwicklung des Vertrages mit den damit verbundenen Unannehmlichkeiten bleibt, ist die Herausgabepflicht des Herrn Hirsch aus der Sicht des Herrn Fuchs nicht befriedigend gesichert.

> Können Sie sich – ohne Veränderung der mitgeteilten Grundübereinkunft zwischen Herrn Hirsch und Herrn Fuchs – weitere Sicherungen des Herrn Fuchs vorstellen?

107 Erscheint die gesetzliche Sekundärebene von Vertragspflichten (Schadenersatz, Rücktritt etc.) im konkreten Fall als nicht befriedigende Regelung der Pflichtendurchsetzung und Interessenwahrung, so kommt die Vereinbarung einer **Vertragsstrafe** als Druckmittel in Betracht. Auf dieses Gestaltungsmittel wird noch näher einzugehen sein (siehe unten Rn 167ff.).

> Spielt die Unterscheidung von vertraglichen Hauptleistungspflichten und Nebenleistungspflichten über die erörterte Rechtsfolgenproblematik hinaus noch eine praktische Rolle?

Die Hauptpflichten sind von Bedeutung, wenn es um die Auslegung des Vertrages und seine Einordnung in gesetzliche oder in der Rechtswirklichkeit entstandene Vertragstypen geht. Auch unter diesem Blickwinkel ist es angezeigt, in Zweifelsfällen durch die Vertragsformulierung klarzustellen, daß es sich bei bestimmten Pflichten um Hauptpflichten handelt.

III. Berücksichtigung bestehender Drittbeziehungen

> **Fall Nr. 10:**
> Unternehmer Rastlos betreibt im Zentrum von Glücksstadt in gemieteten Räumlichkeiten als Einzelunternehmen eine Spielhalle. Der Mietvertrag hat noch eine Laufzeit von 8 Jahren mit zweimaliger Verlängerungsoption des Mieters um jeweils 10 Jahre und ist zu für den Mieter außerordentlich günstigen Konditionen abgeschlossen worden. Einige der Spielgeräte hat Herr Rastlos soeben fabrikneu erworben. Zur Finanzierung hat er einen Bankkredit aufgenommen und diese Geräte dem Kreditinstitut sicherungsübereignet. In der größeren Spielhalle beschäftigt Rastlos insgesamt vier Mitarbeiter auf Teilzeitbasis. Hinsichtlich der Geräte bestehen Wartungsverträge sowie Versicherungsverträge. Aus persönlichen Gründen möchte Rastlos die Spielhalle verkaufen. Frau Fröhlich ist am Kauf der Spielhalle interessiert, nicht zuletzt wegen der außergewöhnlich niedrigen Raummiete. Allerdings möchte sie nur 2 der Mitarbeiter übernehmen. Sie bittet ihren Rechtsanwalt Flokkenfreund um Beratung beim Vertragsschluß.

A. Allgemeine Vertragstechnik

1. Interessenlage

Mit „Drittbeziehungen" sind in dem hier interessierenden Zusammenhang Rechtsverhältnisse gemeint, die zwischen einem der künftigen Vertragspartner und Dritten bereits bestehen, vor allen aus Verträgen, aber auch aufgrund gesetzlicher Vorschriften (z. B. Schadensersatzansprüche), ferner Verpflichtungen oder Berechtigungen aufgrund behördlicher Verfügungen (z. B. Auskiesungsgenehmigung, Abrißverfügung). Beim Abschluß eines Vertrages können bereits bestehende Drittbeziehungen von Bedeutung sein, 108

- wenn eine **gesetzliche Vorschrift** anordnet, daß der gesamte Vertrag oder einzelne Rechte bzw. Pflichten auf den künftigen Vertragspartner übergehen (gesetzlicher Übergang des Rechtsverhältnisses),
- wenn einer der künftigen Vertragspartner sich in der fraglichen Drittbeziehung verpflichtet hat, bestimmte **Bindungen** seinem **Rechtsnachfolger** aufzuerlegen,
- wenn die sonstige **Interessenlage** eines künftigen Vertragspartners es gebietet, bestehende, nur inter partes wirkende Drittverhältnisse bei dem abzuschließenden Vertrag regelnd zu berücksichtigen.

Die gewissermaßen umgekehrte Blickrichtung der Erstreckung der Wirkungen des abzuschließenden Vertrages auf Dritte wird gesondert behandelt (unten Rn 117 ff.).

> Welche bei der Vertragskonzeption in jedem Fall zu berücksichtigenden Drittverhältnisse im obigen Sinne existieren in Fall Nr. 10? Wie lassen sie sich den o. g. drei Fallgruppen zuordnen?

Kraft gesetzlicher Vorschrift sind von Bedeutung
- die Beschäftigungsverhältnisse des Herrn Rastlos, die gemäß der zwingenden Vorschrift aus § 613a auf Frau Fröhlich übergehen, soweit die Arbeitnehmer – was unwahrscheinlich ist – nicht von ihrem Widerspruchsrecht Gebrauch machen;
- die Versicherungsverträge (Sachversicherungen) hinsichtlich einzelner Spielgeräte, die gemäß § 69 VVG auf Frau Fröhlich übergehen, allerdings mit der Folge der anschließenden beiderseitigen Kündigungsmöglichkeit nach § 70 VVG.

Der Mietvertrag über die Räumlichkeiten geht hingegen nicht kraft Gesetzes auf Frau Fröhlich über, weil Frau Fröhlich nicht Eigentum an der Immobilie erwirbt (vgl. § 571). Frau Fröhlich hat nach dem Sachverhalt jedoch ein vitales Interesse daran, daß die bestehenden Mietkonditionen auch für sie gelten. Kraft Interessenlage ist für Frau Fröhlich ferner der Umstand von Bedeutung, daß einige Spielgeräte der finanzierenden Bank sicherungsübereignet sind. Herr Rastlos hat hieran zur Zeit also kein Eigentum, möglicherweise aber ein Anwartschaftsrecht. Das zugrundeliegende Drittverhältnis mit dem Kreditinstitut (Darlehnshöhe, Sicherungsvereinbarung) ist bei der Gestaltung des Kaufvertrages jedenfalls dann zu berücksichtigen, wenn eine Ablösung des Krredites erst aus dem Kaufpreis erfolgen soll. Es ist im Ergebnis sicherzustellen, daß Frau Fröhlich auch an diesen Geräten Eigentum erwirbt.

> Wie sind die Wartungsverträge über die Geräte einzuordnen?

Mangels Eingreifen einer gesetzlichen Sondervorschrift wirken diese Verträge nur zwischen Herrn Rastlos und der Wartungsfirma. Beim Kauf der Spielhalle gehen sie nicht kraft Gesetzes auf Frau Fröhlich über. Frau Fröhlich könnte sich rechtlich betrachtet auf den Standpunkt stellen, daß sie hiermit nichts zu tun habe. Denkbar wäre indes, daß die Versicherungsbedingungen günstig sind und Frau Fröhlich deshalb daran interessiert sein könnte, die Wartungsverträge zu übernehmen. Umgekehrt wäre – jedenfalls theoretisch – denkbar, daß sich Herr Rastlos gegenüber der Wartungsfirma verpflichtet hat, die Verträge auf seine Rechtsnachfolger im Eigentum an den Gerätschaften überzuleiten. In diesem Fall bestünde ein Einbeziehungsinteresse des Herrn Rastlos.

2. Rechtstechnisches Instrumentarium

> **Fortführung von Fall Nr. 10:**
> In dem Entwurf des Kaufvertrages findet sich zum Thema Mietverhältnis ausschließlich folgender Satz: „Frau Fröhlich tritt mit Wirkung vom ... in das ihr bekannte Mietverhältnis ein".
> Was ist nach der Interessenlage insoweit gewollt? Entspricht die Regelung dem Gewollten?

Die Interessenlage ist einfach: Frau Fröhlich möchte in die bestehenden günstigen Mietkonditionen „einsteigen", nicht hingegen einen neuen Mietvertrag zu möglicherweise ungünstigeren Bedingungen abschließen. Ohne Mietvertrag ist der Kauf für sie sinnlos, da sie die Spielhalle gerade dort betreiben will. Die Überleitung des Mietverhältnisses ist demnach für Frau Fröhlich von zentraler Wichtigkeit. Herr Rastlos möchte seinerseits aus den Verpflichtungen des Mietvertrages herauskommen, insbesondere für die Mietzinszahlung nicht mehr verantwortlich sein. Aus diesem Grund scheidet die Begründung eines Untermietverhältnisses – vorausgesetzt Herr Rastlos wäre im Verhältnis zum Eigentümer hierzu berechtigt – zwischen Herrn Rastlos und Frau Fröhlich aus. Der Interessenlage entspricht einzig die vollständige Überleitung des bestehenden Vertragsverhältnisses auf Frau Fröhlich.

109 **a) Vertragsübernahme.** Die Vertragsübernahme ist gesetzlich nicht geregelt, nach dem Grundsatz der Privatautonomie jedoch zulässig. Zur Herbeiführung der rechtsgeschäftlichen Überleitung aller Rechte und Pflichten aus dem Vertrag – vertragliche Gesamtnachfolge – ist eine Mitwirkung aller drei Beteiligten erforderlich. Im Ausgangsfall kann Herr Rastlos ohne Zustimmung des Vermieters den Mietvertrag nicht auf Frau Fröhlich übertragen, es sei denn, er hätte sich in

dem Mietvertrag eine „echte Nachmieterklausel" (Substitutionsrecht) einräumen lassen. Allerdings kann der Grundstückseigentümer zu einer Übertragung des Mietverhältnisses seine Zustimmung wohl nur versagen, wenn in der Person des Nachmieters gewichtige Gründe dagegen sprechen (vgl. zu dieser Problematik Bub/Treier, Handbuch, Rn 820 ff, 831).

Die obige Formulierung bringt den Übernahmewillen von U und F zum Ausdruck. Die zur Rechtswirksamkeit erforderliche Zustimmung des Eigentümers wird nicht erwähnt. Zum Schutze von Frau Fröhlich sollte die schriftliche Erteilung der Vermieterzustimmung (§ 566, vgl. Bub/Treier, Handbuch, Rn 771 m.w.N.) zur Fälligkeitsvoraussetzung für den Kaufpreis erhoben werden. Ihre Nichterteilung bis zu einem bestimmten Datum könnte mit einem vertraglichen Rücktrittsrecht für die Kaufvertragsparteien verbunden werden, um den Schwebezustand zu beenden. Schließlich ist empfehlenswert zu regeln, wer die Zustimmung des Vermieters einholt.

Formulierungsvorschlag: Frau Fröhlich tritt zur völligen Entlastung von Herrn Rastlos in den zwischen Herrn Rastlos und Herrn Ranzig bestehenden Mietvertrag über die Räumlichkeiten der Spielhalle mit wirtschaftlicher Wirkung vom ... ein. Der Mietvertrag datiert vom ... und wurde seit dem nicht geändert. Er ist Frau Fröhlich abschriftlich zur Kenntnis gebracht worden. Die im Mietvertrag vorgesehene Kaution ist von Herrn Rastlos geleistet worden. Auf die zur Übernahme des Mietverhältnisses erforderliche Zustimmung des Eigentümers wird Frau Fröhlich unverzüglich hinwirken. Der nachstehend vereinbarte Kaufpreis wird erst nach Vorlage der schriftlichen Zustimmung des Eigentümers fällig. Sollte diese Zustimmung nicht bis zum ... vorliegen, sind beide Vertragsteile zum Rücktritt von diesem Vertrag berechtigt durch schriftliche Erklärung gegenüber dem anderen Vertragsteil.

Konstruktiv läßt sich die Vertragsübernahme begreifen als Kombination von Abtretung aller Ansprüche aus einem Vertragsverhältnis mit der Schuldübernahme (Übernahme der gesamten „Passivseite"), unter Zustimmung des bisherigen Vertragspartners des Übertragenden. Ist die umfassende Übertragung eines solchen Drittrechtsverhältnisses auf den Vertragspartner nicht gewollt oder mangels Drittzustimmung nicht erreichbar, kommt nach der Interessenlage u.U. eine teilweise Überleitung durch Abtretung oder durch Schuldübernahme in Betracht.

b) Abtretung

Beispiele:

(1) E hat eine Teilfläche seines Grundstücks an die Gemeinde G veräußert. Hierbei wurde verabredet, daß die Gemeinde zur nachträglichen Kaufpreiserhöhung verpflichtet ist, wenn sie binnen einer Frist von zwei Jahren im Umfeld Grundstücke zu einem höheren Preis erwirbt (Nachbesserungsklausel). Nunmehr verkauft E die Restfläche an X und tritt im Rahmen dieses Kaufvertrages die Ansprüche gegen G auf Kaufpreisnachbesserung ab. Kurz danach macht E, den das Geschäft mit X reut, geltend, im Rahmen der Weiterveräußerung hätte sein ursprünglicher Vertrag mit G, auf den sich die Anspruchsabtretung bezieht, vom beurkundenden Notar mitvorgelesen werden müssen. Deshalb seien die Abtretung und der gesamte Kaufvertrag unwirksam.

(2) Die seit kurzem wieder berufstätige Ehefrau E lebt von ihrem langjährigen Ehemann getrennt. Die Scheidung ist beabsichtigt aber noch nicht eingeleitet. E hat als Zugewinnausgleich eine hohe Forderung gegenüber dem während der Ehezeit zu Vermögen ge-

kommenen Ehemann zu erwarten, ist aber zur Zeit so gut wie mittellos. Zum Kauf einer Wohnung benötigt sie kurzfristig Geld. Der Bekannte B der Familie ist – als Überbrückung – zur Gewährung eines Darlehens bereit. Dabei wird vereinbart, daß E zum einen ihre Gehaltsansprüche gegenüber ihrem Arbeitgeber abtritt, ebenso in Höhe des Darlehens „ihren demnächstigen Zugewinnausgleichsanspruch" gegenüber dem Ehemann. Vorsichtshalber legt B dieses Papier auch dem Ehemann vor, der hierauf handschriftlich vermerkt „Der Abtretung stimme ich zu".

(3) V veräußert an K eine vermietete Eigentumswohnung. Die Wände der Wohnung sind in zwei Räumen von Pilz befallen. Nach Auffassung des Mieters ist das auf Baumängel des Hauses zurückzuführen, während V mangelhafte Lüftung und Heizung durch M dafür verantwortlich macht. Bei der Kaufpreisbemessung ist der Schaden berücksichtigt worden. V und K sind sich einig, daß V den nach seiner Auffassung von M zu verantwortenden Schaden bei diesem geltend machen wird. Im Kaufvertrag ist geregelt, daß das Mietverhältnis vom Käufer mit sofortiger Wirkung übernommen wird. Weiterhin tritt V dem K sofort alle Rechte aus dem Verhältnis ab einschließlich aller „Kündigungsrechte". Am nächsten Tag kündigt K dem M (1) fristlos wegen Verletzung des Obhutspflicht des Mieters, (2) hilfsweise fristgemäß wegen Eigenbedarfs.

110 Die Motive für die Abtretung von Rechten und Ansprüchen gegenüber Dritten im Kontext eines abzuschließenden Vertrages, der im Kern nicht auf den Erwerb der abzutretenden Rechtsposition gerichtet ist (so aber beim Forderungskauf), sind vielfältig. Zwei in der Praxis wichtige Fallgruppen sind zu nennen:
Am häufigsten anzutreffen ist die **Abtretung zu Sicherungszwecken**. Sie dient dazu, dem Vertragspartner eine Sicherheit zu verschaffen oder eine bestehende Sicherheit zu verstärken für Ansprüche, die gegenüber dem Abtretenden im Vertrag begründet werden. Der Zessionar erwirbt nach außen die volle Rechtsposition, ist jedoch im Verhältnis zum Vertragspartner durch die Sicherungsabrede schuldrechtlich gebunden (eigennützige Treuhand). Der Zessionar als Sicherungsnehmer darf von der Abtretung erst Gebrauch machen, wenn der Vertragspartner die primär geschuldete Leistung nicht erbringt. Erbringt er sie, so ist die Sicherheit zurückzugeben. Je nach den Umständen ist im Vertrag näher zu regeln, unter welchen Voraussetzungen abtretbare Rechte verwertet werden dürfen, ggf. auch wie.
Davon sind Fallgestaltungen zu unterscheiden, in denen der Vertragspartner eine bestimmte Leistungspflicht selbst nicht zu übernehmen bereit ist, wohl aber dazu, (eventuelle) Ansprüche, die ihm gegenüber Dritten zustehen und das Leistungsinteresse des Vertragspartners zu befriedigen geeignet sind, mit abzutreten. Die **Zession** steht hier gewissermaßen **anstelle einer eigenen Leistungspflicht** des Zedenten. Sie ist **nicht treuhänderisch gebunden**. Der Zessionar erwirbt die Forderung zur freien Verfügung, ihr Erwerb ist durch seine Gegenleistung mit abgegolten.

> Wie sind die obigen drei Beispielfälle einzuordnen? Ergeben sich hieraus Folgen?

In **Beispiel (1)** ist die Abtretung Bestandteil der Leistungspflicht des E. X erwirbt hierdurch eine bedingte Forderung gegenüber G. Dieser Rechtserwerb ist als Bestandteil der Gesamtvereinbarung durch den Kaufpreis des X abgedeckt und dient nicht zur Sicherung einer Leistungspflicht im Verhältnis E – X.

Die Abtretungen in **Beispiel (2)** dienen Sicherungszwecken. Daraus ist z.B. abzuleiten, daß der Darlehnsgeber nicht ohne Grund zur Offenlegung der Gehaltsabtretung und zur Einziehung gegenüber dem Arbeitgeber von E berechtigt ist.

Im **Beispiel (3)** dient die sofortige Abtretung aller Rechte aus dem Mietvertrag an K der Abgrenzung der Verantwortungsbereiche von V und K hinsichtlich des Mietverhältnisses. V soll und will die Kündigung nicht aussprechen und ggf. durchsetzen. Diese Befugnisse sowie der Anspruch auf den künftigen Mietzins sollen ab sofort bei K liegen. Lediglich den behaupteten Anspruch gegen M auf Ersatz des Schadens, welcher sich ja zu Lasten von V im Kaufpreis ausgewirkt hat, will V noch behalten und ggf. durchsetzen.

> Bestehen in den obigen Beispielsfällen Bedenken gegen die Rechtmäßigkeit oder die Zweckmäßigkeit der vereinbarten Abtretungen?

In **Beispiel (1)** ist die Abtretung Bestandteil eines Grundstückskaufvertrages, der nach § 313 der notariellen Beurkundung bedarf. Ein Formverstoß führt – vorbehaltlich einer Heilung nach § 313 S. 2 – zur Nichtigkeit des gesamten Vertrages. Bestandteil der formpflichtigen Abrede ist die Pflicht zur Abtretung einer näher zu bezeichnenden Forderung. Mit der Beurkundung dieser Verpflichtung unter ausreichender Bezeichnung der abgetretenen Forderung ist dem Formerfordernis genüge getan. Das abgetretene Recht selbst ist nicht Bestandteil der Kaufabrede und muß deshalb nicht in seinem gesamten Inhalt mitbeurkundet werden (ebenso für den umgekehrten Fall der Schuldübernahme als Bestandteil eines Grundstücksgeschäfts BGH NJW 1994, 1374).

In **Beispiel (2)** verstößt die Sicherungsabtretung der künftigen Zugewinnausgleichsforderung der Ehefrau gegen § 1378 Abs. 3. Die Zustimmung des Ehemannes zur Abtretung ändert daran nichts, weil die Vorschrift zwingend ist. In notarieller Form können die Ehegatten vor Beendigung des Güterstandes hierüber Vereinbarungen treffen; dadurch wird jedoch die Ausgleichsforderung nicht vor dem Zeitpunkt der Güterstandsbeendigung abtretbar. Eine zuvor eingegangene Abtretungsverpflichtung ist ebenso unwirksam wie die Abtretung selbst (MünchKomm/Gernhuber § 1378 Rn 2 m.w.N.).

In **Beispiel (3)** stellt sich zunächst die Frage, ob die Abtretung eines Kündigungsrechtes an den Grundstückserwerber zulässig ist. § 571 steht einer Vorverlagerung der dort angeordneten Rechtsfolgen im Verhältnis zwischen Vermieter und Käufer durch Vereinbarung zwischen diesen nicht entgegen. Hier ist nicht nur das (behauptete) Kündigungsrecht des V abgetreten worden, sondern alle Rechte des Verkäufers aus dem Mietverhältnis. Jedenfalls bei gewerblichen Mietverhältnissen ist dies im Ergebnis zulässig (BGH NJW 1998, 896), bei Wohnraummietverhältnissen hingegen umstritten (Palandt/Putzo § 571 Rn 5 m.w.N.). Davon unabhängig ist im Beispielfall zu unterscheiden zwischen dem bereits in der Person des V möglicherweise entstandenen Kündigungsgrund nach § 553 und der personengebundenen Eigenbedarfskündigung nach § 564b. Die Kündigung wegen Eigenbedarfs kann K erst aussprechen, wenn er nach § 571 die Vermieterstellung erlangt hat. Durch vorgezogene Abtretung seitens des V erhält er nicht die für diese Kündigung erforderliche umfassende Rechtsposition als Vermieter. Im übrigen entspricht die getroffene Formulierung nicht völlig dem Gewollten. Der Rechtsübergang nach § 571 umfaßt nicht bereits entstandene und fällig gewordene Schadensersatzansprüche des Vermieters (Palandt/Putzo § 571 Rn 14). Die Abtretung aller Ansprüche und Rechte an K nimmt dem V auch den Schadensersatzanspruch wegen Beschädigung der Mietsache. Dieser Anspruch ist deshalb richtigerweise von der Abtretung auszunehmen.

> Welche Erwägungen wird im Fall Nr. 10 Rechtsanwalt Biene hinsichtlich der an die Bank sicherungsübereigneten Spielgeräte anstellen? Kommt insofern eine Abtretung in Betracht?

Unabdingbar erscheint zumindest die nähere Kenntnis über das fragliche Sicherungsgeschäft zwischen Herrn Rastlos und seiner Bank.

> Warum?

Die Sicherungsübereignung kann unterschiedlich ausgestaltet sein: Auflösend bedingt durch die Rückzahlung der Darlehnsschuld oder dergestalt, daß Herr Rastlos durch Schuldentilgung lediglich einen Anspruch auf Freigabe durch Rückübereignung erwirbt. Im erstgenannten Fall wäre Herr Rastlos Inhaber eines selbständig übertragbaren Anwartschaftsrechtes, im letztgenannten – im Zweifel anzunehmenden – Fall (vgl. BGH NJW 1984, 1184; 1998, 671, 672) wäre lediglich der schuldrechtliche Rückübereignungsanspruch abtretbar. Weiterhin ist von Interesse, wie hoch die Forderung der Bank ist und ob die Sicherungsabrede weitere Verbindlichkeiten des U miteinbezieht, so daß fraglich sein kann, ob die Bank gegen Zahlung der finanzierten Restschuld überhaupt zur Freigabe verpflichtet und bereit ist (zum Freigabeanspruch gegen die Bank wegen Übersicherung siehe BGH NJW 1998, 671).

> Rechtsanwalt Biene möchte es sich leichter machen und nicht so vertieft in die soeben angesprochenen Fragen „eintauchen". Gibt es einfachere Lösungswege?

Man könnte daran denken, ohne nähere Kenntnis des Sicherungsrechtsverhältnisses zwischen Herrn Rastlos und der Bank in den Kaufvertrag als Fälligkeitsvoraussetzung eine Erklärung der Bank aufzunehmen, wonach Herr Rastlos gegen Zahlung eines bestimmten Betrages das Eigentum an den Geräten ohne Einschränkung zusteht und Rechte der Bank hieran nicht mehr bestehen. Konstruktiv ließe sich dies deuten als eine aufschiebend bedingte Rückübereignung an Herrn Rastlos, wodurch Herr Rastlos ein übertragbares Anwartschaftsrecht erwürbe. Andererseits macht es wenig Sinn, Verträge zu formulieren und abzuschließen, deren Erfüllbarkeit von vornherein zweifelhaft ist. In einem solchen Fall empfiehlt es sich, die erwogene Bankerklärung **im Vorfeld des Vertragsschlusses** vorlegen zu lassen, um die Vertragsdurchführbarkeit frühzeitig abzuklären. Ähnliches könnte auch für die Zustimmung des Vermieters zur Mietvertragsübernahme erwogen werden.

> Läßt sich aufgrund der bisherigen Erörterungen eine **gedankliche Checkliste für Abtretungen** der hier behandelten Art formulieren?

Ein solches **gedankliches Prüfschema** könnte die nachfolgenden Punkte umfassen, die selbstverständlich nicht in allen Fällen und auch nicht unbedingt in der aufgeführten Reihenfolge zu durchlaufen sind: 111
- Welchem Zweck dient die erwogene Abtretung? Welches Interesse soll damit befriedigt werden?
- Analyse von „Rechtsinhalt" und „Wert" der abzutretenden Rechtsposition
  – Vorlage von Vertragsurkunden, Anerkenntnissen und sonstigen Belegen,
  – Prüfung der Rechtswirksamkeit der Rechte/Ansprüche,
  – Beweisbarkeit, Durchsetzbarkeit, Einbringlichkeit,
- Zulässigkeit der Abtretung (Ausschluß durch Vertrag? Ausschluß durch Gesetz?),
- angestrebter Umfang der Abtretung,
  (Grenzen der Rechtswirkungen, Gestaltungsrechte verbleiben im Zweifel beim Zedenten, hierzu BGH NJW 1985, 2641),
- Formfragen,
- offene oder stille Zession? Rückermächtigung des Zedenten zur Geltendmachung analog § 185 (Palandt/Heinrichs § 185 Rn 13 m.w.N.)?
- bedingte Abtretung (aufschiebend oder auflösend) oder unbedingte Abtretung?

c) Schuldübernahme

> **Fall Nr. 11:**
> Gemeinde Grünstadt hat an Firma Flink ein Gewerbegrundstück zu einem subventionierten Kaufpreis veräußert. Die Firma Flink hat sich im Kaufvertrag verpflichtet, das Grundstück binnen 36 Monaten entsprechend den Festsetzungen des Bebauungsplanes zu bebauen und es bis dahin nicht ohne Zustimmung von Grünstadt zu veräußern. Die Nichterfüllung einer dieser Pflichten sowie ein Insolvenzverfahren über das Vermögen des Käufers löst gemäß Kaufvertrag ein Wiederkaufsrecht von Grünstadt aus, welches im Grundbuch durch eine Vormerkung zugunsten von Grünstadt abgesichert ist. Die Bedingungen des Wiederkaufsrechtes sind im einzelnen geregelt. Ein Jahr später verkauft Firma Flink das nach wie vor unbebaute Grundstück an die Firma Raff weiter. Die Bindungen aus dem Vertrag Grünstadt/Flink (Baupflicht, Verfügungsuntersagung, Wiederkaufsrecht) werden von der Fa. Raff „übernommen". Grünstadt wird der Vertrag zur Genehmigung abschrift-

lich vorgelegt. Die Genehmigung wird privatschriftlich erteilt. Fa. Raff erstellt eine Planung und beschafft sich eine Baugenehmigung, fällt jedoch vor Baubeginn – die Baufrist war noch nicht abgelaufen – in Insolvenz. Daraufhin übt Grünstadt das Wiederkaufsrecht aus und verlangt vom Insolvenzverwalter die Auflassung des Grundstücks Zug um Zug gegen Zahlung des Wiederkaufpreises. Dem Insolvenzverwalter liegt ein günstigeres Kaufangebot vor. Er lehnt deshalb die Veräußerung an Grünstadt ab.

aa) Erscheinungsformen.

> Welche beiden Formen der befreienden Schuldübernahme kennt das Gesetz?

112 Die **befreiende Schuldübernahme** – abzugrenzen insbesondere vom Schuldbeitritt – kann nach dem Gesetz zum einen herbeigeführt werden durch Vertrag zwischen dem Gläubiger und dem Übernehmer (§ 414).
Dabei kann im Einzelfall zweifelhaft sein, ob eine Befreiung des bisherigen Schuldners unter gleichzeitiger Begründung einer inhaltsgleichen Schuld durch den Übernehmer gewollt ist – dann Schuldübernahme – oder ein „Einstehenwollen" für eine fortbestehende fremde Schuld – dann handelt es sich um einen Schuldbeitritt oder um eine Bürgschaft. Bemerkenswert ist, daß eine Schuldübernahme im Wege des § 414 eine **Verfügung zugunsten eines Dritten** ermöglicht (Befreiung von einer Verbindlichkeit), die der Zustimmung des Dritten nicht bedarf.
Häufiger anzutreffen ist ein **Übernahmevertrag zwischen Schuldner und Übernehmer** nach § 415. Dieser Abrede kommt eine den Schuldner befreiende Verfügungswirkung erst zu, wenn der Gläubiger hierzu seine Zustimmung erteilt hat. Dies kann auch im voraus geschehen. Bis zur Genehmigungserteilung besteht ein Schwebezustand. Die Verweigerung der Genehmigung durch den Gläubiger gilt im Zweifel als Erfüllungsübernahme (§§ 415 Abs. 3, 329). In der Rechtspraxis wird begrifflich häufig nicht so klar unterschieden, wie das Gesetz es tut. Nicht selten wird zwischen Schuldner und Drittem eine „Schuldübernahme" vereinbart, zu der eine Genehmigung des Gläubigers – jedenfalls zunächst – gar nicht eingeholt werden soll. Man könnte dies auch **nicht befreiende Schuldübernahme im Innenverhältnis** nennen im Gegensatz zu der mit Verfügungswirkung ausgestatteten **befreienden Schuldübernahme im Außenverhältnis**, deren Voraussetzungen die §§ 414, 415 regeln. Mitunter ist dezidiert beabsichtigt, daß der Gläubiger aus der Vereinbarung keine Rechte herleiten soll. In einem solchen Fall ist der Schwebezustand des § 415 Abs. 2, der den Gläubiger auch sehr viel später noch in die Lage versetzt, durch Genehmigung der Übernahme Ansprüche gegen den Übernehmer zu begründen, gerade nicht gewollt. Es handelt sich dann kraft Vereinbarung um eine **Erfüllungsübernahme im Sinne von § 329**.
Bei der Vertragsgestaltung ist von der Interessenlage her zu entscheiden, welche Gestaltungsform gewählt wird. Beinhaltet die fragliche Schuld etwa eine Verhaltenspflicht hinsichtlich eines bestimmten Gegenstandes (z.B. Instandhaltung ei-

A. Allgemeine Vertragstechnik

ner Kleinkläranlage zugunsten des diese mitbenutzenden Nachbarn), dann spricht die Interessenlage für eine Veräußerung des betreffenden Gegenstandes unter wirksamer Übernahme der sachbezogenen Verbindlichkeit durch den Rechtsnachfolger. Anderenfalls bliebe der Rechtsvorgänger nach außen rechtlich gebunden, verlöre aber die Sachherrschaft über den Gegenstand, auf den sich die Schuld bezieht. Als Folge könnte bei Nichterfüllung der sachbezogenen Pflichten eine Schadensersatzverpflichtung des ursprünglichen Schuldners entstehen, was wiederum Ansprüche gegen den Rechtsnachfolger auslösen würde. Das Gewollte sollte deshalb in der Formulierung unzweifelhaft zum Ausdruck kommen.

Formulierungsbeispiele:
(1) Die Übernahme der vorbezeichneten Verbindlichkeiten erfolgt nur im Innenverhältnis der hier Vertragsbeteiligten. Die Genehmigung des Gläubigers soll nicht herbeigeführt werden; der Gläubiger soll deshalb aus dieser Vereinbarung keine eigenen Ansprüche gegen den Übernehmer erwerben.
(2) Den Vertragsbeteiligten ist bekannt, daß die Befreiung des bisherigen Schuldners der Genehmigung des Gläubigers bedarf. Diese Genehmigung wird der ... unverzüglich beim Gläubiger anfordern/zu gegebener Zeit anfordern. Bis zur Erteilung der Genehmigung des Gläubigers sowie im Falle ihrer Verweigerung gilt die hier vereinbarte Schuldübernahme als Erfüllungsübernahme.

Liegt in Fall Nr. 11 eine rechtswirksame Schuldübernahme im Sinne der §§ 414, 415 vor?

Nach Interessenlage, Vertragswortlaut und Vertragshandhabung (Einholung der Genehmigung) ist eine privative Schuldübernahme in der in § 415 beschriebenen Erscheinungsform gewollt. Erkennbar will Fa. Flink aus den objektbezogenen Verhaltenspflichten gegenüber Grünstadt freikommen. Unter Formgesichtspunkten (§ 313) bestehen im Ergebnis keine Bedenken: Nur die Schuldübernahmeabrede zwischen Verkäufer und Käufer ist formbedürftig, nicht der Inhalt der übernommenen Schuld und nicht die Genehmigung des Gläubigers zur Schuldübernahme (BGH NJW 1994, 1374).

Läßt sich deshalb die Übernahme der Bindungen von Fa. Flink gegenüber der Gemeinde durch Fa. Raff zutreffend als Schuldübernahme nach § 415 deuten? Muß insoweit differenziert werden?

Für die Verpflichtungen von Fa. Flink zur Bebauung des Grundstücks und zur Unterlassung einer Weiterveräußerung vor Erfüllung der Baupflicht trifft dies zu. Hinsichtlich des Wiederkaufsrechtes stellt sich – als Kontrollüberlegung – die Frage, wem im Falle der Ausübung des Wiederkaufsrechtes der Kaufpreisanspruch zustehen soll. Um dies zu beantworten, ist es notwendig sich klarzumachen, wie ein Wiederkaufsrecht „funktioniert".

Was ist rechtstechnisch unter einem Wiederkaufsrecht zu verstehen?

Zweiter Teil. Das Instrumentarium des Vertragsjuristen

Konstruktiv bedeutet die Vereinbarung eines Wiederkaufsrechtes die aufschiebend bedingte Vereinbarung eines neuen, zweiten Kaufvertrages zwischen Grünstadt und Fa. Flink mit gewissermaßen umgekehrten Parteirollen. Der Wiederkauf kommt durch Eintritt der Bedingung, nämlich durch formlose (h. M., vgl. MünchKomm/Kanzleiter § 313 Rn 28, 33 m. w. N.) Ausübungserklärung von Grünstadt zustande. Es handelt sich also nicht um ein dingliches Recht. In dem Ausgangskaufvertrag stecken somit zwei in bestimmter Weise miteinander verknüpfte Schuldverhältnisse: Ein Kauf und ein Wiederkauf.

> Worin besteht die Verknüpfung dieser beiden Ebenen?

Das Wiederkaufsrecht kann nur ausgeübt werden, wenn der Käufer bestimmte Pflichten aus dem Kaufvertrag nicht erfüllt, nämlich die Baupflicht oder die Verfügungsunterlassungspflicht, oder wenn ein bestimmtes Ereignis in der Person des Käufers eintritt (Insolvenzfall). Die Ausübungserklärung, die den Wiederkaufsvertrag zustande bringt, ist an drei alternative Voraussetzungen (Bedingungen) geknüpft, die zum überwiegenden Teil die Kaufebene betreffen. Die Übernahme des Wiederkaufsrechtes durch Fa. Raff bedeutet von der Interessenlage her offensichtlich, daß bei Ausübung des Wiederkaufsrechtes der Kaufpreis nicht Flink sondern Raff zustehen soll.

> Handelt es sich insoweit also um eine Schuldübernahme verknüpft mit der Abtretung eines zukünftigen Kaufpreisanspruchs?

Diese Bewertung wird dem Parteiwillen nicht gerecht. Fa. Flink soll und will für die grundstücksbezogenen Vereinbarungen mit Grünstadt insgesamt nicht mehr zuständig sein, aktiv wie passiv. Die Abtretung des Kaufpreisanspruchs aus dem Wiederkaufsrecht würde aber nichts daran ändern, daß der Wiederkauf mit Fa. Flink als Verkäufer zustandekäme, bei Fa. Flink demzufolge trotz Schuldübernahme und Kaufpreisabtretung noch Zuständigkeiten und Befugnisse verblieben (z. B. Gestaltungsrechte). Die daran anknüpfende Überlegung, Fa. Flink habe offenbar alle Rechte aus einem etwaigen Wiederkauf abtreten wollen, weist den Weg zur zutreffenden Bewertung: Gewollt ist eine Überleitung des gesamten Wiederkaufsrechtes mit allen Pflichten, aber auch allen Rechten auf Fa. Raff, so daß der Wiederkauf bei Eintritt der Voraussetzungen direkt zwischen Grünstadt und Fa. Raff zustandekäme. Gewollt ist also eine Vertragsübernahme. Beides, die normale Schuldübernahme hinsichtlich der grundstücksbezogenen Verhaltenspflichten der Fa. Flink und die Vertragsübernahme hinsichtlich des gesamten Wiederkaufes ist durch Genehmigung von Grünstadt wirksam geworden, so daß Fa. Flink aus diesen Verpflichtungen frei geworden ist.

> Ist das Wiederkaufsrecht wirksam ausgeübt worden?

A. Allgemeine Vertragstechnik

Die Herbeiführung der Bedingung für das rechtswirksame Zustandekommen des Wiederkaufes durch Ausübungserklärung unterfällt nicht dem Formzwang des § 313 (MünchKomm/Kanzleiter § 313 Rn 28, 33 m.w.N). Fraglich ist daher, ob die Voraussetzungen für die Ausübung tatsächlich vorlagen.

> Inwiefern?

Ausübungsgrund für das Wiederkaufsrecht kann nach dem Sachverhalt nur der Insolvenzfall sein. Bei wörtlichem Vertragsverständnis käme es auf die Insolvenz der Fa. Flink an. Das Wiederkaufsrecht ist nach dem Vertragstext so übernommen worden, wie es ist. Der Insolvenzfall in der Person der Fa. Raff wird hierin nicht erfaßt.

> Überzeugt das?

Gewollt ist hier zweifelsohne, daß sämtliche das Wiederkaufsrecht auslösenden Gründe – verhaltensbezogene und sonstige – künftig in der Person des Zweitkäufers gegeben sein müssen. Auf dessen Insolvenz soll es ankommen, die Insolvenz des Verkäufers ist hingegen künftig belanglos, weil er mit dem Objekt nichts mehr zu tun hat. Die Auslegung der einschlägigen Vertragspassage ergibt daher, daß die Vertragsübernahme mit der Modifikation gewollt ist, daß künftig die Insolvenz von Fa. Raff einen Ausübungsgrund für das Wiederkaufsrecht darstellt. Grünstadt hat der Übernahme des so inhaltlich modifizierten Wiederkaufsrechtes und damit auch der darin liegenden Vertragsänderung zugestimmt. Es kommt also auf die Insolvenz der Fa. Raff an. Ein Grund für die Ausübung des Wiederkaufsrechtes liegt vor.

> Bestehen unter dem Blickwinkel der herausgearbeiteten Vertragsänderung formelle Bedenken gegen ein rechtswirksam bestehendes und ausgeübtes Wiederkaufsrecht?

Änderungen formpflichtiger Verträge sind grundsätzlich selbst formbedürftig (zu diesem Grundsatz und seinen Ausnahmen MünchKomm/Kanzleiter § 313 Rn 55ff m.w.N.). Nicht die Vertragsübernahme, sondern die gleichzeitige Inhaltsänderung könnte deshalb zum Formproblem werden, weil Grünstadt als Beteiligte des bedingt geschlossenen Wiederkaufsrechtes der Inhaltsänderung nicht in der Form des § 313 zugestimmt hat. Aus § 182 Abs. 2 ist jedoch die Wertung abzuleiten, daß bei einem dreiseitigen Vorgang der hier vorliegenden Art die formlose Zustimmung von Grünstadt zur Vertragsübernahme (vgl. BGH NJW 1994, 1347, 1348) und zugleich zur Inhaltsänderung, die zwischen Fa. Flink und Fa. Raff im Zusammenhang mit der Schuld- und Vertragsübernahme sachlogisch zwingend vereinbart wurde, ausreichend ist.

Zweiter Teil. Das Instrumentarium des Vertragsjuristen

Nach alledem hat Grünstadt ein rechtswirksam zwischen Grünstadt und der Fa. Raff bestehendes Wiederkaufsrecht wirksam ausgeübt, so daß ein Wiederkauf zustande gekommen ist.

> Ist der Insolvenzverwalter deshalb zur Übereignung (Auflassung) an Grünstadt verpflichtet?

Nach § 103 InsO hat der Insolvenzverwalter bei gegenseitigen Verträgen ein Ablehnungsrecht, von dem er hier Gebrauch gemacht hat mit Rücksicht auf eine günstigere Verkaufsmöglichkeit.

> Hilft es Grünstadt, daß das Wiederkaufsrecht grundbuchlich durch eine Vormerkung gesichert ist?

Genau betrachtet ist der sich aus dem Wiederkaufsrecht ergebende bedingte Übereignungsanspruch von Grünstadt durch Vormerkung gesichert. Nach § 106 InsO ist in einem solchen Fall der Insolvenzverwalter zur Übereignung des Grundbesitzes verpflichtet. Das Wahlrecht nach § 103 InsO greift nicht ein.

> Bestehen gegen dieses Ergebnis Bedenken nach allgemeinem Schuldrecht?

Auf Vertragsübernahmen sind die §§ 398 ff und 414 ff ergänzend anwendbar. Anwendbar ist insbesondere § 418. Diese Vorschrift umfaßt nach ganz herrschender Meinung in analoger Anwendung auch Vormerkungen (vgl. Münch-Komm/Möschel § 418 Rn 4). Bei echten, d.h. befreienden Schuldübernahmen nach §§ 414, 415 erlischt mithin eine zur Sicherung der Forderung gegen den Erstschuldner bestellte Vormerkung. Dies gilt auch für den Fall der Vertragsübernahme (MünchKomm/Roth § 398 Rn 5).
Ergebnis: Der Insolvenzverwalter kann die Vertragserfüllung nach § 103 InsO ablehnen. Grünstadt verbleibt ein Schadensersatzanspruch als Insolvenzforderung.

> Das vorstehend erörterte Ergebnis wirft die Frage auf, ob die in der Fallschilderung wiedergegebene vertragliche Lösung Gestaltungsfehler aufweist und das Ergebnis bei sachgerechter Gestaltung zu vermeiden gewesen wäre. Wie ist diese Frage zu beantworten?

Zum einen hätte die Inhaltsänderung beim Wiederkaufsrecht – Insolvenz in der Person der Fa. Raff als Auslösungsgrund – deutlich zum Ausdruck gebracht werden sollen. Weiterhin hätte die durch Genehmigung von Grünstadt nach § 418 erlöschende Vormerkung durch eine neue von der Fa. Raff mit Eigentumserwerb einzutragende Vormerkung für Grünstadt ersetzt werden müssen derart, daß zeitlich lückenlos ein rechtswirksamer Vormerkungsschutz bestand. Die Konstruktion hierfür kann im einzelnen hier nicht dargestellt werden.

bb) Schuldübernahme und Erfüllung durch Dritte. Schuldet jemand eine bestimmte Leistung, so bedient er sich häufig eines Dritten bei der Erfüllung seiner Leistungspflicht. Der Schuldner beschafft sich die von ihm geschuldete Leistung durch ein Deckungsgeschäft bei einem Dritten, etwa einem Subunternehmer, und läßt diesen, rein tatsächlich betrachtet, die Leistung gegenüber dem Gläubiger erbringen. Rechtlich gesehen liegen in solchen Dreiecksverhältnissen zwei gesonderte Leistungsbeziehungen vor, nämlich zwischen Gläubiger und Schuldner, sowie zwischen Schuldner und dem Dritten. Die „Leistung" durch den Dritten geschieht aus der Sicht des Gläubigers regelmäßig zur Erfüllung der Schuld des Schuldners beim Gläubiger. Zugleich erfüllt der Dritte hierdurch seine Verpflichtungen gegenüber dem Schuldner.

113

Bei der Einschaltung Dritter in die Abwicklung bestehender Schuldverhältnisse kann das Rechtsverhältnis zwischen dem Schuldner und dem Dritten je nach Sachlage ausgestaltet werden

– als Schuldübernahme im Innenverhältnis (Erfüllungsübernahme nach § 329),
– als Verpflichtung zur Erbringung einer Leistung (z.B. Erstellung einer Planung) an den Schuldner, der diese Leistung zugleich zur Erfüllung seiner eigenen Schuld verwendet (Weiterleitung des Werkes),
– als Verpflichtung zur „faktischen" Leistungserbringung direkt gegenüber dem Gläubiger.

Für die Vertragsgestaltung ist als Vorfrage entscheidend, welchen Spielraum der Schuldner jeweils hat. Das Spektrum reicht einerseits von der bereits vorab erteilten Zustimmung zur Pflichtenübertragung auf einen Dritten bis zur höchstpersönlichen Leistungspflicht des Schuldners mit der Folge der Unzulässigkeit der Einschaltung Dritter. Im Einzelfall kann dies durchaus zweifelhaft sein. Das zeigt folgendes

Beispiel: Im Gesellschaftsvertrag einer vermögensverwaltenden Gesellschaft bürgerlichen Rechts ist der Gesellschafter G zum Geschäftsführer bestellt. Er erhält dafür eine gesonderte Vergütung. Der Vertrag regelt die Verpflichtung des Geschäftsführers zur jährlichen Rechnungslegung durch Anfertigung einer Einnahme-/Überschußrechnung nach steuerlichen Grundsätzen sowie einer Vermögensaufstellung mit Erläuterungen. Dazu heißt es weiter: „Bei der Erfüllung dieser Aufgaben kann der Geschäftsführer einen Wirtschaftsprüfer oder Steuerberater auf Kosten der Gesellschaft einschalten". G möchte namens der GbR mit Steuerberater S einen Vertrag schließen, in dem sich S verpflichtet, die erforderlichen Arbeiten zu leisten. Dadurch möchte sich G seiner gesellschaftsvertraglichen Verpflichtungen „entledigen".

Ist dies möglich?

Aus §§ 713, 664 Abs. 1 ist abzuleiten, daß G seine vertraglich konkretisierte Rechnungslegungspflicht (§ 721 Abs. 2) nicht befreiend auf einen Dritten übertragen darf (i.E. ebenso MünchHdb.GesR I/Gummert § 10 Rn 16). Dem entspricht der grundsätzlich persönliche Charakter der Geschäftsführerpflichten, speziell der Rechnungslegungspflicht. Im vorliegenden Fall könnte die gesellschaftsrechtliche Befugnis zur Einschaltung eines Steuerberaters/Wirtschaftsprüfers zu verstehen

Zweiter Teil. Das Instrumentarium des Vertragsjuristen

sein als Recht zur befreienden Übertragung bestimmter Pflichten des G auf einen Dritten (vorweg erklärte Zustimmung zur Schuldübernahme). Ob dies rechtlich überhaupt möglich ist, kann hier dahinstehen, weil es jedenfalls nicht gewollt ist: Nach der Formulierung des GbR-Vertrages geht es lediglich um die Klarstellung, daß
- G diese Leistungen nicht persönlich zu erbringen hat, vielmehr Dritte hiermit betrauen darf,
- diese Einschaltung nicht zu Lasten seiner Vergütung geht.

Mangels weitergehender Regelungen bleibt hingegen die grundsätzliche Verantwortlichkeit des G im Rechnungslegungsbereich davon unberührt. Insbesondere hat er den beizuziehenden Dritten sorgfältig auszuwählen und dafür zu sorgen, daß diesem alle Unterlagen und Informationen vollständig zur Verfügung stehen, und schließlich die erbrachten Arbeiten zumindest einer groben Prüfung auf Vollständigkeit und Schlüssigkeit zu unterziehen, entsprechend der Überwachungspflicht hinsichtlich der bei der GbR beschäftigten Mitarbeiter.

> Haftet G persönlich nach § 278 für Fehler des Steuerberaters/Wirtschaftsprüfers?

Da der steuerliche Berater nicht in ein Vertragsverhältnis zum Geschäftsführer, sondern zur GbR tritt, ist er nicht Erfüllungsgehilfe des G. G haftet aber für Fehler des Beraters, wenn ihn in dieser Hinsicht ein eigenes Verschulden trifft (z.B. unsorgfältige Auswahl, mangelnde Information des Beraters).

114 cc) *Zusammenfassung:* Die Schuldübernahme ist eine von mehreren Gestaltungsmöglichkeiten zur Einbeziehung eines Dritten in die Abwicklung eines bestehenden Schuldverhältnisses. Die Übernahme bestehender Pflichten – sei es mit Verfügungswirkung, d.h. im Außenverhältnis oder lediglich als interne Erfüllungsübernahme – ist abzugrenzen von hintereinander geschalteten Vertragsbeziehungen mit inhaltlich identischen Leistungspflichten (Kettenvertrag), insbesondere dem Vertrag auf direkte „Leistung" an den Gläubiger. Vorfrage solcher Gestaltungen ist stets die Ermittlung des bestehenden Gestaltungsspielraumes. Dabei geht es um die Frage, ob und ggf. inwieweit der Schuldner die fragliche Leistung höchstpersönlich zu erbringen hat (z.B. Pflegepflicht), und deshalb eine Leistungserbringung durch einen Dritten nach § 267 gleich aufgrund welcher Innenbeziehung zum Schuldner unzulässig ist. Der größtmögliche Spielraum besteht, wenn bereits die Zustimmung des Gläubigers zur Pflichtenweitergabe vorweg – ggf. unter bestimmten Bedingungen – erklärt ist.

d) Freistellung

Ausgangsbeispiele:
(1) Eheleute M und F betreiben die Scheidung ihrer Ehe. Sie sind je zur Hälfte Eigentümer eines Einfamilienhauses. Die Anschaffungskosten haben sie gemeinschaftlich mit einem Bankdarlehen finanziert. Im Zuge der vermögensmäßigen Auseinandersetzung übernimmt der Ehemann den bisherigen hälftigen Hausanteil von der Ehefrau und stellt

A. Allgemeine Vertragstechnik

sie im Gegenzug von den gemeinsam begründeten Kreditverbindlichkeiten frei. An die Bank will man nicht herantreten. Eventuell will M den Kredit umschulden oder vorzeitig ablösen.

(2) An einer mitunternehmerischen Gesellschaft bürgerlichen Rechts sind A, B und C beteiligt. Gegenstand der Gesellschaft ist der Handel mit Gebrauchtwagen. Die Gesellschafter B und C vereinbaren, daß B zum Stichtag 1. 1. seinen Anteil auf C überträgt und damit ausscheidet. Auf dem Privatkonto des B bei der GbR sind 50 000,– DM Debetstand verbucht. Dies soll von C übernommen werden. Ferner will B im Vertrag mit C klar geregelt haben, daß C ihn von allen auch zur Zeit unbekannten Verbindlichkeiten aus seiner Zugehörigkeit zur GbR „freihält".

> Kennen Sie gesetzliche Vorschriften über einen Freistellungs- oder Befreiungsanspruch?

Im allgemeinen Schuldrecht regelt § 257 den Anspruch auf Befreiung von Verbindlichkeiten. § 738 gibt dem im Wege von Abwachsung und Anwachsung ausscheidenden Gesellschafter einer Gesellschaft bürgerlichen Rechts einen Befreiungsanspruch hinsichtlich gemeinschaftlicher Schulden. § 775 gibt dem Bürgen unter bestimmten Voraussetzungen einen Befreiungsanspruch gegen den Hauptschuldner. 115
In der Rechtspraxis finden sich recht häufig **vertraglich vereinbarte Freistellungsansprüche**, wie etwa in den beiden Ausgangsbeispielen.

> Was kann F von M im Ausgangsbeispiel (1) verlangen? Gehen Sie hierbei von der Interessenlage aus!

Es geht F im Ergebnis darum, daß sie mit den seinerzeitigen Hauskaufschulden, für die sie im Verhältnis zur Bank persönlich gesamtschuldnerisch haftet, „nichts mehr zu tun" hat. Dies wäre im Ergebnis erreicht, wenn M stets pünktlich die vollen Zins- und Tilgungsraten an die Bank entrichtet bis zur endgültigen Rückführung des Kredits.

> Gäbe es noch andere Wege für M, seine Freistellungsverpflichtung gegenüber F zu erfüllen?

Im Sachverhalt ist bereits die Möglichkeit angedeutet, daß M die gemeinsamen Schulden in einer Summe tilgt, etwa durch Aufnahme eines neuen Kredits (Umschuldung), möglicherweise aber auch aus verfügbaren Barmitteln. In diesen Fällen würde die Schuld auch von F erlöschen. Im Ergebnis hätte M die F „freigestellt". Denkbar ist weiterhin, daß M eine Verzichtserklärung der Bank gegenüber F beibringt, in der auf alle Ansprüche gegen F aus dem Darlehen verzichtet wird.

> Was ist Inhalt des „Freihalteanspruchs" im Ausgangsbeispiel (2)?

Im Unterschied zum Ausgangsbeispiel (1) sind nach dem Sachverhalt und der Interessenlage zunächst keine bestimmten Leistungshandlungen des C geschuldet. Es kann davon ausgegangen werden, daß die GbR Verbindlichkeiten hat, für die alle Gesellschafter auch persönlich haften. Solange Gläubiger Ansprüche gegenüber der Gesellschaft selbst bzw. gegenüber den verbleibenden Gesellschaftern geltend machen, wird der Freistellungsanspruch nicht akut und nicht konkret. Er besagt im Ergebnis, daß B, der für bis zu seinem Ausscheiden begründete Verbindlichkeiten persönlich noch fünf Jahre weiter haftet (§ 736 Abs. 2, § 160 HGB), vor Inanspruchnahme durch Gesellschaftsgläubiger zu schützen ist. Erst wenn eine solche Inanspruchnahme erfolgt oder droht, entfaltet der Freistellungsanspruch seine praktische Wirkung.

> Was schuldet C dem B im Falle einer solchen Inanspruchnahme?

Grundsätzlich steht es C frei, in welcher Weise er bewirkt, daß B freigestellt wird. Er kann darauf hinwirken, daß die GbR die Forderung begleicht. Er kann die Forderung persönlich erfüllen. Er kann bewirken, daß die Gläubiger B nicht (mehr) in Anspruch nehmen. Er kann Vergleichs- oder Erlaßvereinbarungen mit Gläubigern treffen. Ab einem gewissen Gefährdungsgrad des B verdichtet sich der auf eine Handlung gerichtete Freistellungsanspruch zu einem Zahlungsanspruch bzw. einem Anspruch auf Sicherheitsleistung (zu dieser Problematik BGHZ 91, 73, 76 ff).

> Wie wird der Freistellungsanspruch gerichtlich durchgesetzt und vollstreckt?

Die Geltendmachung erfolgt durch Klage auf Vornahme einer näher zu bezeichnenden Handlung, nämlich Befreiung von einer näher zu bezeichnenden Schuld. Das setzt die Konkretisierung der Schuld voraus. Die Vollstreckung richtet sich nach § 887 ZPO.

> Welche Gemeinsamkeiten und welche Unterschiede zwischen Schuldübernahme und Freistellung lassen sich aus den bisherigen Erörterungen ableiten?

Beiden Gestaltungen gemeinsam ist das Ziel, daß der Schuldner von einer Verbindlichkeit verschont wird, nichts mehr leisten muß. Von der **Schuldübernahme im Außenverhältnis** unterscheidet sich der Freistellungsanspruch dadurch, daß eine Verfügungswirkung über die Schuld, wie sie nach § 414 bzw. durch die Gläubigerzustimmung nach § 415 bewirkt wird, nicht herbeigeführt wird. Durch die Begründung des Freistellungsanspruchs ändert sich im Außenverhältnis an der betreffenden Verbindlichkeit nichts; die Rechtswirkungen beschränken sich auf das Innenverhältnis. Soweit im weiteren Ablauf eine Schuldbefreiung im Außenverhältnis herbeigeführt wird – z.B. durch Forderungstilgung – geschieht dies in einem 2. Schritt, nämlich der Erfüllung der Freistellungspflicht.

A. Allgemeine Vertragstechnik

Von der Schuldübernahme im Innenverhältnis unterscheidet sich die Freistellungsvereinbarung dadurch, daß dem Freistellungsverpflichteten grundsätzlich mehrere Wege offen stehen, wie er die Freistellung herbeiführt, während die interne Schuldübernahme (Erfüllungsübernahme) die Verpflichtung zur geschuldeten Leistung an den Gläubiger, so wie sie geschuldet ist, beinhaltet. Demgegenüber schuldet der Freistellungsverpflichtete letztlich einen Erfolg, das Mittel dazu steht ihm in Grenzen frei. Es ist sinnvoll, ja in der Regel geboten, Einzelheiten hierzu vertraglich zu regeln, um Meinungsverschiedenheiten der Beteiligten darüber vorzubeugen, welchen Entscheidungszeitraum der Befreiungsschuldner hat und welche Pflichten ihn hinsichtlich noch unbekannter bzw. nicht überschaubarer Verbindlichkeiten treffen: Sofortige Fälligkeit des Freistellungsanspruchs? Abwendung durch Sicherheitsleistung? (zu diesen Fragen instruktiv BGHZ 91, 73, 77 ff).

In der **Rechtspraxis** findet sich die Freistellungsvereinbarung insbesondere dann, wenn es sich um nur **mögliche, drohende, behauptete Verbindlichkeiten** handelt, bei denen einerseits eine befreiende Schuldübernahme mangels Konkretisierung nicht möglich oder nicht gewollt ist und andererseits dem Verpflichteten ein Spielraum eingeräumt werden soll, wie er die fraglichen Ansprüche vom anderen Teil fernhält. Verwendung findet der Ausdruck Freistellung ferner bei **Vereinbarungen unter Gesamtschuldnern** über die Schuldentilgung durch einen von ihnen. Dies geschieht tagtäglich in Grundstückskaufverträgen bei Abreden zur Tragung der nach dem Gesetz von den Vertragsbeteiligten gesamtschuldnerisch geschuldeten (§ 13 Nr. 1 GrEStG) Grunderwerbsteuer.

e) Zusammenfassende Checkliste zu Schuldübernahme und Freistellung.

Formulieren Sie anhand der bisherigen Erörterungen eine gemeinsame gedankliche Checkliste für die Gestaltungsinstrumente „Schuldübernahme" und „Freistellung"!

116

Eine solche **Checkliste** könnte folgendermaßen aussehen:
- Welches ist das nach der Interessenlage anzustrebende und realistische Regelungsziel:
  - Schuldbefreiung mit Verfügungswirkung (Außenwirkung)
  oder
  Regelungen nur im Innenverhältnis?
  - Ist möglicherweise – weitergehend – eine Vertragsübernahme sinnvoll?
- Schuldbefreiung im Außenverhältnis ist gewollt:
  - Zustimmung des Gläubigers erreichbar?
  - Wer holt Zustimmung ein und wann?
  - Was soll während der Schwebezeit gelten (§ 415 Abs. 3)?
  - Folgen einer Genehmigungsverweigerung/-verzögerung
    - Fortgeltung der Erfüllungsübernahme?
    - Rücktrittsrecht?

- Regelungen ohne Beteiligung des Gläubigers
  - Vorfrage: Einschaltung eines Dritten zulässig oder höchstpersönliche Leistungserbringung?
  - Varianten:
    - Schuldübernahme im Innenverhältnis
    - Vertragskette mit identischem Leistungsinhalt
    - Freistellungspflicht des Dritten
      Kriterium: Wahlrecht des Dritten in der Art der Leistungshandlung gewollt?
      Einzelheiten zu regeln?
    Typische Anwendungsbereiche:
    - Eventualverbindlichkeiten: Konkretisierung der Freistellungspflicht sinnvoll (Fälligkeit?)
    - Vereinbarungen unter Gesamtschuldnern
- Allgemeines
  - Präzisierung der übernommenen Pflichten
  - Bei Dauerrechtsverhältnissen: Zeitliche Abgrenzung
  - Formfragen (z.B. § 4 VerbrKrG bei Schuldübernahme im Außenverhältnis)
- Rechtsfolgen
  - bei befreiender Schuldübernahme
    - Erlöschen von Sicherungsrechten (§ 418); Neubestellung?
    - Beim Schuldner verbleibende Befugnisse und Zuständigkeiten aus dem Vertragsverhältnis
      (Abgrenzung zur Vertragsübernahme)
  - bei Schuldübernahme im Innenverhältnis/Freistellungspflicht
    - Keine Auswirkung auf das ursprüngliche Vertragsverhältnis
    - Bei Nichterfüllung von Erfüllungsübernahme/Freistellungspflicht entsteht ein Ersatzanspruch gegenüber dem Dritten.

IV. Erstreckung vertraglicher Rechte und Pflichten auf Dritte

Ausgangsbeispiele:
(1) Die bisherigen Gesellschafter der A-GmbH, die Herren X und Y, sind Inhaber von Patentrechten und weiteren gewerblichen Schutzrechten, die für die wirtschaftliche Tätigkeit der GmbH von Wichtigkeit sind. Bislang werden diese Rechte der GmbH zur Nutzung zur Verfügung gestellt gegen Zahlung einer Vergütung. Die B-GmbH möchte sich durch Anteilskauf von 60% an der A-GmbH beteiligen, X und Y sollen jeweils 20% der Geschäftsanteile behalten. Die B-GmbH möchte sicherstellen, daß die gewerblichen Schutzrechte der A-GmbH auf Dauer zur Verfügung stehen. X und Y sind damit grundsätzlich einverstanden, möchten Lizenzvergaben wegen der Neuaushandlung der Vergütung jedoch jeweils nur für zwei Jahre abschließen. Rechtsanwalt R – Berater der A-GmbH – schlägt daraufhin folgende Änderung der Satzung der A-GmbH vor:

A. Allgemeine Vertragstechnik

„§ 20

1. Gesellschafter, die im eigenen Namen über Patent- und sonstige gewerbliche Schutzrechte verfügen, stellen diese der Gesellschaft zur Auswertung zur Verfügung. Die Vergütung wird durch die Gesellschafterversammlung durch Beschluß mit einfacher Mehrheit der abgegebenen Stimmen festgesetzt; sie muß angemessen sein.

2. Eine Verwertung solcher Rechte im eigenen Namen oder im Namen Dritter ist dem Gesellschafter nur gestattet, wenn das Recht mit dem Gesellschaftszweck nicht im Zusammenhang steht.

3. Die vorgenannte Verpflichtung der Gesellschafter zur Andienung der Patent- und sonstigen gewerblichen Schutzrechte obliegt auch den Einzel- oder Gesamtrechtsnachfolgern dieser Gesellschafter in Bezug auf solche Patente und Schutzrechte, die die Rechtsnachfolger von einem Gesellschafter erworben haben."

Die B-GmbH bittet ihren Anwalt um Prüfung dieser Regelung.

(2) Investor I plant die Errichtung eines Bürohauses mit Tiefgarage. Das Vorhaben läßt sich nur verwirklichen, wenn ein kleiner Teil der Tiefgarage auf dem Nachbargrundstück errichtet wird. Nachbar N erklärt sich mit einer solchen Unterbauung seines Grundstücks an der Außenwand seines dort befindlichen Mehrfamilienhauses einverstanden, wenn I sich im Gegenzug zu bestimmten baulichen Sanierungsmaßnahmen an dem benachbarten Mehrfamilienhaus im Zuge der Errichtung der Tiefgarage verpflichtet. I und N schließen einen „Gestattungsvertrag". Dort heißt es unter anderem: „N gestattet dem jeweiligen Nachbareigentümer unentgeltlich die Inanspruchnahme seines Grundstücks zur Unterbauung mit einer zweigeschossigen Tiefgarage und die Nutzung dieser Tiefgarage. Die Gestattung erfolgt für die Dauer der Unterhaltung der auf dem Gestattungsgrundstück zu errichtenden Tiefgarage. Im Gegenzug verpflichtet sich I zu folgenden baulichen Sanierungsmaßnahmen auf dem Grundstück des N …

Zwischen I und N kam es in der Folgezeit zu Streitigkeiten aufgrund von Baumängeln der Tiefgarage, die zum Eindringen von Feuchtigkeit im Kellergeschoß des benachbarten Mehrfamilienhauses von N führten. Nachdem I sein Grundstück zwischenzeitlich an R weiterveräußert hatte, verlangte N von R als neuem Nachbareigentümer unter „Kündigung bisheriger Gestattungsvereinbarungen" die sofortige Unterlassung der Tiefgaragennutzung, ersatzweise die Zahlung einer Nutzungsentschädigung wegen Überbau seines Grundstücks (nach OLG Düsseldorf MittRhNotK 1998, 92).

1. Interessenlage

In den bisherigen Überlegungen ging es um die Berücksichtigung von bereits bestehenden Drittbeziehungen eines Vertragspartners bei der Gestaltung eines Vertragsverhältnisses. Im Folgenden ist die Blickrichtung entgegengesetzt: Es geht um Rechtswirkungen der zu konzipierenden Regelung für Dritte, sei es berechtigende oder verpflichtende, sogleich oder später entstehende. Ein Interesse an einer solchen Erstreckung vertraglicher Vereinbarungen auf nicht am Vertrag Beteiligte ist – objektiv betrachtet – häufig gegeben, läßt sich vom geltenden Recht jedoch in vielen Fällen nur eingeschränkt rechtsgestaltend befriedigen. 117

> Inwiefern besteht in den beiden Ausgangsfällen ein Interesse zumindest eines Vertragsteils an einer solchen Einbeziehung Dritter?

Zweiter Teil. Das Instrumentarium des Vertragsjuristen

Im Beispiel (2) hatte I objektiv ein Interesse daran, daß die Gestattungsvereinbarung den geplanten Tiefgaragenüberbau dauerhaft derart absichert, daß nicht nur Nachbar N, sondern auch jeder spätere Nachbareigentümer ihm gegenüber diesen Überbau entschädigungslos zu dulden hat und – spiegelbildlich gesehen – jeder Folgeeigentümer des I sich auf eine entsprechende Duldungspflicht des Nachbarn berufen kann.

In Beispiel (1) geht es um das Interesse der GmbH an der Nutzung der gewerblichen Schutzrechte unabhängig davon, wem diese Schutzrechte künftig einmal zustehen.

> Wie läßt sich die in den Ausgangsbeispielen zutage tretende Interessenlage abstrakt formulieren?

Allgemein formuliert geht es in diesen Fällen darum, daß vertragliche Rechte und Pflichten, die sich auf die Innehabung einer bestimmten Sache bzw. eines bestimmten Rechtes beziehen (zumeist Eigentümerstellung), in diesem Sinne also objektbezogen sind, möglichst auch zugunsten und zulasten desjenigen wirken sollen, der in der Folgezeit Eigentümer/Inhaber der betreffenden Sache/Rechtsposition wird. Kurz: Es geht um die **Erstreckung** objektbezogener Rechte und Pflichten **auf den Objektrechtsnachfolger**. Dies ist die wohl häufigste, wenn auch nicht einzige Erscheinungsform des Erstreckungsinteresses. Es gibt daneben in der Praxis durchaus auch Fälle, in denen ein Interesse daran besteht, Dritte zu berechtigen und zu verpflichten, die nicht in diesem Sinne Rechtsnachfolger eines Vertragsbeteiligten sind.

118 Der rechtliche Ausgangspunkt für gestalterische Überlegungen ist einfach: Im Grundsatz wirken schuldrechtliche Verträge nur inter partes, erzeugen Rechtswirkungen nur zwischen den Beteiligten. Ausnahmen hiervon sind der **echte Vertrag zugunsten Dritter** nach § 328 (dazu sogleich) und der von der Rechtsprechung entwickelte **Vertrag mit Schutzwirkung für Dritte**. Die Übertragung eines (Eigentums-)Rechts – Objektrechtsnachfolge – führt regelmäßig nicht ohne weiteres zu einer Rechtsnachfolge in bestehende objektbezogene vertragliche Rechte oder Pflichten des Vorgängers. Hierzu bedarf es vielmehr eines Rechtsnachfolgetatbestandes gerade hinsichtlich der betreffenden Vertragspositionen.

> Von diesem Grundsatz besteht eine Reihe gesetzlich geregelter Ausnahmen, von denen zum Teil schon die Rede war. Stellen Sie solche Ausnahmetatbestände zusammen!

Nach dem Grundsatz der **erbrechtlichen Universalsukzession** (§ 1922 I) gehen grundsätzlich Rechte und Pflichten aus vertraglichen Beziehungen einer natürlichen Person auf deren Erben über. Zu nennen sind weiterhin die im Umwandlungsgesetz geregelten Fälle der **vollständigen** (Verschmelzung) bzw. **partiellen** (Abspaltung) **Gesamtnachfolge**. Hierzu gehören schließlich die bereits erörter-

A. Allgemeine Vertragstechnik

ten gesetzlichen Vorschriften, die den Übergang von einzelnen Vertragsverhältnissen anordnen (§§ 571, 613a, § 71 VVG). Hingegen gehen die von einer Vorgründungsgesellschaft (Personenvereinigung vor Abschluß eines GmbH-Vertrages) begründeten Rechte und Pflichten mit Entstehen der GmbH i.G. nicht automatisch auf die GmbH über (BGHZ 91, 148, 151). Systematisch nicht zu der hier angesprochenen Vorschriftengruppe zählen Regelungen, die nicht den Übergang von Rechtsverhältnissen regeln, sondern im Wege eines Schuldbeitritts die Haftung Dritter für bestehende Rechtsverhältnisse anordnen (§§ 25, 28, 130, 173 HGB).

Auch das Gesellschafts- und Verbänderecht kennt eine **Pflichtenerstreckung** 119 **auf Dritte**: Der Abschluß eines Gesellschaftsvertrages, die Festlegung einer Satzung bei Gesellschaftsgründung bewirkt zunächst eine Pflichtenbindung der hieran Mitwirkenden. Tritt einem so verfaßten Verband später ein Mitglied bei oder wird zulässigerweise eine bestehende Mitgliedschaft auf einen Dritten übertragen, so binden die dann gültigen gesellschaftsvertraglichen bzw. satzungsmäßigen Regelungen auch ohne ausdrückliche Pflichtenübernahme das neue Mitglied. Im Einzelfall kann hier lediglich die Reichweite solcher Bindungen zweifelhaft sein, z.B. hinsichtlich nichtförmlicher (satzungsmäßiger) Nebenvereinbarungen im Kapitalgesellschaftsrecht, z.B. Stimmbindungsabreden, Einbringungsvereinbarungen usw. (näher dazu Baumbach/Hueck, § 53 Rn 9 m.w.N.).

> Ist mit Rücksicht auf diese Bindungswirkung im Ausgangsfall Nr. 1 durch die vorgeschlagene Satzungsregelung das oben formulierte Regelungsinteresse abgedeckt?

Durch Gesellschaftsvertrag bzw. Satzung können Nebenleistungspflichten auch zu Lasten künftiger Gesellschafter begründet werden. Erreicht wird damit, daß jeden künftigen Anteilsinhaber – Erbe oder Einzelrechtsnachfolger –, der solche gewerblichen Schutzrechte innehat, eine Andienungspflicht trifft. Gewollt ist aber weitergehend, daß die Andienungspflicht auch ehemalige Gesellschafter weiter trifft. Dies ist nur möglich, wenn man die fragliche Satzungsbestimmung als (auch) schuldrechtliche Abrede qualifiziert. Hieran wären dann jedoch eo ipso nur die an der Abrede Beteiligten gebunden, Anteilsrechtsnachfolger nur durch ausdrücklich vereinbarte Schuldübernahme (vgl. auch Lutter/Hommelhoff, § 3 Rn 49). Gewollt ist ferner, daß Personen, die Rechtsnachfolger der gewerblichen Schutzrechte, nicht aber der Gesellschafterstellung geworden sind, ebenfalls zur Andienung verpflichtet sind. Dieses Ziel läßt sich jedenfalls nicht mit der erörterten Satzungsregelung erreichen, weil es einen Vertrag zu Lasten eines nicht daran beteiligten Dritten, der nicht Gesellschafter ist bzw. wird, nicht geben kann. Die Bindungswirkung einer Satzungsbestimmung beschränkt sich auf die (künftigen) Mitglieder der Gesellschaft.

Der Grundsatz der Relativität (schuldrechtlicher) Vertragsbeziehungen führt mithin zu der Frage, ob und ggf. wie die erwünschte Drittwirkung zu treffender Vereinbarungen im Einzelfall durch Rechtsgestaltung herbeigeführt werden kann.

Zweiter Teil. Das Instrumentarium des Vertragsjuristen

2. Erstreckung von Pflichten auf Dritte

120 a) **Verdinglichung.** Die stärkste Form der Erstreckung von objektbezogenen Rechten bzw. Pflichten auf Dritte ist ihre **Verdinglichung**. Damit sind – ganz allgemein und untechnisch gesprochen – solche Rechtslagen gemeint, in denen bestimmte Pflichten oder Rechte mit der Innehabung einer bestimmten Sache oder eines Rechts verbunden sind, ohne daß es einer rechtsgeschäftlichen Übertragung dieser Positionen auf den Objektrechtsnachfolger bedarf. Zu nennen ist hier in erster Linie die **Begründung eines dinglichen Rechts**. Auf diesem Wege kann relativen Rechten, die sich inhaltlich auf eine Sache, ein Recht beziehen, unter anderem Wirkung verschafft werden gegenüber jedem Inhaber des belasteten Rechts. Durch Belastung des Vollrechts mit einem beschränkten dinglichen Recht aus dem geschlossenen Kanon sachenrechtlicher Formen können vertragliche Rechte bzw. Pflichten im erörterten Sinne Drittwirkung erlangen.

Beispiele:
(1) Die vertragliche Verpflichtung zur Duldung der Verlegung und Innehabung einer Wasserleitung auf einem fremden Grundstück kann verdinglicht werden durch Bestellung einer beschränkten persönlichen Dienstbarkeit/einer Grunddienstbarkeit.
(2) Die Verpflichtung zur laufenden Auskehrung der einem Hausmiteigentümer zustehenden anteiligen Mieterträge an seinen Vertragspartner kann verdinglicht werden durch Bestellung eines Nießbrauchrechtes am Miteigentumsanteil (Quotennießbrauch).

In solchen Fällen dient der Einsatz des sachenrechtlichen Instrumentariums dazu, eine objektbezogene schuldrechtliche Verpflichtung – aus der Sicht des Vertragspartners: ein korrespondierendes Recht – durch ein inhaltlich möglichst kongruentes dingliches Recht zu flankieren und damit **Drittwirkung** zu erzeugen **hinsichtlich der Primärebene der Schuldverpflichtungen**. Die betreffende Pflicht trifft – solchermaßen verdinglicht – den jeweiligen Inhaber des belasteten Rechts. Das korrespondierende Recht des Vertragspartners kann auch gegenüber Personen geltend gemacht werden, die am ursprünglichen Vertrag nicht beteiligt waren. Von der Begründung eines dinglichen Rechts zur Sicherung und Durchsetzung objektbezogener primärer Vertragspflichten ist funktional zu unterscheiden die Einräumung dinglicher Rechtspositionen zur Absicherung von Sekundäransprüchen (z.B. Schadenersatz) im Fall der Nichterfüllung primärer Pflichten durch den Vertragspartner. Dieser Aspekt wird unter dem Stichwort „Sicherheitsdenken" noch näher behandelt (Abschnitt B III.).

> Wäre es im Ausgangsbeispiel **(2)** angezeigt gewesen, der schuldrechtlichen Gestattungsvereinbarung zwischen den ursprünglich beteiligten Grundstücksnachbarn Drittwirkung gegenüber dem Rechtsnachfolger zu verleihen durch flankierende Einräumung eines dinglichen Rechts an dem überbauten Grundstück? Welches Recht käme in Betracht?

Zwei Blickwinkel sind bei der Beantwortung dieser Frage zu unterscheiden, nämlich die Eigentumsverhältnisse an dem übergebauten Gebäudeteil und die Frage der Duldung des Bauwerks durch den jeweiligen Nachbarn.

A. Allgemeine Vertragstechnik

Zweifellos besteht objektiv ein Interesse des überbauenden Investors I, auch an dem übergebauten Gebäudeteil sachenrechtlich Eigentum zu erlangen, um hierüber entsprechend verfügen zu können. Wegen des im Grundstücksrecht geltenden Akzessionsprinzips ist an einem Grundstück mit aufstehendem Gebäude im Grundsatz nur einheitliches Eigentum möglich. Das Eigentum am Gebäude folgt gemäß § 94 Abs. 1 dem Eigentum am Grundstück, soweit nicht ein Ausnahmetatbestand nach § 95 eingreift. Um Eigentum am übergebauten Gebäudeteil zu erhalten, hätte es deshalb ratsam sein können, zugunsten des I ein Recht am Nachbargrundstück, gerichtet auf dessen Überbauung (Unterbauung) zu begründen (§ 95 Abs. 1 S. 2). In Betracht kommt hier die Einräumung einer Grunddienstbarkeit nach § 1018.

Bei Errichtung des Gebäudes lag indes „nur" ein Gestattungsvertrag vor. Handelt es sich, was hier unterstellt werden kann, bautechnisch um ein einheitliches Gebäude, welches zum Teil die Grenze überschreitet, so hängt die Eigentumszuordnung am Gebäudekörper davon ab, ob der Nachbareigentümer des Bauherren den Überbau dulden muß (§ 912). Der zu duldende Überbau wird sachenrechtlich nach § 95 behandelt (Palandt/Heinrichs § 95 Nr. 5 m.w.N.). Zu dulden hat der Nachbareigentümer den im Sinne von § 912 entschuldigten Überbau. Dies gilt erst recht für den in §§ 912 ff gar nicht geregelten Fall des rechtmäßigen Überbaus. Rechtmäßigkeit ist gegeben bei formlos möglicher Gestattung durch den Nachbarn. Diese liegt hier vor. Infolgedessen wurde I auch ohne vorherige Einräumung eines dinglichen Rechts am Nachbargrundstück Eigentümer des von seinem Grundstück – dem Stammgrundstück – übergebauten Teils der Tiefgarage auf dem Nachbargrundstück. N jedenfalls muß diesen Überbau dulden.

> Gilt dies auch für einen Einzelrechtsnachfolger des N am Nachbargrundstück?

Die Gestattung als schuldrechtliches Rechtsgeschäft bindet den Einzelrechtsnachfolger grundsätzlich nicht. Wäre es nach Gestattung, jedoch vor Errichtung der Tiefgarage zu einem Eigentumswechsel am Nachbargrundstück gekommen, so hätte der neue Eigentümer dem Überbau widersprechen können. Ist hingegen von der Gestattung vor Eintritt der Einzelrechtsnachfolge Gebrauch gemacht worden, kann der neue Eigentümer die Beseitigung des Überbaus nicht verlangen. Denn im Zeitpunkt der Bauerrichtung war der Überbau infolge Gestattung rechtmäßig. Analog § 912 muß der Rechtsnachfolger ihn deshalb dulden. Die schuldrechtliche Gestattung entfaltet somit ab Ausführung des Überbaus dingliche Wirkung (vgl. Staudinger/Roth § 912, (1996) Rn 69). Da I keinen Einfluß darauf hatte, ob und wann ein Eigentumswechsel am Nachbargrundstück eintritt, wäre zur vorsorglichen Wahrung seiner Interessen die Einräumung eines Überbaurechtes in Gestalt einer Grunddienstbarkeit zu Lasten des Nachbargrundstücks angezeigt gewesen. Durch eine solche Rechtseinräumung würde sich die Duldungspflicht unabhängig vom Zeitpunkt der Gebäudeerrichtung gegen den jeweiligen Nachbareigentümer richten (Drittwirkung).

121 b) Bindungen auf schuldrechtlicher Basis. aa) *Rechtsnachfolgeklausel.* Entsteht die gewünschte Drittwirkung des in Rede stehenden Vertrages nicht schon kraft Gesetzes und ist – bei objektbezogenen Verpflichtungen – eine Verdinglichung nicht zu erreichen, bleibt als Lösung oft nur die **schuldrechtliche Rechtsnachfolgeklausel**. Ihr regelmäßiger Anwendungsbereich sind objektbezogene Pflichten, die nach der Interessenlage im Falle einer Einzelrechtsnachfolge in die Inhaberschaft des Objektes (Sache, Recht) auch den neuen Objektinhaber treffen sollen.

Formulierungsbeispiel: Im Falle einer Veräußerung des ... ist B verpflichtet, seine Pflichten aus diesem Vertrag seinem Rechtsnachfolger aufzuerlegen mit der Verpflichtung zur entsprechenden Weitergabe an weitere Rechtsnachfolger.

Diese Klausel verpflichtet B zur Vereinbarung einer Schuldübernahme nach § 415 mit seinem Rechtsnachfolger. Kommt B dieser Verpflichtung nach, so ist der Rechtsnachfolger gegenüber dem Gläubiger gebunden. Die nach § 415 erforderliche Genehmigung des Gläubigers ist bei Vorliegen einer Einwilligung entbehrlich (MünchKomm/Möschel § 415 Rn 6). Diese Einwilligung dürfte regelmäßig in der Rechtsnachfolgeklausel selbst zu sehen sein: Gewollt ist, daß der jeweilige Objektinhaber (Rechtsnachfolger) gebunden ist unter Schuldbefreiung des Rechtsvorgängers. Im Einzelfall kann das anders sein (Entscheidungsvorbehalt des Gläubigers zur jeweiligen Schuldübernahme, Schuldbeitritt des Rechtsnachfolgers), sollte dann aber im Vertragstext zum Ausdruck gebracht werden. Erfüllt B die Verpflichtung aus der Rechtsnachfolgeklausel nicht, kommt es nicht zu einer Bindung des Rechtsnachfolgers. Der Vertragspartner des B ist auf Schadensersatzansprüche beschränkt. Er kann die Weitergabe der Pflichten nicht erzwingen.

In der Rechtspraxis findet sich auch eine Rechtsnachfolgeklausel mit anderer Struktur. Das zeigt folgendes

Formulierungsbeispiel: Im Falle der Veräußerung des ... ist B verpflichtet, seinem Rechtsnachfolger die gleichen Pflichten aufzuerlegen mit der Verpflichtung zur Weitergabe an weitere Rechtsnachfolger. Geschieht dies im Wege eines echten Vertrages zugunsten des Gläubigers (§ 328), so wird der bisherige Schuldner aus seinen Verpflichtungen befreit mit Vorlage einer auszugsweisen Ausfertigung der entsprechenden Urkunde beim Gläubiger.

Gewollt ist bei dieser Gestaltung nicht die Weitergabe der Verpflichtungen durch Schuldübernahme, sondern die Begründung jeweils neuer inhaltlich identischer Bindungen des Rechtsnachfolgers gegenüber dem Gläubiger.

Spricht die Rechtsnachfolgeklausel davon, daß B bestimmte Rechte und Pflichten auf den Rechtsnachfolger zu übertragen habe, kann es sich um eine Pflicht zur Vertragsübertragung handeln, u.U. mit vorweg bereits erteilter Zustimmung (Einwilligung des ursprünglichen Vertragspartners).

122 *bb) Kettenverträge.* Eine besondere Variante der Pflichtenerstreckung findet sich mitunter bei hintereinander geschalteten Vertragsbeziehungen mit (teil)identischem Vertragsgegenstand.

Beispiel: In einem Mietvertrag über ein größeres Gewerbeobjekt sind bestimmte objektbezogene Verhaltens- und Duldungspflichten hinsichtlich der Öffentlichkeit zugänglicher Areale (Gemeinflächen) geregelt. Es ist bekannt, daß der Mieter M das Objekt an mehrere Untermieter weitervermieten will, wozu er ausdrücklich berechtigt ist. Der Vermieter will sicherstellen, daß die genannten Bindungen von ihm unmittelbar gegenüber den Untermietern geltend gemacht werden können.

In einer solchen Fallgestaltung geht es nicht um Rechtsnachfolge, sondern um die Schaffung inhaltlich identischer Ansprüche des Mieters gegen die Untermieter und deren Geltendmachung durch den Vermieter. Erreichen läßt sich das mit der Vereinbarung, daß

- M zur inhaltlich identischen Verpflichtung seiner Untermieter sich verpflichtet – und nur mit dieser Maßgabe die Zustimmung zur Untervermietung erteilt wird – und
- V ermächtigt wird (analog § 185), die so begründeten Ansprüche des M gegen die Untermieter im eigenen Namen geltend zu machen.

Alternativ käme auch ein Vertrag zwischen M und dem Untermieter zugunsten des V nach § 328 in Betracht.

3. Erstreckung von Rechten auf Dritte

a) Abtretung. Soweit vertragliche Ansprüche ihrer Natur nach abtretbar sind (zu verneinen z. B. für das Nutzungsrecht des Mieters oder für die Rechtsposition des Nießbrauchers), ist die Abtretung das naheliegende Instrument zur Erstreckung vertraglicher Rechtspositionen auf Dritte. Soll der Dritte zugleich in die korrespondierenden Bindungen einbezogen werden, bietet sich die ausdrückliche Zulassung der Vertragsübertragung an.

b) Vertrag zugunsten Dritter. Mitunter besteht ein Interesse einer Vertragspartei daran, daß Pflichten des Vertragspartners, die die Interessensphäre eines bestimmten Dritten berühren, so ausgestaltet werden, daß der Dritte selbst forderungsberechtigt wird. Das gestalterische Mittel hierfür ist der **echte** (berechtigende) **Vertrag zugunsten Dritter** nach § 328. Dies ist kein besonderer Vertragstyp, sondern eine bestimmte Ausgestaltungsform für ein inhaltlich beliebiges Schuldverhältnis. Die Drittberechtigung kann sich auch auf einzelne abgrenzbare Pflichten, ggf. eine einzelne Pflicht innerhalb eines komplexen Vertragswerkes, beschränken (z. B. Pflicht zur gärtnerischen Pflege eines bestimmten einem Dritten gehörenden Grundstücks). Da der Vertragsgestalter möglichst zweifelsfreie Regelungen zu schaffen hat, darf er es nicht im Einzelfall der Auslegung überlassen, ob drittbezogenen Pflichten des Vertragspartners ein unmittelbares Forderungsrecht des Dritten korrespondieren soll. Deshalb ist bei derartigen Regelungen vielfach die Klarstellung angebracht, ob es sich hierbei um Abreden im Sinne des § 328 handelt oder nicht. Ob es sinnvoll ist, dem Dritten ein **originäres Forderungsrecht** zu verschaffen, hängt von der Interessenlage im Einzelfall ab. Das Gesetz läßt differenzierende Lösungen zu: So kann die Dritt-

Zweiter Teil. Das Instrumentarium des Vertragsjuristen

berechtigung bedingt ausgestaltet oder auch mit einem Änderungsvorbehalt versehen werden (§ 328 Abs. 2). Die Person des Dritten muß noch nicht namentlich benannt werden; Bestimmbarkeit genügt (vgl. Palandt/Heinrichs § 328 Rn 2). Formulierungstechnisch ist ausreichend z.B. die Wendung: „Im Wege eines echten Vertrages zugunsten Dritter (§ 328) verpflichtet sich A gegenüber B zu folgendem ... Hieraus erwirbt C ein eigenes Forderungsrecht gegenüber A."

125 **Anwendungsbeispiele** aus der Rechtspraxis sind etwa die personengesellschaftsrechtliche Eintrittsklausel (falls die Person des Gesellschafternachfolgers schon bekannt ist) sowie Maklerklauseln in Grundstückskaufverträgen.

Formulierungsbeispiel: „Für das Zustandekommen des Kaufvertrages war die Tätigkeit des Maklers M ursächlich. Die Beteiligten verpflichten sich im Wege eines berechtigenden Vertrages nach § 328 BGB, an diesen Makler folgende Courtage zu zahlen:
– Verkäufer eine Courtage von ... % des Kaufpreises zzgl. USt.,
– Käufer eine Courtage von ... % des Kaufpreises zzgl. USt.
Hieraus erwirbt der Makler jeweils ein unmittelbares Forderungsrecht gegenüber dem Vertragsbeteiligten."

> Im obigen Ausgangsbeispiel **(2)** war noch die Frage offen geblieben, ob der Nachbar N vom Rechtsnachfolger des überbauenden I die Zahlung einer laufenden Entschädigung für die Überbauung verlangen kann. Wie ist diese Frage zu beantworten?

Festzuhalten ist zunächst, daß N den rechtmäßigen Überbau dulden muß. Aufgrund Gestattungsvertrag konnte er von I keine Entschädigung verlangen. Gegenüber dem Rechtsnachfolger des I besteht zwar auch eine Duldungspflicht (s.o.), aber grundsätzlich nicht zur unentgeltlichen Duldung. Jedoch hat N die unentgeltliche Gestattung erklärt „zugunsten des jeweiligen Eigentümers" des Stammgrundstücks. Darin liegt eine Vereinbarung im Sinne von § 328 BGB zugunsten aller Eigentumsnachfolger (OLG Düsseldorf, MittRhNotK, 1998, 92). Im Ergebnis hat damit N auch mit Wirkung für Rechtsnachfolger die Rechtsfolgen der entsprechend anwendbaren §§ 912ff (Überbaurente) ausgeschlossen.

> Hätte es für N eine alternative schuldrechtliche Gestaltungsmöglichkeit gegeben?

Zu denken wäre daran, die Ansprüche aus der Gestattungsvereinbarung mit dem Eigentum am Grundstück jeweils ausdrücklich abzutreten. Klarzustellen wäre in diesem Fall allerdings, daß die Ansprüche aus der Duldungspflicht überhaupt abtretbar sind. Die im Ausgangsfall gewählte Lösung über § 328 hatte demgegenüber den Vorteil, daß jeder Eigentümer des Stammgrundstücks ohne weiteres den Duldungsanspruch originär erwirbt.

126 **c) Subjektiv-dingliche Berechtigung im Liegenschaftsrecht.** Der Erstreckung objektbezogener Verpflichtungen durch Bestellung eines inhaltlich entsprechen-

den beschränkten dinglichen Rechts an dem Objekt korrespondiert im Grundstücksrecht die Möglichkeit, bestimmte Rechte durch Verbindung mit dem Eigentum am Grundstück zu verdinglichen, ihnen damit Drittwirkung zu verschaffen.

Im Ausgangsbeispiel **(2)** wäre es sachgerechter gewesen, die schuldrechtliche Abrede über die dauerhaft unentgeltliche Gestattung des Überbaus vor dessen Ausführung durch dingliche Regelung abzusichern. Durch die Bestellung einer inhaltlich entsprechenden Grunddienstbarkeit zulasten des Nachbargrundstücks und zugunsten des jeweiligen Eigentümers des Stammgrundstücks des Überbaus (Grunddienstbarkeit) wäre eine Drittwirkung auf der Aktivseite wie der Passivseite der Duldungsabrede herbeigeführt worden. Der Konstruktion eines Vertrages nach § 328 zugunsten des jeweiligen Eigentümers des Stammgrundstücks hätte es sodann nicht bedurft.

Weitere dingliche Rechte, die subjektiv-dinglich bestellt werden können, sind z.B.
- das dingliche Vorkaufsrecht (§ 1094 Abs. 2),
- Reallasten (§ 1105 Abs. 2).

> Wie könnte im Ausgangsbeispiel (1) eine Regelung aussehen, die den herausgearbeiteten Regelungszielen besser entspricht?

Wie oben erörtert, hat die bisherige Formulierung zwei Lücken: Zum einen kann die Andienungspflicht über die Beendigung der Gesellschafterstellung hinaus nur binden, wenn eine entsprechende schuldrechtliche Vereinbarung aufgenommen wird. Gegen Rechtsnachfolger in der Gesellschafterstellung wirkt dies allerdings nur bei ausdrücklicher Übernahme der Pflicht anläßlich des Anteilserwerbs oder später.

Zum zweiten kann das rechtliche Schicksal der gewerblichen Schutzrechte nicht beeinflußt werden. Durch Abrede unter den jetzt Beteiligten lassen sich deshalb spätere Einzelrechtsnachfolger in die gewerblichen Schutzrechte nicht unmittelbar binden, es sei denn, sie sind zugleich GmbH-Gesellschafter (dazu oben). Möglich ist aber eine Rechtsnachfolgeklausel, durch die die Andienungspflicht zur Weitergabe auferlegt wird. Wird diese befolgt, ist der neue Inhaber des Schutzrechts gebunden. Es bietet sich hier die Rechtsnachfolgeklausel in der Form der Verpflichtung zur Begründung eines Vertrages zugunsten Dritter an (s.o.). Die mangelnde Bindung – vorbehaltlich Schuldübernahme – eines Rechtsnachfolgers in den GmbH-Anteil an die in der Satzung enthaltene schuldrechtliche Andienungspflicht für den Fall seines Ausscheidens aus der Gesellschaft ist bei vertragstreuer Umsetzung der Rechtsnachfolgeklausel ohne Bedeutung: Ist der fragliche Gesellschafter aufgrund Einzelrechtsnachfolge Inhaber der Schutzrechte geworden, ist ihm die Andienungspflicht nach § 328 anläßlich der Übertragung des Schutzrechtes auferlegt worden.

Dies führt zu folgendem **Formulierungsvorschlag:**

„§ 20

1) wie oben
2) wie oben
3) Die vorgenannte Verpflichtung der Gesellschafter zur Andienung der Patent- und sonstigen gewerblichen Schutzrechte bleibt über die Beendigung der Gesellschafterstellung hinaus bestehen und geht auf den Gesamtrechtsnachfolger über. Darüber hinaus ist der Gesellschafter verpflichtet, bei einer Übertragung solcher Patent- und sonstigen gewerblichen Schutzrechte dem Rechtsnachfolger im Wege eines echten Vertrages zugunsten Dritter (§ 328 BGB) zugunsten der Gesellschaft eine entsprechende Andienungspflicht zu angemessener Vergütung aufzuerlegen mit der Verpflichtung zur entsprechenden Bindung weiterer Rechtsnachfolger."

V. Bedingung, Befristung, Rücktrittsvorbehalt, Option, Vernetzung

1. Überblick

127 Die in diesem Abschnitt zu behandelnden allgemeinen Gestaltungsmittel **„Bedingung"** und **„Rücktrittsvorbehalt"** sind in der Vertragspraxis in vielen Rechtsgebieten von außerordentlich großer Bedeutung. Gemeinsam ist ihnen, daß sie – auf unterschiedlichen Wegen – im praktischen Ergebnis dadurch eine vorläufige, „schwebende" Rechtslage schaffen, daß z.B. vereinbarte Bindungen noch nicht eintreten, von selbst wieder entfallen bzw. wieder auflösbar sind. Der Bedingung ist die **Befristung** verwandt und wird deshalb vom Gesetz entsprechend behandelt (§ 163).

128 **Option** im hier verstandenen Sinne bezeichnet als Sammelbegriff rechtliche Gestaltungen, die dem Optionsberechtigten die Entscheidungsmacht einräumen, ob eine bestimmte rechtliche Regelung zustande kommen soll oder nicht. Rechtstechnisch sind die Instrumente der Bedingung und des Rücktrittsvorbehaltes – neben anderen Konstruktionen – wichtige Gestaltungsmittel zur Schaffung von Optionen. Deshalb werden Optionen im vorliegenden Zusammenhang mit erörtert.

129 **Vernetzung** kennzeichnet zunächst ein Verfahren der gedanklichen Verbindung einzelner Gestaltungsschritte bei komplexen Gestaltungsaufgaben (Planung). Rechtstechnisch bedeutet Vernetzung im hier verstandenen Sinne zum einen das Herstellen rechtlicher Abhängigkeiten zwischen unterschiedlichen Vertragsebenen, die in der Gesamtheit für die Vorhabenverwirklichung von essentieller Bedeutung sind („Vertrag A nicht ohne Vertrag B"). In einer anderen Erscheinungsform ist damit gemeint das Hinauszögern der endgültigen Bindung einer Vertragsseite unter gleichzeitiger Bindung des Partners bis zur Sicherstellung der außerhalb des Vertrages abzuarbeitenden, d.h. rechtlich nicht vernetzten, sonstigen Realisierungsbausteine der Gesamtlösung. Bedingungen, Rücktrittsvorbehalte und Optionen sind Kernbausteine für derartige Vernetzungen.

A. Allgemeine Vertragstechnik

2. Bedingung, Befristung

a) Schuldrechtliche Ebene. Die Bedingung kann sich sowohl auf ein schuldrechtliches Verpflichtungsgeschäft, als auch auf eine Verfügung beziehen. Auf der schuldrechtlichen Ebene bewirkt die Beifügung einer Bedingung, daß die davon erfaßten Rechte und Pflichten erst mit Eintritt eines bestimmten Ereignisses entstehen (aufschiebende Bedingung, § 158 Abs. 1) oder von selbst wieder entfallen (auflösende Bedingung, § 158 Abs. 2). In der Systematik des Vertragsrechts läßt sich auch von Eventualregelungen sprechen, die nur unter bestimmten Voraussetzungen zum Zuge kommen und deshalb Vorsorgecharakter haben. Die sprachliche Einkleidung solcher Regelungen ist vielfältig: „Falls ..., so ist A verpflichtet/berechtigt ...". „Sollte sich hierbei herausstellen, daß ..., so kann B verlangen, daß ...". Häufig anzutreffen ist auch eine **bedingte Einräumung eines Gestaltungsrechts** (Rücktritt, Kündigung), zu unterscheiden von der grundsätzlich unzulässigen bedingten Ausübung eines solchen Rechts (Verbot der bedingten Aufrechnung, Kündigung, kein bedingter Rücktritt; zu Ausnahmen vgl. MünchKomm/H. P. Westermann § 158 Rn 27ff m.w.N.). 130

Von rechtstechnischen Bedingungen zu unterscheiden ist die konditionale Struktur von Dauerrechtsregelungen etwa verbandsrechtlicher, insbesondere gesellschaftsrechtlicher Art, die als privatautonom gesetzte Normen einen gesetzesähnlichen abstrakten Regelungscharakter haben, ohne daß es sich hierbei begrifflich um rechtsgeschäftlich im Sinne von § 158 bedingte Verpflichtungen handelt (zur theoretischen Natur von Gesellschaftsverträgen und Satzungen siehe K. Schmidt, Gesellschaftsrecht, S. 79ff).

b) Verfügungsebene. Auf der Verfügungsebene hat die Bedingung zur Folge, daß die Rechtswirkungen der Verfügung (z. B. Eigentumsübergang) erst mit Verwirklichung der Bedingung eintreten (aufschiebende Bedingung) oder wieder entfallen (auflösende Bedingung). 131

> Nennen Sie typische Erscheinungsformen bedingter Verfügungen in der Rechtspraxis!

Der wohl bekannteste Anwendungsfall in der Praxis ist die Übereignung einer gekauften beweglichen Sache unter dem Vorbehalt vollständiger Kaufpreiszahlung (§ 455). Beispiel für eine auflösend bedingte Verfügung ist die Sicherungsübereignung, falls dabei – eher atypisch – vereinbart ist, daß bei Erledigung des Sicherungszwecks das Sicherungsgut ohne weiteres dem Sicherungsgeber wieder zufällt (zur Notwendigkeit der ausdrücklichen Vereinbarung einer solchen auflösenden Bedingung Staudinger/Wiegand, Anhang zu §§ 929–931, Rn 196ff m.w.N.).

> Kennen Sie ähnliche Fälle aus dem Gesellschaftsrecht?

Die Haftungsnorm des § 176 Abs. 2 HGB bewirkt, daß ein gut beratener Kommanditist seinen originären Beitritt zur Gesellschaft unter der aufschiebenden Bedingung seiner Eintragung im Handelsregister erklärt. Gleiches gilt für den derivativen Anteilserwerb (BGH NJW 1983, 2259; zur Gegenansicht K. Schmidt, Gesellschaftsrecht, S. 1611 ff).

Zu nennen ist ferner die **rechtsgeschäftliche Nachfolgeklausel im Personengesellschaftsrecht**: Vereinbaren die Gesellschafter, daß im Falle des Todes von A sein Gesellschaftsanteil auf den Mitgesellschafter B übergehen soll, so liegt hierin eine bedingte rechtsgeschäftliche Anteilsübertragung (BGHZ 68, 225, 243).

132 **c) Bedingungsinhalt.** Inhalt der Bedingung kann jedes zukünftige Ereignis sein, auch das Verhalten eines Dritten. Unter dem Blickwinkel der **Zumutbarkeit von Bedingungen** für den Vertragspartner mag man unterscheiden zwischen solchen, auf deren Eintritt bzw. Ausfall keiner der Vertragsteile Einfluß hat (z.B. Änderung der Gesetzeslage, Versagung/Erteilung einer behördlichen Genehmigung), und solchen, die im Verantwortungs-/Risikobereich eines Vertragsteils liegen (z.B. Zusage der vom Käufer erstrebten Kaufpreisfinanzierung, Insolvenz eines Vertragsteils), bis hin zur reinen Potestativbedingung, deren Herbeiführung im freien Belieben eines Vertragsteils liegt. Letzteres ist eine Erscheinungsform der Option (dazu näher unter Ziff. 4.).

133 **d) Zulässigkeit der Bedingung.** In der Vertragspraxis zu beachten sind die nicht allzu zahlreichen Fälle der **Bedingungsfeindlichkeit von Rechtsgeschäften**.

> Kennen Sie über die bereits erwähnten Fälle hinaus weitere Beispiele?

Erwähnt wurde bereits die grundsätzliche Bedingungsfeindlichkeit der Ausübung von Gestaltungsrechten (zu Ausnahmen MünchKomm/H.-P. Westermann, § 158, Rn 26 ff). Keiner Bedingung zugänglich sind ferner die Auflassung (§ 925 Abs. 2) und die Bestellung eines Erbbaurechts (§ 1 Abs. 4 S. 1 ErbbauVO).

134 **e) Befristung.** Die Befristung im Sinne von § 163 (Zeitbestimmung) unterscheidet sich von der Bedingung dadurch, daß der Eintritt des Ereignisses nach dem Vorstellungsbild der Parteien eher sicher, nur der Zeitpunkt ungewiß ist.

> Handelt es sich bei dem obigen Beispiel der rechtsgeschäftlichen Nachfolgeklausel im Gesellschaftsrecht nicht um eine befristete Anteilsübertragung, weil das Ableben des A ja sicher ist?

Gewollt ist, daß die Übertragung nur wirksam wird, wenn B im Zeitpunkt des Todes von A noch lebt. Dies ist nicht gewiß. Es handelt sich dabei also tatsächlich um eine bedingte Übertragung.

Die Befristung ist andererseits zu unterscheiden von der Vereinbarung von Fristen für die Erbringung bestimmter Leistungen bzw. die Vornahme von Handlungen. Deren Nichteinhaltung ist nach Leistungsstörungsregeln zu behandeln.

A. Allgemeine Vertragstechnik

Schließlich ist die Befristung i.S.v. § 163 abzugrenzen von der Ausschlußfrist, innerhalb derer jemand eine Handlung vornehmen, eine Erklärung abgeben muß, um Rechtsnachteile zu vermeiden, so z.B. wenn ein vertragliches Gestaltungsrecht (z.B. Rücktritt) nur innerhalb eines bestimmten Zeitraumes ausgeübt werden kann.

f) Zur Bedeutung der Abgrenzung von Bedingung und Betagung anhand von Fälligkeitsregelungen. Die **Bedingung** ist begrifflich zu unterscheiden von der **Betagung**. Letztere läßt die Forderung entstehen, schiebt lediglich ihre Fälligkeit hinaus (betagte Verbindlichkeit). In der Vertragspraxis bleibt diese rechtliche Qualifikation häufig ungeklärt. Zweifel bestehen mitunter bei der rechtlichen Einordnung vertraglicher **Fälligkeitsregelungen**: 135

Beispiel: In Grundstückskaufverträgen hängt die Fälligkeit der Kaufpreiszahlung regelmäßig von dem – zum Teil durch den Notar zu bestätigenden – Eintritt sehr unterschiedlicher Voraussetzungen ab, z.B.
(1) Eingang erforderlicher Genehmigung eines beteiligten Vertragspartners, einer Behörde, des Gerichts, eines Dritten (z.B. Wohnungseigentumsverwalter),
(2) Verschaffung der vereinbarten Sicherungen für den lastenfreien Eigentumserwerb des Käufers (Eintragung einer Vormerkung, Beschaffung der Löschungspapiere für nicht übernommene Belastungen), Erteilung der Vorkaufsrechtsverzichtserklärung der Gemeinde,
(3) sonstige, im Einzelfall vereinbarte Zahlungsvoraussetzungen, z.B.
– Räumung durch Verkäufer/Mieter,
– Erteilung einer beantragten/zu beantragenden Baugenehmigung an Käufer,
– Abschluß eines Erschließungsvertrages zwischen Käufer und Gemeinde.

Handelt es sich hierbei um Bedingungen im Sinne von §§ 158 ff? Spielt diese Zuordnung eine Rolle?

Soweit der Vertrag nach gesetzlichen Vorschriften genehmigungsbedürftig ist, bezeichnet die entsprechende Zahlungsvoraussetzung eine auch ohne diese Vereinbarung bestehende sog. **Rechtsbedingung**. Diese Qualifikation trifft zu für die oben unter Nr. (1) aufgeführten Umstände. Nicht hierher zählt aber etwa die Erteilung einer Teilungsgenehmigung nach § 19 BauGB, weil deren Fehlen die Rechtswirksamkeit des Vertrages unberührt läßt und sich lediglich auf die Erfüllbarkeit der Leistungspflicht des Verkäufers auswirkt. 136
Handelt es sich um eine Rechtsbedingung, so hat die entsprechende Vertragsformulierung zur Fälligkeit gewissermaßen nur deklaratorischen Charakter. Bedürfen nur einzelne vertragliche Abreden einer Genehmigung (z.B. Wertsicherungsklausel), so kommt einer solchen Fälligkeitsvoraussetzung hingegen rechtsgeschäftliche (konstitutive) Bedeutung zu; dies gilt jedenfalls dann, wenn das Fehlen der Genehmigung nicht die Unwirksamkeit des gesamten Vertrages (§ 139) nach sich zieht.
Sodann gibt es Voraussetzungen der Fälligkeit, hinsichtlich derer der Verkäufer regelmäßig kraft Vertragsabrede vorleistungspflichtig ist, nämlich die Verschaf-

Zweiter Teil. Das Instrumentarium des Vertragsjuristen

fung einer ranggerechten Eigentumsvormerkung und die Beseitigung vom Käufer nicht übernommener dinglicher Rechte (ggf. in der Form der Sicherstellung der Lastenfreistellung unter Einsatz des Kaufpreises).

Schließlich kann als Zahlungsvoraussetzung der Eintritt von Ereignissen vereinbart werden, hinsichtlich derer keiner der Vertragsteile eine Verschaffungspflicht/Einstandspflicht übernehmen will, ohne die der Kaufvertrag jedoch nicht abgewickelt werden soll (obige Nr. (3)).

Fraglich ist, ob es sich bei den obigen Fälligkeitsvoraussetzungen (2) und (3) um Entstehensbedingungen der Kaufpreiszahlungspflicht oder um ein Hinausschieben der Fälligkeit der entstandenen Forderung (Betagung) handelt. Letzteres dürfte zutreffen. Für die Vertragspraxis ist diese Einordnung sekundär. Von Bedeutung ist hingegen, welche Rechtsfolgen der verzögerte Eintritt bzw. der endgültige Nichteintritt solcher Zahlungsvoraussetzungen hat. Dies hängt davon ab, ob und ggf. in welchem Umfang eine Vertragspartei für den (unverzögerten) Eintritt der Fälligkeitsvoraussetzung eine Leistungspflicht oder gar Einstandspflicht übernehmen will.

Beispiel: In einem Grundstückskaufvertrag steht der Verkäufer dafür ein, daß der Mieter des Objektes dies bis spätestens zum Tage X räumt. Hierdurch wird klargestellt, daß die Herbeiführung der korrespondierenden Fälligkeitsvoraussetzung „Räumung durch den Mieter" im Leistungsbereich des Verkäufers liegt, der Nichteintritt der geschuldeten Voraussetzung mithin Rechte des Käufers wegen Verzug, Nichterfüllung etc. begründet.

Ein Klarstellungsbedürfnis besteht für solche „Fälligkeitsbedingungen", die weder kraft gesetzlicher Regelung (§§ 434, 439 Abs. 2) bzw. regelmäßigem typischem Parteiwillen im Verantwortungsbereich einer Partei (regelmäßig des Verkäufers) liegen – dann greifen die §§ 284ff, 325, 326 ein –, noch typischerweise von keiner Partei verantwortet werden wollen (z.B. Nichtausübung eines gesetzlichen oder privaten Vorkaufsrechts).

Weiterhin ist ein Blick auf die gesetzlichen Rechtsfolgen des Ausfalls/der Verzögerung einer den Verantwortungsbereichen der Vertragsteile zugeordneten Fälligkeitsvoraussetzung angezeigt: Der endgültige Ausfall einer Fälligkeitsvoraussetzung kann zugleich ein Leistungshindernis (Unmöglichkeit) darstellen, dessen gesetzliche Behandlung dem Parteiwillen entspricht. Wird beispielsweise ein behördliches Vorkaufsrecht ausgeübt, so führt dies zur vom Verkäufer nicht zu vertretenden subjektiven Unmöglichkeit der Vertragserfüllung mit den regelmäßig interessengerechten Rechtsfolgen des § 323. Bleiben die beiderseitigen Leistungen hingegen möglich, sind aber nicht gewollt (Ausfall einer Fälligkeitsvoraussetzung durch Nichterteilung einer Baugenehmigung), so kann es angezeigt sein, zur Bereinigung dieser schwebenden Vertragssituation ein Rücktrittsrecht zu vereinbaren.

137 **Verallgemeinerungsfähig** ist die Feststellung, daß Fälligkeitsregelungen, die nicht lediglich deklaratorische Rechtsbedingungen für die Wirksamkeit des gesamten Vertrages zum Inhalt haben, im Einzelfall daraufhin zu prüfen sind, welche Rechtsfolgen ihr Nichteintritt/verzögerter Eintritt auslösen soll. Klarstellungen zum diesbezüglichen Verantwortungsbereich der Vertragsparteien können ange-

3. Vertragliche Rücktrittsvorbehalte

a) Anwendungsbereich, Erscheinungsformen, Abgrenzung.

> **Fall Nr. 12:**
> In einem Kaufvertrag über einen GmbH-Geschäftsanteil zwischen dem Gesellschafter Ahorn und dem bislang nicht zum Gesellschafterkreis zählenden Buche ist formuliert: „Der Kaufpreis ist fällig 14 Tage nach Zustimmung der Gesellschafterversammlung zur Veräußerung. Zahlt der Käufer binnen 7 Tagen nach Fälligkeit nicht, ist der Verkäufer zum Rücktritt berechtigt". An anderer Stelle heißt es: „Der Verkäufer tritt dem dies annehmenden Käufer den Geschäftsanteil mit dinglicher Wirkung ab, jedoch aufschiebend bedingt bis zur vollständigen Kaufpreiszahlung". Welchen Sinn hat die Vereinbarung eines solchen vertraglichen Rücktrittsrechts angesichts der gesetzlichen Leistungsstörungsregelung?

Durch die vertragliche Regelung wird ein Rücktritt ohne Einhaltung des Verfahrens nach § 326 möglich (Inverzugsetzung – § 284 Abs. 2 ist nicht anwendbar! –, Nachfristsetzung mit Ablehnungsandrohung). Ein typischer Anwendungsbereich des vertraglichen Rücktrittsrechtes liegt also in der **abweichenden Regelung gesetzlich erfaßter Leistungsstörungen.** 138

Im zweiten Hauptanwendungsbereich vertraglicher Rücktrittsvorbehalte geht es um die Erfassung von Risiken, für die nach dem Parteiwillen kein Beteiligter eine Verantwortung (Leistungsverantwortung, Nachteilshinnahme) übernehmen will.

Beispiele:
(1) Ausschluß der Haftung des Verkäufers für in concreto denkbare aber nicht bekannte Bodenverunreinigungen. Käufer will jedoch die damit verbundenen Nachteile (Kostenrisiko) nicht tragen.
Lösung: Vereinbarung eines Rücktrittsrechts für den Fall, daß solche Belastungen aufgefunden werden.
(2) Zustimmung eines Dritten (z. B. zu einer Vertragsübernahme).

Steht die Herbeiführung des Rücktrittsgrundes im Einflußbereich einer Vertragspartei, so nähert sich die Gestaltung einem **freien Rücktrittsrecht**, einer Regelung, die man zur Gruppe der **Optionen** zählen kann.

> Wie würde im Fall Nr. 12 bei Verwendung einer auflösenden Bedingung statt eines Rücktrittsrechts zu formulieren sein?

Bei Vereinbarung einer auflösenden Bedingung könnte formuliert werden: „Zahlt der Käufer bis zum ... nicht, so wird dieser Vertrag unwirksam." Versteht man unter Vertrag nur das schuldrechtliche Geschäft, so würde die dingliche Anteilsabtretung von der auflösenden Bedingung nicht erfaßt. Jedoch würde durch Wegfall der Kaufvertragsebene zugleich die aufschiebende Bedingung der Abtretung endgültig ausfallen.

139 Der praktische Unterschied zur Rücktrittslösung liegt zum einen in der **Automatik des Eintritts der Gestaltungswirkung der Bedingung** gegenüber der Entscheidungsfreiheit, die ein entstandenes Rücktrittsrecht gewährt. Ist in Fall Nr. 12 die Frist verstrichen, so entfällt der Vertrag. Zahlt der Käufer wenige Tage nach Fristablauf, wäre dies rechtsgrundlos, der Erwerb wäre endgültig gescheitert. Bei Vereinbarung eines Rücktrittsrechts hat der Berechtigte in Fall Nr. 12 noch die Möglichkeit eine gewisse Zeit zuzuwarten, ob die Zahlung doch noch erfolgt. Geschieht dies, wird die Veräußerung noch wirksam.
Für die Vertragsgestaltung folgt daraus:

> Die Gestaltungsform der Bedingung ist der richtige Weg, wenn die mit dem Eintritt bzw. dem Ausfall der Bedingung verbundene Automatik dem Parteiinteresse entspricht.

Beispiel: In einem Treuhandvertrag über einen GmbH-Geschäftsanteil wird vereinbart, daß der Geschäftsanteil an den Treugeber zurückfällt, wenn der Treuhänder ohne Zustimmung des Treugebers hierüber verfügt.

Entspricht es jedoch eher der Interessenlage und dem Parteiwillen, sich noch einen Entscheidungsspielraum – zeitlich wie sachlich – zu erhalten, so ist es sachgerechter, das fragliche Ereignis nicht als Bedingung, sondern als Rücktrittsgrund zu formulieren.

> **Die Bedingung ist starr, der Rücktrittsvorbehalt ist elastisch.**

140 Unterschiede bestehen auch in den **Rechtsfolgen**. Entfällt ein Vertrag durch Ausfall einer aufschiebenden/Eintritt einer auflösenden Bedingung, so sind empfangene Leistungen nach §§ 812 ff zurückzugewähren. Ein unter Umständen bereits eingetretener Verzug (bei auflösender Bedingung) bleibt ohne Folgen (§ 158 Abs. 2). Hingegen können die Rechtsfolgen eines vertraglichen Rücktrittsrechts vereinbart werden. Mangels anderweitiger Regelung kann ein bereits entstandener Verzugsschaden trotz Ausübung des Rücktrittsrechtes geltend gemacht werden (BGHZ 88, 46).

141 **b) Gestaltung.** Bei der Formulierung eines vertraglichen Rücktrittsrechtes ist im Normalfall eine Reihe typischer Fragen zu durchdenken.

> Wie lassen sich die Anforderungen an ein vertragliches Rücktrittsrecht als **Checkliste** formulieren?

A. Allgemeine Vertragstechnik

Zu durchdenken und regelungsbedürftig sind folgende Punkte:
- **Genaue Fassung des Rücktrittsgrundes**   142
  Kontrollfragen und -überlegungen hierzu:
  - Welches Ereignis (Eintritt/Nichteintritt) soll das Rücktrittsrecht auslösen? Soll es hierbei erheblich sein, warum dieses Ereignis eingetreten/nicht eingetreten ist? Vielfach spielt die Bestimmung eines Zeitraumes eine bestimmte Rolle: Nichteintritt eines Ereignisses bis zum Tage X. In diesem Fall ist der Zeitraum möglichst genau zu bestimmen. Fraglich kann weiterhin sein, ob eine bestimmte Frist bereits mit objektivem Eintritt des Ereignisses oder mit Kenntniserlangung einer Partei zu laufen beginnen soll.
  - Deckt die ins Auge gefaßte Formulierung das zu regelnde Rücktrittsinteresse ab? Hierzu folgendes

  Beispiel: Die bauliche Verwertbarkeit des gekauften Grundstücks für einen bestimmten Zweck soll zum Schutz des Käufers durch ein an die Nichterteilung der Baugenehmigung anknüpfendes Rücktrittsrecht gesichert werden. Was soll gelten, wenn die Baugenehmigung erteilt, jedoch nachträglich erfolgreich von einem Nachbarn angefochten wird?

- **Soll das Rücktrittsrecht einer Partei oder beiden Parteien eingeräumt werden?**   143
  Diese Frage stellt sich nur dann, wenn durch das Rücktrittsrecht ein Risiko vertraglich bewältigt werden soll, das sich keiner der Beteiligten zurechnen lassen will (z.B. Eintritt einer befürchteten Änderung der Gesetzeslage). Eine Beantwortung der Frage ist nur möglich durch Analyse der Interessenlage in jedem Einzelfall. Als **Faustregel** gilt: Dient das Rücktrittsrecht dem Schutz einer Partei, so verkehrt sich die damit eingeräumte Gestaltungsoption in eine Gefährdung, wenn bei Eintritt des Rücktrittsgrundes auch der andere Vertragsteil sich aus der Bindung des Vertrages lösen kann. In solchen Fällen ist deshalb das Rücktrittsrecht nur der dadurch zu schützenden Partei einzuräumen.

- **Regelung von Form und Frist des Rücktritts**   144
  Die **Formalisierung der Rücktrittserklärung** (z.B. Einschreiben mit Rückschein) soll Rechtsklarheit schaffen und die Beweisbarkeit sichern. Sie ist deshalb in aller Regel sachgerecht.
  Die Vereinbarung einer **Rücktrittsfrist** dient der Rechtssicherheit. Zu vermeiden ist die Ungewißheit, wie lange der Rücktrittsberechtigte noch auf einen zeitlich zurückliegenden Rücktrittsgrund zurückgreifen kann. Sie sollte im Einzelfall so bemessen sein, daß ein Ausgleich hergestellt wird zwischen dem Interesse des Berechtigten an einem Entscheidungsspielraum und dem Interesse des anderen Teils an Klarheit.
  In jedem Einzelfall sollte allerdings überlegt werden, ob es überhaupt sinnvoll ist, das Rücktrittsrecht zu befristen; möglicherweise sind zusätzliche Vereinbarungen für den Fall der Verfristung in den Vertrag aufzunehmen. Dabei spielt maßgeblich eine Rolle, welche Bedeutung der das Rücktrittsrecht auslösende Umstand für den Vertrag und seine Abwicklung hat.

Zweiter Teil. Das Instrumentarium des Vertragsjuristen

145 **Vier Fallgruppen** lassen sich unterscheiden:
– **Das Rücktrittsrecht knüpft an eine sog. Rechtsbedingung an**
Knüpft das Rücktrittsrecht an die Verzögerung einer zur Rechtswirksamkeit erforderlichen Genehmigung an (z.B. Vormundschaftsgerichtliche Genehmigung), so bewirkt die Befristung des Rücktrittsrechtes, daß der Rücktrittsberechtigte nach Fristablauf in der Schwebelage weiter gebunden ist. Wird die Genehmigung noch erteilt, wird der Vertrag abwickelbar. Die Befristung kann den guten Sinn haben, daß der andere Vertragsteil sich nach Fristablauf wieder auf die beiderseitige Bindung einstellen kann und u.U. seine Bemühungen um die Genehmigungserteilung wieder verstärkt. Ein an die Genehmigungsversagung anknüpfendes Rücktrittsrecht ist bedeutungslos; der Vertrag ist ohnehin unwirksam.
– **Der Rücktrittsgrund spielt für die sonstige Vertragsabwicklung keine Rolle**
In diesem Fall hat die Befristung die wichtige Funktion, Rechtsklarheit über das weitere Vertragsschicksal zu schaffen.
– **Der Rücktrittsgrund stellt zugleich ein Abwicklungshindernis dar**
Gemeint ist hier insbesondere der Fall, daß der Rücktrittsgrund zugleich eine Fälligkeitsvoraussetzung betrifft. Der Ausfall des Rücktrittsrechts durch Fristablauf läßt dieses Abwicklungshindernis unberührt. Sinnvoll ist deshalb eine solche Befristung erst, wenn durch Verfristung des Rücktrittsrechtes zugleich das Hindernis beseitigt wird. Um dieses Ergebnis zu erzielen, sollte es der Vertragsgestalter nicht auf die ergänzende Vertragsauslegung ankommen lassen.
Beispiel: Ist in einem Grundstückskaufvertrag die Fälligkeit des Kaufpreises von der Erteilung einer Baugenehmigung abhängig, könnte bei einem hieran ebenfalls anknüpfenden Rücktrittsrecht formuliert werden: „Wird der Rücktritt nicht form- und fristgerecht erklärt, gilt die diesbezügliche Fälligkeitsvoraussetzung (s.o.) als eingetreten."
– **Der Rücktrittsgrund verursacht zugleich eine Leistungsstörung im Sinne der gesetzlichen Vorschriften**
Zu denken ist etwa an den Fall der zu vertretenden Lieferungsverzögerung. In solchen Gestaltungen überlagert das ausgeübte Rücktrittsrecht regelmäßig die gesetzlichen Leistungsstörungsvorschriften. Sein Ausfall hindert als solcher nicht die Anwendung gesetzlicher Normen. Das kann, muß aber nicht im Einzelfall interessengerecht sein.

146 • **Regelung der Rücktrittsfolgen**
Wegen der schwer überschaubaren Wirkungen der §§ 346 ff empfiehlt es sich regelmäßig, die mit Phantasie vorzustellenden Rückabwicklungsfragen vertraglich zu gestalten unter Ausschluß sonstiger wechselseitiger gesetzlicher Ansprüche.

Wie ist die Formulierung in Fall Nr. 12 auf dem Prüfstand der Checkliste zu beurteilen? Entwerfen Sie eine bessere Fassung!

A. Allgemeine Vertragstechnik

Das Rücktrittsrecht knüpft an einen Fälligkeitszeitpunkt an, der wiederum von der Zustimmung der Gesellschafterversammlung abhängig ist. Nach der Formulierung kommt es auf den Beschluß der Versammlung an, nicht auf dessen Mitteilung an den Käufer. Soll dem Käufer durch die Zahlungsfrist ein entsprechender Reaktionszeitraum verbleiben, müßte im Wege der Vertragsauslegung auf den Zeitpunkt der Kenntniserlangung abgestellt werden. Das kann wiederum mit Beweisproblemen verknüpft sein. Insoweit gilt allgemein: Fristen sind in der Vertragsgestaltung möglichst so zu regeln, daß Fristbeginn und Fristablauf objektiv zweifelsfrei zu ermitteln und nachzuweisen sind. Soweit es von der Interessenlage her geboten ist, ist auf die Kenntniserlangung des Betroffenen vom Fristbeginn bzw. Fristablauf abzustellen, wiederum in möglichst formalisierter und beweisbarer Form. In diesem Bereich haben Formalien eine wichtige, Rechtsklarheit schaffende Funktion. 147

Zu Fall Nr. 12 ergibt sich hieraus folgender **Formulierungsvorschlag:**

„… binnen 7 Tagen nach Zugang einer schriftlichen Mitteilung des Geschäftsführers der Gesellschaft beim Käufer (mittels Einschreibebrief mit Rückschein), daß die Gesellschafterversammlung der Veräußerung zugestimmt hat."

Fraglich kann weiterhin sein, ob innerhalb der rücktrittsauslösenden 7-Tage-Frist die Zahlungsüberweisung in Auftrag gegeben sein muß oder es auf den Geldeingang ankommen soll. Regelmäßig ist letzteres gewollt. Da dies von den gesetzlichen Wertungen abweicht (rechtzeitige Leistungshandlung), ist die Aufnahme einer sog. Rechtzeitigkeitsklausel erforderlich (vgl. BGH NJW 1998, 2664).

In Fall Nr. 12 fehlen schließlich Regelungen zu Form und Frist des Rücktritts sowie zu den Rücktrittsfolgen.

Diese Überlegungen führen zu folgendem „verbesserten" **Formulierungsvorschlag:**

„Der Kaufpreis ist zahlbar binnen 7 Tagen nach Zugang einer schriftlichen Mitteilung des Geschäftsführers der Gesellschaft beim Käufer (Einschreiben mit Rückschein), daß die Gesellschafterversammlung der Veräußerung zugestimmt hat. Für die Rechtzeitigkeit von Zahlungen ist der Geldeingang beim Verkäufer maßgeblich (Valutastellung). Wird der Kaufpreis bei Fälligkeit nicht gezahlt, ist er vom darauffolgenden Tage an mit 10% p.a. zu verzinsen. Zahlt der Käufer binnen 7 Tagen nach Eintritt der Fälligkeit nicht, so ist der Verkäufer berechtigt, vom Vertrag zurückzutreten. Der Rücktritt bedarf des eingeschriebenen Briefes und ist nur zulässig innerhalb von 7 Tagen nach Eintritt des Rücktrittsgrundes (Datum des Poststempels des Rücktrittsschreibens). Im Rücktrittsfalle trägt der Käufer die mit diesem Vertrag verbundenen Kosten. Entstandene Fälligkeitszinsen hat der Käufer zu entrichten. Im übrigen sind im Rücktrittsfalle weitergehende Ansprüche wechselseitig ausgeschlossen."

4. Optionen

a) Grundgedanke. In der Rechtspraxis besteht häufig das Interesse einer Vertragspartei, Rechtslagen zu schaffen, in denen es von ihrer freien Willensentschließung abhängt, ob ein bestimmter Vertrag zustande kommt bzw. in Kraft 148 tritt, während der potentielle Vertragspartner rechtlich bereits gebunden ist. Rechtsgeschäfte, die diesem Zweck dienen, werden hier zusammenfassend als Optionen bezeichnet (zur uneinheitlichen Terminologie vgl. MünchKomm/ H. P. Westermann § 158, Rn 59 ff). Rechtstechnisch handelt es sich um sehr verschiedenartige Konstruktionen.

b) Erscheinungsformen:

149 • Beim **Vertrag mit Optionsvorbehalt** handelt es sich um ein vollständiges Rechtsgeschäft, dessen Wirksamkeit aber noch von einer Erklärung des Optionsberechtigten abhängt, daß der Vertrag Geltung erlangen solle. Der Vertragsschluß erfolgt unter einer **Potestativbedingung**. Um den Schwebezustand und die damit einhergehende Bindung des Vertragspartners für diesen zumutbar zu halten, wird der Zeitraum, in dem die Option ausgeübt werden kann, regelmäßig begrenzt. Ob die Optionserklärung dem freien Belieben des Optionsberechtigten überlassen oder vom Eintritt/Nichteintritt eines bestimmten Ereignisses abhängig ist (gebundene Option), ist gestaltbar. Denkbar ist auch, daß von der Optionswirkung (Bedingung) nicht alle Teile des Rechtsgeschäftes erfaßt werden. Voraussetzung hierfür ist lediglich, daß bei Nichtausübung der Option sinnvolle Vertragsvereinbarungen verbleiben. Eine häufige Erscheinungsform ist die **Verlängerungsoption** bei Dauerschuldverhältnissen, insbesondere im Miet- und Pachtrecht.

Formulierungsbeispiel: Der hier niedergelegte Vertrag wird insgesamt (alternativ: hinsichtlich des in Teil B. vereinbarten Mietvertrages) erst wirksam, wenn Vertragspartei A erklärt, daß der Vertrag in Kraft treten solle. Diese Optionsausübung bedarf der Schriftform und ist nur zulässig bis zum ..... (Datum des Poststempels). Wird die Option nicht form- und fristgerecht ausgeübt, wird der Vertrag insgesamt (alternativ: der in Teil B. niedergelegte Mietvertrag) unwirksam. Unberührt bleibt die hier vereinbarte Pflicht von A zur Tragung der Vertragskosten.

150 • Dem Vertrag mit Optionsvorbehalt in der Wirkung eng verwandt ist das **bindende Angebot**. Es verschafft dem Angebotsempfänger innerhalb der vom Anbietenden bestimmten Bindungsfrist die Entscheidungsfreiheit, durch Annahmeerklärung den Vertrag zustande kommen zu lassen. Die Ausschlußwirkung der Annahmefrist (§ 148) kann durch eine elastische Regelung dergestalt ersetzt werden, daß das Angebot nach Ablauf der Bindungsfrist wirksam bleibt, aber widerrufen werden kann. Der Anbietende kann die Annahme des Angebotes von bestimmten Bedingungen abhängig machen, z.B. Einhaltung einer bestimmten Form, Unterwerfung unter die sofortige Zwangsvollstreckung in der Annahmeurkunde, Erteilung einer Vollmacht, Abgabe bestimmter Erklärungen gegenüber Dritten.

Wie auch der Optionsvertrag muß das Angebot den vollständigen Vertrag enthalten, so wie er ggf. durch Annahmeerklärung zustande kommen soll.

Eine besondere Erscheinungsform des bindenden Angebots ist die Einbettung dieser einseitigen Erklärung in einen **Angebotsvertrag**. Gegenstand eines solchen Vertrages können Vereinbarungen sein, die für den Zeitraum der Bin-

A. Allgemeine Vertragstechnik

dungsfrist getroffen werden (z.B. besondere Pflichten des Anbietenden zur Unterlassung bestimmter Handlungen während der Bindungsfrist), ferner die Vereinbarung eines vom Angebotsempfänger zu entrichtenden Bindungsentgeltes, schließlich die Übernahme der Kosten des Angebotes durch den Angebotsempfänger.

Optionsverträge und bindende Angebote erscheinen in der Vertragspraxis als funktional gleichwertig und damit wahlweise einsetzbar. Für den Bereich des Grundstücksverkehrs muß hierzu eine Einschränkung gemacht werden: Der besondere Schutz vormerkungsgesicherter Ansprüche in der Insolvenz des Vormerkungsverpflichteten (§ 106 InsO) soll nach noch nicht überwundener Auffassung zwar bedingten Ansprüchen (Optionsvertrag), nicht jedoch erst künftigen Ansprüchen (Angebot) zuteil werden (vgl. Denck NJW 1984, 1009). Diese Differenzierung findet im Normtext von § 883 Abs. 1 S. 2, § 106 InsO keine Stütze und ist abzulehnen. Gleichwohl ist in diesem Bereich vorsichtshalber die Gestaltungsform des bedingten Vertrages zu empfehlen.

Formulierungsbeispiel für ein notarielles Verkäuferangebot: Herr A – Verkäufer – bietet der Firma F – Käufer – den Abschluß des in Teil B. der Urkunde niedergelegten Kaufvertrages an. An dieses Angebot hält sich A bis zum 31. 12. ... gebunden. Für die Fristwahrung genügt die notarielle Beurkundung der Annahmeerklärung. Nach Fristablauf bleibt das Angebot bestehen, kann jedoch jederzeit widerrufen werden, solange im Zeitpunkt des Zugangs der Widerrufserklärung dem Anbietenden die formgültige Annahmeerklärung noch nicht zugegangen ist. Die Annahmeerklärung ist nur wirksam, wenn sich der Käufer in der Annahmeurkunde wegen seiner Verpflichtung zur Kaufpreiszahlung nebst vereinbarter Fälligkeitszinsen der sofortigen Zwangsvollstreckung in sein gesamtes Vermögen unterwirft.

- Bei Vertragsabschluß durch einen offen als solchen auftretenden **Vertreter ohne Vertretungsmacht** entsteht für den Vertretenen eine dem Vertrag mit Optionsvorbehalt und der Position des Angebotsempfängers vergleichbare Rechtsstellung (§§ 177 Abs. 1, 178). Er kann durch einseitige Erklärung (Genehmigung) den Vertrag in Kraft setzen oder dies nicht tun. In zeitlicher Hinsicht ist die darin liegende Optionsposition durch das Aufforderungsverfahren des § 177 Abs. 2 begrenzt. Es ist jedoch möglich, daß der Vertragspartner die Erklärungsfrist nachträglich einseitig länger bemißt. Auch ist zulässig, sie in dem zu genehmigenden Vertrag zu verlängern (vgl. MünchKomm/Schramm, § 177 Rn 20 m.w.N.). 151

Bei bewußtem Einsatz dieser Gestaltungsform muß eine mögliche Haftung des Vertretenen aus culpa in contrahendo im Auge behalten werden. Eine Haftung des Vertretenen nach diesen Grundsätzen kommt in Betracht, wenn er den Abschluß des Geschäftes durch nachträgliche Erteilung seiner Genehmigung als sicher hinstellt und dadurch beim Vertragspartner einen Vertrauenstatbestand schafft. Für ein entsprechendes Verhalten des von ihm bestellten Verhandlungsführers, dem Vertreter ohne Vertretungsmacht, hat er nach § 278 einzustehen. Bei formbedürftigen Geschäften (z.B. § 313) bestehen zum Schutze des Formzwecks (keine Einschränkung der Abschlußfreiheit ohne Be-

Zweiter Teil. Das Instrumentarium des Vertragsjuristen

achtung der Form) besonders hohe Anforderungen an eine Haftung aus c.i.c. (BGH NJW 1996, 1884). Bei Wahl dieses Verfahrens empfiehlt sich deshalb – soll die entschädigungslose Abschlußfreiheit gewahrt bleiben – die unmißverständliche Klarstellung durch den vollmachtlosen Vertreter, daß die erforderliche Genehmigung des Vertretenen (noch) nicht sicher ist, etwa von noch durchzuführenden Prüfungen, der Zustimmung eines internen Gremiums abhängt. Mit dieser Maßgabe handelt es sich um ein geeignetes Gestaltungsinstrument zur Begründung einer zumindest kurzzeitigen Optionsposition.

Scharf zu unterscheiden ist das Handeln des vollmachtlosen Vertreters vom **Vertragsabschluß durch den mündlich Bevollmächtigten.** Dieser läuft Gefahr persönlich zu haften, wenn er im Streitfalle das Bestehen der Vertretungsmacht (Vollmachtserteilung) nicht nachweisen kann (§ 179 Abs. 1; das Aufforderungsverfahren nach § 177 Abs. 2 ist entsprechend anzuwenden, vgl. MünchKomm/Schramm, § 179 Rn 16).

152 • Funktional zu den Optionen gehört unter bestimmten Voraussetzungen ferner der **Abschluß eines Vertrages mit Einräumung eines** – zumeist zeitlich befristeten – **freien Rücktrittsrechts** eines Beteiligten. Die funktionale Gleichwertigkeit dieser Gestaltung mit den bereits behandelten Optionen ist dann gegeben, wenn vor Erledigung des Rücktrittsrechtes (durch Fristablauf oder Verzicht) ein Leistungsaustausch nicht stattfindet, eine Rückabwicklung im Rücktrittsfalle also nicht erforderlich ist und die vertraglichen Rücktrittsfolgen jegliche Ansprüche für den Rücktrittsfall ausschließen (eventuell mit Ausnahme der Vertragskosten).

153 • Als **Vorstufen von Optionen** sind im vorliegenden Zusammenhang schließlich Gestaltungen zu erwähnen, in denen der kundgemachte einseitige Willensentschluß (Optionserklärung, Angebotsannahme, Genehmigung) noch nicht unmittelbar einen Vertrag wirksam zustande kommen läßt, wohl aber die Verpflichtung des anderen Teils begründet, einen solchen Vertrag abzuschließen. Solche Wirkungen entfaltet der **einseitig bindende Vorvertrag.** Er begründet für den nicht gebundenen Vertragsteil die – in einem weiteren Sinne funktional zu den Optionen zu zählende – Rechtsmacht, durch einseitige Erklärung eine Abschlußpflicht des anderen Vertragsteils zu begründen, die sodann durch Abschluß des eigentlichen Hauptvertrages zu erfüllen ist. Derartige Gestaltungen sind in der Praxis nicht selten.

Beispiel: Gemeinde G veräußert ein innerstädtisches Grundstück an K mit der Abrede, daß K dort ein in groben Eckdaten umrissenes Bürogebäude errichtet. K beabsichtigt die Vermietung dort entstehender Büroräume. G möchte sicherstellen, daß die städtische Wasserversorgungsgesellschaft, die ein neues Domizil braucht, dort einziehen kann. Die hierzu erforderlichen Mietentscheidungen können jedoch erst in einigen Monaten gefällt werden. K hält es für wahrscheinlich, daß es zum Abschluß eines solchen Mietvertrages kommt. Über Gebäudezuschnitt und Mietvertragskonditionen ist man sich bereits einig. Sollte der Mietvertrag scheitern, ist K bereit, das Risiko anderweitiger Vermietung zu tragen. Man einigt sich auf eine „Mietoption" wie folgt: „Zugunsten der städtischen Wasserversorgungs-GmbH wird im Wege eines echten Vertrages zugunsten Dritter (§ 328 BGB) vereinbart, daß die GmbH bis zum ... durch

A. Allgemeine Vertragstechnik

eingeschriebenen Brief von K verlangen kann, daß K ihr das zu errichtende Gebäude vermietet. Für den sodann unverzüglich abzuschließenden Mietvertrag werden folgende Eckdaten festgelegt (Mindestgröße/Höchstgröße der Mietfläche, Ausstattung des Gebäudes, Baubeschreibung, Miethöhe, Nebenkosten, Instandhaltung, Laufzeit etc.)."

Bei Verwendung solcher Gestaltungsformen in der Praxis kommt es entscheidend darauf an, den Inhalt des gemäß Willensentscheidung abzuschließenden Vertrages so präzise festzulegen, daß er in einem Streitverfahren gerichtlich feststellbar ist (Bestimmbarkeit, vgl. BGH NJW 1990, 1235). Hierzu zählen jedenfalls die wirtschaftlichen Eckdaten des abzuschließenden Geschäfts, ggf. auch von den Parteien für wichtig erachtete Nebenpunkte. Es kann sich empfehlen zu vereinbaren, daß der sonstige Inhalt des abzuschließenden Hauptvertrages „verkehrsüblichen Gepflogenheiten zu entsprechen hat" (soweit solche bestehen), durch eine Partei nach §§ 315 ff zu bestimmen ist oder der Bestimmung eines Dritten nach §§ 317 ff überlassen bleibt.

Erscheinungsformen solcher Rechtsgestaltungen sind **gesellschaftsrechtliche Andienungsrechte** bzw. **Andienungspflichten**. Durch sie kann beispielsweise das Recht begründet werden, von einem anderen einen GmbH-Geschäftsanteil unter bestimmten Voraussetzungen oder auch nach freiem Willensentschluß des Andienungsberechtigten zu bereits festgelegten Konditionen erwerben zu können, ebenso das Recht zu verlangen, daß ein anderer den Geschäftsanteil auf Verlangen des Rechtsinhabers diesem abkauft (z. B. Rückgaberecht). Rechtsgrundlage können Satzungsvereinbarungen, aber auch zweiseitige schuldrechtliche Abreden sein.

Richtet sich die vorvertragliche Vereinbarung auf den Abschluß eines **formbedürftigen Hauptvertrages**, ist im Einzelfall sorgfältig zu prüfen, ob die Formvorschrift nach ihrem Zweck auch die vorvertragliche Bindung erfaßt. Das ist in der überwiegenden Zahl der Fälle zu bejahen (z. B. für §§ 313, 518, 766), gilt jedoch nach ständiger Rechtsprechung nicht für den Mietvorvertrag (Nachweise bei Palandt/Heinrichs, Einführung vor § 145 Rn 20).

5. Vernetzung

Fall Nr. 13:
Die Alterswohl-AG betreibt Seniorenresidenzen der gehobenen Kategorie. An einem neuen Standort möchte sie in kürzester Frist ein weiteres Haus eröffnen. Aus grundsätzlichen Erwägungen möchte sie jedoch nicht selbst Investor (Käufer, Bauherr) sein, sondern ein nach ihren Vorstellungen von einer Investorengruppe errichtetes Objekt langfristig anmieten. Eine Investorengruppe ist gefunden unter der Führung von Kaufmann Klüngel. Klüngel bittet seinen Rechtsanwalt Zierde um „Entwurf der erforderlichen Verträge". Auf Nachfrage wird Zierde zum Sachstand folgendes mitgeteilt:
Die Eckdaten des abzuschließenden Mietvertrages sind ausgehandelt, Einigkeit mit dem Grundstückseigentümer über den Verkaufspreis ist erzielt. Das Grundstück liegt im innerstädtischen bebauten Bereich (§ 34 BauGB) und ist derzeit noch mit

einem älteren Wohnhaus bebaut. Der unbebaute Teil des Grundstücks ist früher von einem kunststoffverarbeitenden Betrieb genutzt worden. Mit den derzeitigen Mietern des Wohnhauses wird noch über einen Umzug in Neubauwohnungen verhandelt. Es soll nach Größe und Ausstattung ein Haus entstehen, wie es genau in dieser Art schon anderenorts von der Alterswohl AG betrieben wird. Den gesamten Finanzbedarf will man mit Bankkrediten decken. Die Gebäudeerrichtung soll an einen Generalübernehmer/ Generalunternehmer vergeben werden.

a) Vernetzung als Denkverfahren (Planung).

> Welche Überlegungen wird Rechtsanwalt Zierde anstellen und mit dem Auftraggeber erörtern?

154 Die an Rechtsanwalt Zierde herangetragene Gestaltungsaufgabe bezieht sich auf ein komplexes, in zahlreichen Einzelschritten zu realisierendes Vorhaben. Gewollt ist eine rechtliche Betreuung und Gestaltung dieses Investitionsvorhabens unter allen für seine Realisierung rechtlich erheblichen Aspekten. Die Aufgabe von Zierde in dieser Situation kann deshalb nicht sogleich die Ausarbeitung einzelner Verträge sein. Er muß zunächst einen Überblick über die zur Realisierung erforderlichen Teilschritte gewinnen, hieraus sich ergebende Zusammenhänge und Abhängigkeiten erkennen, Risiken erfassen und das weitere Vorgehen gemeinsam mit dem Mandanten planen.

> Welche rechtlichen „Einzelbausteine" sind für die Realisierung des Vorhabens erforderlich?

Erforderlich sind jedenfalls
– die „rechtliche Verfassung" der Investorengruppe durch Abschluß eines Gesellschaftsvertrages,
– der Abschluß eines Grundstückskaufvertrages,
– die Planung des Objektes und die Erwirkung einer Baugenehmigung sowie einer Abrißgenehmigung,
– die rechtliche und tatsächliche Beendigung bestehender Mietverhältnisse auf dem Grundstück; ggf. die Beschaffung einer Zweckentfremdungsgenehmigung,
– der Abschluß eines langfristigen Mietvertrages,
– die Vergabe der Abbruch- und Bauleistungen an einen Generalübernehmer/ Generalunternehmer,
– die Finanzierung des Vorhabens durch eine Bank.

Rechtsanwalt Zierde wird mit seinem Mandanten zunächst diese Liste erörtern. Dabei geht es darum zu erfahren, welche Schritte in einzelnen Bereichen etwa (informell) schon erfolgt sind (z.B. Vorsprache bei der Baubehörde, Vorgespräche mit Mietern und Kreditinstituten), welche Realisierungsrisiken innerhalb der einzelnen Bausteine noch bestehen, aber auch darum, bei dem Mandanten das

A. Allgemeine Vertragstechnik

Bewußtsein zu schaffen bzw. zu schärfen, was insgesamt erforderlich ist, wo noch Klärungen herbeizuführen sind. Zu diesem Bewußtsein zählt auch die einfache Erkenntnis, daß das Scheitern oder die erhebliche zeitliche Verzögerung bereits eines Elementes das Gesamtvorhaben gefährdet und es deshalb nicht sinnvoll sein kann, der Reihe nach die erforderlichen Verträge gewissermaßen beziehungslos nebeneinander auszuarbeiten und abzuschließen.

Vernetzung als Denkverfahren wendet sich bei komplexen Gestaltungsaufgaben nicht sogleich den Einzelteilen zu, sondern nimmt die Gesamtaufgabe in den Blick, definiert die zur Realisierung erforderlichen Einzelschritte, erkennt Zusammenhänge und Gefährdungslagen, schafft beim Auftraggeber hierfür Bewußtsein und legt das weitere Vorgehen fest als eine zeitlich und logisch geordnete Abfolge. Dabei geht es z.B. um folgende Fragen:
– Was soll vorrangig weiter geklärt/vorangetrieben werden?
– Wo muß schnell rechtlich bindend gehandelt werden?
– Was verursacht Kosten (z.B. Planung)? Müssen diese Kosten bereits zum jetzigen Zeitpunkt aufgewendet werden?

b) Vernetzung als Gestaltungstechnik. Sind die Klärungen soweit fortgeschritten, daß die Grundentscheidung für die Realisierung des Vorhabens gefallen ist, wirkt sich vernetzendes Denken auf der rechtstechnischen Ebene aus. Ausgangspunkt ist die Erkenntnis, daß die Realisierung einzelner Teilschritte durch Abschluß entsprechender Verträge für den Investor verheerende Folgen haben kann, wenn andere Realisierungsschritte scheitern.

In Fall Nr. 13 nützt etwa der Grundstückskaufvertrag ohne rechtsverbindlichen Mietvertrag ebensowenig wie im umgekehrten Fall. Kann das Gebäude nach öffentlichem Baurecht nicht so errichtet werden, wie der Mieter es voraussetzt, kann die geschuldete Mietsache nicht überlassen werden. Wird mit den derzeitigen Mietern nicht binnen bestimmter Frist eine Einigung über eine Nutzungsbeendigung erzielt, kann sich das Gesamtobjekt so verzögern, daß die für den Mieter maßgeblichen Fertigstellungsfristen nicht eingehalten werden.

> Welche Zielvorstellung optimaler Gestaltung knüpft an diese Erkenntnis an?

Im Idealfall werden die einzelnen Realisierungselemente sichergestellt durch Herbeiführung entsprechender rechtlicher Bindungen der jeweiligen Partner, während die endgültige Bindung des Investors solange herausgezögert wird, bis alle Elemente „stehen".

Oft werden hiervon Abstriche gemacht werden müssen, etwa aus zeitlichen Gründen. Die rechtstechnische Vernetzung von Einzelbausteinen eines komplexen Vorhabens ist aber diesem Idealzustand als Grundidee verpflichtet. Bei der praktischen Gestaltung lassen sich **zwei Ansätze** auseinanderhalten:
• Die Vernetzung kann dadurch herbeigeführt werden, daß **rechtliche Abhängigkeiten** zwischen den verschiedenen Vertragsebenen hergestellt werden.

Zweiter Teil. Das Instrumentarium des Vertragsjuristen

Auf welche Weise?

Sollen zwei nicht zeitgleich abzuschließende Verträge mit unterschiedlichen Partnern nur gemeinsam Gültigkeit erlangen, kann eine Verknüpfung erreicht werden durch eine **aufschiebende** bzw. **auflösende Bedingung** oder durch die **Aufnahme eines Rücktrittsvorbehalts**.

Nennen Sie Beispiele aus Fall Nr. 13! Wie könnte die Formulierung lauten?

Im Generalübernehmervertrag könnte der Zusatz aufgenommen werden: „Dieser Vertrag wird erst wirksam, wenn es zum Abschluß eines rechtswirksamen Grundstückskaufvertrages über das Grundstück kommt".

Ist die Klausel in dieser Form für den Vertragspartner hinnehmbar? Wie weit reicht die mit dieser Verknüpfung erzielte Risikobeherrschung?

Schlecht hinnehmbar ist für den Generalübernehmer, daß der durch die aufschiebende Bedingung geschaffene Schwebezustand zeitlich nicht begrenzt ist. Dieser Nachteil könnte z.B. ausgeschlossen werden durch den Zusatz: „Diese Bedingung gilt als endgültig ausgefallen, wenn der rechtswirksame Vertrag über den Grundstückskauf nicht bis spätestens zum ..... abgeschlossen ist. Über den Vertragsschluß wird der Auftraggeber den Auftragnehmer unverzüglich schriftlich informieren."
Mit einer solchen Bedingung ist erreicht, daß der Investor nicht an einen Generalübernehmervertrag gebunden ist, der beim Scheitern des Grundstückskaufvertrages nicht durchführbar wäre und möglicherweise Ersatzansprüche des Auftragnehmers auslöst. Auf der Verknüpfungsebene Grundstückskaufvertrag-Generalübernehmervertrag nicht erfaßt ist z.B. das Risiko, daß der Grundstückskaufvertrag abgeschlossen wird, die „Entmietung" oder die Beschaffung der Baugenehmigung jedoch mit solchen Verzögerungen verbunden ist, daß der Mieter aus dem Mietvertrag „aussteigen" kann, der Investor gleichwohl an Kaufvertrag und Generalübernehmervertrag gebunden bleibt. Wird der Grundstückskaufvertrag zeitlich vor dem Generalübernehmervertrag geschlossen, kann umgekehrt der Fall eintreten, daß der Investor an den Kaufvertrag gebundenen bleibt, während der zur Realisierung vorgesehene Generalübernehmervertrag an irgend einem Punkt scheitert und ein Ersatzgeschäft nur zu ungünstigeren Bedingungen zustande kommt. Die aufschiebende Bedingung müßte demzufolge in den Grundstückskaufvertrag aufgenommen werden und diesen mit dem Generalübernehmervertrag verkoppeln. Regelmäßig wird sich aber ein Grundstückseigentümer hierauf nicht einlassen, weil er auf diese Drittebene keinen Einfluß hat und hiermit nichts zu tun haben will. Auch ein zeitlich befristetes Rücktrittsrecht des Investors dürfte vom Eigentümer schwerlich akzeptiert werden, weil die Gründe für ein Scheitern der Generalübernehmerebene schwer zu objektivie-

A. Allgemeine Vertragstechnik

ren sind und diese Gestaltung deshalb einem freiem Rücktrittsrecht nahekommt. Es besteht also ein komplizierter Zusammenhang von Realisierungsrisiken.
Bei Erwägungen zur rechtlichen Verknüpfung verschiedener Vertragsebenen sind – das zeigen die Erörterungen zu Fall Nr. 13 – folgende Fragen gedanklich abzuarbeiten:
– In welcher Reihenfolge können/ggf. müssen die Verträge abgeschlossen werden (zeitliche Zwänge, logische Abhängigkeiten)?
– Ist die erwogene Verkoppelung für den jeweiligen Vertragspartner zumutbar und damit realistisch?
– Was kann durch die Verknüpfung erreicht werden? Welche Risiken bleiben?
– Welche Verknüpfungstechnik ist in concreto geeignet (aufschiebende Bedingung, auflösende Bedingung, Rücktrittsrecht)?

Können Sie sich in Fall Nr. 13 Verknüpfungen vorstellen, die in der Praxis durchsetzbar erscheinen?

Dem Urheber des Projektes, der Alterswohl AG sind die Realisierungszusammenhänge vertraut. Sie dürfte durchaus Verständnis dafür haben, daß z. B. nicht erst ein Grundstück gekauft und eine aufwendige Planung veranlaßt und sodann erst der Mietvertrag unterzeichnet wird, vielmehr zunächst der Mietvertrag zu sichern ist, dieser aber unter dem Vorbehalt des Investors steht, daß ihm der Grundstückskauf gelingt und eine Baugenehmigung erwirkt wird, unter Umständen noch die Entmietung kurzfristig vonstatten geht, all dies, damit es für die Alterswohl AG akzeptabel bleibt, innerhalb bestimmter Fristen. Denkbar wäre deshalb der frühzeitige Abschluß eines Mietvertrages mit einem zeitlich befristeten Rücktrittsrecht des Investors für die genannten Risikofälle.

- Soweit rechtliche Verknüpfungen verschiedener Vertragsebenen praktisch nicht durchsetzbar sind, steuerlich u.U. Probleme aufwerfen oder die auszuschließenden Risiken nicht befriedigend erfassen, kommen **alternative Techniken der Sicherstellung** der einzelnen Bausteine **ohne rechtliche Vernetzung** (Koppelung) in Betracht.

Wie könnte dieser Denkansatz in Fall Nr. 13 praktisch aussehen?

Naheliegend ist, zunächst den Mietvertrag mit der Alterswohl AG durch ein bindendes Angebot des Vermieters zu sichern. Allerdings dürfte dies die Ausarbeitung von Unterlagen voraussetzen (Planung, Baubeschreibung), die kostenaufwendig sind. Dieses Risiko könnte Verhandlungsgegenstand auf der Mietvertragsebene sein oder müßte als typisches Unternehmerrisiko vom Investor getragen werden.
Auf der Basis der Sicherung des Mietvertrages könnten Generalübernehmerangebote eingeholt werden. In diesem Zusammenhang wäre die Frage zu klären, ob der Generalübernehmer das nach dem Sachverhalt nicht auszuschließende Altlastenrisiko zu übernehmen bereit ist. Dazu wird er sich vor-

Zweiter Teil. Das Instrumentarium des Vertragsjuristen

aussichtlich nur bereitfinden, nachdem er das Grundstück untersuchen konnte (Probebohrung). Das setzt wiederum die Mitwirkung des Grundstückseigentümers voraus. Mietvertrag und Generalübernehmerangebot könnten neben anderen Unterlagen wie Finanzplan Basis für Darlehnszusagen von Kreditinstituten sein. Die baurechtlichen Aspekte, einschließlich Abrißgenehmigung wegen Zweckentfremdung, könnten zunächst auf der informellen Ebene vorgeklärt und sodann rechtlich etwa durch Vorbescheide gesichert werden. Mit den Mietern wären Auflösungsvereinbarungen anzustreben, die möglicherweise unter dem Vorbehalt des Abschlusses des Grundstückskaufvertrages stehen oder zunächst in Angebotsform abgegeben werden.

Bevor der erste „Drittvertrag" rechtsverbindlich abgeschlossen wird, wären die Investoren untereinander in geeigneter Form rechtlich zu binden (z.B. Abschluß eines GbR-Vertrages).

158 • In der Praxis wird vielfach die Notwendigkeit bestehen, beide Denkansätze zu kombinieren, d.h.
– rechtliche Abhängigkeit zwischen verschiedenen Vertragsebenen dort zu schaffen, wo es sinnvoll und durchsetzbar ist,
– nicht rechtlich verknüpfte Realisierungsbausteine je für sich sicherzustellen durch Schaffung von Optionspositionen, im öffentlich-rechtlichen Bereich durch Vorbescheid, verbindliche Zusage usw.

Die sodann noch verbleibenden Sicherstellungslücken sollten auf der tatsächlichen Ebene so weit wie möglich geklärt werden (z.B. Altlastengutachten). Letztlich ist hier eine kaufmännische Risikobewertung und Entscheidung unausweichlich.

> **Als Grundsatz gilt:** Der Schritt in die endgültige Bindung durch Abschluß von Verträgen ohne Verknüpfung und ohne Ausstiegsmöglichkeit (z.B. Grundstückskaufvertrag) sollte erst dann vollzogen werden, wenn die sonstigen essentiellen Realisierungsbausteine im beschriebenen Sinne sichergestellt sind, verbleibende Risiken überschaubar und hinnehmbar erscheinen und vom Auftraggeber akzeptiert werden.

c) Stufen rechtstechnischer Vernetzung. Bei der rechtlichen Verknüpfung verschiedener Verträge – unter den gleichen oder verschiedenen Partnern – lassen sich unterschiedlich intensive Vernetzungen unterscheiden:

159 • Bei der **Rechtswirksamkeitsvernetzung** beschränkt sich die Koppelung zweier Verträge darauf, daß die Wirksamkeit des einen Vertrages vom rechtswirksamen Zustandekommen des anderen Vertrages abhängig gemacht wird. Ist der jeweils verknüpfte Vertrag rechtswirksam zustande gekommen – z.B. durch Eingang erforderlicher Genehmigungen – endet die Abhängigkeit. Das weitere Schicksal des einen Vertrages, z.B. das Auftreten von Abwicklungshindernissen, ist für den anderen Vertrag rechtlich ohne Belang.

160 • Intensiver ist die Verknüpfung, wenn sie die Abwicklung der vernetzten Verträge miteinbezieht (**Abwicklungsvernetzung**). Rechtstechnisch kann das etwa

A. Allgemeine Vertragstechnik

so geschehen, daß die Fälligkeit von Leistungen aus dem einen Vertrag erst eintritt, wenn der verknüpfte Vertrag nicht nur zustande gekommen ist, sondern auch einen bestimmten Abwicklungsstand erreicht hat.
In Fall Nr. 13 könnte die Verknüpfung von Mietvertrag sowie Generalübernehmervertrag mit dem noch abzuschließenden Grundstückskaufvertrag dahingehend erweitert werden, daß es nicht nur auf dessen rechtswirksamen Abschluß ankommt, sondern auch auf die Sicherung lastenfreien Erwerbs im Zuge der Kaufvertragsabwicklung. Denkbar wäre weiterhin eine Berücksichtigung des Entmietungsrisikos durch Aufnahme eines entsprechenden Rücktrittsrechtes in die verknüpften Verträge für den Fall, daß diese Entmietung nicht binnen bestimmter Frist gelingt.
Die Fälligkeit des Grundstückskaufpreises könnte – als Verknüpfung dieses Vertrages mit weiteren Realisierungsbausteinen – davon abhängig gemacht werden, daß eine vom Käufer binnen bestimmter Frist zu beantragende Baugenehmigung mit festgelegten Eckdaten erteilt wird oder daß ein in Auftrag zu gebendes Bodengutachten Altlastenbeseitigungskosten von voraussichtlich nicht mehr als ... DM ergibt.
Es ist eine Frage der Interessenkonstellation und der Verhandlungslage in jedem Einzelfall, welche – unter Risikogesichtspunkten wünschenswerten – Verknüpfungen durchsetzbar sind.

- Denkbar sind schließlich **Verknüpfungen hinsichtlich Bestand und Rückabwicklung** mehrerer Verträge nach dem Grundgedanken: Das Entstehen eines vertraglichen Rücktrittsrechtes aus Vertrag A begründet zugleich ein Rücktrittsrecht hinsichtlich Vertrag B.
Bei rechtstechnischer Vernetzung sind **Formvorschriften** zu **beachten**: Ist einer der an der Vernetzung beteiligten Verträge formgebunden, kann die Vernetzung außerordentlich schwierige Formfragen (mit Nichtigkeitsfolge bei Nichtbeachtung!) aufwerfen, namentlich, wenn der Normbereich von § 313 berührt ist (siehe hierzu den knappen Überblick bei Hagen/Brambring Rn 306 ff mit Rechtsprechungsnachweisen).

161

Aufgabe Nr. 5

Der Industriekonzern Delta-Global-AG ist in Hohmar ansässig. Zwischen dem Betriebsgelände und der Hauptstraße von Hohmar liegt noch ein Fremdgrundstück, bebaut mit einem Einfamilienhaus. Die Delta-Global-AG möchte dieses Grundstück erwerben, das Haus abreißen und über das Grundstück eine weitere Zufahrt von der Hauptstraße zum Betriebsgelände schaffen. Am Erwerb dieses Grundbesitzes hat die Delta-Global-AG nur ein Interesse, wenn sich dieser Nutzungszweck realisieren läßt. Das Kaufgrundstück liegt in einem nach § 34 BauGB zu beurteilenden Gebiet. Die Frage eines etwaigen Zweckentfremdungsverbotes von Wohnraum (Art. 6 § 1 MRV vom 4. 11. 1971, BGBl I S. 1745) hat der Käufer bereits geklärt. Voraussetzung eines Erwerbes soll ferner sein, daß keinerlei Bodenverunreinigungsverdacht besteht, der ein Kostenrisiko des künftigen Eigentümers im Hinblick auf die geplante Zufahrt begründet. Diese Frage soll durch ein Gutachten geklärt werden, daß der Käufer im Einverständnis mit dem Verkäufer sofort nach Vertragsunterzeichnung auf seine Kosten in Auftrag geben soll. Hintergrund dieser Vorsichtsmaßnahme ist die Tatsache, daß

das Kaufgrundstück unmittelbar an ein ehemaliges gewerblich genutztes Grundstück (KFZ-Reparaturbetrieb mit Lackiererei, später Tankstellenbetrieb) angrenzt.
Der Verkäufer Schlaumann bewohnt das betreffende Einfamilienhaus selbst. Er ist zum kurzfristigen Auszug bereit, „wenn die Sache läuft". Hinsichtlich der Verwendungsabsichten der Käuferseite sowie hinsichtlich der Frage der Altlasten will Schlaumann keinerlei Verantwortung übernehmen, ist aber bereit zu akzeptieren, daß der Käufer nur zahlt, wenn diese Fragen in seinem Sinne positiv geklärt sind.
Der Justitiar des Konzerns Rechtsanwalt Macher hat bereits einen privatschriftlichen Vorvertrag unterzeichnen lassen und denkt nun an eine notarielle Beurkundung einer Art Option, da man den Vertrag und das Eigentum am Grundstück endgültig erst wolle, wenn die beschriebenen Fragen zufriedenstellend beantwortet sind. Gleichwohl will man kurzfristig eine beiderseitige Bindung herbeiführen.
Analysieren und formulieren Sie die Eckbausteine einer Vertragslösung, die den beiderseitigen Absicherungsinteressen genügt!

VI. Weitere allgemeine Gestaltungselemente (Einzelklauseln)

162 Im Folgenden werden solche allgemeinen Vertragsklauseln behandelt, die nicht schon Gegenstand der Darstellungen in den Abschnitten I. bis V. waren. Bereits erörtert wurden u.a. die Schiedsgutachterklausel (s.o. Rn 98ff) und die selbständige Garantie (Rn 105).
Naturgemäß läßt sich bei manchen der hier behandelten Klauseln darüber streiten, ob sie nicht, systematisch betrachtet, eher in den Kontext des „Sicherheits- und Risikodenkens des Kautelarjuristen" (Abschnitt C.) gehören; diese Zuordnung ist jedoch ohne praktische Relevanz.
Nicht näher erörtert werden nachfolgend die Grenzen der Gestaltungsbefugnis, die sich aus dem AGB-Gesetz ergeben. Dessen Anwendungsbereich ist jüngst durch § 24a AGBG praxisbedeutsam erweitert worden. Geht es um den Entwurf von Vereinbarungen, die – möglicherweise – den Charakter eines Verbrauchervertrages im Sinne von § 24a AGBG oder den Charakter allgemeiner Geschäftsbedingungen haben, sind die Vorschriften dieses Gesetzes in ihrer Auslegung durch die Gerichtspraxis für jede erwogene Einzelklausel sorgfältig zu prüfen.

1. Vorbemerkung, Präambel

163 Schon die Kennzeichnung einleitender Abschnitte eines Vertrages als **Vorbemerkung** oder **Präambel** weist solchen Passagen einen bestimmten Platz zu: Sie sind **in der Vertragsurkunde** enthalten, also nicht nur Bestandteil vorvertraglichen Schriftwechsels, stehen aber **vor den eigentlichen Vertragsabreden**, vor dem Rechte und Pflichten statuierenden Vertragstext.
Typische Inhalte solcher einleitenden Passagen sind Angaben zur tatsächlichen Ausgangssituation, zum Umfeld und Vorfeld des Vertrages, Ausführungen zur rechtlichen Ausgangslage, wie die Parteien sie sehen, Beschreibung der Vertragszwecke, mitunter auch allgemeine Absichtserklärungen.

Präambeln können vor allem bei umfangreichen und komplexen Verträgen und bei Dauerrechtsverhältnissen nützlich sein, wenn sie bestimmte Funktionen erfüllen:
Indem sie die mit dem Vertrag verfolgten Zielvorstellungen der Beteiligten in verdichteter Form wiedergeben, den zugrundeliegenden Ausgangssachverhalt in seinen Eckdaten zusammenfassen, die Grundstrukturen des Vertrages, seine „Philosophie" erläutern, können sie zum **Verständnis des Vertragswerkes** beitragen. Vor allem Verträge, die nicht auf kurzfristigen Leistungsaustausch gerichtet sind und/oder komplizierte Regelungsinhalte haben, sollten hinsichtlich Ausgangssituation, Vertragszweck und „Vertragsphilosophie" auch von den Personen nachvollziehbar sein, die an ihrer Entstehung nicht beteiligt waren, also kein ergänzendes Vorwissen haben, die Verträge gleichwohl anzuwenden haben. Auch in einem etwaigen Rechtsstreit kann es hilfreich sein, wenn der Vertrag mittels einer Präambel aus sich heraus dem Gericht leichter verständlich gemacht werden kann (Zankl, anwaltliche Praxis, Rn 627). Man kann dies als **Verständnisfunktion der Präambel** bezeichnen.
Neben diese tritt ihre **rechtliche Reservefunktion**. Der den Vertragsregelungen beiderseitig zugrundegelegte Sachverhalt, die von den Parteien einvernehmlich angenommene rechtliche Ausgangslage, niedergelegt außerhalb der eigentlichen Vertragsregelungen, kann die Geschäftsgrundlage des Vertrages deutlich machen und außer Streit stellen. Ferner kann bei Unklarheiten und Lücken in den vertraglichen Regelungen im Wege der ergänzenden Vertragsauslegung auf diese einleitenden Ausführungen zurückgegriffen werden.
Mit dieser Reservefunktion sind allerdings auch **Gefahren** verbunden: Wird die Bedeutung und deshalb die sorgfältige Formulierung der Präambel unterschätzt, so kann es geschehen, daß aus Präambeln im Wege der ergänzenden Vertragsauslegung Rechtsfolgen abgeleitet werden, die die Beteiligten im Zeitpunkt des Vertragsabschlusses so gerade nicht wollten, die sich gleichwohl die durch die Auslegung begünstigte Partei als „neues Vertragsverständnis" zu eigen macht. Die nachlässig formulierte Präambel kann deshalb ein Hebel sein, den Vertragsinhalt in Abkehr von dem ursprünglich gemeinsam Gewollten zu verändern.
Die daraus abzuleitende **Folgerung** lautet aber nicht, auf Präambeln gänzlich zu verzichten, sondern sie genauso ernst zu nehmen und ihnen gleiche **Sorgfalt** zuzuwenden, wie der Formulierung des nachfolgenden Vertragsinhaltes. Beachtet man einige Regeln und Grenzen, geht man also sachgerecht mit dem Instrument der Präambel um, so überwiegen die damit erzielbaren Vorteile regelmäßig die beschriebenen Gefahren:

- Die Präambel sollte nur zum Einsatz kommen, wenn sie eine der oben beschriebenen Funktionen erfüllt und hierfür nach Art und Inhalt des Vertrages ein Bedarf besteht. In den übrigen Fällen sollte sie als überflüssiger Ballast weggelassen werden.
- Ihr Inhalt darf nicht in Widerspruch, ja noch nicht einmal in ein Spannungsverhältnis zu den eigentlichen Vertragsregelungen treten. Die Präambel sollte deshalb nicht nachfolgende Vertragsregelungen (Rechte und Pflichten) kon-

Zweiter Teil. Das Instrumentarium des Vertragsjuristen

kret wiedergeben, womöglich noch „schief", verkürzt bzw. ohne Kontext, sondern sich auf Leitlinien bzw. Grundideen beschränken.
- Der Inhalt der Präambel darf hinsichtlich des dort wiedergegebenen Vertragszwecks nicht über das hinausgehen, was in den Vertragsregelungen konkret „umgesetzt" wird. Letztere sollten sich als Realisierung und Konkretisierung der Präambel darstellen, nicht aber als regelungstechnisch unvollständiges Programm zu ihrer Umsetzung. Es muß klar sein, daß der in der Präambel mitgeteilte Vertragszweck im Prinzip, d.h. vorbehaltlich nicht vorsehbarer Entwicklungen, lediglich durch die sodann folgenden Rechte und Pflichten verwirklicht werden soll.
- Begriffsbestimmungen gehören als Bestandteile der Vertragsregelungen nicht in die Präambel, sondern in den eigentlichen Vertragstext (a.A. Heussen, Handbuch, Rn 1386).

Zur Verdeutlichung zwei **Formulierungsbeispiele:**
(1) Präambel einer Scheidungsfolgenvereinbarung
„Die Beteiligten haben im Jahre ... in ... die Ehe miteinander geschlossen. Sie sind beide deutsche Staatsangehörige und leben im gesetzlichen Güterstand der Zugewinngemeinschaft. Einen Ehevertrag haben sie nicht geschlossen. Aus ihrer Ehe sind die gemeinsamen Kinder Sven, geboren am ... und Grete, geboren am ... hervorgegangen. Die Beteiligten leben seit dem ... getrennt. Die beiden Kinder leben im Haushalt der Mutter. Die Beteiligten beabsichtigen, sich scheiden zu lassen. Ein Scheidungsantrag ist noch nicht rechtshängig. Zur Regelung der mit der Scheidung verbundenen Rechtsfolgen schließen sie die folgende

Scheidungsfolgenvereinbarung:
.... "

Sodann folgen u.a. die Vereinbarung von Gütertrennung, die Übertragung eines hälftigen Miteigentumsanteils an einem Hausgrundstück, Regelungen zum Zugewinnausgleich, zum nachehelichen Unterhalt, zum Kindesunterhalt, Vereinbarungen zum Versorgungsausgleich und zur Kostenteilung im Scheidungsverfahren.
Da die in der Präambel mitgeteilte Scheidungsabsicht die Frage aufwerfen kann, ob die nachfolgenden Regelungen alle nur im Scheidungsfalle gelten sollen, empfiehlt sich, am Ende der Urkunde klarzustellen, daß auch die nicht sachlogisch scheidungsgebundenen Regelungen unabhängig vom Ob und Wann der Scheidung Gültigkeit erlangen und behalten sollen (Gütertrennung, Zugewinnausgleich, Übertragung Miteigentum, Ausgleichszahlung).
(2) Präambel zum Kauf eines Wohnbaugrundstücks mit Optionsvorbehalt hinsichtlich einer Teilfläche

„**Vorbemerkung**

Die Stadt ... hat als Eigentümerin des ehemaligen „... Geländes" in ... einen städtebaulichen Ideenwettbewerb zur Durchführung einer Wohnbebauung auf diesem ehemaligen Industriegelände durchgeführt, welcher seinen Niederschlag in dem zwischenzeitlich in Kraft getretenen Bebauungsplan Nr. 14.4 gefunden hat. Sie hat ferner einen Investorenwettbewerb durchgeführt. Als Ergebnis dieses Investorenwettbewerbs hat die GBG den Zuschlag erhalten für das sogenannte Baugebiet A, welches die in dieser Urkunde veräußerte Fläche zum Gegenstand hat. Die GBG wird die Bebauung in Anlehnung an die vom ersten Preisträger entwickelte Planung durchführen.

A. Allgemeine Vertragstechnik

Der Käufer beabsichtigt, auf diesem Kaufgrundbesitz eine Bebauung in drei zeitlichen Phasen durchzuführen:
In einem ersten Bauabschnitt (BA I) sollen auf der im anliegenden Lageplan gelb umlegten Teilfläche des Kaufgrundbesitzes 37 Wohnungen im öffentlich geförderten Wohnungsbau errichtet werden, im zweiten Bauabschnitt (BA II), im anliegenden Lageplan grün umlegt, sollen 19 Wohneinheiten im öffentlich geförderten Wohnungsbau entstehen. Hinsichtlich eines dritten Bauabschnitts (BA III), im anliegenden Lageplan rot umlegt, möchte sich der Käufer noch die Entscheidung vorbehalten, ob die dort zur Errichtung vorgesehenen ca. 17 Wohneinheiten ebenfalls im öffentlich geförderten oder aber im frei finanzierten Wohnungsbau errichtet werden. Die Errichtung öffentlich geförderter Wohnungen würde der Käufer selbst übernehmen. Sollte sich indessen ergeben, daß Errichtung und Vertrieb frei finanzierter Wohnungen wirtschaftlich sinnvoll realisierbar sind, so würde diese Baumaßnahme nicht durch die GBG als Käufer, sondern durch ihre 100%ige Tochtergesellschaft HFT GmbH durchgeführt werden. Um dem Käufer diese Entscheidungsmöglichkeit offen zu halten, ist ihm hinsichtlich des Bauabschnitts III nachfolgend ein Optionsrecht eingeräumt."

2. Fälligkeitszinsen, Verzugszinsen

a) Fälligkeitszinsen.   165

Formulierungsbeispiel: „Der Kaufpreis ist fällig 14 Tage nach Zugang einer schriftlichen Mitteilung des Notars, daß ...
Ab dem darauf folgenden Tage schuldet der Käufer bis zum Tage des Zahlungseingangs beim Verkäufer Fälligkeitszinsen in Höhe von ... % p.a. Die Geltendmachung eines weitergehenden Verzugsschadens ist nicht ausgeschlossen."

Der Sinn einer solchen Regelung kann darin liegen, den Gläubiger von der gesetzlichen Obliegenheit der Mahnung (§ 284 Abs. 1) zu befreien. Dann kommt die Regelung in ihren Wirkungen der Vereinbarung von Verzugszinsen nahe.
Sie kann aber auch dazu dienen, einen Ausgleich zu schaffen für die Störung der Gleichwertigkeit von Leistung und Gegenleistung, wenn eine solche Störung von den Parteien schon beim Ausbleiben der Zahlung bei Fälligkeit angenommen wird. Nach den dispositiven gesetzlichen Vorschriften der §§ 452, 641 Abs. 2 besteht eine Verzinsungspflicht ab dem Zeitpunkt, in dem der Käufer die Nutzungen der Kaufsache ziehen kann bzw. der Besteller das Werk abgenommen hat. In solchen Fällen sind Fälligkeitszinsen zusätzliche Gegenleistungen. Im Vordergrund steht nicht der Druck auf den Vertragspartner, sondern die Wahrung der Äquivalenz von Leistung und Gegenleistung.
In beiden Erscheinungsformen ist die Klausel im Anwendungsbereich des AGB-Gesetzes nach höchstrichterlicher Rechtsprechung unter Nicht-Kaufleuten unzulässig, da sie – nach Auffassung des BGH – von der gesetzlichen Regelung der §§ 284 ff wesentlich abweicht (BGH DNotZ 1998, 367, 369; kritisch hierzu Blank, DNotZ 1998, 339 ff). Außerhalb des Anwendungsbereiches des AGBG ist eine solche Klausel zulässig (BGH NJW 1992, 2625).

166 b) Verzugszinsen.

Formulierungsbeispiel: „Zahlt der Käufer bei Fälligkeit nicht, kommt er ohne weiteres in Verzug und schuldet Verzugszinsen in Höhe von ... % p.a. über dem jeweiligen Basiszinssatz nach dem Diskontsatz-Überleitungsgesetz (DÜG)".

Das Formulierungsbeispiel eignet sich nur für Individualverträge mit Nicht-Verbrauchern. Durch das „Gesetz zur Beschleunigung fälliger Zahlungen" vom 30. März 2000 (BGBl I S. 330; Überblick hierzu bei Thamm, DStR 2000, 737) ist u.a. durch den neuen § 284 Abs. 3 und die Neufassung von § 288 Abs. 1 S. 1 des Verzugsrecht für nicht wiederkehrende Geldschulden tiefgreifend geändert worden. Einer Mahnung bedarf es künftig nicht mehr. Andererseits hat der Schuldner stets eine 30tägige Zahlungsfrist nach Fälligkeit und „Rechnungszugang". Diese – grstzl. dispositiven – Vorschriften schaffen ein neues gesetzliches Leitbild, von dem bei Formular- und Verbraucherverträgen nicht abgewichen werden kann. Die mißglückte Vorschrift des § 284 Abs. 3 hat sogleich zu Erwägungen über ihre teleologische Reduktion Anlaß gegeben (vgl. Hertel, ZNotP 2000, 130).

3. Vertragsstrafe

167 a) Wesen und Funktion.
Das Strafversprechen (Konventionalstrafe) im Sinne der §§ 339 ff ist eine vertragliche Abrede zur Leistung einer Strafe (zumeist Geld) für den Fall, daß eine anderweitige vertragliche Pflicht (Hauptverpflichtung) nicht oder nicht gehörig erfüllt wird. Dieses sog. **unselbständige Strafversprechen** ist also **akzessorisch** (siehe § 344).

Die Übergänge von diesem unselbständigen Strafversprechen zum sog. selbständigen Strafversprechen, bei dem eine erzwingbare Hauptverbindlichkeit fehlt, sind fließend (näher Staudinger/Rieble Rn 5 ff vor § 339).

Der Vertragsstrafe kommt eine **Doppelfunktion** zu: Sie ist zum einen **Druckmittel** zur ordnungsgemäßen Erbringung der Schuldnerleistung. Zum anderen soll sie im Falle der Verletzung der Hauptpflicht die **Schadloshaltung** des Gläubigers **erleichtern** durch einen Verzicht auf Einzelnachweis des Schadens (BGH NJW 1993, 2993; st. Rspr.).

In ihrer **Funktion als Druckmittel** ist die Vertragsstrafe von besonderer praktischer Bedeutung

- wenn es um eine Unterlassungspflicht des Schuldners geht, deren Einklagbarkeit im Verletzungsfalle – abgesehen von der Wiederholungsgefahr – schon begrifflich ausgeschlossen ist,
- wenn es um Pflichten geht, die aus sonstigen Gründen schwer einklagbar bzw. durchsetzbar sind (z.B. die Verpflichtung eines Künstlers, das Rauchen aufzugeben und sich „fit" zu halten, die Übernahme von Treue- und Sorgfaltspflichten),
- wenn die Pflichtverletzung einen eher immateriellen und damit kaum bezifferbaren Schaden verursacht (Affektionsinteresse) oder eine Schadensbezifferung aus anderen Gründen schwer möglich ist.

A. Allgemeine Vertragstechnik

Beispiel: Nichteinhaltung von Investitionspflichten (Schaffung von Arbeitsplätzen) in Verträgen mit der öffentlichen Hand (vgl. BGH DStR 1999, 1410).

b) Abgrenzung. Geht man von der Funktion der Vertragsstrafe als Druckmittel aus, so läßt sich eine Vielzahl weiterer vertraglicher Regelungselemente benennen, die im Ergebnis objektiv ebenfalls Druck auf den Schuldner zur ordnungsgemäßen Vertragsausübung ausüben. Beispiele sind etwa 168
– Schadenspauschalierungen,
– Garantieverpflichtungen,
– Verfallklauseln (z.B. Vorfälligkeitsklauseln in Ratenkreditverträgen mit der Folge der vorzeitigen Beendigung des Kapitalnutzungsrechtes bei Vertragsverletzungen).

Viele dieser im Rechtsverkehr häufig vorkommenden **Klauseln mit Sanktionscharakter** werfen die Frage auf, ob es sich hierbei auch um Vertragsstrafen im Sinne von §§ 339ff handelt. Dieser Qualifikationsfrage kann nicht ausgewichen werden, weil von ihrer Beantwortung abhängt, ob die nicht vollständig dispositiven allgemeinen Vorschriften der §§ 339ff. eingreifen, ob gesetzliche Spezialregelungen zum Zuge kommen (z.B. § 1297 Abs. 2) und ob die Regelungen des AGB-Gesetzes zu beachten sind (§ 11 Nr. 6 AGBG).

Der Gesetzgeber (§ 11 Nrn. 5, 6 AGBG), die Rechtsprechung (BGH NJW 1992, 2065) und die herrschende Meinung (vgl. Staudinger/Riedle, Rn 41ff vor § 339 m.w.N.) verlangen bei mehrfunktionalen Sanktionsklauseln eine Abgrenzung. Dies hat zur Folge, daß eine bestimmte Regelung entweder Vertragsstrafe oder Schadenspauschale oder ein Drittes ist, nicht aber mehreres zugleich. Die Abgrenzung ist nach der **primären Funktion** der Sanktionsklausel vorzunehmen.

Hierzu **instruktiv** BGH NJW 1992, 2665:

In einem Grundstückskaufvertrag hatte sich der Käufer verpflichtet „Zinsen aus dem Gesichtspunkt des Verzuges ab Fälligkeit in Höhe von 10% p.a. zu zahlen". Der BGH erwog zur Einordnung dieser Klausel dreierlei, nämlich eine Fälligkeitszinsvereinbarung, eine Schadenspauschalierung und eine Vertragsstrafe. Da alle diese Klauseln objektiv Druck auf den Schuldner zur vertragsgemäßen Leistungserbringung ausüben, könne die Abgrenzung nur nach der primären Zielsetzung vorgenommen werden. In Würdigung der konkreten Einzelfallumstände verneint der BGH im Streitfall einen primären Sicherungszweck (Druckfunktion).

Praxisbedeutsam ist die **Abgrenzung** zwischen **Vertragsstrafe** und **Garantieversprechen:** Eine Vertragsstrafe kann nur verwirkt werden bei Vertretenmüssen (str.; a.A. BGH DStR 1999, 1410, 1412, kritisch dazu Kiethe, NZG 199, 919, vgl. a. Staudinger/Rieble, Rn 119ff zu § 339 m.w.N.); die richterliche Herabsetzungsmöglichkeit nach § 343 ist nicht abdingbar. Der Vertragsgestalter darf es deshalb nicht auf derartige weitreichende Qualifikationsfragen ankommen lassen und muß ggf. unmißverständlich klarstellen, daß eine verschuldensunabhängige Garantiehaftung gewollt ist. 169

Allerdings schließen diese begrifflichen Differenzierungen nicht aus, daß auf Regelungen, die terminologisch keine Vertragsstrafen darstellen, die §§ 339 analog angewendet werden (z.B. Verfallklauseln, vgl. BGH NJW 1968, 1625). Insoweit ist manches unklar und streitig (vgl. Staudinger/Rieble, Rn 36 ff vor §§ 339 ff m.w.N.).

170 **c) Regelungsspielräume und Grenzen der Vertragsgestaltung.** Hauptzweck der gesetzlichen Regelungen in §§ 339 ff ist der Schuldnerschutz. Die Vorschriften sind weitgehend dispositiv, nicht jedoch der Zugang zur richterlichen Gestaltung nach § 343. Zum privatautonomen Regelungsbereich zählt insbesondere die Vereinbarung des Anknüpfungspunktes der Vertragsstrafe, d.h. des geschuldeten Verhaltens, dessen Durchsetzung die Strafe dienen soll.
Verschuldensunabhängige Vertragsstrafen sind unzulässig (str.; s.o.), können jedoch als Garantie gewollt sein. Zu beachten ist eine Anzahl sachbereichsbezogener gesetzlicher Strafverbote (z.B. §§ 550 a, 723 Abs. 3, 1297 Abs. 2, § 2 Abs. 5 Fernunterrichtsschutzgesetz). Gestaltungsschranken ergeben sich ferner aus §§ 9, 11 Nr. 6 AGBG sowie den §§ 134, 138 und 242.

171 **d) Praktische Gestaltung.** Für den praktischen Umfang mit Vertragsstrafeversprechen läßt sich hieraus ableiten:
- Erforderlich ist eine **klare Terminologie**, die das Gewollte zweifelsfrei bezeichnet und zum Inhalt der Regelung nicht in Widerspruch steht. In notariellen Verträgen kommt der Begriffsverwendung besondere Bedeutung zu (BGH NJW 1992, 2625).
- Notwendig ist eine **hinreichende Bestimmung des die Strafe auslösenden Verhaltens**, u.U. auch des Haftungsmaßstabs (z.B. nur bei grober Fahrlässigkeit).
- Zu regeln ist weiterhin die **Straffolge**, die auch in einer Mindestsumme bestehen kann mit Bestimmungsrecht durch einen Dritten (§§ 317 ff).
- Regelungsbedürftig ist schließlich das Verhältnis zu anderen gesetzlichen oder vertraglichen Leistungsstörungsregelungen (**Anspruchskonkurrenz**). Mangels einer solchen Regelung kommen die §§ 340, 341 zum Zuge (vgl. auch Staudinger/Rieble, § 340 Rn 1 ff).
- Stets im Auge zu behalten und vorsichtshalber abschließend erneut zu prüfen sind die oben erwähnten **Gestaltungsgrenzen** der erwogenen Regelung.

Formulierungsbeispiel: Hält der Verkäufer den in § ... vereinbarten Fertigstellungstermin nicht ein, so schuldet er dem Käufer für jeden Tag der Fristüberschreitung einen Betrag von ... DM als Vertragsstrafe. K behält sich vor, einen darüber hinausgehenden Verzugsschaden nachzuweisen und geltend zu machen.

4. Wertsicherungsklauseln

172 **a) Begriff.** Wertsicherungsklauseln dienen dazu, (vermeintliche) Veränderungen im Wertverhältnis von vereinbarter Leistung und vereinbartem Leistungsentgelt (Geldschuld) vertraglich zu erfassen. Zu diesem Zweck wird eine Anpassung der vereinbarten Geldschuld an den Preis oder Wert von anderen Gütern oder Leistungen vereinbart, sei es gleichartige Güter oder Leistungen oder ungleichartige Güter.

Dies kann rechtstechnisch geschehen durch **automatisch wirkende Klauseln,** in Folge derer sich die Geldschuld ohne weiteres Zutun an die Bezugsgröße anpaßt. Gebräuchlich sind weiterhin auch Klauseln, die zunächst nur eine noch zu vollziehende **Anpassungsverpflichtung** bzw. ein **Anpassungsrecht** begründen, mit oder ohne Ermessensspielraum bei Durchführung der Anpassung.

Typischer Einsatzbereich solcher Klauseln sind längerfristige Leistungsbeziehungen.

b) **Rechtsgrundlagen.** Bislang enthielt § 3 S. 2 WährG ein sog. **Indexierungsverbot.** Im Zuge der Einführung des EURO wurde diese Vorschrift, in deren Anwendung sich eine umfangreiche Rechtsprechungskasuistik gebildet hatte, aufgehoben. Entgegen der ursprünglichen Absicht des Gesetzgebers wurde in das Preisangabengesetz (jetzt: Preisangaben- und Preisklauselgesetz) vom 15. 6. 1998 (BGBl I S. 1429) eine im wesentlichen gleiche Vorschrift eingestellt. Damit ist im Grundsatz das frühere Indexierungsverbot übernommen worden, jedoch mit einer Reihe von Bereichsausnahmen und Erleichterungen. Die heute geltenden Regelungen ergeben sich aus dem genannten Gesetz in Verbindung mit der Preisklauselverordnung vom 23. 9. 1998 (BGBl I S. 3043).

173

Besondere Erwähnung verdienen folgende Änderungen zum früheren Recht:

174

– Preisklauseln in Erbbaurechtsbestellungsverträgen und Erbbauzinsreallasten mit mindestens 30-jähriger Laufzeit sind von der Genehmigungsbedürftigkeit ausgenommen.
– Bei langfristigen Gewerbemiet- und -pachtverträgen (mind. 10 Jahre) gelten Klauseln mit einem bestimmten Standardinhalt als genehmigt. Das Genehmigungsverfahren ist also nicht mehr durchzuführen.
– Bei langfristigen Wohnungsmietverträgen regelt der ebenfalls geänderte § 10a MHG die Anforderungen an zulässige Indexierungen abschließend und ohne Genehmigungserfordernis.
– Zuständige Behörde im Genehmigungsverfahren ist nunmehr das **Bundesamt für Wirtschaft,** Frankfurter Str. 29–31, 65760 Eschborn.

Selbstverständlich verdrängt die Genehmigungsfreiheit/Genehmigungsfähigkeit einer Preisklausel nicht die Anforderungen aus anderen gesetzlichen Vorschriften, namentlich aus dem AGBG (z. B. §§ 9, 11 Nr. 1 AGBG).

Weiterführend: Schmidt-Räntsch, NJW 1998, 3166; v. Heynitz, MittBayNotK 1998, 398 ff.

Formulierungsbeispiel: „Ändert sich der vom Statistischen Bundesamt ermittelte monatliche Preisindex für die Lebenshaltung aller privaten Haushalte (Basis 1995 = 100) um mehr als 10 Prozent gegenüber dem Stand bei Beginn des Pachtverhältnisses bzw. gegenüber dem Stand zum Zeitpunkt der letzten Anpassung, so erhöht oder ermäßigt sich der monatliche Pachtzins im gleichen Verhältnis, und zwar von dem Monatsersten an, der auf die Veränderung folgt. Eines Anpassungsverlangens der begünstigen Vertragspartei bedarf es nicht.

Sollte das Statistische Bundesamt die Weiterführung des hiernach maßgeblichen Index ganz oder teilweise einstellen, so tritt an seine Stelle der entsprechende Nachfolgeindex, sonst ein Index, der die von den Vertragsparteien beabsichtigte Wertsicherung des Pacht-

Zweiter Teil. Das Instrumentarium des Vertragsjuristen

zinses in wirtschaftlich möglichst gleichem Umfange gewährleistet wie der zuletzt maßgeblich gewesene Index. Steht ein solcher Index nicht zur Verfügung, kann jede der Parteien unter den Voraussetzungen des Abs. 1 von der anderen verlangen, daß eine angemessene Anpassung des Pachtzinses an die eingetretene wirtschaftliche Entwicklung unter Berücksichtigung der Änderung der Lebenshaltungskosten und der Entwicklung der gewerblichen Mieten vorgenommen wird."

5. Schiedsvereinbarung

175 **a) Begriff.** Eine Legaldefinition enthält § 1029 Abs. 1 ZPO:

„Schiedsvereinbarung ist eine Vereinbarung der Parteien, alle oder einzelne Streitigkeiten, die zwischen ihnen in bezug auf ein bestimmtes Rechtsverhältnis vertraglicher oder nichtvertraglicher Art entstanden sind oder künftig entstehen, der Entscheidung durch ein Schiedsgericht zu unterwerfen."

Die Abgrenzung zur Schiedsgutachterabrede wurde bereits erörtert (s. o. Rn 98).

b) Praktische Bedeutung. In der Rechtspraxis finden sich Schiedsvereinbarungen häufig sowohl in Austauschverträgen als auch in Gesellschaftsverträgen. Ihr Sinn liegt darin, im Falle des Entstehens einer Rechtsstreitigkeit aus dem Vertragsverhältnis unter Ausschluß der staatlichen Gerichtsbarkeit in einem weitgehend privatautonom regelbaren Verfahren mit nur einer Instanz eine sehr viel schnellere endgültige Entscheidung zu erlangen, als im Rahmen eines staatlichen Gerichtsverfahrens mit bis zu 3 Instanzen (näher zu Vor- und Nachteilen Heussen/Ott, Handbuch, S. 824 ff).

c) Form. Die Schiedsvereinbarung kann gemäß § 1029 Abs. 2 ZPO entweder in Form einer selbständigen Vereinbarung (**Schiedsabrede**) oder in Form einer Klausel in einem Vertrag (**Schiedsklausel**) geschlossen werden. Das Erfordernis einer getrennten Niederlegung gilt nunmehr nur noch für Schiedsvereinbarungen mit einem Verbraucher (§ 1031 Abs. 5 ZPO).

d) Formulierungsbeispiel (Schiedsklausel zu einem GmbH-Gesellschaftsvertrag):

„**Schiedsklausel**

1) **Zuständigkeit des Schiedsgerichts**
a) Alle Streitigkeiten aus dem Gesellschaftsverhältnis zwischen Gesellschaftern untereinander oder zwischen Gesellschaftern – auch in ihrer Eigenschaft als Geschäftsführer oder sonstige Angestellte der Gesellschaft – und der Gesellschaft werden unter Ausschluß des ordentlichen Rechtswegs durch ein Schiedsgericht entschieden. Dies gilt auch für Streitigkeiten über die Wirksamkeit, die Durchführung und Beendigung des Gesellschaftsvertrages, einzelner Vertragsbestimmungen oder etwaiger Nachträge. Meinungsverschiedenheiten über den Eintritt von Gesellschaftern in die Gesellschaft oder über das Ausscheiden von Gesellschaftern aus der Gesellschaft sowie dessen Folgen sind ebenfalls vor dem Schiedsgericht auszutragen. Das Schiedsgericht ist gleichfalls zuständig für Gestaltungsklagen aus dem Gesellschaftsverhältnis. Schließlich wer-

den auch Streitigkeiten über die Wirksamkeit und Auslegung dieses Schiedsvertrages sowie etwaiger Nachträge durch das Schiedsgericht entschieden.

b) Vorschriften in dem Gesellschaftsvertrag, wonach Meinungsverschiedenheiten zu bestimmten Fragen verbindlich von einem Sachverständigen entschieden werden, bleiben unberührt.

2) Zusammensetzung und Anrufung des Schiedsgerichts

a) Das Schiedsgericht besteht aus drei Schiedsrichtern, nämlich zwei beisitzenden Schiedsrichtern und einem Obmann als Vorsitzendem.

b) Jede Partei ernennt einen beisitzenden Schiedsrichter. Die beiden ernannten Schiedsrichter bestellen einen Obmann, der die Befähigung zum Richteramt nach den Vorschriften der Bundesrepublik Deutschland haben muß.

c) Die Partei, die das Schiedsgericht anrufen will, hat dies unter Angabe des Gegenstandes und des Grundes des erhobenen Anspruchs sowie eines bestimmten Antrages bei gleichzeitiger Ernennung (Namen, Anschrift) eines Schiedsrichters der beklagten Partei durch eingeschriebenen Brief mitzuteilen und diese sogleich aufzufordern, innerhalb von drei Wochen nach Zugang des Aufforderungsschreibens ihrerseits einen Schiedsrichter zu benennen.

d) Wenn die beklagte Partei einen zur Annahme des Amtes bereiten Schiedsrichter innerhalb einer Frist gemäß lit. c) nicht benennt oder wenn die beiden ernannten Schiedsrichter den Obmann innerhalb von drei Wochen nach Benennung des zweiten Schiedsrichters nicht bestellen, wird der beisitzende Schiedsrichter bzw. der Obmann auf Antrag einer Partei von dem Präsidenten des Oberlandesgerichts in ... bestellt.

3) Wegfall eines Schiedsrichters

a) Falls ein Schiedsrichter stirbt oder aus einen anderen Grunde wegfällt oder die Übernahme oder die Ausführung des Schiedsrichteramtes verweigert, ist innerhalb von drei Wochen nach Aufforderung durch die andere Partei von der ursprünglich ernennungsberechtigten Partei ein neuer Schiedsrichter bzw. von den beiden beisitzenden Schiedsrichtern ein neuer Obmann zu bestellen. Ziff. 2 lit. d) gilt entsprechend.

b) Soweit nicht zwingende gesetzliche Vorschriften entgegenstehen, beschließt das Schiedsgericht in seiner neuen Zusammensetzung nach pflichtgemäßem Ermessen, ob und inwieweit das bisherige Verfahren ganz oder teilweise wiederholt werden soll. Jedenfalls muß den Parteien Gelegenheit gegeben werden sich zu äußern.

4) Verfahren

a) Das Schiedsgericht tagt in ... es sei denn, die drei Schiedsrichter bestimmen übereinstimmend einen anderen Tagungsort.

b) Die Parteien sind vor dem Schiedsgericht mündlich zu hören, wenn nicht beide Parteien auf die mündliche Verhandlung verzichten.

c) Auf das Verfahren des Schiedsgerichts sind im übrigen die Vorschriften des 10. Buches der Zivilprozeßordnung anzuwenden.

d) Das Schiedsgericht entscheidet auch über die Kosten des schiedsgerichtlichen Verfahrens.

e) Gegen den Spruch des Schiedsgerichts ist ein Rechtsmittel nicht gegeben.

5) Aufhebung des Schiedsspruchs

Falls der Schiedsspruch vom ordentlichen Gericht aufgehoben werden sollte, ist die Schiedsgerichtsvereinbarung nicht verbraucht. Die Parteien haben in diesem Fall vielmehr erneut nach den vorstehenden Regelungen ein Schiedsgericht einzuberufen. Die Schiedsrichter, die an dem früheren Verfahren mitgewirkt haben, sind von der Mitwirkung an dem neuen Verfahren ausgeschlossen."

6. Einräumung von Vorrechten: Vorkaufsrecht, Vormietrecht, Vorpachtrecht

176 Zum schuldrechtlichen Vorkaufsrecht enthält das Gesetz in den §§ 504–514 Regelungen. Für Grundstücke ermöglichen die §§ 1094ff die Bestellung eines dinglichen, im Grundbuch einzutragenden Vorkaufsrechtes. Vormietrechte und Vorpachtrechte sind im Gesetz nicht geregelte, aufgrund der Vertragsfreiheit jedoch zulässige Abreden (näher und m.w.N. Staudinger/Mader vor §§ 504ff (1995) Rn 38).

Die Grundstruktur solcher Vorrechtseinräumungen auf schuldrechtlicher Basis besteht in der Verpflichtung des einen Teils, vor Vollzug eines Verkaufsvertrages oder eines Miet-/Pachtvertrages über einen bestimmten Gegenstand dem Vorrechtsberechtigten den ausgehandelten Vertrag mitzuteilen und ihm Gelegenheit zu geben, auf seinen Willensentschluß hin einen inhaltsgleichen Vertrag mit dem Sachinhaber abzuschließen. Solche schuldrechtlichen Abreden begründen nur Ansprüche gegenüber dem Vorrechtsverpflichteten. Hält sich dieser nicht an die Absprache und gibt er den betreffenden Gegenstand endgültig weg, beschränken sich die Rechte des Vorrechtsinhabers auf Schadensersatzansprüche.

Die Begründung auch eines nur schuldrechtlichen Vorkaufsrechtes an einem Grundstücks bedarf als doppelt bedingte Veräußerungspflicht des Vorrechtseinräumenden (zur dogmatischen Einordnung des Vorkaufsrechtes vgl. Staudinger/Mader vor §§ 504ff (1995) Rn 25ff m.w.N.) der Form des § 313 (BGH DNotZ 1968, 93).

Formulierungsbeispiel (Vormietrecht in einem Gewerbemietvertrag): Beabsichtigt V die Neuvermietung/Weitervermietung der an die Mietsache angrenzenden, derzeit an die Fa. F vermieteten Büroflächen für den Zeitraum nach Ablauf des derzeit insoweit bestehenden Mietvertrages, ist er gegenüber M verpflichtet, vor Nutzungsüberlassung dieser Räume an den neuen Mieter bzw. vor rechtskräftigem Abschluß des Anschlußmietvertrages den M über den Inhalt des abgeschlossenen bzw. zum Abschluß vorgesehenen Mietvertrages durch Übersendung einer Vertragskopie/eines Vertragsentwurfes zu informieren. M hat sodann das Recht, binnen einer Frist von einem Monat nach Zugang des Vertragsinhaltes durch eingeschriebenen Brief (Datum des Poststempels) gegenüber V zu erklären, daß er die zur Vermietung anstehenden Räume zu den gleichen Konditionen selbst anmieten will. Durch die form- und fristgerechte Übersendung dieser Erklärung kommt unmittelbar ein Mietvertrag zwischen V und M mit dem mitgeteilten Inhalt zustande. Ansonsten erlischt das Vormietrecht.

7. Fristvereinbarungen, Vertragsdauer

177 Bei der Formulierung vertraglicher Rechte ist insbesondere bei Gestaltungsrechten in jedem Einzelfall zu prüfen, ob die Aufnahme einer **Ausschlußfrist** sachdienlich ist. Diese Problematik gehört deshalb in den Kontext der einzelnen Gestaltungsrechte (zum Rücktritt s.o. Rn 138ff).

Zu beachten ist weiter, daß vertraglich vereinbarte (Eventual-)Fristen hinsichtlich Fristbeginn und Fristablauf möglichst so gestaltet werden, daß die maßgeblichen Ereignisse feststellbar und beweisbar sind. Soll die Frist einer Partei einen

A. Allgemeine Vertragstechnik

Entscheidungsspielraum einräumen, so sollte der Fristbeginn nur an solche Ereignisse geknüpft werden, von denen die Partei sofort Kenntnis erhält. Wenn z.B. beide Vertragsteile zum Rücktritt binnen bestimmter Frist berechtigt sein sollen, falls eine von einer Seite zu beantragende behördliche Genehmigung zum Vertrag versagt wird, und zunächst nur der Antragsteller von der Ablehnung Kenntnis erhält, ist es nicht sinnvoll, mit Erteilung des Ablehnungsbescheides die Frist auch bereits gegenüber dem anderen Teil in Lauf zu setzen.

Lösungsvorschlag: „Vertragspartei A verpflichtet sich, Vertragspartei B von einer Ablehnung der zu beantragenden Genehmigung durch die Behörde X unverzüglich in Kenntnis zu setzen durch Übersendung einer Abschrift des Bescheides. Für B läuft die Frist für das vereinbarte Rücktrittsrecht erst an mit Zugang dieser Mitteilung."

Je nach Sachlage kann es erforderlich sein im Vertrag zu vereinbaren, wann das Vertragsverhältnis beginnt und endet. Diese Notwendigkeit ergibt sich regelmäßig nicht bei einfachen Austauschverträgen, wohl aber bei Dauerschuldverhältnissen. Für die Vertragsgestaltung bestehen weitgehende Gestaltungsspielräume. Grenzen ergeben sich z.B. aus § 567 sowie aus dem AGB-Gesetz (§ 11 Nr. 12).

Formulierungsbeispiel (Gesellschaftsvertrag einer GbR): „Das Gesellschaftsverhältnis beginnt am ... Die Gesellschaft ist auf unbestimmte Zeit geschlossen. Das Gesellschaftsverhältnis kann von jedem Gesellschafter mit einer Frist von 3 Monaten jeweils zum 30. Juni und zum 31. Dezember eines jeden Jahres gekündigt werden, erstmals zum ..."

8. Rechtswahl und Gerichtsstandsvereinbarungen

Für den Bereich schuldrechtlicher Verträge eröffnet Art. 27 EGBGB die Möglichkeit privatautonomer Gestaltung in der Bestimmung des auf das Vertragsverhältnis anwendbaren Rechts. Art. 27 Abs. 1 S. 3 EGBGB eröffnet auch die Möglichkeit, nur für Teilbereiche eines Vertrages eine Rechtswahl zu treffen. Die **Rechtswahl** stellt, auch wenn sie als Klausel in den Hauptvertrag integriert ist, einen **eigenständigen Vertrag** dar, dessen Zustandekommen und Rechtswirksamkeit sich nach eigenen Grundsätzen richtet (vgl. Schotten, Internationales Privatrecht, Rn 364f). Die Grenzen dieser Gestaltungsfreiheit und die Tragweite einer Rechtswahlentscheidung in Abgrenzung etwa zum Vertretungs- oder Formstatut sowie zu gesellschafts- und sachenrechtlichen Kollisionsnormen können hier nicht dargestellt werden (dazu näher Schotten, Internationales Privatrecht, Rn 366ff).

Es gehört zu den Aufgaben des Vertragsgestalters zu erwägen, ob bei dem zu konzipierenden Vertrag möglicherweise Bezüge zum ausländischen Recht vorliegen und hieraus Zweifel hinsichtlich des anzuwendenden Rechtes erwachsen können, die durch vertragliche Gestaltung ausräumbar sind. Es wird sogar dazu geraten, vorsichtshalber jedem Vertrag eine Rechtswahlklausel beizufügen (Heussen/Ott, Handbuch, Rn 1525).

Formulierungsbeispiel: Für die Anwendung und Auslegung dieses Vertrages gilt das Recht der BRD.

178

Gerichtsstandsvereinbarungen sind nur im Rahmen von §§ 38 ff ZPO zulässig. Von praktischer Bedeutung ist z. B. eine Gerichtsstandsvereinbarung mit einem Nichtkaufmann für den Fall, daß der betreffende Vertragspartner nach Vertragsschluß seinen Wohnsitz und gewöhnlichen Aufenthaltsort ins Ausland verlegt und deshalb im Inland keinen allgemeinen Gerichtsstand mehr hat. Im übrigen finden sich Gerichtsstandsvereinbarungen typischerweise in Verträgen zwischen Unternehmen, also Parteien, die Kaufleute im Sinne des HGB sind.

Formulierungsbeispiel: „Gerichtsstand für alle Streitigkeiten aus diesem Vertrag ist ..."

9. Typische Schlußklauseln

179 a) **Schriftformklausel.** Nach dem Wortlaut der gesetzlichen Regelung des § 125 S. 2 haben die Vertragsbeteiligten es in der Hand, für das weitere Schicksal ihres Vertrages insbesondere hinsichtlich Änderungen und Ergänzungen, aber auch im Hinblick auf die Ausübung von vertraglichen Gestaltungsrechten (z. B. Rücktritt) eine bestimmte Form zu vereinbaren. Ist hierbei gewollt und erkennbar, daß die vereinbarte Form – regelmäßig Schriftform – nicht nur Beweiszwecken dienen soll, sondern im Interesse von Übereilungsschutz für die Gültigkeit konstitutiv sein soll, so folgt aus § 125 S. 2 im Falle der Nichteinhaltung die Nichtigkeit des formwidrigen Rechtsgeschäfts. Allerdings läßt die Rechtsprechung in weitem Maße zu, daß vertragliche Formabsprachen durch mündliche Abreden aufgehoben werden und zwar auch dann, wenn die Parteien an den Formzwang gar nicht gedacht hatten, insofern also keinen Änderungswillen hatten.

Die Vertragspraxis versucht, dieser Umgehung und Aushöhlung von Formabsprachen entgegen zu wirken durch die Abrede, daß auch die Abänderung der vereinbarten Form ihrerseits formbedürftig ist. Die Rechtsprechung hat die damit bewußt herbeigeführte Selbstbindung jedenfalls für Individualabreden unter Kaufleuten gebilligt. Im Anwendungsbereich des AGB-Gesetzes gilt der **Grundsatz des Vorrangs der Individualabrede** grundsätzlich auch für Formabsprachen (zu dieser streitigen Problematik siehe Palandt/Heinrichs §§ 4, 5 AGBG, Rn 5 m.w.N.).

In der Praxis finden sich Schriftformklauseln vornehmlich in Verträgen mit Dauerwirkung (z. B. Mietverträge, Gesellschaftsverträge).

Formulierungsbeispiel: „Dieser Vertrag gibt die getroffenen Vereinbarungen vollständig wieder. Nebenabreden bestehen nicht bzw. werden hiermit aufgehoben. Änderungen und Ergänzungen des Vertrages bedürfen der Schriftform, soweit nicht gesetzlich eine andere Form vorgeschrieben ist. Dieses Schriftformerfordernis kann nur schriftlich aufgehoben oder abändert werden. Zur Wahrung der Schriftform genügen auch übereinstimmende schriftliche Erklärungen sowie Erklärungen per Telefax."

180 b) **Salvatorische Klausel.** Da die Rechtsunsicherheit, ob einzelne Klauseln eines Vertragswerks sich im Streitfall als unwirksam herausstellen, infolge einer stetig intensiver werdenden Vertragskontrolle (Stichworte: AGB-Gesetz, Verbraucherschutzrecht, richterliche Kontrolle von Individualvereinbarungen) tendenziell

immer größer wird, gehört die Aufnahme einer sog. salvatorischen Klausel zum Standardrepertoire der Kautelartechnik. Eine solche geltungserhaltende Vereinbarung soll die Vermutung des § 139 BGB entkräften, den Vertrag also insgesamt unabhängig davon machen, ob einzelne Regelungen sich als nichtig erweisen. Regelungstechnisch lassen sich zwei gebräuchliche Varianten unterscheiden, nämlich die **Fiktion einer Ersatzklausel (automatische Ersetzung)** und die **schuldrechtliche Verpflichtung zur Ersetzung**. Im erstgenannten Fall gilt eine Ersatzklausel bereits als vereinbart, ihr Inhalt muß im Streitfall allerdings festgestellt werden. Im zweiten Fall müssen die Beteiligten noch zusammenwirken, um den Vertrag entsprechend zu ergänzen.

Formulierungsbeispiel für Variante 1: „Erweist sich eine Bestimmung dieses Vertrages als unwirksam, so läßt dies die Gültigkeit der sonstigen Vereinbarungen unberührt. Anstelle der unwirksamen Klausel gilt zwischen den Beteiligten eine solche rechtswirksame Klausel als vereinbart, die in rechtlich zulässiger Weise wirtschaftlich dem am nächsten kommt, was die Vertragsbeteiligten mit der unwirksamen Klausel bezweckt haben. Die Beteiligten sind einander verpflichtet, auf Verlangen des anderen Teils den Inhalt einer solchen Ersatzklausel zu bestätigen."

Formulierungsbeispiel für Variante 2: „Die Ungültigkeit einzelner Bestimmungen dieses Vertrages berührt seine Wirksamkeit im übrigen nicht. Anstelle unwirksamer Bestimmungen oder zur Ausfüllung einer Lücke ist eine angemessene Regelung zu vereinbaren, die dem am nächsten kommt, was die Vertragsschließenden gewollt hätten, sofern sie diesen Punkt bedacht hätten."

c) Vertragskosten.

181

Formulierungsbeispiel: „Jede Vertragspartei trägt die Kosten ihres anwaltlichen und steuerlichen Beraters beim Zustandekommen dieses Vertrages selbst. Die Kosten der notariellen Beurkundung trägt ..., ebenso die Kosten für die erforderlichen Eintragungen im Handelsregister. Anfallende Grunderwerbsteuer trägt ..."

d) Ausfertigungen.

182

Bei privatschriftlichen Verträgen empfiehlt sich die Abrede, in wievielen gleichlautenden Exemplaren der Vertrag ausgefertigt und allseitig unterschrieben ist und wer diese Exemplare verwahrt. Existiert der Vertrag in mehreren Sprachen, ist außerdem ratsam festzulegen, welche Sprachfassung im Zweifel die maßgebliche ist. Es sollte regelmäßig die Sprache des Rechtes sein, welches auf den Vertrag und seine Abwicklung anwendbar ist.

Weiterführend:

- Zu Abschnitt VI. insgesamt: Basischeckliste für Austauschverträge nebst Kommentierung bei Heussen/Imbeck, Handbuch, S. 337–446.
- Salvatorische Klausel: Rehbinder, Vertragsgestaltung, S. 36ff.
- Bedingung und Befristung im Erbrecht: Zawar, DNotZ 1986, 515ff.
- Schiedsvereinbarungen: Ebbing, Satzungsmäßige Schiedsklauseln, NZG 1999, 754ff. Zabes/Lörcher, Das neue Recht der Schiedsgerichtsbarkeit, MDR 1997, 420.

B. Das Sicherheits- und Risikodenken des Vertragsjuristen

I. Fragestellungen und Blickrichtungen

183 Durch den Abschluß von Verträgen wollen die Beteiligten etwas erreichen und zwar – abstrakt formuliert – die Befriedigung oder Sicherung eines bestimmten, zumeist wirtschaftlichen Interesses. Für die Beteiligten steht dieser Vertragszweck ganz im Vordergrund. Aufgabe des Vertragsjuristen ist es zu fragen, welche Erklärungen bzw. Handlungen der Vertragsteile erforderlich sind, um die durch den Vertragszweck gekennzeichneten beiderseitigen Interessen zu befriedigen. Dies ist die bereits behandelte **Denkebene der primären Vertragspflichten.** Deren vorrangige Behandlung rechtfertigt sich daraus, daß sie sowohl aus der Sicht der Beteiligten, als auch objektiv die vorgelagerte Arbeitsebene darstellt.

Würde man allerdings auch nicht juristisch geschulte Vertragspartner befragen, ob sich ihr Interesse an einem Vertragsabschluß auf die richtige Umsetzung und Formulierung ihrer primären Ziele beschränkt, so würde man als Antwort vermutlich hören, selbstverständlich wolle man, daß die eigene Rechtsposition in Bezug auf das wirtschaftliche Primärinteresse optimal „abgesichert" sei. Was das konkret heißen mag, wird den Beteiligten oft selbst nicht klar sein. Sie erwarten vom Vertragsjuristen schlicht „Sicherheit"! Dessen Aufgabe ist es, die gewünschte Sicherheit, soweit sie jeweils mit angemessenen Mitteln machbar ist, zu schaffen und zugleich bei den Beteiligten das Bewußtsein zu fördern, wogegen man sich schützen kann und wo die Grenzen erreichbarer Sicherheit liegen. Hierzu zählt zum Beispiel die ganz banale Einsicht, daß der beste Vertrag nicht verhindern kann, daß der Vertragspartner ihn nicht einhält, die eigenen Rechte also ggf. durchgesetzt werden müssen.

> Schon in den bisherigen Erörterungen hat das Sicherheits- und Risikodenken des Vertragsjuristen immer wieder eine Rolle gespielt, so z.B. in Abschnitt A. IV. in den Überlegungen zu Ausgangsbeispiel Nr. 2 (Rn 117ff). Inwiefern? Können Sie weitere Beispiele nennen?

Immer wieder zur Sprache kamen gesetzliche Formvorschriften (z.B. Rn 110, 161). Deren Nichtbeachtung kann zur Unwirksamkeit der betreffenden Vertragsregelung führen, unter Umständen zur Unwirksamkeit des ganzen Vertrages. Schon im Ersten Teil ist vom „Aktionsraum der Vertragsgestaltung" die Rede gewesen, von der Aufgabe des Vertragsjuristen jeweils zu prüfen, welche Regelungen nach den gesetzlichen Vorgaben in concreto überhaupt zulässig wären (Rn 46f). Verträge, die sich ganz oder teilweise als rechtsunwirksam herausstellen, begründen nicht die gewünschten Verpflichtungen der Beteiligten. Sie

B. Das Sicherheits- und Risikodenken des Vertragsjuristen

schaffen damit nicht die gesicherte Grundlage für die mit dem Vertrag angestrebte Interessenbefriedigung, auch dann, wenn die Unwirksamkeit des Vertrages (zunächst) von den Beteiligten gar nicht bemerkt wird.

- Eine **erste Ausprägung** des Sicherheits- und Risikodenkens des Vertragsjuristen ist also sein **Bestreben, einen in jeder Hinsicht rechtswirksamen Vertrag zustande zu bringen.** Diese Blickrichtung läßt sich weiter differenzieren in formelle Aspekte (Beachtung von Formvorschriften, ordnungsgemäße Vertretung) und inhaltliche Zulässigkeit der erwogenen Regelungen (Beachtung von Gestaltungsgrenzen). 184

- Für die Gedankenwelt des Vertragsjuristen noch typischer ist eine **zweite Blickrichtung:** Die Vertragsbeteiligten sehen den mit dem Vertrag erstrebten Erfolg vor Augen, sie denken auf der Ebene des positiv verlaufenden Falles. Der Vertragsgestalter hat rollenbedingt auch einen anderen Blickwinkel. Er stellt sich nicht nur die geglückte Vertragsaktion vor, sondern durchdenkt gerade auch den „kranken Fall": Angenommen, der Vertrag wird nicht ordnungsgemäß erfüllt, was gilt dann? Wie kann das Interesse meines Mandanten/des jeweiligen Vertragsteils im Hinblick auf solche Entwicklungen geschützt werden? Im Kern geht es um die **Vermeidung von Nachteilen** im Falle **nicht ordnungsgemäßer Erfüllung.** Bisweilen macht sich der Vertragsjurist bei seinem Auftraggeber unbeliebt, wenn er solche Überlegungen ins Spiel bringt und den Mandanten veranlaßt, in den Kategorien der Schwierigkeiten und des Scheiterns zu denken. Überlegungen und Gestaltungsvorschläge auf dieser Ebene lassen sich als **Risikoplanung** bezeichnen, im Unterschied zur **Erfüllungsplanung,** die den positiv verlaufenden Normalfall der Vertragsdurchführung vor Augen hat (hierzu bereits oben Rn 89). Ihren Sinn hat diese begriffliche Unterscheidung darin, verschiedene Blickwinkel kautelarjuristischen Denkens zu kennzeichnen. Hingegen ist eine strikte Trennung dieser Bereiche unter ausschließlicher Zuordnung des vertragstechnischen Instrumentariums weder möglich noch sinnvoll. 185

- Ein **dritter Blickwinkel** wird erkennbar in den Erörterungen zu Abschnitt A. IV. Ausgangsbeispiel Nr. 2 (vor Rn 117). Die Analyse des nachbarlichen Gestattungsvertrages aus der Sicht der Interessenlage des Investors I ergibt, daß der Vertrag sein Interesse – Überbauung des Nachbargrundstücks – nicht schützt, falls der Nachbar vor Durchführung der Überbaumaßnahme das Grundstück veräußert. Hier geht es um Ereignisse, die nichts mit der nicht ordnungsgemäßen Vertragserfüllung zu tun haben, sondern um Veränderungen des Lebenssachverhaltes (hier: Eigentumswechsel an der betreffenden Immobilie). Störungen zu erkennen, die sich aus solchen **Veränderungen des Lebenssachverhaltes** ergeben können, mit denen nach der Lebenserfahrung gerechnet werden muß, und für diese **Störungen** möglichst Vorsorge zu treffen, ist die dritte typische Erscheinungsform des Sicherheits- und Risikodenkens. 186

- Eine **vierte** und letzte **Ausprägung** der hier zu erörternden Denkweise läßt sich mit Zankl (anwaltliche Praxis, S. 153 ff) als **Schädlichkeitsprüfung** be- 187 zeichnen. Hier geht es nicht um die Rechtswirksamkeit des Vertrages und seine ordnungsgemäße Erfüllung, sondern um die Frage, ob die erwogene Lösung ungeachtet ihrer sonstigen Eignung für das Vertragsziel mit rechtlichen Nachteilen verbunden ist, die bislang noch nicht in die Überlegungen mit einbezogen waren (Nebenwirkungen). Man mag einwenden, daß solche Überprüfungen schon anläßlich der Auswahl in Betracht kommender vertraglicher Gestaltungen (zu dieser Arbeitsphase s. o. Erster Teil, Abschnitt C.) anzustellen sind, das Sicherheits- und Risikodenken also bereits dort einsetzt. Für die Mehrzahl der Fälle dürfte dies auch zutreffen. Gleichwohl ist es ratsam, die erwogene Konzeption in den Grundzügen und in den Details aus einer gedanklichen Distanz heraus noch einmal abschließend daraufhin zu prüfen, ob möglicherweise Haftungstatbestände eingreifen oder sonstige gefährliche Wirkungen erzeugt werden, die bislang nicht bedacht wurden.

II. Sicherung der Rechtswirksamkeit des Vertrages

1. Rechtswirksames Zustandekommen

188 **a) Beteiligte, Vertretung.** *aa) Vertragsparteien, gesetzliche Vertretung.* Auf die **korrekte Bezeichnung der Vertragsbeteiligten** zu achten, scheint selbstverständlich, wird aber in der Praxis nicht immer beachtet, vor allem bei privatschriftlich von den Parteien konzipierten und dem Anwalt zur Prüfung vorgelegten Texten. Die unkorrekte Bezeichnung einer Vertragspartei kann zu Unsicherheiten darüber führen, wer aus dem Vertrag berechtigt und verpflichtet ist.

Beispiel: Das Fitneßstudio „body-power-center" wird von einer Gesellschaft bürgerlichen Rechts, bestehend aus A und B, betrieben. In einem Gewerbemietvertrag über Räumlichkeiten für Fitneßzwecke wird als Mieterin die obige Bezeichnung eingesetzt. Verhandelt und unterschrieben hat allein Gesellschafter A.

Da die obige Bezeichnung kein Rechtsträger sein kann, erhebt sich die Frage, wer durch die Unterschrift des A zum Vertragspartner auf der Mieterseite wird. Bei unternehmensbezogenen Geschäften gilt, daß im Zweifel für den Inhaber gehandelt werden soll (BGHZ 91, 152). Die Gesellschaft bürgerlichen Rechts kann aber als Vertragspartner nur dann durch A gebunden werden, wenn A über die entsprechende Vertretungsmacht verfügt, auch B zu verpflichten. Besteht jedoch nach dem Gesellschaftsvertrag – oder mangels eines solchen nach dem Gesetz – Gesamtgeschäftsführung (§ 709), so würde zwar A, nicht jedoch B und damit nicht das Gesamthandsvermögen der GbR verpflichtet werden (§ 714), es sei denn, die Grundsätze über Anscheins- und Duldungsvollmachten greifen ein. Auf derartige Unwägbarkeiten darf sich der Vertragsjurist nicht einlassen. Er hat für Klarheit zu sorgen.

In der Praxis ist namentlich darauf zu achten, daß als Vertragsparteien nur Rechtsträger, nicht aber unselbständige Untergliederungen solcher Rechtsträger

aufgeführt werden (z.B. städtisches Wasserwerk). Die sog. Parteien kraft Amtes (Testamentsvollstrecker, Insolvenzverwalter) handeln in dieser Eigenschaft im eigenen Namen, während der Betreuer Vertreter des Betreuten ist (§ 1902).
Im Rubrum einer privatschriftlichen Urkunde müssen die gesetzlichen Vertreter einer juristischen oder natürlichen Person nicht notwendigerweise aufgeführt sein, es sei denn, die Vertretungsverhältnisse sind unübersichtlich. Es ist aber im Vorfeld der Unterzeichnung des Vertrages zu prüfen und bei der Unterschrift anzugeben, ob und wie die handelnden Personen zur Vertretung berechtigt sind. Handelt ein gesetzlicher Vertreter einer juristischen Person des Privatrechts, hat der vorsichtige Vertragsjurist durch Registereinsicht (Handelsregister, Genossenschaftsregister, Vereinsregister) jüngeren Datums festzustellen, ob die Vertretungsmacht tatsächlich besteht. Entsprechendes gilt für den mit „ppa." zeichnenden Prokuristen. Im kaufmännischen Verkehr haben Prokura (§ 49 HGB), Handlungsvollmacht (§ 54 HGB) und Abschlußvollmacht (§ 55 HGB) eine gesetzliche Ausformung erfahren. Bei juristischen Personen und rechtsfähigen Anstalten des öffentlichen Rechts reicht regelmäßig die Beidrückung des amtlichen Siegels, um die Zeichnungsberechtigung ausreichend zu dokumentieren.
Mitunter gelten für besondere Situationen Abweichungen von den Regeln der gesetzlichen Vertretung. Dazu folgendes

Beispiel: Die soeben ins Handelsregister neu eingetragene A-GmbH (Geschäftsführer X) bestellt Herrn Y als weiteren Geschäftsführer. Der Anstellungsvertrag wird von Steuerberater S entworfen. Er wird seitens der GmbH unterzeichnet durch den mit Alleinvertretungsbefugnis ausgestatteten und von den Beschränkungen des § 181 BGB befreiten Geschäftsführer X, auf der anderen Seite von Y.

Bestehen gegen dieses Verfahren Bedenken?

Die Kompetenz zur Bestellung eines Geschäftsführers liegt nach dem Gesetz bei den Gesellschaftern (§ 46 Nr. 5 GmbHG, abdingbar). Nach allgemeiner Meinung vertreten die Gesellschafter die GmbH auch beim Abschluß des Anstellungsvertrages (vgl. statt aller Lutter/Hommelhoff, § 46 Rn 13). Entsprechendes gilt für Änderungen, Kündigung und Aufhebung (BGH ZIP 1991, 580). Die bereits vorhandenen Geschäftsführer sind hierzu kraft ihrer originären Kompetenzen weder zuständig noch vertretungsbefugt. Allerdings kann die Gesellschafterversammlung aufgrund entsprechender Beschlußfassung einzelnen Gesellschaftern oder Geschäftsführern zum Abschluß des Anstellungsvertrages mit einem neuen Geschäftsführer gesonderte Vertretungsbefugnis erteilen (Scholz/ U. H. Schneider, § 35 Rn 171). Im Beispiel kommt es also darauf an, ob eine solche Beauftragung und Bevollmächtigung von X vorliegt. Fehlte sie, handelte X als Vertreter ohne Vertretungsmacht und haftet persönlich (§ 179), wenn die GmbH den Vertrag nicht noch mit rückwirkender Kraft (§§ 177 Abs. 1, 184 Abs. 1) genehmigt. Die Verletzung von Kompetenzvorschriften kann i.ü. erhebliche steuerliche Folgen haben (vgl. Tillmann, Praktikum, Rn 264 m.w.N.).

189 bb) Gewillkürte Vertretung.

> Nehmen Sie an, ein privatschriftlicher Vertrag soll in einem gemeinsamen Termin für beide Vertragsteile jeweils durch Bevollmächtigte unterzeichnet werden. Die Vertragsparteien sind GmbH's. Was wäre aus Sicht des Vertragsjuristen zu prüfen?

Die Vollmachtsurkunden sind **formal** darauf durchzusehen, ob sie von Personen erteilt worden sind, die ihrerseits für die jeweilige Partei handlungsbefugt sind, in erster Linie also durch Geschäftsführer/Prokuristen jeweils entsprechend der satzungsmäßigen Vertretungsregelung der GmbH laut Handelsregistereintragung.

Zu prüfen ist weiter, ob die Vollmacht **inhaltlich** das abzuschließende Geschäft deckt. Daran können im Einzelfall Zweifel bestehen, die sich auch durch Auslegung nicht beseitigen lassen. Dann hat der Vertragsjurist nachdrücklich auf eine Nachbesserung der Vollmacht oder eine vorsorgliche nachträgliche Bestätigung des unterzeichneten Vertrages durch die betreffende Vertragspartei hinzuwirken.

Zu beachten ist ferner, daß das Vertrauen des Geschäftspartners in das rechtswirksame Fortbestehen der erteilten Vollmacht nur dann geschützt ist, wenn der Bevollmächtigte bei privatschriftlichen oder notariell beglaubigten Vollmachten die **Urschrift**, bei notariell beurkundeten Vollmachten eine auf ihn lautende **Ausfertigung** der Vollmachtsurkunde (BGHZ 102, 63) bei Unterzeichnung des Vertrages vorlegt (§ 172). Im letztgenannten Fall genügt also eine Kopie und selbst eine begl. Abschrift nicht!

> Nehmen Sie an, an einem unmittelbar bevorstehenden Vertragsschluß sind als Werkunternehmer die A-GmbH und die B-GmbH beteiligt, als Auftraggeber die X-AG. Die A-GmbH und die B-GmbH verpflichten sich „in GbR" zu einer Bauerrichtung. Beide Gesellschaften sollen von dem Bevollmächtigten V vertreten werden. Über die Befreiung von § 181 BGB besagen die von den GmbH's ausgestellten Vollmachtsurkunden nichts. Können diese akzeptiert werden?

Tritt ein Bevollmächtigter zugleich im Namen eines anderen Vertragsbeteiligten auf (z.B. für mehrere Gesellschafter bei der Gründung einer Gesellschaft – **Mehrfachvertretung** –), so muß diese Abweichung von den gesetzlichen Beschränkungen des § 181 BGB ausdrücklich gestattet sein. Gleiches gilt, wenn der Bevollmächtigte zugleich persönlich Vertragspartei ist – **Insichgeschäft** –, es sei denn, er steht auf derselben Vertragsseite wie der Vertretene.

Hier soll V auf derselben Seite eines Rechtsgeschäfts, nämlich auf der Werkunternehmerseite mehrere Personen zugleich vertreten. In einem solchen Fall werden nicht gegenläufige, sondern parallele Willenserklärungen seitens des Vertreters abgegeben. Auf solche Gestaltungen findet § 181 keine Anwendung (BGHZ 50, 8, 10).

B. Das Sicherheits- und Risikodenken des Vertragsjuristen

> Also kann V handeln?

Denkbar ist, daß V zugleich ein Rechtsgeschäft zwischen den vertretenen GmbH's abschließen will, nämlich die Gründung einer GbR zwischen A und B zugleich mit dem Abschluß des Werkvertrages. Für den Inhalt des Gesellschaftsvertrages würde mangels abweichender Regelungen (zunächst) das Gesetz gelten. Um dieser Problematik aus dem Wege zu gehen, könnte man daran denken, im Werkvertrag klarzustellen, daß V keinen Gesellschaftsvertrag zwischen A und B abschließt, die Gesellschaft bürgerlichen Rechts vielmehr schon als gegründet betrachtet wird. Gegen diese Lösung spricht die Fassung der Vollmachten, die nicht von der GbR bzw. den Gesellschaftern in dieser Eigenschaft, sondern einzeln von der A-GmbH und der B-GmbH erteilt worden sind ohne Hinweis auf ein bestehendes Gesellschaftsverhältnis. Es verbleiben also erhebliche Unklarheiten über die Reichweite der Vollmachten an V.

> Wie könnte eine praktische Lösung des Problems aussehen, wenn der Unterzeichnungstermin unmittelbar bevorsteht?

In Betracht kommt folgendes: Entweder gelingt vor Unterzeichnung noch die Vollmachtsergänzung oder V handelt – gerade im eigenen Haftungsvermeidungsinteresse – als Vertreter ohne Vertretungsmacht mit anschließender Genehmigung des Vertragsabschlusses durch beide GmbH's. Diese Genehmigungsurkunde wäre wiederum formal und inhaltlich zu prüfen und zweckmäßigerweise mit dem Hauptvertrag fest zu verbinden.

Im Unterschied zum Handeln als vollmachtloser Vertreter ist das Auftreten als **mündlich Bevollmächtigter** für den Vertreter gefährlich. Gelingt ihm der Nachweis der Vertretungsmacht nicht, haftet er persönlich (§ 179).

Besondere Probleme können sich ergeben, wenn aufgrund von **Untervollmacht** 190 gehandelt werden soll. Mit Rücksicht auf die in diesem Bereich noch nicht geklärten Rechtsfragen (vgl. Wolf, MittBayNot 1996, 266 m.w.N.) sollte in der Praxis dieser Weg nur beschritten werden, wenn beide Vollmachtsurkunden in Urschrift oder Ausfertigung vorgelegt werden. Abgesehen von der Problematik des § 172 ist die Vorlage auch der Hauptvollmacht erforderlich zur Prüfung
- ob die Erteilung von Untervollmacht überhaupt **zulässig** ist (mitunter lassen sich diesbezügliche Zweifel durch Auslegung überwinden),
- ob die Untervollmacht **formal** einwandfrei vom Hauptbevollmächtigten erteilt wurde,
- ob die Untervollmacht **inhaltlich** von der Hauptvollmacht gedeckt ist,

cc) Stellvertretung und Innenbindungen. Soll der alleinvertretungsberechtigte 191 Geschäftsführer einer GmbH einen Vertrag unterzeichnen, so ist es für die Rechtswirksamkeit der abgegebenen Erklärungen grundsätzlich unerheblich, ob er im Innenverhältnis zur Gesellschaft zuvor einen Gesellschafterbeschluß oder

Zweiter Teil. Das Instrumentarium des Vertragsjuristen

die Zustimmung eines weiteren Geschäftsführers (gemäß interner Geschäftsordnung) hätte einholen müssen. Entsprechendes gilt, wenn aufgrund einer inhaltlich das Rechtsgeschäft abdeckenden Vollmacht gehandelt werden soll, der Bevollmächtigte jedoch im Innenverhältnis vor Vertragsabschluß die Freigabe des Rechtsgeschäfts durch den Geschäftsführer benötigt. Eine Ausnahme von dem Grundsatz der Trennung zwischen Vertretungsmacht im Außenverhältnis und Bindung im Innenverhältnis zum Vertretenen gilt für den Fall des dem Geschäftsgegner offenkundigen Mißbrauchs der Vertretungsmacht des Handelnden (Einzelheiten bei Palandt/Heinrichs § 164 Rn 13 ff m. w. N.).
Wenn dem unparteiischen Vertragsjuristen (Notar) derartige Innenbindungen bekannt werden, wird er die Handelnden regelmäßig darauf hinweisen. Für den die betreffende Vertragsseite beratenden Rechtsanwalt oder Unternehmensjuristen gilt dies erst recht. Er wird dafür Sorge tragen, daß auch die für den Vertragsschluß gemäß Innenrecht notwendigen Erklärungen und Schritte vorher vollzogen werden, damit die handelnde Person nicht gegen solche Bindungen verstößt.

192 **b) Formfragen.** Die Nichtbeachtung gesetzlicher Formvorschriften hat grundsätzlich die Nichtigkeit der formgebundenen Erklärung zur Folge (§ 125 S. 1). Ob die Nichtigkeit nur einzelner Teile die Nichtigkeit des gesamten Vertrages nach sich zieht, beurteilt sich nach § 139, soweit nicht eine salvatorische Klausel zum Zuge kommt. Für vertragliche Formabsprachen gilt nach dem Wortlaut von § 125 S. 2 das gleiche, doch läuft die Vorschrift i. E. weitgehend leer (dazu bereits oben Rn 179 sowie Palandt/Heinrichs § 125 Rn 14). Mitunter sieht das Gesetz eine Heilung der Formnichtigkeit durch Erfüllung vor (§§ 313 S. 2, 766 S. 2, § 15 Abs. 4 S. 2 GmbHG).
Der sorgfältigen Beachtung von Formvorschriften hat der Vertragsjurist große Aufmerksamkeit zu widmen. Wie schnell hierbei Fehler – mit Haftungsfolgen! – unterlaufen können zeigt folgender

> **Fall Nr. 14:**
> Ehel. Zoff wollen sich scheiden lassen. Im Rahmen einer umfassenden notariellen Scheidungsfolgenvereinbarung sollen u. a. vereinbart werden die Gütertrennung mit Auseinandersetzung des Vermögens und Regelung des Zugewinnausgleichs, der nacheheliche Unterhalt, der Verzicht auf den Versorgungsausgleich, der Unterhalt der minderjährigen Kinder und ein wechselseitiger Erb- und Pflichtteilsverzicht. Zwischen den Anwälten wird der Vertragstext bis ins letzte Detail ausgehandelt. Die Beteiligten sind so zerstritten, daß sie nicht gemeinsam beim Notar erscheinen wollen. Die Anwälte sprechen deshalb ab, daß Herr Zoff bei der Beurkundung die Ehefrau als mündlich Bevollmächtigter vertritt und diese sodann in notariell beglaubigter Form die mündliche Vollmacht bestätigt.

Auf den ersten Blick ein nicht besonders auffälliges Verfahren. Eine mündliche oder auch vollmachtlose Vertretung ist alltäglich. Bei näherer Betrachtung ergeben sich jedoch Probleme.

B. Das Sicherheits- und Risikodenken des Vertragsjuristen

> Welche Formvorschriften sind bei dem vorgesehenen Vertragsabschluß zu beachten?

Die geplante Gütertrennung mit Regelung des Zugewinnausgleichs beinhaltet einen Ehevertrag. Hierfür gilt die Formvorschrift des § 1410. Sie verlangt das gleichzeitige Erscheinen beider Vertragsteile vor dem Notar. Da das Gesetz keinen persönlichen Vertragsschluß vorsieht, ist Stellvertretung zulässig, auch durch den anderen Ehegatten. Das gilt auch für die Vertretung durch einen Vertreter ohne Vertretungsmacht oder für einen mündlich Bevollmächtigten.

> Wäre deshalb die erwogene Vorgehensweise rechtlich unbedenklich?

Insoweit ja. Zu prüfen ist aber, ob weitere Formvorschriften einschlägig sind. Der Ausschluß des Versorgungsausgleichs bedarf nach § 1408 Abs. 2 der Form des Ehevertrages, der ergänzende vorsorgliche Ausschluß nach § 1587o Abs. 2 S. 1 der notariellen Beurkundung. Auch diese Formanforderungen wären durch das gewählte Verfahren gewahrt. Der ebenfalls in der Urkunde vorgesehene Erb- und Pflichtteilsverzicht bedarf nach § 2348 ebenfalls der notariellen Beurkundung. Nach § 2347 Abs. 2 S. 1 kann der Erblasser einen solchen Vertrag nur persönlich schließen.

> Was ergibt sich daraus für das erwogene Verfahren?

Das Gesetz schließt im letztgenannten Bereich jegliche Stellvertretung aus. Das gilt für beide Vertragsteile, weil der Verzicht wechselseitig ausgesprochen werden soll. Im Hinblick auf diese Formerfordernisse ist die erwogene Lösung also nicht machbar.
Die entsprechend informierten Anwälte schlagen nunmehr vor, den Vertrag in Angebot und Annahme zu zerlegen. Der Ehemann solle das Angebot zu notariellem Protokoll erklären, die Ehefrau werde in entsprechender Form persönlich annehmen.

> Wie ist dieser Vorschlag zu bewerten?

Gewahrt wird damit die Anforderung aus §§ 2347 Abs. 2 S. 1, 2348, weil der Vertragsschluß durch die Beteiligten persönlich erfolgt. Verletzt würde jedoch die Formvorschrift des § 1410. Ein Ehevertrag kann nicht durch Trennung in Angebot und Annahme geschlossen werden.

> Gibt es dennoch eine praktische Lösung der Formproblematik, ohne daß beide Vertragsteile gleichzeitig beim Notar erscheinen?

Zweiter Teil. Das Instrumentarium des Vertragsjuristen

Die Lösung liegt in der **Aufspaltung des Gesamtvorgangs.** Der Erb- und Pflichtteilsverzicht wird in eine gesonderte Urkunde ausgelagert und als Angebot beurkundet. Zugleich handelt der anbietende Teil beim Abschluß des Ehevertrages als mündlich Bevollmächtigter oder als vollmachtloser Vertreter des anderen Teils.

> Läßt sich bei dieser Gestaltung verhindern, daß eine Vereinbarung ohne die andere in Kraft tritt?

Durch die bereits erörterte rechtliche Vernetzung (Rn 155 ff) läßt sich dies problemlos erreichen. In die Vertragstexte wird als aufschiebende Bedingung aufgenommen, daß die jeweilige Vereinbarung erst in Kraft tritt, wenn die zweite Absprache rechtswirksam zustande gekommen ist. Gegen die Aufnahme solcher Bedingungen in diese Rechtsgeschäfte bestehen keine Bedenken.

193 **c) Mitwirkung Dritter, erforderliche Genehmigungen.** Häufig sind zu dem unterzeichneten Vertrag noch Zustimmungen Dritter erforderlich, wobei hierunter auch eine Behörde oder ein Gericht zu verstehen ist.

Begrifflich kann man Dritterklärungen unterscheiden, von deren Erteilung die Rechtswirksamkeit des geschlossenen Vertrages abhängt – insgesamt oder teilweise, in seinem verpflichtenden oder dem verfügenden Teil – von solchen, die nur auf der Ebene der Vertragsdurchführung von Bedeutung sind.

> Nennen Sie Beispiele für Dritterklärungen der ersten Gruppe!

Aus der Vielzahl der Fälle der **ersten Gruppe** sind etwa zu nennen die Genehmigung des Gläubigers zu einer im Vertrag vereinbarten Schuldübernahme (§ 415), die Zustimmung des Dritten zu einer Vertragsübernahme, die Genehmigung des Wohnungseigentumsverwalters zur Veräußerung einer Eigentumswohnung (§ 12 WEG), die Zustimmung des Nacherben zu einer Verfügung des Vorerben (§ 2113), die Zustimmung des Ehepartners zu Handlungen im Sinne von §§ 1365, 1369 des anderen Ehepartners, die Genehmigung des Familiengerichtes zu bestimmten Handlungen der gesetzlichen Vertreter Minderjähriger (§§ 1643, 1821, 1822). Aus dem öffentlich-rechtlichen Bereich sind beispielhaft zu nennen Genehmigungserfordernisse nach dem BauGB (§§ 51, 144, 169 BauGB), ferner aufsichtsbehördliche Genehmigungserfordernisse im kirchlichen und kommunalen Bereich (z.B. § 86 Abs. 1 nw GO).

Zur **zweiten Gruppe** zählen z.B. die Genehmigung zur Grundstücksteilung nach § 19 BauGB, ferner Genehmigungen und sonstige Dritterklärungen, die nach dem Vertragsinhalt von Bedeutung sind (z.B. Nachbarzustimmung zu einem Bauvorhaben) derart, daß sich an ihre Erteilung/Nichterteilung bestimmte Rechte bzw. Pflichten knüpfen (z.B. Kaufpreisfälligkeit, Rücktrittsrecht). Die Beschaffung dieser Erklärungen ist Bestandteil der hier nicht weiter zu erörternden Vertragsabwicklung.

B. Das Sicherheits- und Risikodenken des Vertragsjuristen

Aufgabe des Vertragsgestalters ist es, die Erforderlichkeit von Dritterklärungen zu dem konzipierten Vertrag zu erkennen und zu berücksichtigen. Dies gehört zur Beherrschung des oder der Sachgebiete(s), denen der Vertrag zuzuordnen ist. Regelmäßig wird es sinnvoll sein, mit dem Dritten, insbesondere einem Gericht oder einer Behörde, vor Vertragsabschluß informell zu klären, ob mit der Erteilung der Genehmigung gerechnet werden kann.

Ist die Herbeiführung von Dritterklärungen erforderlich, sollte im Vertrag geregelt werden, wer diese einholt. Die eingegangenen Dritterklärungen hat der Vertragsjurist daraufhin zu überprüfen, ob sie formal und inhaltlich ordnungsgemäß sind, um den gewünschten Rechtseffekt zu erzielen. Das kann etwa fraglich sein, wenn Zustimmungserklärungen Dritter unter „Bedingungen" oder „Vorbehalten/Auflagen" erteilt werden. Die ordnungsgemäß erteilten Dritterklärungen sollten mit der Originalvertragsurkunde fest verbunden werden jedenfalls dann, wenn von ihnen die Rechtswirksamkeit des Vertrages abhängt.

2. Inhaltliche Zulässigkeit

Bei der Erörterung der Arbeitsphasen der Vertragsgestaltung war bereits davon die Rede, daß der Kautelarjurist bei der näheren Prüfung erwogener Gestaltungsmöglichkeiten auch der Frage nachzugehen hat, ob das Erwogene inhaltlich mit der Rechtsordnung in Einklang steht, also die Grenzen der Vertragsgestaltung gewahrt sind (Rn 46f). Besonderes Augenmerk verdienen in diesem Zusammenhang die Vorschriften des AGB-Gesetzes. Die Folgen einer übersehenen oder durch spätere Rechtsprechungsentwicklung eintretenden Unwirksamkeit einzelner Vertragsklauseln werden regelmäßig durch salvatorische Klauseln begrenzt (dazu oben Rn 180). Mitunter wird von den Beteiligten die rechtliche Zweifelhaftigkeit einer einzelnen Vertragsklausel bewußt hingenommen, wenn man mit der ersatzweise eingreifenden gesetzlichen Regelung notfalls auch einverstanden wäre und die Rechtswirksamkeit der sonstigen Vereinbarungen durch Aufnahme einer salvatorischen Klausel gesichert ist (kalkuliertes Unwirksamkeitsrisiko).

194

Aufgabe Nr. 6

Der vermögende Privatier Peter Panther hat vier erwachsene Kinder. Er möchte seine beiden ältesten Söhne Siegfried und Roy, denen er auch geschäftlich voll vertraut, Vollmacht erteilen zur Verwaltung seines umfangreichen Vermögens, bestehend u.a. aus Unternehmensbeteiligungen, Grundbesitz und Wertpapieren. Herr Panther schätzt insbesondere Sicherheit, Geschick und Sorgfalt seiner beiden Söhne. Er konsultiert seinen Rechtsanwalt Denker mit der Bitte um Beratung und Entwurf einer entsprechenden Vollmacht. Rechtsanwalt Denker nimmt diesen Fall zum Anlaß, für den eigenen Gebrauch eine Checkliste für die Konzeption von Vollmachten zu entwerfen. Entwerfen Sie eine solche Checkliste! Welche mit dem Mandanten zu besprechenden Fragen ergeben sich hieraus? Unterstellen Sie auf der Basis des oben mitgeteilten Lebenssachverhaltes „lebensnahe" und „vernünftige" Antworten des Herrn Panther und formulieren Sie den Vollmachtstext!

III. Risikovorsorge (1): Die nicht ordnungsgemäße Vertragserfüllung

1. Denkstrukturen der Risikoplanung

195 **a) Fallerwägungen.** Während die Vertragsparteien primär den geglückten Vertragsvorgang vor Augen haben, muß sich der Vertragsjurist gedanklich und gestalterisch auch mit Störungen der Vertragsdurchführung bis hin zum Scheitern des Vorgangs befassen. Dazu benötigt er Phantasie und Lebenserfahrung. Die anzustellenden Überlegungen unterliegen einer – oft unbewußten – inneren Logik, die verdeutlicht werden soll an

> **Fall Nr. 15:**
> Das Autohaus Blechkleid-GmbH (Allein-Gesellschafter/Geschäftsführer Herr Blechkleid) beabsichtigt die Veräußerung eines gebrauchten PKW der Luxusklasse für 100 000,– DM an die Import- und Exportfirma Grenzland-GmbH, deren alleiniger Gesellschafter und Geschäftsführer der Geschäftsmann Herr Grenzland ist. Herr Grenzland stellt sich vor, 50% des Kaufpreises kurzfristig bar zu zahlen, den Rest, sobald sein Abkäufer in der Türkei seinerseits die versprochene Anzahlung geleistet hat, spätestens jedoch in drei Monaten. Mitnehmen möchte er den PKW nebst Papieren bereits bei Anzahlung, damit er schleunigst auf den Weg in die Türkei gebracht werden kann. Selbstverständlich sei er bereit, persönlich für die Zahlung der zweiten Kaufpreisrate „geradezustehen" oder vorübergehend die Papiere seines soeben erworbenen gebrauchten Firmenwagens der gehobenen Klasse, von ihm persönlich genutzt, beim Verkäufer als Sicherheit „zu hinterlegen". Erkundigungen der Blechkleid-GmbH ergeben, daß Herr Grenzland einen seriösen Ruf genießt und Zahlungspflichten bislang stets nachgekommen ist.
> Die Blechkleid-GmbH bittet ihren Rechtsanwalt Pfiffig um Prüfung und Beratung. Welche Überlegungen wird Rechtsanwalt Pfiffig anstellen?

Offenbar stellt sich Herr Grenzland vor, daß der PKW bei Leistung der Anzahlung der Käuferseite bereits übereignet wird. Damit hätte die Blechkleid-GmbH ihre Leistung vollständig erbracht, die Gegenleistung jedoch erst zur Hälfte empfangen. Würde der Käufer den restlichen Kaufpreis nicht zahlen, wäre die Blechkleid-GmbH gezwungen, ihren verbleibenden Zahlungsanspruch oder die Rechte aus § 326 geltend zu machen. Wählt der Verkäufer hierbei den Rücktritt, um – neben dem Ersatz des Verzögerungsschadens – das gelieferte Auto zu Eigentum zurück zu erhalten, ist fraglich, ob dies gelänge. Es ist zu befürchten, daß der Käufer den PKW bereits weiter veräußert und weggegeben hat. Die von Herrn Grenzland vorgeschlagene Abwicklung begründet für die Blechkleid-GmbH mithin die abstrakte Gefahr, die eigene Leistung endgültig zu verlieren, ohne die Gegenleistung vollständig zu erhalten.

Als Vertragsjurist wird Rechtsanwalt Pfiffig dieses Risiko in aller Deutlichkeit benennen. Aus seiner Sicht dürfte zweifelsfrei sein, daß die Gefahr, einen Restkaufpreis von 50 000,– DM zu verlieren, untragbar ist, auch wenn sich keine konkreten Anhaltspunkte für die mangelnde Vertragszuverlässigkeit der Grenz-

B. Das Sicherheits- und Risikodenken des Vertragsjuristen

land-GmbH ergeben. Es mag sein, daß Herr Blechkleid aufgrund der eingeholten Erkundigungen bereit ist, dieses Risiko dennoch zu tragen, etwa weil es sich um einen besonders guten Verkaufspreis handelt. Dies ist jedoch eine Frage der kaufmännischen Risikobewertung. Rechtsanwalt Pfiffig wird entsprechend seiner Rolle als beratender Vertragsjurist Gestaltungen zur Risikovorsorge vorschlagen.

> An welche Risikovorsorgemaßnahme wird Rechtsanwalt Pfiffig wohl als erstes denken?

Es bietet sich die Vereinbarung eines Eigentumsvorbehaltes an: Die Übereignung des PKW wird mit der Bedingung der vollständigen Kaufpreiszahlung verknüpft (vgl. § 455; zur rechtlichen Konstruktion Palandt/Putzo § 455 Rn 5, 6).

> Welcher Schutz für die Verkäuferseite ist damit erreicht? Welche Risiken verbleiben?

Kommt es mangels Zahlung des restlichen Kaufpreises zu einer Rückabwicklung (§ 455) oder Liquidation (§ 326) des Vertrages, so steht dem Verkäufer wegen seines fortbestehenden Eigentums ein Herausgabeanspruch aus § 985 zu. Rechte des Käufers aus § 986 sind in diesem Falle erloschen (Rückholrecht des Verkäufers). Gegenüber dem zwischenzeitlichen Zugriff Dritter durch Einzelzwangsvollstreckung steht dem Verkäufer die Möglichkeit der Drittwiderspruchsklage nach § 771 ZPO offen (BGHZ 54, 214), in der Insolvenz der Käuferseite das Aussonderungsrecht nach § 47 InsO, sofern nicht der Insolvenzverwalter nach § 103 InsO Erfüllung des – noch nicht gemäß §§ 455, 326 liquidierten – Vertrages wählt (Einzelheiten bei Palandt/Heinrichs § 929 Rn 51 ff, ferner § 325 Rn 10–13). Wählt der Insolvenzverwalter Erfüllung, so hat er den noch ausstehenden Kaufpreis vorweg als Masseverbindlichkeit zu erfüllen (§ 55 Abs. 1 Nr. 2 InsO).

Es verbleibt die tatsächliche Gefahr, daß der Herausgabeanspruch leerläuft, weil der PKW nicht mehr auffindbar ist. Rechtlich droht der Eigentumsverlust durch gutgläubigen Erwerb eines Dritten nach §§ 929, 932, weil die Grenzland-GmbH nicht nur den unmittelbaren (Fremd-)Besitz am PKW innehat, sondern sich auch im Besitz der PKW-Papiere befindet (zur Bedeutung der Vorlage/Nichtvorlage von Kraftfahrzeugpapieren für den gutgläubigen Erwerb von gebrauchten PKW vgl. BGH NJW 1965, 687 und die weiteren Nachweise bei Palandt/Bassenge § 932 Rn 13). Selbst wenn aufgrund des Eigentumsvorbehaltes die Wiedererlangung des Besitzes am PKW gelänge, verbliebe voraussichtlich bei der Blechkleid-GmbH ein Nichterfüllungsschaden. Ob dieser gegenüber der Käuferseite erfolgreich durchgesetzt werden kann, läßt sich nicht zuverlässig beurteilen.

Im **Ergebnis** verstärkt der Eigentumsvorbehalt zwar die Rechtsposition des Verkäufers, bietet jedoch keinen befriedigenden Interessenschutz.

> Welche Erwägungen wird Rechtsanwalt Pfiffig zu den von Herrn Grenzland angebotenen Sicherheiten anstellen?

Die Bereitschaft des Herrn Grenzland, persönlich für die Zahlung „geradezustehen", kann gerichtet sein auf einen **Schuldbeitritt** oder eine **Bürgschaft**. Der Frage, welcher Gestaltung konkret der Vorrang zu geben ist, wird Rechtsanwalt Pfiffig jedoch nur dann näher treten, wenn die kaufmännische Risikobewertung der Verkäuferseite ergibt, daß Kaufmann Grenzland mit seinem Privatvermögen als „gut genug" angesehen wird, wenn mit anderen Worten der Verkäufer bereit ist, das Risiko der Durchsetzbarkeit persönlicher Ansprüche gegen Herrn Grenzland zu tragen. Diese Frage wird mit Herrn Blechkleid zu erörtern sein.

> Wie wird Rechtsanwalt Pfiffig die alternativ angebotene Sicherheit der Hinterlegung der Papiere des „Privat-PKW" von Herrn Grenzland werten?

Rechtlich gewollt sein dürfte eine Sicherungsübereignung dieses anderen PKW.

> Warum nicht eine Verpfändung?

Pfandrechte an beweglichen Gegenständen setzen die Besitzübergabe an den Pfandgläubiger voraus (§ 1205). Die Übergabe des PKW ist hier wohl nicht beabsichtigt, weil Herr Grenzland ihn weiter benutzen will.

> Welchen Schutz böte diese Sicherungsübereignung?

Würde die restliche Kaufpreisforderung nicht erfüllt, so könnte die Blechkleid-GmbH als Eigentümerin des Sicherungsgutes dieses herausverlangen und verwerten unter Anrechnung des Verwertungserlöses auf ihre offenen Ansprüche (einschließlich Verzugsschaden). Dabei trägt die Blechkleid-GmbH das Risiko einer zügigen Verwertbarkeit des Sicherungsgutes zu einem Preis, der die offenen Forderungen deckt. Dies einzuschätzen ist Sache des Verkäufers, der ggf. den PKW bewerten und die Marktsituation für einen Veräußerungsfall beurteilen kann. Hinzuweisen hat Rechtsanwalt Pfiffig ferner auf das rein tatsächliche Risiko, im Sicherungsfalle erst einmal den unmittelbaren Besitz am PKW zu erhalten. Darüber hinaus ist bei Begründung dieser Sicherungsposition nicht gewährleistet, daß die Blechkleid-GmbH zumindest gutgläubig das Eigentum erwirbt, weil zunächst nur mittelbarer Besitz (Besitzkonstitut) begründet werden soll. Gehört etwa der PKW tatsächlich (noch) einer dritten Person (Eigentumsvorbehalt, Sicherungsübereignung an finanzierende Bank), scheidet ein gutgläubiger Erwerb des Sicherungseigentums bis zur körperlichen Übergabe des PKW aus (vgl. MünchKomm/Quack Anhang §§ 929–936 Rn 107). Zur Verringerung dieses Risikos käme in Betracht, sich von Grenzland plausibel und mit Nachweisen darlegen zu lassen, daß der PKW voll bezahlt und im freien Eigentum der Grenzland-GmbH ist. Befriedigende Sicherheit gewährt dies allerdings auch nicht.

B. Das Sicherheits- und Risikodenken des Vertragsjuristen

> Wie wird das Fazit des Rechtsanwalt Pfiffig zu dem ihm vorgelegten Kaufvorgang lauten?

Als **Ergebnis seiner Überlegungen** wird Rechtsanwalt Pfiffig festhalten: 196
- Ohne Berücksichtigung der von Herrn Grenzland angebotenen „Sicherheiten" ist die Risikolage für die Blechkleid-GmbH aus der Sicht des Vertragsjuristen nicht hinnehmbar.
- Der in Betracht kommende Eigentumsvorbehalt hinsichtlich des PKW schützt vor Eigentumsverlust durch gutgläubigen Dritterwerb jedenfalls dann nicht, wenn die Papiere sofort mitübergeben werden.
- Die Begründung einer persönlichen Zahlungspflicht von Kaufmann Grenzland kommt als Risikoausgleich nur in Betracht, wenn die Bonität von Herrn Grenzland für ausreichend erachtet wird (kaufmännische Beurteilung).
- Die angebotene Sicherungsübereignung des Privat-PKW von Herrn Grenzland bietet nur dann befriedigenden Schutz, wenn der unmittelbare Besitz am PKW sofort verschafft würde und sich aus den vorgelegten PKW-Papieren keine Bedenken gegen die Eigentumsstellung und die Verfügungsbefugnis der Grenzland-GmbH ergäben. Ob der PKW nach Zustand und Wert kurzfristig die Deckung der offenen Forderung erwarten ließe, ist im übrigen eine Frage kaufmännischer Bewertung.

> Welche Verbesserungsvorschläge wird Rechtsanwalt Pfiffig seiner Mandantin vortragen?

Auf der Basis der vorstehenden Überlegungen wird Rechtsanwalt Pfiffig **Gestaltungsansätze** mit Herrn Blechkleid erörtern, die zum Teil miteinander kombinierbar sind:
(1) Vereinbarung eines Eigentumsvorbehaltes (möglichst) unter Zurückhaltung der Papiere
und/oder
(2) Optimierung der erwogenen Sicherungsübereignung durch Übergabe des unmittelbaren Besitzes am PKW bei einwandfreier Beschaffenheit der Papiere (Voraussetzung: positive Beurteilung der Verwertbarkeit)
und/oder
(3) Begründung einer persönlichen Haftung des Herrn Grenzland als Mitschuldner oder Bürge
(Voraussetzung: positive Bonitätsbeurteilung des Herrn Grenzland durch Herrn Blechkleid – Alternative: Bankbürgschaft)
oder
(4) Beseitigung der ungeschützten Vorleistung des Verkäufers: Übergabe und Übereignung erst bei voller Kaufpreiszahlung.

b) Zugrundeliegende Denkschritte. Welche Denkschritte liegen – abstrakt formuliert – den Überlegungen von Rechtsanwalt Pfiffig zugrunde?

Zweiter Teil. Das Instrumentarium des Vertragsjuristen

Das Vorgehen des Rechtsanwalts Pfiffig läßt sich in vier als Fragen gefaßte Denkschritte gliedern:

> **Erster Schritt:**
> **Inwiefern muß nach der Lebenserfahrung oder besonderen Umständen des konkreten Falles mit Störungen in der Vertragsabwicklung gerechnet werden?**

197 Dem Vertragsjuristen ist selbstverständlich, daß die Übernahme von Vertragspflichten nicht quasi automatisch deren Erfüllung zur Folge hat. Dem Laien ist das oftmals so nicht bewußt („Jetzt habe ich schon alles ordnungsgemäß vertraglich geregelt und trotzdem den Ärger! Wozu dann der Vertrag?"). Dieser erste gedankliche Schritt beinhaltet die oft ganz banale Aufgabe sich vorzustellen, was alles „schief gehen" kann. In den Blick zu nehmen ist allerdings nicht völlig Fernliegendes und Unwahrscheinliches („Beim Umgang mit der gekauften defekten Küchenmaschine verletzt sich der Ehemann so schwer, daß bei der hochschwangeren Ehefrau bei seinem Anblick eine Frühgeburt mit Schadensfolge ausgelöst wird"). Zu erwägen sind vielmehr solche Leistungsstörungen, mit denen nach allgemeiner Lebenserfahrung zu rechnen ist.
Solche wären etwa
– im Fall Nr. 15 die Nichtzahlung der 2. Kaufpreisrate,
– im obigen Fall Nr. 9 die Nichtübergabe der aufgelisteten Hausunterlagen,
– bei einem Gesellschaftsvertrag einer GbR mit persönlichen Tätigkeitspflichten einzelner Gesellschafter deren Nichterfüllung bzw. nicht ordnungsgemäße Erfüllung.

Das zu durchdenkende **Störungspotential** ist **sachbereichs- und gestaltungsspezifisch**. Der Katalog möglicher lebensnaher Erfüllungsstörungen sieht bei gesellschaftsrechtlichen Vereinbarungen ganz anders aus als bei einmaligem Leistungsaustausch, bei der vereinbarten Zug-um-Zug-Abwicklung wiederum anders als bei gewollter Vorleistung einer Seite. Mit dieser Maßgabe ist die konkrete Vertragsgestaltung unter dem Blickwinkel hypothetischer lebensnaher Erfüllungsstörungen gedanklich durchzuarbeiten. Die für den jeweiligen Sachbereich einschlägigen Vertragsmuster können hierfür als Checkliste dienen, aber nur, soweit das Vertragsmuster auf den konkreten Sachverhalt „paßt".

> **Zweiter Schritt:**
> **Welches ist die Position des Mandanten/des betreffenden Vertragsteils in der vorgestellten Situation? Welche rechtlichen und faktischen Möglichkeiten hat er?**

Bei Nichteinhalten von Vertragspflichten kommen, soweit vorhanden, zunächst das vertragliche Instrumentarium, im übrigen die gesetzlichen Leistungsstörungsregelungen zum Zuge. Dieses Instrumentarium ist auf den gedanklichen Kon-

B. Das Sicherheits- und Risikodenken des Vertragsjuristen

fliktfall hin durchzuspielen und zwar sowohl abstrakt-rechtlich als auch lebenspraktisch (Umsetzbarkeit). Im Rahmen dieser **hypothetischen Rechtsanwendung** sind in der bisherigen Gestaltung vorgesehene bzw. angebotene Sicherheiten mit zu durchdenken.

Beispiel: Wird in Fall Nr. 15 die zweite Kaufpreisrate nicht gezahlt, stehen dem Verkäufer die Rechte aus § 326 offen. Wählt er Schadensersatz, kann er nach den hierzu entwickelten Grundsätzen nach Erbringung der eigenen Leistung (Übereignung) nicht mehr die Rückübereignung des PKW verlangen, wohl aber Schadensersatz entsprechend der sog. Austauschmethode für die weggefallene Zahlungspflicht des Käufers (Palandt/Heinrichs § 325 Rn 13). Will der Verkäufer den PKW zurück haben, muß er den Rücktritt erklären; dann erhält er zwar neben den Rücktrittsfolgen den Verzögerungsschaden (BGHZ 88, 46), nicht jedoch den vollen Schadensersatz einschließlich entgangenem Gewinn, ermittelt etwa durch ein Deckungsgeschäft (Palandt/Heinrichs § 286 Rn 4 m. w. N.).

> Welches wären bei der soeben erwähnten Situation eines GbR-Gesellschaftsverhältnisses mit persönlichen Tätigkeitspflichten einzelner Gesellschafter die Rechtsfolgen im Falle der Nichterfüllung/Schlechterfüllung solcher Pflichten?

Zu prüfen wäre zunächst, welche Regelungen der Gesellschaftsvertrag für diesen Fall vorsieht. In Ermangelung solcher Regelungen kämen in Betracht 198
– die Geltendmachung von Schadensersatz durch die Gesellschaft oder einzelne Gesellschafter (actio pro socio);
  (Voraussetzung: bezifferbarer Schaden der Gesellschaft);
– Entziehung der Geschäftsführungsbefugnis durch Beschluß aus wichtigem Grund (§ 712 Abs. 1);
– Ausschließung des betreffenden Gesellschafters aus wichtigem Grund (§ 737).
Zur hypothetischen Anwendung solcher Konfliktregelungsmechanismen gehören auch praktische Fragen der Erfolgsaussichten und Durchsetzbarkeit eröffneter Rechtspositionen, z.B.:
– Wird der vorgestellte Störungsfall im Streitfall von den Gerichten wohl als „wichtiger Grund" zur Kündigung des Gesellschaftsverhältnisses/des Mietvertrages eingestuft werden?
– Wird es möglich sein, die Anspruchsvoraussetzungen substantiiert vorzutragen und zu beweisen?
Bestandteil des **hypothetischen Konfliktszenarios** sind ferner **Folgen,** die mit der Rechtsausübung verbunden sein können.

Beispiel: Welche Abfindung ist einem Gesellschafter zu gewähren, der im vorgestellten Konfliktfall aus wichtigem Grund aus der Gesellschaft ausgeschlossen wird? Wird das Vermögen der Gesellschaft hierzu ausreichen oder bedarf es der Nachschüsse durch die anderen Gesellschafter?

Dritter Schritt:
Ist die sich hieraus rechtlich und tatsächlich ergebende Position des Mandanten/des betreffenden Vertragsteils akzeptabel?

---

199 Aufgegeben ist hier die **Bewertung der** zuvor **analysierten Rechtspositionen.** Dabei bewegt sich der Vertragsjurist im Spannungsfeld zwischen der eigenen Wertung und der Beurteilung seines Auftraggebers bzw. der Vertragsbeteiligten. Dabei gilt: Vorrangig ist stets die Risikobewertung desjenigen, der das in Rede stehende Risiko letztlich kaufmännisch-persönlich zu tragen bzw. betriebsintern zu vertreten hat. Die Aufgabe des Vertragsjuristen besteht insofern in erster Linie darin, die zu bewertenden Risiken für den Mandanten transparent und nachvollziehbar zu machen.

Es ist allerdings durchaus rollengerecht, wenn der Vertragsjurist einen **eigenen Bewertungsvorschlag** zur Akzeptanzfrage vorträgt. Seiner Empfehlung wird umso größeres Gewicht zukommen, je unsicherer in dieser Hinsicht der Mandant selbst ist und/oder je verwickelter, für Nichtjuristen unüberschaubarer sich die im Konfliktfalle bestehenden Rechtspositionen mit ihren Eventualitäten darstellen.

Vor diesem Hintergrund läßt sich der dritte Gedankenschritt wie folgt präzisieren: Ist die im Konfliktfall bestehende Rechtsposition in ihren Voraussetzungen, Durchsetzungsrisiken und Folgen vom betreffenden Vertragsteil zumindest in der Laiensphäre verstanden und akzeptiert? Welche Empfehlung gebe ich aus meiner Sicht?

Für den Notar als unparteiischen Berater beider Vertragsteile gilt die in § 17 Abs. 1 S. 2 BeurkG normierte Pflicht darauf zu achten, daß unerfahrene und ungewandte Beteiligte nicht benachteiligt werden.

200 Zur Bewertung der analysierten Konfliktsituationen sind **Maßstäbe** erforderlich. Diese entziehen sich vollständiger Objektivierung. Sie hängen vielfach von der individuellen Berufserfahrung/Lebenserfahrung des Mandanten/des beratenden Vertragsjuristen ab, ferner seiner kaufmännischen Risikofreudigkeit, der Unternehmensphilosophie und dergleichen mehr. Immerhin lassen sich **Orientierungspunkte** nennen:

- Gesteigerte Aufmerksamkeit und besonders kritische Würdigung verdienen Risiken, die sich aus der besonderen Anlage des geplanten Rechtsgeschäftes ergeben, namentlich dann, wenn es vom gesetzlichen Regelungsmodell bzw. dem im Geschäftsverkehr Üblichen abweicht. Durch solche Besonderheiten können statt der für den jeweiligen Sachbereich verkehrstypischen Risiken **atypische Situationen** entstehen. Hierzu zählt ganz allgemein die Vereinbarung einer ungesicherten Vorleistung eines Vertragspartners bei Austauschverträgen, bei denen gesetzlich oder üblicherweise eine Zug-um-Zug-Abwicklung vorgesehen ist (z. B. §§ 433, 320).
  Es gilt die **Faustregel:** Verkehrstypische Vertragsrisiken sind eher akzeptabel als solche, die auf der Unüblichkeit einer bestimmten Gestaltung beruhen.
- Ergibt die **Einzelfallanalyse,** daß unter Berücksichtigung aller bekannten Umstände das bisher vorgesehene vertragliche, ersatzweise das gesetzliche Konfliktregelungsinstrumentarium aus rechtlichen oder tatsächlichen Gründen keinen angemessenen Ausgleich des hypothetisch verletzten wesentlichen Interesses einer Vertragsseite sicherstellt, so wird der Vertragsjurist dies als „nicht akzeptabel" einstufen und entsprechend votieren.

B. Das Sicherheits- und Risikodenken des Vertragsjuristen

> **Vierter Schritt:**
> Kommen Gestaltungen in Betracht, um die Rechtsposition des Mandanten/der betroffenen Vertragspartei im gedachten Konfliktfall befriedigend zu gestalten oder zumindest zu verbessern („Sicherheiten")?

Selbstverständlich ist dieser Frage nur nachzugehen, wenn beim vorherigen Schritt ein Defizit bejaht wurde. Aber auch wenn der Auftraggeber dazu neigt, die ihm aufgezeigten Risiken zu akzeptieren, sollte der dies anders beurteilende Vertragsjurist seine abweichende Bewertung mit konkreten Verbesserungsvorschlägen verbinden. 201

> Können Sie das dabei erforderliche gedankliche Verfahren abstrakt beschreiben?

Die Methode entspricht im Kern der bereits im Ersten Teil unter C. dargestellten Vorgehensweise:
Gefordert ist zunächst das **Aufsuchen geeigneter Gestaltungsansätze** für den hypothetischen Konfliktfall. Die damit erzielbaren Wirkungen sind festzustellen, verbleibende Risiken namhaft zu machen. Sodann ist die erwogene Gestaltung darauf hin zu bewerten, ob sie die angestrebte Verbesserung der Position herbeiführt oder hierzu wenigstens beiträgt. Fällt das Urteil positiv aus, bleibt zu erwägen, ob die ins Auge gefaßte Gestaltung (z.B. Stellung einer unlimitierten Bankbürgschaft „auf erstes Anfordern") für den anderen Vertragsteil zumutbar erscheint. In diesem Zusammenhang spielen eine Rolle
– die Üblichkeit der betreffenden Gestaltung (verkehrstypische Sicherheit),
– die damit für die andere Seite verbundenen Kosten (Avalkredit),
– etwaige sonstige Nachteile.

c) Differenzierungen der „Sicherungsmittel". Die vom Vertragsjuristen verwandten Gestaltungen zur Sicherung wesentlicher Interessen eines Vertragspartners im Falle nicht ordnungsgemäßer Vertragserfüllung – „Sicherheiten" – lassen sich unter zwei Gesichtspunkten gruppieren, zum einen nach ihrem **Rechtscharakter,** zum anderen nach ihrer **Schutzrichtung** (Zweck). 202

> Ordnen Sie die in Fall Nr. 15 diskutierten Sicherheiten diesen Kategorien zu. Beziehen Sie dabei auch die in Abschnitt A. behandelten Gestaltungen mit ein, soweit ihnen auch die Funktion von Sicherheiten im hier erörterten Sinne zukommt!

- Nach dem **Rechtscharakter** lassen sich unterscheiden 203
  – **Personalsicherheiten,** z.B.
    – Schuldbeitritt
    – Bürgschaft
    – Garantien

Zweiter Teil. Das Instrumentarium des Vertragsjuristen

- **Realsicherheiten**
  - Eigentumsvorbehalt,
  - Sicherungsübereignung,
  - Sicherungsabtretung,
  - (Grund)Pfandrechte.
- **Gestaltungsrechte für Konfliktfälle**
  - Kündigung,
  - Rücktritt,
  - Andienungsrechte.

204 • Nach der **Schutzrichtung** (Zweck) lassen sich unterscheiden
- Regelungen, die im Konfliktfall der **Durchsetzung der primären Ansprüche** einer Vertragspartei dienen, z. B.
  - Zahlungsbürgschaft für Kaufpreisforderung
  - Vormerkung im Grundstücksrecht (dazu unten)
  - Einräumung von Verwertungsrechten als Sicherheit für originäre Geldforderungen (Sicherungsübereignung, Sicherungsabtretung, (Grund-)Pfandrechte),
- Regelungen, die sicherstellen, daß die mit der Störung verbundenen Nachteile ausgeglichen werden (**kompensatorischer Interessenschutz**) z. B.
  - Erfüllungsbürgschaft einer Bank für eine Bauleistung
  - Vertragsstrafeversprechen zur Sicherung einer Unterlassungspflicht
  - Garantieerklärung, die inhaltlich nicht eine Zahlung garantiert, sondern einen Erfolg, Umstände, Eigenschaften etc.,
- Regelungen in Leistungsaustauschverträgen, die den endgültigen Verlust der eigenen Leistung ohne Sicherstellung der Gegenleistung verhindern sollen
  - Eigentumsvorbehalt
  - Fälligkeitsregelungen
  - Hinterlegungen beim Notar.

Weiterführend:
- Zu den Maßstäben der Risikoplanung und zur Wechselwirkung zwischen Erfüllungsplanung und Risikoplanung: Rehbinder, Vertragsgestaltung, S. 30 ff.
- Zur hypothetischen Rechtsanwendung des Vertragsjuristen ders. a. a. O. S. 43 ff.
- Zur Rechtsfigur der Sicherungsübereignung und ihren verschiedenen Rechtselementen MünchKomm/Quack Anhang 929–936.

2. Personalsicherheiten

205 Mit diesem Begriff sind nicht Erklärungen und Rechtshandlungen zwischen den Vertragsparteien zum Schutze der jeweiligen Interessen des anderen Teil gemeint (z. B. Gewährleistungsgarantie des Verkäufers, Vertragsstrafeversprechen). Solche Gestaltungen als Bestandteile der vertraglichen Verpflichtungen der Parteien mag man durchaus auch zu den Sicherungsmitteln im Sinne der Risikovorsorge zählen. Im vorliegenden Zusammenhang geht es indessen um rechtsverpflich-

B. Das Sicherheits- und Risikodenken des Vertragsjuristen

tende Erklärungen Dritter, die dem Ziel dienen, das Sicherungsinteresse eines Vertragsteils, des Empfängers der Dritterklärung, für den Fall nicht ordnungsgemäßer Erfüllung zu befriedigen.

> Ist hierfür der Ausdruck „Drittsicherheit" passend?

Dritte, d. h. nicht am Vertrag Beteiligte, können zur Sicherung eines Vertragsteils auch Realsicherheiten einräumen, so z. B., wenn Eltern zur Absicherung eines Bankkredits ihres Sohnes ihre Immobilie mit einer Grundschuld belasten, ohne selbst Mitschuldner des Kredites zu sein. Innerhalb der Drittsicherheiten läßt sich also unterscheiden zwischen Drittsicherheiten, die eine persönliche, ggf. mit dem gesamten Vermögen haftungsmäßig abzudeckende Drittverpflichtung begründen – Personaldrittsicherheiten –, von realen Drittsicherheiten, die ein Zugriffsrecht (Verwertungsrecht) nur auf bestimmte Vermögenspositionen ermöglichen.

a) Abgrenzung von Bürgschaft, Schuldbeitritt und Garantie. 206

> **Fortführung von Fall Nr. 15:**
> Herr Blechkleid ist bereit, der Grenzland-GmbH Auto und Papiere gegen eine Anzahlung von 50% des Kaufpreises zu überlassen, wenn Herr Grenzland für die restliche Kaufpreisforderung persönlich „geradesteht". Rechtsanwalt Pfiffig wird gebeten, die erforderliche Erklärung aufzusetzen.

Als einfachste Lösung erwägt Rechtsanwalt Pfiffig, den zu fixierenden Kaufvertrag von Herrn Grenzland nicht nur als Geschäftsführer der Grenzland-GmbH, sondern darüber hinaus auch im eigenen Namen mit unterzeichnen zu lassen.

> Würde hierdurch rechtswirksam ein Bürgschaftsvertrag zustande kommen?

Nach § 766 muß die Bürgschaftserklärung schriftlich erteilt werden. Da anzunehmen ist, daß Herr Grenzland persönlich nicht Kaufmann im Sinne des HGB ist, kommen die Sondervorschriften der §§ 350, 344 Abs. 1, 343 Abs. 1 HGB nicht zum Zuge (Formfreiheit der Bürgschaft).

> Welches sind die konstitutiven Elemente einer Bürgenerklärung?

Mindestens erforderliche Bestandteile sind
– Angabe des Gläubigers und des Hauptschuldners,
– hinreichende Bezeichnung der verbürgten Forderung,
– Erklärung, für deren Erfüllung einstehen zu wollen.
Diese Elemente sind von der Formpflicht des § 766 erfaßt. Bei der von Rechtsanwalt Pfiffig erwogenen Gestaltung ergeben sich zwar Gläubiger und Hauptschuldner sowie verbürgte Forderung aus dem Kontext (Kaufvertrag). Jedoch „erklärt" Herr Grenzland mit seiner bloßen Unterschrift nichts. Das reicht nicht

Zweiter Teil. Das Instrumentarium des Vertragsjuristen

aus (vgl. Palandt/Sprau § 766 Rn 3). Denkbar wäre z.B. die Formulierung: „Für die Kaufpreisschuld der Grenzland-GmbH verbürge ich mich persönlich" (Unterschrift).

> **Weitere Fortführung von Fall Nr. 15:**
> Rechtsanwalt Pfiffig spielt vor dem Hintergrund der erwogenen Formulierung den hypothetischen Konfliktfall durch: Die Grenzland-GmbH zahlt bei Fälligkeit (4 Wochen nach Vertragsunterzeichnung) die zweite Rate nicht und beruft sich auf Mängel des Fahrzeugs, die Herr Blechkleid arglistig verschwiegen habe. Der Umfang der erforderlichen Instandsetzung stehe noch nicht fest. Herr Blechkleid hält dies alles für unberechtigt und schaltet Rechtsanwalt Pfiffig erneut ein. Nachdem die Grenzland-GmbH weiterhin die Zahlung verweigert, verlangt Rechtsanwalt Pfiffig von Herrn Grenzland persönlich die restliche Kaufpreissumme, ferner Verzugsschaden in Höhe des Zinssatzes für den von der Blechkleid-GmbH ständig in Anspruch genommenen Bankkredit (Kreditlinie) und schließlich die Kosten seiner erneuten anwaltlichen Inanspruchnahme.
> Welche Ansprüche bestehen gegen Herrn Grenzland persönlich, wenn (a) der behauptete Mangel nicht vorliegt, (b) der Mangel vorliegt und die Grenzland-GmbH mit einem Schadensersatzanspruch gemäß § 463 gegen den restlichen Kaufpreisanspruch aufrechnet?

Liegt tatsächlich kein Fall des arglistig verschwiegenen Mangels vor (a), so befindet sich der Käufer in Verzug. Herr Grenzland haftet als Bürge auch für den Verzugsschaden des Gläubigers, wie sich aus § 767 Abs. 1 S. 2 ergibt. Zu den gesetzlich in § 767 Abs. 2 geregelten Nebenforderungen werden Rechtsverfolgungskosten zum Teil nur bei gerichtlicher Geltendmachung gezählt (Münch Komm/Habersack § 767 Rn 9; Staudinger/Horn § 767 Rn 33). Außergerichtliche Anwaltskosten der hier in Rede stehenden Art zählen jedoch materiell zu dem vom Bürgen zu ersetzenden Verzugsschaden (vgl. Palandt/Heinrichs § 286 Rn 7).

207 Allerdings steht Herrn Grenzland die **Einrede der Vorausklage** aus § 771 zu, da hier keiner der Ausnahmefälle des § 773 eingreift. Bei der erwogenen Formulierung müßte die Blechkleid-GmbH also zunächst gegen die Grenzland-GmbH einen Zahlungstitel erwirken und erfolglos die Vollstreckung versuchen. Da dieses i.E. im allgemeinen nicht als sachgerecht und zumutbar empfunden wird, ist in der Praxis die sog. **selbstschuldnerische Bürgschaft** verbreitet (§ 773 Abs. 1 Nr. 1).

Beruft sich die Grenzland-GmbH zu Recht auf den behaupteten Mangel und Arglist des Verkäufers (b), so steht ihr ein Schadensersatzanspruch nach § 463 zu, mit dem sie gegen den restlichen Kaufpreisanspruch aufrechnen kann. Auch wenn nach § 393 der Gläubiger – die Blechkleid-GmbH – ihrerseits nicht zur Aufrechnung befugt sein sollte, kann der Bürge dem Gläubiger die Aufrechnungsmöglichkeit des Hauptschuldners gleichwohl als Einrede entgegenhalten, sei es analog § 770 Abs. 1 (MünchKomm/Habersack § 770 Rn 10 m.w.N.) oder über §§ 273, 768 (MünchKomm/Habersack a.a.O.). In dem Umfang, in dem die Aufrechnungslage besteht, kann daher Herr Grenzland die Leistung zu Recht verweigern.

B. Das Sicherheits- und Risikodenken des Vertragsjuristen

Sobald die Grenzland-GmbH die Aufrechnung erklärt, erlischt im Umfang der hierdurch eingetretenen Tilgung der Hauptforderung auch die Bürgenverpflichtung (§ 767 Abs. 1 S. 1).

> Sind durch entsprechende Gestaltung der Bürgschaftserklärung Verbesserungen der Rechtsposition der Blechkleid-GmbH möglich?

Das Gesetz stellt in § 773 Abs. 1 Nr. 1 für den Fall des § 771 klar, daß der Bürge im Rahmen der Bürgschaftserklärung auf die dortige Einrede der Vorausklage verzichten kann. Gleiches gilt für die in § 770 bezeichneten Einreden der Anfechtbarkeit und der Aufrechenbarkeit. Ein Verzicht auf all diese Einreden ist in der Praxis üblich.

> Wie wird Rechtsanwalt Pfiffig auf dieser Basis die Bürgschaftsverpflichtung formulieren?

Beispielsweise wie folgt: „Für den Kaufpreiszahlungsanspruch der Blechkleid-GmbH übernehme ich persönlich die Bürgschaft unter Verzicht auf die Einreden der Vorausklage, der Aufrechenbarkeit und der Anfechtbarkeit". Statt des Verzichts auf die Einrede der Vorausklage reicht auch die Erklärung „selbstschuldnerisch" haften zu wollen.

Darüber hinaus kann der Bürge im Bürgschaftsvertrag auch auf weitere Einreden, die ihm nach § 768 zustehen, verzichten. Hierdurch tritt eine Verschärfung der Bürgenhaftung unter gleichzeitiger Lockerung der Akzessorietät (§ 767 Abs. 1 S. 1) ein. Nicht mehr als Bürgschaftsabrede möglich sind darüber hinausgehende Verschärfungen der Bürgenhaftung, die eine Durchbrechung des Akzessorietätsgrundsatzes darstellen, wie z.B. der Verzicht auch auf rechtshindernde oder rechtsvernichtende Einwendungen, die dem Hauptschuldner zustehen, oder die Verpflichtung zur Zahlung unabhängig von der Fälligkeit der Hauptschuld.

Eine zulässige und in der Praxis verbreitete Verbesserung der Gläubigerposition beinhaltet die **Bürgschaft auf erstes Anfordern**, die mittlerweile auch von der Rechtsprechung grundsätzlich anerkannt wird (hierzu und zur AGB-Problematik Staudinger/Horn Vorb. zu §§ 765ff (1997) Rn 24ff m.w.N.). Der in einer solchen Modifizierung liegende Verzicht auf sämtliche Einwendungen und Einreden ist nur ein vorläufiger. Die Rechte werden nicht aufgegeben, können aber vom Bürgen erst im Rückforderungsprozeß geltend gemacht werden. Zahlt der Bürge – zumeist eine Bank – bei dieser Bürgschaftsform an den Gläubiger, ohne hierbei Bürgenpflichten (insbesondere Sorgfaltspflichten) zu verletzen (hierzu Staudinger/Horn Vorb. zu §§ 765ff (1997) Rn 34f m.w.N.), so hat er auch dann einen Rückgriffsanspruch gegen den Hauptschuldner nach § 774 Abs. 1, wenn die Hauptforderung materiell zu Unrecht geltend gemacht wurde. Bei dieser Gestaltung trägt demnach der Bürge das Risiko der Einbringlichkeit der rückgeforderten Bürgschaftssumme, wenn der Rückgriff gegen den Hauptschuldner aus-

208

Zweiter Teil. Das Instrumentarium des Vertragsjuristen

sichtslos ist (zu diesem Rückgriffsanspruch näher Staudinger/Horn § 774 (1997) Rn 38 m.w.N.).
Im Bereich des AGB-Gesetzes hat sich eine umfangreiche Kasuistik zu zulässigen bzw. unzulässigen Bürgschaftsklauseln entwickelt, die der Vertragsgestalter zu beachten hat (vgl. hierzu die Darstellungen von Graf Lambsdorff/Skora, Handbuch, S. 102ff sowie Staudinger/Horn Vorb. zu §§ 765ff (1997) Rn 67ff jeweils m.w.N.).

Kommen Alternativen zur Bürgschaft in Betracht?

209 Zu erwägen ist ein **Schuldbeitritt** des T persönlich zur Kaufpreisschuld der Grenzland-GmbH. Die Schuldmitübernahme bzw. der Schuldbeitritt sind im Gesetz nicht ausdrücklich geregelt, jedoch unbestritten zulässig. Die Formvorschrift des § 766 ist auch nicht analog anwendbar. Durch den Schuldbeitritt kommt es zur Gesamtschuld zwischen Erstschuldner und Beitretendem.

Worin besteht der **Kernunterschied zwischen Bürgschaft und Schuldbeitritt?**

Der **Bürge** haftet **akzessorisch** für eine fremde Schuld. Der **Schuldmitübernehmer** begründet eine **eigene Verbindlichkeit.** Deren Entstehen ist zwar logisch von der Existenz der Erstschuld abhängig. Sie kann jedoch rechtlich ein von dieser abweichendes Schicksal haben. Die Rechtsprechung zeigt, daß die Praxis erhebliche Schwierigkeiten hat, abgegebene Haftungserklärungen als Bürgschaft oder Schuldbeitritt zu qualifizieren (vgl. die Nachweise bei Palandt/Heinrichs Rn 4 vor § 414). Der Vertragsgestalter hat durch eindeutige Formulierungen dafür Sorge zu tragen, daß derartige Einordnungszweifel nicht aufkommen.

Beschreiben Sie die Rechtsfolgen des Schuldbeitritts in der Fortführung von Fall Nr. 15, insbesondere für den von Rechtsanwalt Pfiffig durchgespielten hypothetischen Konfliktfall!

Eine persönliche Schuldmitübernahme durch Herrn Grenzland hätte zunächst zur Folge, daß die Grenzland-GmbH und Herr Grenzland persönlich gegenüber der Blechkleid-GmbH hinsichtlich der Kaufpreiszahlungspflicht eine (zunächst) identische Schuld begründen und zwischen der Grenzland-GmbH und Herrn Grenzland ein Gesamtschuldverhältnis entstünde. Allerdings würde Herr Grenzland dadurch nicht Vertragspartner des Kaufvertrages; insoweit ist zwischen Vertragsbeitritt und Schuldbeitritt zu unterscheiden (i.E. z.B. ebenso bei der zivilrechtlichen „Mietgarantie" des Sozialamtes zugunsten eines Hilfeempfängers gegenüber dem Vermieter). Leistet Herr Grenzland bei Fälligkeit der Restkaufpreisforderung nicht, kommt er persönlich in Verzug (vgl. § 425 Abs. 2) und schuldet den Verzugsschaden als eigene Schuld. Anwaltskosten durch Inanspruchnahme zunächst nur der Grenzland-GmbH braucht Herr Grenzland persönlich nicht zu tragen (§ 425 Abs. 2). Für Einwendungen im weitesten Sinne gilt § 417 entsprechend (Palandt/Heinrichs Rn 5 vor § 414). Ein Leistungsverweigerungsrecht der Grenzland-GmbH steht Herrn Grenzland auch persönlich zu. Rechnet die Grenzland-GmbH mit einem Schadenersatzanspruch nach § 463 auf – was Herr Grenzland persönlich nicht könnte –, so wirkt die damit verbundene Tilgung auch zugunsten von Herrn Grenzland (§ 422 Abs. 1).

In Betracht zu ziehen ist schließlich ein **Garantievertrag** zwischen der Blechkleid-GmbH und Herrn Grenzland. Dieser ebenfalls im Gesetz nicht ausdrücklich geregelte Vertragstyp findet sich in der Rechtswirklichkeit in vielfältigen Erscheinungsformen (dazu näher unten). Allgemein formuliert beinhaltet er das selbständige Versprechen, einem anderen dafür einzustehen, daß ein bestimmter tatsächlicher oder rechtlicher Erfolg eintritt oder die Gefahr eines bestimmten künftigen Schadens sich nicht verwirklicht. Bezieht sich die Garantie darauf, daß ein anderer bestimmte (vertragliche) Verpflichtungen erfüllt und der Garant den Gläubiger im Nichterfüllungsfalle schadlos hält – **Forderungsgarantie** –, so besteht funktional eine Verwandtschaft zur Bürgschaft.

210

Der **Hauptunterschied zur Bürgschaft** liegt in der fehlenden **Akzessorietät:** Die Garantie bezieht sich zwar auf eine bestimmte Forderung und deren Nichterfüllung – Begriff des Garantiefalls –, jedoch sollen typischerweise alle Einreden und selbst Einwendungen gegen die (Fort-)Existenz der garantierten Forderung ausgeschlossen sein, u. U. selbst die Einwendung, die Forderung sei gar nicht entstanden. Ihre rigideste Erscheinungsform ist die **Bankgarantie zur Zahlung auf erstes Anfordern,** die im internationalen Handelsverkehr gebräuchlich ist. Denkbar ist andererseits, daß die Garantie durch stärkere Anlehnung an die gesicherte Forderung und entsprechende Formulierung des Garantiefalles der Bürgschaft angenähert wird. Für die Grenzlinie entscheidend ist, daß die Akzessorietät zumindest in bestimmter Hinsicht nicht gewollt und durchbrochen ist, anderenfalls handelt es sich in Wahrheit um eine Bürgschaft. Kombinationen von Bürgschaft und Garantievertrag (Typenmischung) sind denkbar und kommen in der Praxis vor.

> Welcher Gestaltung wird Rechtsanwalt Pfiffig bei der gegebenen Interessenlage den Vorzug geben?

Gewollt ist ein Schutz der Blechkleid-GmbH, falls der Käufer die 2. Kaufpreisrate nicht zahlen kann oder will. Es geht nicht darum, gegenüber einem Dritten eine Rechtsposition zu begründen, die den Dritten stärker verpflichtet, als den Käufer selbst. Aus diesem Grund dürfte ein Garantievertrag als nicht interessengerecht ausscheiden. Die Übernahme einer Bürgschaft entspricht sowohl dem Schutzinteresse des Verkäufers als auch dem Einstandswillen des Herrn Grenzland. Sie sollte allerdings den Verzicht auf die Einreden aus §§ 770, 771 enthalten. Dies ist üblich und zumutbar.

Auch die Schuldmitübernahme durch Herrn Grenzland ist hier ein geeignetes und beiderseitig zumutbares Gestaltungsmittel. Die in der Literatur gegen die praktische Handhabbarkeit dieser Rechtsfigur erhobenen Bedenken – insbesondere das oft übersehene Erfordernis einer Kündigung auch gegenüber dem Beitretenden (so Heussen/Imbeck, Handbuch, Rn 542) – beachtet nicht genügend den Unterschied zwischen Vertragsbeitritt und Schuldbeitritt. So begründet die Schuldmitübernahme einer Mietzinszahlungspflicht nicht die Mieterstellung des Mithaftenden. Mithin bedarf es keiner Kündigung des Mietverhältnisses ihm gegenüber. Anderes gilt aber bei der Fälligkeitskündigung eines Darlehens (§ 609 Abs. 1), die auch Mitschuldnern gegenüber erfolgen muß (§ 425 Abs. 2). Zuzugeben ist allerdings, daß die rechtlichen Konturen der Bürgschaft vor allem in den Rechtsfolgen klarer und durch Gesetz und Rechtsprechung ausgeformter erscheinen, als die Rechtslage bei der Schuldmitübernahme.

b) Personalsicherheiten in der Vertragspraxis. *aa) Funktionaler Einsatzbereich typischer Personalsicherheiten.* Hierzu zunächst

> **Fall Nr. 16:**
> Investor Emsig beabsichtigt die Errichtung eines Veranstaltungszentrums mit Mehrzweckhalle, Kongreßzentrum, Hotel usw.. Die Wirtschaftlichkeit des Projektes soll durch eine langfristige „sichere" Verpachtung der Gesamtanlage an einen Generalpächter mit einwandfreier Bonität gesichert werden. Mit der Filia-GmbH, einer 100%igen Tochter eines großen Konzernunternehmens, ist sich Herr Emsig über einen 30jährigen Pachtvertrag einig. Angesichts eines haftenden Eigenkapitals der Filia-GmbH von nur 100 000,- DM will Herr Emsig den Pachtvertrag allerdings nur dann abschließen, wenn die Konzernobergesellschaft Maternal-AG die Vertragserfüllung durch ihre Tochtergesellschaft „garantiert". Man könne ja nie wissen, ob die Filia-GmbH derart weitreichende und langfristige Verbindlichkeiten „durchhalten" könne und nicht u. U. mit Billigung der Konzernmutter während der Vertragslaufzeit in Insolvenz fällt oder wegen Vermögenslosigkeit liquidiert wird. Die Maternal-AG lehnt die Abgabe einer Erklärung mit der Bezeichnung „Garantie" kategorisch ab. Schließlich handeln die Anwälte beider Seiten einen sog. „Einstandsvertrag" aus, der im wesentlichen aus folgendem Satz besteht: „Die Maternal-AG steht gegenüber Herrn Emsig dafür ein, daß die Filia-GmbH ihre Verpflichtungen aus dem am heutigen Tage geschlossenen Pachtvertrag (nähere Bezeichnung) während der gesamten Vertragslaufzeit erfüllt".

Aus den erörterten begrifflichen Abgrenzungen zwischen Bürgschaft, Schuldbeitritt und Garantievertrag und der jeweiligen Interessenlage ergeben sich aus vertragsgestalterischer Sicht die Einsatzbereiche der einzelnen Sicherheiten.

> Versuchen Sie diese Einsatzbereiche zu skizzieren!

211 Die Anwendungsfelder dieser Sicherheiten lassen sich wie folgt beschreiben:
- Ist eine **durchgängige Akzessorietät** der Verpflichtung des Dritten im Hinblick auf die Hauptschuld gewollt, wenn auch gelockert durch Einredeverzicht, so kommt ausschließlich eine **Bürgschaft** in Betracht.
- Entspricht hingegen eine gänzliche oder teilweise Abkoppelung der Drittpflicht von der Existenz/dem Fortbestand der Bezugsverbindlichkeit der In-

B. Das Sicherheits- und Risikodenken des Vertragsjuristen

teressenlage, so scheidet eine Bürgschaft als ausschließliches Gestaltungsmittel aus. In Betracht kommt in erster Linie ein **Garantievertrag**. Schulbeispiel ist der Garantievertrag, den der Bankkunde als Vertreter der Bank mit dem Schecknehmer abschließt unter Vorlage einer ec-Scheckkarte, Verwendung eines ec-Scheckformulars und Beachtung der dortigen Regularien (hierzu näher Staudinger/Horn Vorb. vor §§ 765ff (1997) Rn 262ff). Er verwehrt – von Mißbrauchsfällen abgesehen – der Bank jeglichen Rückgriff auf das Rechtsverhältnis zwischen Kunde und Schecknehmer, zu dessen Erfüllung (Zahlungspflicht des Bankkunden) der Garantievertrag abgeschlossen wird (z.B. Mangelhaftigkeit der erworbenen Sache beim Kauf).

- Ist Akzessorietät jedenfalls hinsichtlich des Entstehens der Drittverpflichtung gewollt und soll der Dritte auch Einwendungen des Hauptschuldners geltend machen können, kommt alternativ zur Bürgschaft ein **Schuldbeitritt** in Betracht, namentlich dann, wenn der Dritte ein eigenes Interesse an der ordnungsgemäßen Abwicklung des Hauptschuldverhältnisses hat und im Nichterfüllungsfalle – insofern abweichend von der Bürgschaft – nur für eigenes Verhalten einstehen will (§ 425 Abs. 2).
- Denkbar ist schließlich eine Vertragstypenmischung aus Bürgschafts- und Garantieelementen. So etwa, wenn die Akzessorietät zwar grundsätzlich gewollt ist, in bestimmter Hinsicht jedoch eine Entkoppelung der Drittverpflichtung von der Hauptschuld eintreten soll.

> Wie ist gemäß Sachverhaltsschilderung die Interessenlage in Fall Nr. 16?

Geschützt werden soll das Interesse von Herrn Emsig, daß die Filia-GmbH ihre vertragliche Verpflichtung als Pächter – insbesondere zur Pachtzinszahlung – für den Gesamtvertragszeitraum „durchhält". Denkbare Konfliktfälle sind z.B. im Nichterfüllungsfalle der erfolglose Vollstreckungszugriff auf das Vermögen der Filia-GmbH, deren Insolvenz, deren Liquidation außerhalb des Insolvenzverfahrens sowie der Schaden, der bei Herrn Emsig, bezogen auf die Gesamtlaufzeit des Pachtvertrages, entstehen würde – einschließlich aller Folgeschäden –, wenn sich Herr Emsig wegen Pflichtverletzung der Filia-GmbH zur (fristlosen) Kündigung des Pachtvertrags gezwungen sähe. Der Sachverhalt und die Formulierung des „Einstandsvertrages" lassen hingegen deutlich werden, daß eine Abkoppelung der Verpflichtungen der Maternal-AG von den jeweiligen Verpflichtungen der Tochtergesellschaft nicht gewollt ist. Vielmehr will die Konzernmutter lediglich für die Verpflichtungen der Tochter so einstehen, wie sich diese jeweils darstellen. Das bedeutet praktisch, daß z.B. eine unbedingte Pachtzinszahlungspflicht der Maternal-AG auch für den Fall, daß die Pächterin zu Recht eine Pachtminderung geltend macht, nicht der Interessenlage und dem Parteiwillen entspricht.

> Was folgt hieraus für die rechtliche Qualifikation des „Einstandsvertrages"?

Die Überlegungen sprechen für die Annahme, daß wegen der der Interessenlage entsprechenden Akzessorietät eine Bürgschaft gewollt ist. Die Bezeichnung als Einstandsvertrag steht dem schon deshalb nicht entgegen, weil dieser Ausdruck der gesetzlichen Bürgschaftsdefinition entspricht (§ 765). Grundsätzlich soll sich die Verpflichtung der Konzernmutter nach Existenz, Umfang und Durchsetzbarkeit der Forderungen gegen die Filia-GmbH richten. Abgefangen werden soll lediglich das Nichterfüllungsrisiko.

> Bestehen gegen diese Qualifikationen noch Bedenken? Erwägen Sie hierbei die Rechtslage in der Insolvenz!

Gewollt ist die umfassende Schadloshaltung des I (Erfüllungsinteresse), falls die Filia-GmbH den Vertrag nicht erfüllt. Insolvenzrechtliche Besonderheiten könnten dazu führen, daß die Einordnung des Vertrages als durchgehend akzessorische Bürgschaftsübernahme diesem Parteiwillen doch nicht gerecht wird:
Gerät die Filia-GmbH in die Insolvenz, so bestimmt § 108 InsO, daß der hier in Rede stehende Pachtvertrag durch die Insolvenzeröffnung in seinem Bestand nicht berührt wird. Der Verwalter kann weiterhin Nutzungsüberlassung verlangen und hat die Gegenleistung aus der Masse zu erbringen (§ 55 Abs. 1 Nr. 2 Alt. 2 InsO). Nach § 109 Abs. 1 InsO kann der Verwalter den langfristigen Pachtvertrag kündigen und zwar jederzeit während des Insolvenzverfahrens. Sodann steht dem Verpächter nach § 109 Abs. 1 S. 2 InsO ein Schadensersatzanspruch wegen der vorzeitigen Vertragsbeendigung zu. In der insolvenzrechtlichen Literatur wird hierzu vertreten (Kübler/Prütting/Tintelnot § 109 InsO Rn 19, ferner § 103 InsO Rn 97 ff), daß mit diesem Anspruch nicht der volle Nichterfüllungsschaden (einschließlich entgangenem Gewinn) geltend gemacht werden könne, vielmehr nur der Differenzbetrag, der sich nach Verrechnung der beiderseitigen in Geld ausgedrückten noch offenen Hauptleistungen ergibt. Diese Anspruchsbegrenzung kann zu rechtlichen und tatsächlichen Schwierigkeiten führen: Bemüht sich der Verpächter um angemessene Weiterverpachtung – bei der langen Laufzeit des vorzeitig gekündigten Vertrages u. U. mehrfach –, so stellt sich z. B. die Frage, ob der ihm dabei entstehende Aufwand (Maklerkosten, Verwaltungsaufwand etc.) ersatzfähig im Sinne der vorgenannten Vorschrift ist. Es wird weiterhin vertreten, daß diese Anspruchsbegrenzung während des Insolvenzverfahrens und auch nach dessen Abschluß gilt und dies zu einer entsprechenden inhaltlichen Veränderung (Haftungsbeschränkung) auch der Bürgenschuld führe (Kübler/Prütting/Tintelnot § 103 InsO Rn 105 ff). Man mag dem entgegenhalten, daß dieses Ergebnis dem Sicherungszweck der Bürgschaft gerade im Insolvenzfall widerspricht (zu diesem Gesichtspunkt Staudinger/Horn § 767 (1997) Rn 50). Jedenfalls in Fällen der hier erörterten Art entspricht die Begrenzung der Bürgenhaftung nicht dem Parteiwillen und der Interessenlage. Vielmehr soll Herr Emsig durch die Einstandspflicht vermögensmäßig umfassend so gestellt werden, wie er bei durchgehender Vertragserfüllung durch die Pächterin stehen würde (umfassende Schadloshaltung). Solange die angesprochenen insol-

B. Das Sicherheits- und Risikodenken des Vertragsjuristen

venzrechtlichen Fragen noch nicht in diesem Sinne geklärt sind, entspricht die durchgehende Qualifikation der Einstandspflicht als Bürgschaftsübernahme für den Insolvenzfall nicht dem Parteiwillen. Für den hier eher theoretischen Parallelfall der Liquidation der Filial-GmbH (auf Grund des Löschungsgesetzes) außerhalb des Insolvenzverfahrens wegen Vermögenslosigkeit wird indessen zu Recht betont, daß dieser Wegfall des Hauptschuldners in Durchbrechung des allgemeinen Akzessorietätsgrundsatzes die Bürgenverpflichtung als nunmehr selbständige Schuld fortbestehen lasse (Staudinger/Horn § 767 (1997) Rn 50).
In Fall Nr. 16 ist deshalb für die Konstellation einer Insolvenz der Pächterin die Annahme einer selbständigen Garantie der Maternal-AG interessengerecht. Wegen der im übrigen überwiegend richtigen und deshalb als gewollt anzunehmenden Akzessorietät dürfte es sich hier der Sache nach um eine **Kombination von Bürgschaft und Garantie** handeln.

> Bestehen auf der Basis dieser Qualifikation Bedenken gegen die Formulierung des Einstandsvertrages?

Verbesserungen sind in mehrfacher Hinsicht angezeigt:
- Geht man von einem **Mischtatbestand** aus, so sollte in der Formulierung klargestellt werden, daß sich die Pflichten des Einstehenden grundsätzlich nach Bürgschaftsrecht richten und lediglich für den Insolvenzfall abweichend von §§ 109 Abs. 1 S. 2 InsO, § 767 Abs. 1 S. 2 im Wege einer Garantieübernahme die volle Schadloshaltung nach Schadenersatzgrundsätzen geschuldet wird.
- Zum zweiten sollte klargestellt werden, daß der Einstandsverpflichtete nach Bürgschaftsgrundsätzen auch für Schadenersatzforderungen haftet, die sich aus der durch das Verhalten der Filia-GmbH verursachten vorzeitigen Vertragsbeendigung ergeben (**Einbeziehung von Ersatzforderungen** in den Deckungsbereich der Bürgschaft).
- Weiterhin entspricht die Anwendung von § 771 nicht dem Gewollten. Die Maternal-AG will für die Erfüllung der Vertragspflichten der Tochtergesellschaft einstehen, nicht erst für den Forderungsausfall nach vergeblichem Vollstreckungszugriff. Der Verzicht auf die Einrede der Vorausklage kann zwar auch konkludent erklärt und u. U. im Wege der Auslegung aus der Formulierung des Einstandsvertrages abgeleitet werden. Auf derartige Zweifel darf es der Vertragsgestalter jedoch nicht ankommen lassen. Ein ausdrücklicher Einredeverzicht – u. U. auch auf die Einreden aus § 770 – ist deshalb angezeigt, nicht jedoch auf weitergehende Einreden im Sinne von § 768, weil die Maternal-AG sich bei Inanspruchnahme darauf berufen können will, daß der Filia-GmbH z. B. wegen Mängel der Pachtsache ein Zurückbehaltungsrecht zustehe. Insofern sind also die allgemeinen Regelungen des Bürgschaftsrechts interessengerecht.
- Soweit nach den obigen Erörterungen der Einstandspflicht Garantiecharakter zukommt, sollte schließlich der **Garantiefall** deutlich herausgestellt werden – Insolvenz der Pächterin, Kündigung nach § 109 Abs. 1 S. 2 InsO –. Ferner ist

formulierungsmäßig zu präzisieren, wozu einerseits die Maternal-AG und andererseits Herr Emsig in diesem Fall verpflichtet sind (z.B. laufende Erstattung der Differenz zwischen der tatsächlich durch Weiterverpachtung erzielten Pacht und von der Filia-GmbH ursprünglich geschuldeten Pacht, Ersatz aller Aufwendungen zur jeweiligen (wiederholten) Anschlußverpachtung, hierbei entstehende Verwaltungsunkosten, zumutbare Weiterverpachtungsbemühungen der Verpächterin, vorzulegende Nachweise etc.).

Fazit: Der scheinbar klare Einstandsvertrag erweist sich bei näherem Zusehen als durchaus nicht unproblematisch und verbesserungswürdig.

212 Beim Einsatz von Personalsicherheiten Dritter im Rahmen der Vertragsgestaltung kann die Art der Einbeziehung in den Hauptvertrag unterschiedlich sein. Es kann in den Vertragsverhandlungen Einigkeit darüber erzielt werden, daß bereits bei Vertragsabschluß bestimmte Sicherheiten (z.B. Bankbürgschaft) vorgelegt werden. Möglich und z.B. bei Unternehmenskäufen verbreitete Praxis ist ferner, daß der Vertrag die **schuldrechtliche Verpflichtung zur Beibringung** derartiger Sicherheiten beinhaltet. Die Aufgabe der gedanklichen Konzeption der Sicherheiten ist in beiden Fällen gleich. Bei der letztgenannten Gestaltung bedarf es aber wiederum der Vorkehrungen im Vertrag für den Fall, daß die geschuldete Sicherheit nicht vertragsgemäß gestellt wird (z.B. Hemmung des Vertragsvollzuges, Rücktrittsrecht).

bb) Regelungsbedürftige Fragen bei der Bürgschaft; besondere Bürgschaftsformen.

Wie könnte eine **Checkliste** für die bei der Konzeption einer Bürgschaft zu durchdenkenden Punkte aussehen?

213
Gedanklich abzuarbeiten sind insbesondere folgende Fragen:
- **Wer** soll **als Bürge zugelassen** werden (z.B. deutsches Bankinstitut, Sparkasse oder Versicherung)?
- **Welche Forderung**(en) soll(en) gesichert werden (z.B. Ansprüche aus einem Vertragsverhältnis, Ansprüche aus Geschäftsverbindungen, Ersatzansprüche, Kondiktionsansprüche etc.)? Der formularmäßigen Ausdehnung des Sicherungszwecks der Bürgschaft über das aktuelle Sicherungsbedürfnis des Gläubigers hinausgehend (z.B. auf alle Ansprüche aus einer Geschäftsverbindung) hat die neuere Rechtsprechung des BGH Grenzen gesetzt (vgl. hierzu die Nachweise bei Palandt/Sprau § 765 Rn 20).
- Soll für die Bürgschaft ein **Höchstbetrag** festgesetzt werden (im Zweifel sind hierbei die Zinsen in den Höchstbetrag einzurechnen)?
- Soll die Bürgschaft **zeitlich befristet** werden (vgl. § 777) oder hat sich der Bürge unbefristet zu verpflichten? Soll die Befristung gegenständlich den Kreis der gesicherten Forderungen abgrenzen oder bedeuten, daß der Gläubiger dem Bürgen innerhalb der Frist mitzuteilen hat, daß er ihn (zunächst unbeziffert) in Anspruch nehme?

- Soll die Bürgenverpflichtung unter einer **Bedingung** stehen? So z.B. bei der Bankbürgschaft für Gewährleistungsansprüche des Auftraggebers gegen den Werkunternehmer, bei der als Voraussetzung für die Bürgeninanspruchnahme regelmäßig die Zahlung der bislang einbehaltenen Schlußrate (Sicherheit) des Werkunternehmerlohnes auf ein bestimmtes Konto der Bank festgelegt wird.
- Ist klarzustellen, daß der Bürge nur auf Geld (Erfüllungsinteresse) haftet?
- Verzicht auf Einreden des Bürgen, insbesondere Vereinbarung einer **selbstschuldnerischen** Bürgschaft?
- Soll **ausgeschlossen** werden, daß der Bürge sich vertraglich das Recht zur Leistungsbefreiung durch **Hinterlegung** vorbehält? (Zu dieser verbreiteten Bankklausel Graf Lambsdorff/Skora, Handbuch, Rn 238). Ist umgekehrt das gesetzliche Recht der Hinterlegung (§§ 372, 378) auszuschließen? (Hierbei ist das AGB-Gesetz zu beachten, vgl. Graf Lambsdorff/Skora, Handbuch, Rn 221, ferner OLG Köln NJW-RR 1993, 1494).
- Ist dem Bürgen ausnahmsweise ein **Kündigungsrecht** für bestimmte Fälle einzuräumen? (Zum ausnahmsweisen gesetzlichen Kündigungsrecht des Bürgen siehe Staudinger/Horn § 765 (1997) Rn 229 ff).
- Sind die **Rechtsfolgen des § 776 auszuschließen?**
- Bürgschaft zur **Zahlung auf erstes Anfordern?** Wenn ja, Festlegung der formellen Voraussetzungen der Bürgeninanspruchnahme (erforderliche Gläubigererklärungen, ggf. vorzulegende Dokumente etc.).

Neben den bereits erwähnten Ausprägungen der selbstschuldnerischen Bürgschaft, der Höchstbetragsbürgschaft, der Zeitbürgschaft und der Bürgschaft auf erstes Anfordern sind aus der Vertragspraxis insbesondere folgende **Geschäftstypen** und **Sonderformen** zu nennen: **214**
- **Erfüllungsbürgschaft** bei Sachleistungen, insbesondere im Baubereich. Der Bürge – zumindest eine Bank – haftet dem Auftraggeber gegenüber für den Nichterfüllungsschaden des Gläubigers/Auftraggebers regelmäßig bis zu einem bestimmten Höchstbetrag.
- **Gewährleistungsbürgschaft** namentlich bei Bauleistungen. Sie dient der Sicherung von Gewährleistungsansprüchen des Bestellers gegen den Werkunternehmer. Regelmäßig wird vereinbart, daß gegen Übergabe einer solchen Sicherheit der Sicherheitseinbehalt des Auftraggebers aufzugeben ist (siehe oben).
- Die **Globalbürgschaft** sichert alle gegenwärtigen und künftigen Verbindlichkeiten des Schuldners aus einer bestimmten Geschäftsverbindung. Sie wird regelmäßig als Höchstbetragsbürgschaft vereinbart.

cc) Regelungsbedürftige Fragen beim Garantievertrag (Forderungsgarantie). Die gedanklich durchzugehenden Fragen sind grundsätzlich mit der Checkliste bei der Bürgschaft vergleichbar (siehe oben). **215**

Zweiter Teil. Das Instrumentarium des Vertragsjuristen

Besonders schwierig ist und gesteigerte Aufmerksamkeit verdient die **Definition des Garantiefalls** (zu dessen Bedeutung Staudinger/Horn Vorbm. zu §§ 765 ff (1997) Rn 210 ff): Unter welchen Voraussetzungen muß der Garantiegeber zahlen?
Bei der hier in Rede stehenden Forderungs- oder Vertragserfüllungsgarantie ist einerseits eine Anbindung an die gesicherte(n) Forderung(en) erforderlich. Festzulegen ist, welche Erklärung und ggf. Nachweise über die Nichterfüllung durch den Hauptschuldner der Gläubiger ggf. dem Garantiegeber vorzulegen hat. Andererseits ist – in Abgrenzung zu akzessorischen Bürgschaft – klarzustellen, in welchem Umfang sich der Garantiegeber auf Einwendungen und Einreden gegen den Hauptanspruch nicht berufen kann und inwieweit ggf. dies anderweitig zulässig sein soll (z. B. mangelnde Fälligkeit der Hauptschuld).
Im internationalen Rechtsverkehr ist schließlich eine Rechtswahlklausel zu empfehlen.

216 *dd) Personalsicherheiten im Konzernverbund: Patronatserklärungen*

> **Fortführung von Fall Nr. 16:**
> Die Konzernmuttergesellschaft Maternal-AG hat sich in den Vertragsverhandlungen zunächst nur zur Abgabe einer sog. Patronatserklärung bereit erklärt. Dabei war zunächst die Rede von einer „weichen" Patronatserklärung, angesichts des Widerstandes von Herrn Emsig schließlich von einer „harten" Patronatserklärung. Vorgeschlagen wird folgende Formulierung: „Die Maternal-AG verpflichtet sich gegenüber Herrn Emsig dafür zu sorgen, daß die Tochtergesellschaft Filia-GmbH in der Zeit, in der sie noch nicht alle Pächterpflichten aus dem über das Objekt ... abgeschlossenen Pachtvertrag erfüllt hat, in der Weise geleitet wird und finanziell ausgestattet bleibt, daß sie stets in der Lage ist, sämtliche Verbindlichkeiten aus dem Pachtvertrag fristgemäß zu erfüllen."
> Rechtsanwalt Fündig soll für Herrn Emsig prüfen, ob damit eine akzeptable Absicherung des Erfüllungsrisikos aus dem abzuschließenden langfristigen Pachtvertrag mit der Filia-GmbH erreicht werden kann.

Mit dem Begriff **Patronatserklärung** ist ein Bündel sehr unterschiedlicher Erklärungsinhalte mit ebenfalls verschiedenartigem rechtlichem Gehalt bezeichnet (vgl. den Überblick bei Staudinger/Horn Vorbm. vor §§ 765 ff (1997) Rn 405 ff). Typischerweise wird die Erklärung von einer Konzernobergesellschaft zur Erhöhung/Erhaltung der Kreditwürdigkeit einer Tochtergesellschaft gegenüber einem Dritten (zumeist einer Bank) abgegeben. Verbreitet ist die Unterscheidung von weichen Patronatserklärungen, denen – bislang jedenfalls (zur jüngsten Entwicklung vgl. Fleischer WM 1999, 666 ff) – ein rechtsverpflichtender Inhalt abgesprochen wurde (good-will-Erklärungen wie z.B.: „Wir stehen voll hinter unserer Tochtergesellschaft"), und sog. harten Patronatserklärungen, oft in der Erscheinungsform der sog. **Ausstattungspflicht** wie im Fallbeispiel.
Harte Patronatserklärungen letztgenannten Typs haben im Geschäftsleben als Alternative zur Bürgschaft Verbreitung gefunden. Sie sind zwar bei der Kon-

zernmutter bilanzierungspflichtig (Schäfer WM 1999, 153), jedoch verbleibt dem Patron ein erheblicher Spielraum, wann und in welcher Weise er seiner Ausstattungspflicht nachkommt.

Ob sich aus der übernommenen Ausstattungspflicht ein einklagbarer Erfüllungsanspruch des Erklärungsempfängers ergibt, ist aus prozessualen Gründen zweifelhaft, weil der Inhalt der Leistungspflicht des Patrons sich schwerlich angeben läßt (Staudinger/Horn Vorbm. zu §§ 765ff (1997) Rn 413; Fleischer WM 1999, 666, 670). Unstreitig ist der Patron im Falle der Insolvenz der Tochtergesellschaft zum Schadenersatz (aus Vertrag oder aus § 280) verpflichtet. In diesem Anspruch liegt die eigentliche **Sicherungsfunktion der Patronatserklärung.**

> Worin liegt funktional der Unterschied zwischen selbstschuldnerischer Bürgschaft und harter Patronatserklärung?

Es wird als ein Vorteil der harten Patronatserklärung gegenüber der selbstschuldnerischen Bürgschaft angesehen, daß die Muttergesellschaft bis zur Insolvenz der Tochter nicht in Anspruch genommen werden kann (Schäfer WM 1999, 153). Darin liegt spiegelbildlich ein nicht unerheblicher Nachteil für den Erklärungsempfänger Emsig. Im Falle der Nichterfüllung des Pachtvertrages durch die Filia-GmbH müßte er zunächst gegen die Pächterin vorgehen und diese notfalls in die Insolvenz treiben, bevor eine Zugriffsmöglichkeit gegen die Muttergesellschaft gegeben ist. Zu diesem Zeitpunkt könnten bereits irreparable Schäden – etwa im Refinanzierungsbereich – eingetreten sein. Aus der Sicht des Herrn Emsig ist die harte Patronatserklärung deshalb dem Einstandsvertrag nicht gleichwertig. Dies wird Rechtsanwalt Fündig Herrn Emsig verdeutlichen.

Weiterführend:

- Einzelfragen des **Bürgschaftsrechts** werden erörtert von Graf Lambsdorff/Skora, Handbuch; zur Sittenwidrigkeit von Bürgschaft oder Mithaftungsübernahme bei krasser finanzieller Überforderung des Bürgen oder Mithaftenden siehe den Vorlagebeschluß des BGH, NJW 1999, 2584.
- Zu Geschäftstypen der **Garantie** siehe den Überblick bei Staudinger/Horn Vorbm. vor 765ff (1997) Rn 230 bis 240, 250ff; Muster für Garantieerklärungen finden sich bei Haag im Beck'schen Formularbuch III. I. 4 und III. I. 5; Muster für englischsprachige Bankgarantien im internationalen Geschäft bietet Schütze in Münchener Vertragshandbuch, Bd. 3, 2. HB, IV. 2–6;
- Zum gegenwärtigen Stand der Dogmatik von (harten) **Patronatserklärungen** näher Fleischer WM 1999, 666ff und Schäfer WM 1999, 153ff;
- Zum bankmäßigen **Dokumenten-Akkreditiv** als weiterer Personalsicherheit im Auslandsgeschäft instruktiv die Darstellung bei Kümpel, Rn 7.119ff; kommentierte Muster hierzu bei Hopt/Blesch VI. K. 1ff.

3. Realsicherheiten

217 Während bei den erörterten Personal(dritt)sicherheiten die Schutzfunktion für den begünstigten Vertragspartner darin besteht, daß er im Nichterfüllungsfalle einen Dritten persönlich in Anspruch nehmen kann, gewähren bzw. erhalten Realsicherheiten dem zu schützenden Vertragsteil dingliche Rechtspositionen. Der Eigentumsvorbehalt schützt den Verkäufer vor dem Verlust seiner Sachleistung ohne Erhalt der Gegenleistung. Er verwirklicht das Synallagma auf der dinglichen Ebene. Sicherungsübereignung, Sicherungsabtretung, Mobiliar- und Grundpfandrechte gewähren im Ergebnis Verwertungsmöglichkeiten an Sachen bzw. Rechten, von denen kompensatorisch Gebrauch gemacht werden kann, wenn die gesicherten Vertragspflichten von der Gegenseite nicht erfüllt werden.

a) Eigentumsvorbehalt.

> Welches sind die rechtlichen Grundstrukturen des bereits erörterten „einfachen" Eigentumsvorbehalts? Worin liegt der mit dieser Rechtsfigur verbundene Schutz für den Verkäufer bzw. den Käufer? Welche Risiken bleiben?

218 Der Kaufvertrag zwischen Verkäufer und Käufer wird unbedingt geschlossen, jedoch verpflichtet sich der Verkäufer zur Übereignung nur unter Vereinbarung eines Eigentumsvorbehalts. Sachenrechtlich erfolgt die Übereignung regelmäßig nach § 929 S. 1 unter Vereinbarung der aufschiebenden Bedingung der vollständigen Kaufpreiszahlung. Erfolgt die Zahlung, geht das Eigentum ohne weiteres Zutun des Verkäufers auf den Käufer über. Gerät der Käufer in Verzug, kann der Verkäufer im Zweifel sofort zurücktreten (§ 455), bzw. unter den Voraussetzungen des § 326 Schadenersatz wegen Nichterfüllung verlangen. Sodann kann er den Herausgabeanspruch aus § 985 Abs. 1 geltend machen, weil das Recht des Käufers zum Besitz (§ 986) erloschen ist.

Das auflösend bedingte Eigentum gibt dem Verkäufer das Recht, sich gegen den Vollstreckungszugriff von Gläubigern des Käufers mit § 771 ZPO zur Wehr zu setzen. In der Insolvenz des Käufers kann der Verkäufer aussondern (§ 47 InsO), sofern nicht der Insolvenzverwalter nach §§ 103, 107 Abs. 2 InsO Erfüllung verlangt mit der Folge, daß der Kaufpreis als Masseverbindlichkeit (§ 55 Abs. 1 InsO) vorweg zu begleichen ist. Trotz dieser Sicherung ist der Verkäufer durch gutgläubigen Erwerb Dritter nach § 932 oder Untergang der Sache (auch durch Verbindung, Verarbeitung nach §§ 947–950) erheblich gefährdet.

Der Käufer erwirbt durch das unter Einräumung des mittelbaren (Fremd)Besitzes aufschiebend bedingt übertragene Eigentum eine als Anwartschaftsrecht bezeichnete Rechtsposition, die ihn vor zwischenzeitlichen Verfügungen des Verkäufers sowie dem Zugriff Dritter schützt (§ 161 Abs. 1).

219 Da in der Wirtschaftspraxis unter Eigentumsvorbehalt erworbene, also auf Kredit hergegebene Waren häufig zu dem Zweck gekauft werden, sie weiter zu veräußern oder weiter zu verarbeiten, entspricht der erörterte einfache Eigentumsvorbehalt vielfach nicht den Bedürfnissen des Geschäftslebens. Vor diesem Hintergrund

B. Das Sicherheits- und Risikodenken des Vertragsjuristen

haben sich **Varianten des Eigentumsvorbehalts** entwickelt, namentlich der sog. **verlängerte Eigentumsvorbehalt**. Er ist dadurch gekennzeichnet, daß der Verkäufer grundsätzlich in die Weiterveräußerung der gelieferten Sache an Dritte einwilligt (§ 185 Abs. 1) bzw. sich mit der Weiterverarbeitung der gelieferten Ware vor vollständiger Bezahlung einverstanden erklärt. Im Gegenzug tritt der Käufer dem Verkäufer den durch Weiterveräußerung entstehenden Kaufpreisanspruch im voraus sicherungshalber ab bzw. vereinbart im Verarbeitungsfalle mit dem Verkäufer, daß an die Stelle der durch Verarbeitung untergehenden Eigentumsrechte die neue Sache tritt (§ 950), u. U. Lieferant und Käufer zu festgelegten Quoten Miteigentümer der neuen Sache werden (zu dieser streitigen Konstruktion siehe Palandt/Bassenge § 950 Rn 11 m.w. N.).

Weiterführend:

- Zum Untergang des Eigentumsvorbehaltes durch gutgläubigen Dritterwerb (Kriterien der Bösgläubigkeit und Nachforschungsobliegenheiten des Dritten) MünchKomm/Quack § 932 Rn 20 ff;
- Zum verlängerten Eigentumsvorbehalt und weiteren Varianten näher Staudinger/Honsell § 455 (1995) Rn 52 ff.

b) Sicherungsübereignung und Sicherungsabtretung.

> Wie lassen sich Zweck und Grundstrukturen der Rechtsfigur Sicherungsübereignung beschreiben?

Die Sicherungsübereignung läßt sich kennzeichnen als die Begründung sachenrechtlichen Volleigentums zugunsten des Sicherungsnehmers als vorübergehend, nämlich zur Sicherung einer Hauptverbindlichkeit eingeräumte Rechtsposition, begründet auf der Grundlage des sog. Sicherungsvertrages. Die Rechtsstellung des Sicherungsnehmers ist schuldrechtlich durch den Sicherungsvertrag gebunden. Da sie wirtschaftlich die Funktion hat, dem Sicherungsgeber lediglich eine Verwertungsbefugnis bei Eintritt des Sicherungsfalles einzuräumen ähnlich dem gesetzlichen Fahrnispfandrecht, ist die Kennzeichnung als **treuhänderisch gebundenes Eigentum** zutreffend. Es handelt sich vom Typus her um eine **eigennützige Sicherungstreuhand**. Für die Sicherungszession gelten diese Aussagen entsprechend.

Die große praktische Bedeutung der Sicherungsübereignung folgt aus der Ungeeignetheit des gesetzlichen Sicherungstyps des akzessorischen Faustpfandes (§ 1205 Abs. 1) zur Befriedigung der praktischen Bedürfnisse des Geschäftslebens. Anders als beim Vertragspfand kann der unmittelbare Alleinbesitz beim Sicherungsgeber verbleiben und die Übergabe durch ein Besitzkonstitut ersetzt werden (§ 930). Regelmäßig ist der Sicherungsgeber darauf angewiesen, das Sicherungsgut weiter zu nutzen, während der Sicherungsnehmer an der Verschaffung des unmittelbaren Besitzes kein Interesse hat.

220

Auch die Forderungsverpfändung ist in der Praxis – abgesehen von der Verpfändung von Forderungen von Bankkunden gegenüber der Bank zugunsten der Bank selbst in deren AGB (hierzu Kümpel Rn 6.425f) – weitgehend von der Sicherungszession verdrängt worden.

> Welchen praktischen Grund hat das?

Die Forderungsverpfändung ist nur rechtswirksam mit der Anzeige der Verpfändung durch den Gläubiger gegenüber dem Schuldner (§ 1280). Das entspricht regelmäßig nicht dem Interesse des Sicherungsgebers. Demgegenüber kann die Sicherungszession rechtswirksam „still" erfolgen und dem Drittschuldner erst offengelegt werden, wenn hierzu Anlaß besteht.

Die Eigentumsposition des Sicherungsnehmers kann aufschiebend bedingt sein durch das Entstehen der gesicherten Forderung, ferner auflösend bedingt durch deren Erlöschen. Nach der Rechtsprechung bedarf letzteres der ausdrücklichen Vereinbarung; fehlt sie, kann eine solche Bedingung nicht in die Abreden der Parteien hinein interpretiert werden (BGH NJW 1991, 353, BGH NJW 1994, 1184). Bei Wegfall des Sicherungszwecks bestehen deshalb regelmäßig nur schuldrechtliche Ansprüche auf Rückgabe des Sicherungsgutes.

221 **Kernstück** der Rechtsfigur des Sicherungseigentums – ebenso bei der Sicherungszession – ist der **Sicherungsvertrag.**

> Nehmen Sie an, im obrigen Fall Nr. 15 soll eine Sicherungsübereignung des Privat-PKW von Herrn Grenzland erfolgen. Welches wären die regelungsbedürftigen Punkte der Sicherungsabrede? Welche allgemeinen Regelungsbedürftigkeiten lassen sich daraus ableiten?

Notwendiger Bestandteil der Sicherungsabrede zwischen dem Sicherungsgeber – das muß nicht der Schuldner der Hauptforderung und kann auch ein Dritter sein – und dem Sicherungsnehmer (= Gläubiger der Hauptforderung) ist zunächst die Vereinbarung, daß und wie eine bestimmte Sicherheit zu gewähren ist **(Pflicht zur Sicherheitsbestellung).** Hieraus ergibt sich die **schuldrechtliche causa** für die sodann eingeräumte dingliche Rechtsposition. Hierzu zählt u.a. die hinreichend bestimmte Beschreibung des Sicherungsgutes, ggf. dessen geschuldeter Zustand.

Ferner ist Kernbestandteil des Sicherungsvertrages die **Sicherungszweckabrede.** Sie verknüpft schuldrechtlich die gesicherte Forderung mit der zu verschaffenden dinglichen Rechtsposition. Sollen mehrere Forderungen gesichert werden (ggf. ein Kontokorrentverhältnis oder eine gesamte Geschäftsbeziehung), ist der Deckungsbereich der Sicherheit hinreichend bestimmbar zu bezeichnen (ggf. einschließlich Nebenforderungen, Ersatzansprüchen etc.). Diese Präzisierungsnotwendigkeiten weisen Parallelen zur Kennzeichnung der gesicherten Forderung bei der Bürgschaft auf (siehe oben).

B. Das Sicherheits- und Risikodenken des Vertragsjuristen

Regelungsbedürftig sind schließlich die **Rechte und Pflichten der Beteiligten** 222
hinsichtlich des Sicherungsgutes.

Was bedeutet dies in Fall Nr. 15 konkret?

Herr Grenzland will den PKW weiter nutzen. Sachenrechtlich wird sich die Übereignung nach § 930 vollziehen. Das erforderliche **Besitzkonstitut** liegt im **Sicherungsvertrag**. Aus praktischen Gründen regelungsbedürftig sind Fragen der Besitzberechtigung und Nutzung des PKW durch Herrn Grenzland (Art der zulässigen Nutzung? Nutzungsüberlassung an Dritte? Verbringung des PKW ins Ausland? Ordnungsgemäße Instandhaltung und Versicherung?). Sollte eine Widmungsänderung des Privat-PKW zum allgemeinen Handelsgut der Grenzland-GmbH vorgesehen sein, käme in Betracht, die Grenzland-GmbH zur Weiterveräußerung zu ermächtigen (§ 185) gegen Vorausabtretung entsprechender Erlösansprüche entsprechend der Problemlage und den Gestaltungsüblichkeiten beim verlängerten Eigentumsvorbehalt (siehe oben). Für den Fall, daß die Grenzland-GmbH den obigen Verhaltenspflichten zuwider handelt, käme ein Wegnahmerecht des Sicherungsnehmers Blechkleid-GmbH in Betracht. Zum Schutz der Blechkleid-GmbH gegen Verfügungen der Grenzland-GmbH über den PKW sollte klarstellend vereinbart werden, daß die Fahrzeugpapiere dem Sicherungsgeber auszuhändigen sind (§ 952). Denkbar sind weiterhin Informations- und Anzeigepflichten bei wesentlichen Ereignissen hinsichtlich des Sicherungsgutes (z.B. Unfall, Diebstahl, zufälliger Untergang, Pfändungszugriff Dritter). Regelungsbedürftig sind schließlich der **Sicherungsfall** und die **Abwicklung des Sicherungsverhältnisses** nach Erledigung des Sicherungszwecks. Zum letztgenannten Komplex zählt etwa die Frage, ob die Verwertung schon bei Fälligkeit der gesicherten Forderung oder erst bei Verzug bzw. einer gewissen Nachfrist nach vorheriger Androhung zulässig sein soll und in welcher Weise die Verwertung zu erfolgen hat. Zu entscheiden ist auch, ob bei Wegfall des Sicherungszwecks eine ausdrückliche Rückübereignung erforderlich ist oder das Eigentum automatisch auf den Sicherungsgeber zurückfallen soll (auflösend bedingte Sicherungsübereignung).

Bereits bei Fall Nr. 15 erörtert wurde die Problematik, daß der Schutz der Gutglaubensvorschriften bei Sicherungsübereignungen durch Nichtberechtigte (z.B. bei Waren, die unter Eigentumsvorbehalt gekauft wurden) im verkehrsüblichen Fall nicht greift, weil hierfür das Besitzkonstitut nach § 930 nicht ausreicht (§ 933). In solchen Fällen kommt es also auf die Bösgläubigkeit des Sicherungsnehmers gar nicht an. Dieser ist deshalb gut beraten, die Frage des Eigentums des Sicherungsgebers durch Vorlage entsprechender Unterlagen ausreichend zu klären. Bei späterem Eigentumserwerb des Sicherungsgebers (Kaufpreiszahlung) wird die Sicherungsübereignung nachträglich wirksam.

Für die Sicherungszession gilt hinsichtlich Bedeutung und grundsätzlichem Inhalt des Sicherungsvertrages Entsprechendes mit Ausnahme der an die Körperlichkeit des Sicherungsgutes anknüpfenden Regelungen.

> Wie wirkt sich das Sicherungseigentum beim Zwangsvollstreckungszugriff von Gläubigern des Sicherungsgebers und bei dessen Insolvenz aus?

Dem Vollstreckungszugriff von Gläubigern des Sicherungsgebers kann sich der Sicherungsnehmer nach § 771 ZPO widersetzen. In der Insolvenz des Sicherungsgebers steht ihm ein Absonderungsrecht nach § 51 Nr. 1 InsO zu. Dies entspricht der wirtschaftlichen Funktion des Sicherungseigentums als Verwertungsrecht.

Weiterführend:

- Lesenswert die geschlossenen Darstellungen bei MünchKomm/Quack Anh. § 929 bis 936 und Staudinger/Wiegand Anh. zu §§ 929 bis 931 (1995)
- Zur Veranschaulichung siehe die Formulare III. A. 13 und III. A. 14 im Beck'schen Formularbuch betr. Sicherungsübereignungen
- Zur Sicherungszession in der Bankpraxis näher Kümpel Rn 6.419 ff.

223 **c) Sicherungsgrundschuld.** *aa) Rechtliche Strukturen, praktische Bedeutung.* Hypothek und Grundschuld – die Rentenschuld spielt in der Praxis keine Rolle – gewähren dem Rechtsinhaber die Befugnis zur Verwertung des belasteten Grundstücks (§§ 1113, 1147, 1192). Regelmäßig werden diese Rechte derart bestellt, daß der dingliche Anspruch auf Duldung der Zwangsvollstreckung (§ 1147) bereits im Wege der Zwangsvollstreckungsunterwerfung tituliert ist. In diesem Regelfall erlangt der Grundschuldgläubiger die Möglichkeit der Verwertung des Grundbesitzes im Wege des sofortigen Zwangsvollstreckungszugriffs (Zwangsversteigerung, Zwangsverwaltung), um aus dem so erzielten Erlös die gesicherte Forderung zu befriedigen.

In der Rechtspraxis dienen Grundpfandrechte zum weitaus überwiegenden Teil der Sicherung von Darlehnsforderungen von Kreditinstituten. Dabei hat in der Kreditpraxis die Grundschuld die Hypothek fast gänzlich verdrängt. Der vorherrschende Grundpfandrechtstyp ist die **Sicherungsgrundschuld.**

> Können Sie Gründe für diese Entwicklung nennen?

Nach der gesetzlichen Konzeption ist die Hypothek ein akzessorisches dingliches Verwertungsrecht. Sie ist grundsätzlich in Entstehen, Höhe und Bestand von der gesicherten Forderung abhängig. Wird diese vom Eigentümer/Schuldner getilgt, so entsteht eine Eigentümergrundschuld (§§ 1163, 1177). Nachrangigen Gläubigern steht für diesen Fall ein gesetzlicher dinglich gesicherter Löschungsanspruch zu (§ 1179 a). I. E. hindern diese Rechtswirkungen oftmals die erneute Verwendung des Pfandrechtes als Sicherheit für andere Forderungen durch Umwandlung in eine erneute Hypothek (§ 1198), ganz abgesehen von dem mit einer solchen Umwandlung verbundenen Aufwand.

B. Das Sicherheits- und Risikodenken des Vertragsjuristen

Die Anbindung der Hypothek an eine bestimmte Forderung widerspricht oftmals den Interessen der Beteiligten. Namentlich in der Praxis der Kreditinstitute besteht ein Interesse daran, Grundpfandrechte als **Sicherheit für wechselnde Forderungen**, für eine ganze Geschäftsbeziehung zu verwenden bzw. ihnen ohne grundbuchlichen Aufwand immer wieder neue Forderungen unterlegen zu können. Die Sicherungsgrundschuld entspricht diesen Bedürfnissen, da sie nach der gesetzlichen Konzeption abstrakt ist. Sie setzt also begrifflich nicht eine Forderung voraus, zu deren Sicherung sie bestellt wird. Ihre Einräumung bedarf zwar schuldrechtlich eines Rechtsgrundes. Dieser kann theoretisch auch in einer Schenkungsabrede liegen, auch wenn dies in der Praxis kaum vorkommt. Der regelmäßige Erscheinungstypus der Sicherungsgrundschuld ist dadurch gekennzeichnet, daß das dingliche Recht durch einen schuldrechtlichen Sicherungsvertrag mit einer oder mehreren gesicherten Forderung(en) verknüpft wird.

224

> Welche Ebenen von Rechtsbeziehungen zwischen den Beteiligten lassen sich in diesem Zusammenhang unterscheiden?

Auseinander zu halten sind folgende rechtliche Ebenen:
- Die gesicherte(n) Forderung(en), zumeist Darlehnsforderungen,
- der Sicherungsvertrag, der u.a. die Verbindung zwischen dem dinglichen Recht und der Forderungsebene herstellt,
- das dingliche Recht, welches – anders als das Volleigentum bei der Sicherungsübertragung – in bestimmten Umfang der Ausgestaltung durch Vereinbarung zugänglich ist (z.B. Buchrecht oder Briefrecht, Zinshöhe und Zinsbeginn, Verzicht auf das Kündigungserfordernis (§ 1193 Abs. 1, 2).
- In der Sicherungspraxis der Kreditinstitute kommt als vierte Rechtsebene in der Regel noch ein vollstreckbares Schuldanerkenntnis/Schuldversprechen hinzu. Dadurch wird die Möglichkeit des sofortigen Zwangsvollstreckungszugriffs auch auf das sonstige (bewegliche) Vermögen des Kreditschuldners eröffnet.

225

> Die Verknüpfung eines gesetzlich nicht akzessorischen dinglichen Verwertungsrechtes mit der Ebene zu sichernder Forderungen durch den Sicherungsvertrag weist auf Strukturparallelen zur Sicherungsübereignung hin. Was läßt sich hieraus für den notwendigen bzw. typischen Inhalt des Sicherungsvertrages ableiten?

Ähnlich der Rechtslage bei der Sicherungsübereignung begründet der Sicherungsvertrag zunächst die **Verpflichtung zur Stellung einer bestimmten Sicherheit** an einem bestimmten Grundbesitz. Art und Beschaffenheit der Sicherheit sind möglichst präzise und damit streitvermindernd zu beschreiben. Hierzu gehört ganz wesentlich auch der grundbuchliche Rang, der dem Gläubiger zu verschaffen ist (z.B. Erfordernis von Löschungen bzw. Rangrücktritten anderweitiger Rechte). Zugleich begründet der Sicherungsvertrag die **causa** für Begründung und Innehabung des dinglichen Rechts.

193

Wesentlicher Bestandteil des Sicherungsvertrags ist weiterhin die **Sicherungsabrede**, auch **Zweckerklärung** genannt. Sie bestimmt den **Deckungsbereich der Grundschuld**, legt also fest, welche Forderungen kraft Vereinbarung durch die Grundschuld gesichert werden. Die Praxis der Kreditinstitute, Grundschulden formularmäßig weite Sicherungszweckvereinbarungen zugrunde zu legen, die auch künftige Forderungen gegen den Schuldner, u.U. auch Forderungen gegen Dritte, erfassen, hat in jüngerer Vergangenheit zu einer sehr differenzierenden Rechtsprechung des Bundesgerichtshofes geführt, die solchen Bestrebungen im Anwendungsbereich des AGB-Gesetzes vor allem dort Grenzen gesetzt hat, wo der persönliche Schuldner und der Eigentümer des belasteten Grundstücks nicht identisch sind.

Beispiel: Sohn S und Schwiegertochter T wollen sich selbständig machen. Bank B ist im Prinzip bereit, einen einmaligen Betriebsgründungskredit einzuräumen, verlangt jedoch eine werthaltige dingliche Absicherung durch Grundschuld. Die Eltern von S erklären sich bereit, auf ihrem Einfamilienhaus eine Grundschuld eintragen zu lassen, „um den Kindern den Existenzstart zu ermöglichen". Laienhaft gehen die Eltern selbstverständlich davon aus, daß ihr Haus für einen einmaligen Kredit an S und T belastet wird. Die formularmäßige Vereinbarung mit B, daß die gesamte Geschäftsbeziehung mit S und T durch die Grundschuld abgesichert wird, dürfte deshalb regelmäßig gegen § 3 AGBG verstoßen (zu den Grenzen formularmäßiger Sicherungsabreden siehe die Rechtsprechungsnachweise bei Palandt/Bassenge § 1191 Rn 39).

Schließlich gehören zum regelmäßigen Inhalt des Sicherungsvertrages auch Abreden über den Sicherungsfall sowie die Abwicklung der Sicherheit nach Erledigung des Sicherungszwecks, nicht selten auch Verhaltens- und Mitteilungspflichten des Sicherungsgebers hinsichtlich des zu belastenden Grundbesitzes. Der Sicherungsvertrag ist formfrei. Soweit hinsichtlich der vorstehenden Regelungspunkte eine ausdrückliche Regelung nicht getroffen ist, nimmt die Rechtsprechung regelmäßig eine stillschweigende Vereinbarung an, deren Inhalt sie im Wege der Auslegung und der Heranziehung der Interessenlage ermittelt (vgl. BGH NJW-RR 1991, 305). Ähnlich der Rechtslage bei der Sicherungsübereignung stellt sich auch bei der Sicherungsgrundschuld die Problematik von Übersicherungen und Freigabepflichten des Grundschuldgläubigers.

226 *bb) Vertragspraxis und Grundpfandrechte.* Dem Kautelarjuristen, der mit der Gestaltung von Verträgen befaßt ist, treten Grundpfandrechte, speziell Grundschulden unter zwei verschiedenen Blickwinkeln gegenüber:
– als bei der Vertragskonzeption vorfindliche und zu berücksichtigende Rechte,
– als Gestaltungsmittel zur Einräumung von Sicherheiten außerhalb des Bereichs der Kreditsicherung von Bankinstituten.

Für jeden Vertragsjuristen ist es empfehlenswert, zumindest über Grundlagenwissen im Bereich der Grundpfandrechte zu verfügen.

Beispiel: Die von Rechtsanwalt R beratene K-AG will sämtliche Anteile der Konkurrenzfirma P-GmbH erwerben (Unternehmenskauf durch Anteilskauf). Zum Vermögen der P-GmbH zählt betrieblich genutzter Grundbesitz. Dort sind Grundschulden zugunsten der Hausbank der P-GmbH eingetragen. In den Kaufverhandlungen mit dem Allein-

B. Das Sicherheits- und Risikodenken des Vertragsjuristen

gesellschafter der P-GmbH, Herrn P, erfährt R auf Nachfrage, daß durch diese Grundschulden sowohl der laufende Betriebsmittelkredit der P-GmbH bei der Hausbank abgesichert ist, als auch Kredite, die zum Bau des Privathauses von P verwendet wurden. Selbstverständlich werde er – so P – diese Privatkredite pünktlich zurückzahlen und dafür Sorge tragen, daß der Betriebsgrundbesitz insoweit „unbehelligt" bleibt.

Was wird R bei der Vertragsgestaltung in dieser Hinsicht erwägen?

Erwirbt die K-AG alle Geschäftsanteile der P-GmbH, ändert dies nichts an den bestehenden rechtlichen Bindungen des Kaufunternehmens gegenüber Dritten, hier gegenüber der bisherigen Hausbank. Die Sicherungszweckvereinbarung zwischen der Bank und der P-GmbH über den Deckungsbereich der Grundschulden bleibt unberührt. Sie begründet die Gefahr, daß die Bank bei Nichtbedienung dieser Kredite den betrieblichen Grundbesitz verwertet. Schuldrechtliche Verpflichtungserklärungen des P zur Freistellung des Betriebsgrundbesitzes schützen hiergegen nicht.

Wie läßt sich diesbezüglich die Zielvorstellung von R formulieren?

Zum Schutze der K-AG und des zu erwerbenden Vermögens der P-GmbH muß im Ergebnis die Gefährdung eines Zugriffs der Bank auf den Betriebsgrundbesitz rechtlich einwandfrei beseitigt werden.

Wie läßt sich das rechtstechnisch erreichen?

Rechtstechnisch erreichbar ist dieses Ergebnis durch eine Änderung der bisherigen Sicherungszweckvereinbarung zwischen der Bank und der P-GmbH, wodurch die Privatverbindlichkeiten von P aus dem Deckungsbereich der Grundschuld herausgenommen werden. Sollte die Bank hierfür Ersatzsicherheiten fordern und P nicht in der Lage oder willens sein, solche an seinem sonstigen Vermögen einzuräumen, kommt weiterhin in Betracht, die gesicherten Privatverbindlichkeiten aus dem von K-AG zu zahlenden Kaufpreis zurückzuführen. Aus Käufersicht ist jedenfalls sicherzustellen, daß der Kaufpreis (vollständig) erst dann fließt, wenn die beschriebene Haftungsbrücke zwischen dem Privatbereich des P und dem Vermögen der Zielgesellschaft spätestens durch die Kaufpreiszahlung entfällt.

Als Gestaltungsmittel der Kautelarpraxis sind Grundpfandrechte auch außerhalb der bankmäßigen Kreditsicherung von Bedeutung. Da sie ein Verwertungsrecht an dem belasteten Grundbesitz gewähren, sind sie einsetzbar zur Sicherung von Forderungen, die auf Geldzahlung gerichtet sind oder – auf der Sekundärebene – in Geld übergehen können (Schadensersatzansprüche etc.). Sie können bestellt werden zulasten des Schuldnervermögens oder zulasten des Eigentums eines Dritten, der bereit ist, im Interesse des Schuldners eine solche Sicherheit einzuräumen. Bei der Ausgestaltung sind die oben dargestellten Rechtsebenen und deren Regelungsnotwendigkeiten zu beachten.

227

Zweiter Teil. Das Instrumentarium des Vertragsjuristen

Zur Verdeutlichung drei **Beispiele:**

(1) Bei einem Hausverkauf gegen Zahlung einer lebenslangen monatlichen Rente an den Verkäufer kommt es regelmäßig zur Absicherung der Rentenzahlungspflicht durch Eintragung einer erstrangigen Reallast (§§ 1105 ff) im Grundbuch des Veräußerungsobjektes zugunsten des Verkäufers. Werden einzelne Rentenzahlungen nicht geleistet, kann der Reallastberechtigte die rückständigen Raten im Wege des Vollstreckungszugriffs aus dem Grundbesitz beitreiben. Er hat jedoch auch bei wiederholter Zahlungssäumnis nicht das Recht, die Rente insgesamt kapitalisiert fällig zu stellen. Dieses Ergebnis ist vielfach unbefriedigend. Zur Abhilfe kann schuldrechtlich vereinbart werden, daß der Verkäufer unter bestimmten Voraussetzungen (z. B. Rückstand mit mehr als drei Rentenmonatsbeträgen) berechtigt ist, den in Anwendung von Kapitalisierungstabellen sich ergebenden Rentenbarwert für die verbleibende Rentenlaufzeit zuzüglich aufgelaufener Monatsbeträge zur Ablösung der Rente zu fordern. Da dieser bedingte Kapitalzahlungsanspruch nicht durch die vereinbarte Reallast gesichert ist, bietet sich eine weitere grundbuchliche Sicherung durch Eintragung einer Grundschuld zugunsten des Rentenberechtigten – bei mehreren als Gesamtberechtigte nach § 428 – an. Kommt eine Alternative in Betracht?

Da es hier um die Sicherung einer **einmaligen** bedingten **Forderung** des Verkäufers für den Fall der Ablösung der Rente geht und sonstige spätere Sicherungszwecke ausscheiden, wäre im Grundsatz die **akzessorische** Hypothek das sachnähere Gestaltungsmittel. Allerdings kann die Höhe des dereinstigen Ablösebetrages (Kapitalbetrag) nicht angegeben werden, weil dieser Betrag mit fortschreitendem Zeitablauf sinkt. Angeben läßt sich aber als Höchstbetrag die Summe, die als Kapitalisierungsbetrag zahlbar wäre, wenn der Käufer der Rentenzahlungsverpflichtung schon alsbald nach Objektübergabe nicht nachkäme. Für solche Fälle ist die **Höchstbetragshypothek** (§ 1190) das geeignete Sicherungsmittel. Wegen ihrer strengen Akzessorietät (§§ 1190 Abs. 3, 1184) befriedigt diese Hypothekenform zugleich das Schutzbedürfnis des Erwerbers gegenüber einer zweckwidrigen Verwendung der Hypothek, z. B. durch Abtretung. Allerdings müßte der Verkäufer im Streitfall die hypothekarisch gesicherten Forderungen klageweise feststellen lassen, ggf. in Verbindung mit der dinglichen Klage aus § 1147. In Konstellationen der hier erörterten Art erscheint diese Konsequenz als zumutbar.

(2) Wird ein Grundstück mit der Abrede veräußert, daß ein Teil des Kaufpreises sofort zu zahlen ist, während der Restbetrag für ein Jahr zinslos gestundet wird, bietet sich zur Sicherung des Restkaufpreisanspruchs des Verkäufers die Eintragung einer Kaufpreishypothek ebenfalls als Sicherungshypothek an. Wird der sofort zu zahlende Kaufpreisteil mit Bankkredit finanziert, ist zu beachten, daß die Kreditgeber regelmäßig eine grundschuldmäßige Absicherung ihrer Kreditmittel mit Rang vor der Restkaufpreishypothek des Verkäufers verlangen. Im Falle der Nichtzahlung des Restkaufpreises kann sich hieraus für den Verkäufer ergeben, daß der unter Berücksichtigung der bestehenbleibenden Bankgrundschuld im Versteigerungsfall erzielte Erlös zur Abdeckung der Verkäuferforderung nicht ausreicht.

(3) Kaufmann K steht in ständiger Geschäftsbeziehung zu Bauunternehmer B. K ist an der Aufrechterhaltung dieser Verbindung aufgrund besonderer Umstände stark interessiert. B gerät in Liquiditätsschwierigkeiten. Die Hausbank von B will die erforderliche Erweiterung der Kreditlinie nicht ohne die werthaltige Sicherheit eines Dritten gewähren. Da K an die Überlebensfähigkeit von B „glaubt", entschließt er sich gegenüber der Hausbank von B, zur Sicherung deren Forderungen gegen B eine selbstschuldnerische Bankbürgschaft bis zu einem bestimmten Betrag zu übernehmen. Zur eigenen Absicherung möchte er sich an den Immobilien von B Grundpfandrechte einräumen lassen, soweit diese Objekte mit Rücksicht auf vorrangig abgesicherte Bankschulden noch werthaltig sind. Das damit verbundene Ausfallrisiko ist ihm bewußt.

B. Das Sicherheits- und Risikodenken des Vertragsjuristen

Abzusichern ist hier das Rückdeckungsinteresse des B im Falle der Inanspruchnahme aus der Bürgschaft, genauer die Ansprüche des Bürgen auf Aufwendungsersatz (§§ 675 ff) und kraft übergegangenen Rechts (§ 774 Abs. 1). Als Sicherungsmittel kommen in Betracht die Eintragung einer Buch-Gesamtgrundschuld, zum Schutze von B nur abtretbar mit dessen Zustimmung, oder einer Gesamthöchstbetragshypothek, jeweils in Höhe des Bürgschaftsbetrages.

Die Beispiele lassen erkennen, daß außerhalb der bankmäßigen Kreditsicherung ein Sicherungsbedürfnis vielfach – auch längerfristig – nur für eine Forderung erkennbar ist. Dies gibt jeweils Anlaß zur Prüfung, ob nicht die Einräumung einer Hypothek jeweils die sachangemessenere, das Schutzinteresse des Schuldners berücksichtigende Gestaltung darstellt.

Weiterführend:
- Lesenswert als Kurzdarstellungen sind die kommentierten Muster einer Sicherungsgrundschuld und eines Schuldanerkenntnisses mit Hypothekenbestellung sowie einer Höchstbetragshypothek bei Sandweg im Beck'schen Formularbuch IV. 25, IV. 21 und IV. 22.
- Zu Grundpfandrechten in der Bankpraxis näher Kümpel, Rn 6.183 ff; dort (Rn 6.215) auch zur Ungeeignetheit der Höchstbetragshypothek für die bankmäßige Sicherungspraxis.
- Einzelfragen werden erörtert in den umfangreichen praxisbezogenen Monographien von Gaberdiel, Kreditsicherung durch Grundschulden, und Clemente, Recht der Sicherungsgrundschuld.

4. Sicherungsfunktion von vertraglichen Vereinbarungen und Gestaltungsrechten

Zahlreiche vertragliche Gestaltungselemente dienen dem Sicherungsbedürfnis eines Vertragsteils oder beider Partner an einer ungestörten Vertragsabwicklung. In dieser Funktion lassen sich solche Gestaltungen dem Sicherungs- und Risikodenken des Vertragsjuristen zurechnen.

228

> Welche der bereits behandelten Vertragsbausteine sind hierbei beispielsweise zu nennen? Kennen Sie weitere Gestaltungselemente?

Bereits behandelt wurden u. a.
- vertragliche Zusicherungen und (Leistungs-)Garantien,
- Vertragsstrafeversprechen,
- Rücktritts-/Kündigungsrechte.

Zu nennen sind beispielhaft ferner:
- Regelungen in Leistungsaustauschverträgen, die die Zug-um-Zug-Abwicklung gewährleisten sollen;

Beispiel: Fälligkeitsregelung und Umschreibungssperre bis zur Kaufpreiszahlung in notariellen Grundstückskaufverträgen.

Zweiter Teil. Das Instrumentarium des Vertragsjuristen

– Vereinbarungen über Vorschüsse, Anzahlungen und Abschlagszahlungen. Dabei sind im Anwendungsbereich des AGB-Gesetzes die dortigen Vorschriften zu beachten, u. U. gelten auch spezialgesetzliche Vorschriften.

Beispiele:
(1) Für formularmäßige Vorauszahlungspflichten des Reisenden gegenüber dem Reiseveranstalter aus dem Reisevertrag gilt jetzt die Spezialvorschrift des § 651 k Abs. 4.
(2) Beim Kauf vom Bauträger in Form von Baufortschrittsraten soll § 3 Abs. 2 MaBV Käuferschutz u. a. dadurch gewähren, daß Baufortschrittsraten nur in einem gesetzlich typisierten Rhythmus vom Verkäufer abgefordert werden dürfen, wenn die betreffende Leistung erbracht ist. Vertragliche Vereinbarungen über Kaufpreisteilzahlungen dienen dem Interesse des Verkäufers. Solche Regelungen haben sich in dem gesetzlich gezogenen Rahmen zu halten und dürfen nur zugunsten des Käufers davon abweichen. Werden die Vorschriften der MaBV eingehalten, bestehen insoweit auch keine Bedenken nach dem AGBG (BGH NJW 1986, 3201).

229 Zusicherungen, Garantien, Schuldanerkenntnisse, Vertragsstrafeversprechen und sonstige schuldrechtliche Verpflichtungen einer Vertragsseite gegenüber dem anderen Teil können dazu dienen, die Rechtsposition des Partners zu verbessern; solche Bausteine liegen deshalb in seinem Interesse. Dem Sicherungsbedürfnis des jeweils schützenswerten Teils wirklich genüge getan ist indessen erst, wenn so begründete oder verbesserte Rechtspositionen auch effektiv durchsetzbar, bestehende Ansprüche beitreibbar sind. Dieses Risiko mag man hinnehmen, solange gegen die Erfüllungsfähigkeit des anderen Vertragsteils keine begründeten Zweifel bestehen. Will man indessen nicht auf die – veränderliche – Bonität des anderen Teils setzen, läßt sich Sicherheit nur erreichen, wenn werthaltige Personal- oder Realsicherheiten (insbesondere der oben erörterten Art) gestellt werden. Hierzu zählen z. B. auch dingliche Absicherungen von grundstücksbezogenen Abreden durch Eintragungen in Abt. II des Grundbuchs (Sicherungsnießbrauch, Wegerechte, Leitungsrechte).

Beispiel: Bei Unternehmenskäufen ist es üblich, das sachlich nicht angemessene gesetzliche Instrumentarium der §§ 459 ff ebenso abzubedingen wie die Rechtsinstitute der c. i. c. sowie p. V. V. und die Verkäuferhaftung ausschließlich auf vertraglicher Basis in Gestalt von Zusicherungen und Garantien unter Regelung der Verletzungsfolgen zu begründen. Nicht selten werden in solchen Fällen die Pflicht des Käufers zur gestaffelten Kaufpreiszahlung in Raten und die potentiellen Pflichten des Verkäufers aus übernommenen Zusicherungen und Garantien jeweils durch (Bank-)Bürgschaften unterlegt (vgl. das Vertragsmuster bei Hopt/Hess/Fabritius IV. B. 7).

Auch vertragliche Gestaltungsrechte wie Rücktritt oder Kündigung können die Funktion haben, die Interessen des Berechtigten im Falle nicht ordnungsgemäßer Erfüllung durch den anderen Teil zu schützen. Ob dieser Schutz ausreicht oder etwa Schadensersatzansprüche verbleiben, deren Durchsetzbarkeit offen ist, ist eine Frage des jeweiligen Einzelfalls.

Weiterführend:
- Zur Käufersicherung bei Unternehmenskaufverträgen durch eine vertragliche Haftungsregelung aus Zusicherungen und Garantien der Verkäuferseite siehe

B. Das Sicherheits- und Risikodenken des Vertragsjuristen

das Vertragsmuster mit ausführlicher Kommentierung bei Hopt/Hess/Fabritius IV. B. 7.
- Zusammenfassender Überblick zur Sicherung von Leistungen im Austauschverträgen bei Heussen/Imbeck, Handbuch, Rn 526ff.

5. Besondere Sicherungsmöglichkeiten im notariellen Gestaltungsbereich

Aus Besonderheiten des Grundstücksrechtes und der Stellung des Notars als unabhängigem Organ der Rechtspflege ergeben sich weitere Sicherungsmöglichkeiten in vertraglichen Gestaltungsbereichen, die als Folge gesetzlicher Formzwänge oder aus sonstigen Gründen typischerweise konzeptionell vom Notar verantwortet oder unter seiner Mitwirkung abgewickelt werden. Von den beschränkten dinglichen Rechten in Abt. II des Grundbuches und Grundpfandrechten, namentlich Grundschulden war schon die Rede (siehe oben). Zu erörtern bleiben die Sicherungsfunktion der Vormerkung (a), die Hinterlegung beim Notar und dessen sonstige Treuhandtätigkeit einschließlich Weisungsmöglichkeiten der Beteiligten (b).

230

a) Die Vormerkung im Grundstücksrecht

> **Fall Nr. 17:**
> Die Schnellbau-GmbH veräußert an die Ehel. Norm ein noch zu errichtendes Einfamilienreihenhaus mit der Abrede der Zahlung von Baufortschrittsraten in Anwendung von § 3 Abs. 2 MaBV (Bauträgervertrag). Zur Sicherung des Anspruchs des Käufers auf Eigentumsübertragung wird im Grundbuch eine Vormerkung für die Ehel. Norm eingetragen. Mit Rang davor steht in Abt. III des Grundbuches eines (Global-)Grundschuld über 2 000 000,– DM zugunsten der Allcredit-Bank – Hausbank des Bauträgers – eingetragen. Diese hat über den abwickelnden Notar dem Käufer eine ordnungsgemäße Lastenfreistellungsverpflichtungserklärung (§ 3 MaBV) übersandt. Nach entsprechender Notarmitteilung über den Eintritt der allgemeinen Fälligkeitsvoraussetzungen zahlen Ehel. Norm drei Kaufpreisraten; der bauleitende Architekt hatte zuvor den Baufortschritt bestätigt. Mit Rang nach der Vormerkung erwirkt ein Gläubiger der Schnellbau-GmbH die Eintragung einer Zwangshypothek. Ferner pfändet dieser Gläubiger die Kaufpreisansprüche des Bauträgers gegen die Ehel. Norm. Kurz darauf fällt der Bauträger in die Insolvenz. Die finanzierende Allcredit-Bank, an die Ehel. Norm mittels ihres Rechtsanwaltes Scharfblick herantreten, erklärt, sie sei bereit, den gekauften Grundbesitz aus der Haftung für ihre Grundschuld freizugeben gegen Zahlung von 50% der nächsten vereinbarten Baurate (betr. Rohinstallation von Heizungs-, Sanitär- und Elektroleitungen), weil dies dem jetzt erreichten Baufortschritt entspreche.
> Zu welchem Ergebnis wird Rechtsanwalt Scharfblick bei der Prüfung der Rechtslage der Ehel. Norm kommen?

Auseinander zu halten sind drei **Rechtsbeziehungen:**
– **Rechtsbeziehung zum Insolvenzverwalter:**
  Können die Ehel. Norm den Insolvenzverwalter zwingen, den noch nicht abgewickelten Vertrag weiter auszuführen? Ist der Verwalter wenigstens zur Übereignung im jetzigen Zustand verpflichtet?

231

– **Rechtsbeziehung zur X-Bank:**
Ist das Verlangen auf Zahlung einer weiteren halben Baufortschrittsrate berechtigt?
– **Rechtsbeziehung zum Drittgläubiger des Bauträgers** hinsichtlich
– Eintragung der Zwangshypothek,
– Pfändung des Kaufpreisanspruches.

232 • **Rechtsbeziehung zum Insolvenzverwalter**
Die häufigste Erscheinungsform des **arteigenen Sicherungsmittels Vormerkung** ist die Eigentumsvormerkung, oft sprachlich inkorrekt auch „Auflassungsvormerkung" genannt. Sie bewirkt keine Grundbuchsperre, wohl aber die relative Unwirksamkeit nachfolgender Verfügungen über den Grundbesitz, soweit diese den gesicherten Anspruch beeinträchtigen (§ 883 Abs. 2). Ihrer praktischen Durchsetzung dient der unselbständige Hilfsanspruch aus § 888.

> Welche Wirkung haben Vormerkungen nach dem Gesetz im Insolvenzfall?

Im Insolvenzfall gehen nach § 103 InsO in der Interpretation der jüngeren Rechtsprechung des BGH die beiderseitigen Erfüllungsansprüche unter, um ggf. bei Ausübung des Verwalterwahlrechts neu zu entstehen (vgl. die Nachweise bei Kübler/Prütting/Tintelnot, § 103 InsO Rn 11 m.w.N.). Mit dem Erfüllungsanspruch auf Übereignung würde auch die akzessorische Vormerkung untergehen. Demgegenüber regelt die – § 103 InsO verdrängende – Sondervorschrift des § 106 InsO, daß der vormerkungsgesicherte Anspruch weiter besteht und durchgesetzt werden kann. Aus § 106 Abs. 1 S. 2 InsO wird entnommen, daß sich in Fällen der hier vorliegenden Art, in denen der Gemeinschuldner sowohl eine vormerkungsgesicherte Leistung (Übereignung) als auch eine weitere Leistung (Bauerrichtung) schuldet, das Wahlrecht des Verwalters auf den nicht grundstücksbezogenen Teil des Vertrages beschränkt (vgl. Basty, Bauträgervertrag, Rn 115 m.w.N.).

> Was bedeutet dies praktisch?

Der Insolvenzverwalter kann entscheiden, den Bau fortzuführen und die weiterhin jeweils fällig werdenden Kaufpreisraten zur Masse zu verlangen. Er kann statt dessen auch die weitere Bauerrichtung ablehnen. Stehen nach dem Vertrag noch Baufortschrittsraten aus – was nach dem Sachverhalt nicht der Fall ist –, wird der Verwalter die Ansprüche geltend machen.
Aus dieser Regelung ergibt sich, daß Vormerkungen auch in der Insolvenz des Bauträgers ihre Schutzwirkung behalten, allerdings mit der Folge, daß der Käufer den steckengebliebenen Bau u.U. mit Schadensfolgen selbst vollenden muß. Weiterhin gilt dieser Schutz nur vorbehaltlich der Willensentschließung der globalfinanzierenden Bank des Bauträgers (dazu nachstehend).

B. Das Sicherheits- und Risikodenken des Vertragsjuristen

- **Rechtsbeziehung zur X-Bank**   233
In der gesetzlich vorgeschriebenen Freistellungserklärung nach § 3 Abs. 1 S. 1 Nr. 3 MaBV kann sich die Bank das Recht vorbehalten, den steckengebliebenen Bau selbst – ggf. nach Fertigstellung – weiter zu verwerten und zu diesem Zweck dem Käufer gezahlte Kaufpreisraten (zinslos) zu erstatten gegen Löschung der Vormerkung (§ 3 Abs. 1 S. 3 MaBV). Übt sie dieses Wahlrecht aus, wird dem Käufer der dingliche Erwerbsschutz genommen gegen Ersatz aufgewendeter Kaufpreisraten. Einen verbleibenden Schaden muß der Käufer in diesem Fall beim Bauträger geltend machen, regelmäßig ergebnislos.
Im vorliegenden Fall hat sich die Bank zur Freigabe entschieden. Ihr Verlangen nach Zahlung einer dem tatsächlichen Baufortschritt entsprechenden Zwischenrate entspricht dem gesetzlich zugelassenen und in der Praxis typischen Inhalt solcher Freistellungserklärungen. Während der Insolvenzverwalter selbst also mangels Erfüllung der Voraussetzungen für die nächste Rate diese auch nicht teilweise einfordern kann (str., a. A. unter – m. E. unzutreffender – Berufung auf BGH DNotZ 1981, 556, Basty, Bauträgervertrag Rn 115), ist der Käufer zur Erreichung der Löschung der Grundschuld der X-Bank zur dieser Zahlung gezwungen (Mehrwertausgleich). Sollten allerdings bisherige Bauleistungen mangelhaft sein, können Mängelrechte (insbesondere Minderung, Aufrechnung mit Gegenansprüchen) auch der finanzierenden Bank entgegengehalten werden (zu diesem Einwendungsdurchgriff Marcks § 3 MaBV Rn 14 m. w. N.).

- **Rechtsbeziehung zum Drittgläubiger**   234
Die nach der Vormerkung im Grundbuch eingetragene Zwangshypothek hat der Drittgläubiger gemäß § 888 zur Löschung zu bewilligen. Die Hypothek beeinträchtigt den insolvenzfesten Eigentumsverschaffungsanspruch der Ehel. Norm mit der Folge von § 883 Abs. 2 (relative Unwirksamkeit).
Nach der Erlöschenstheorie des BGH (siehe oben) ist davon auszugehen, daß die über den Grundstücksverschaffungsanspruch hinausgehenden beiderseitigen Erfüllungsansprüche (restliche Bauleistung, restlicher Kaufpreis als Entgelt für Bauleistung) mit Verfahrenseröffnung entfallen sind. Damit sind auch zwischenzeitlich begründete Rechtspositionen Dritter, hier das Pfändungspfandrecht des Drittgläubigers an der noch offenen Kaufpreisforderung erloschen. Wählt der Verwalter Erfüllung, würden die diesbezüglichen Ansprüche nach BGH neu entstehen, d.h. unbelastet vom Pfändungspfandrecht des Drittgläubigers. Selbst wenn man der Erlöschens- und Novationskonstruktion nicht folgt, könnten M und F dem Pfändungsgläubiger entgegenhalten, daß eine Kaufpreiszahlung nach dem Kaufvertrag nur derart geschuldet ist, daß hierdurch die Lastenfreistellung des Objektes herbeigeführt wird, also an die X-Bank gezahlt werden muß. (Regelmäßig sind dieser im voraus die Kaufpreisansprüche abgetreten.) Dem Pfändungszugriff auf die Kaufpreisforderung stünde im Ergebnis die Zweckbindung des Kaufpreises entgegen (vgl. zu dieser Problematik Hoffmann NJW 1987, 3153).

Zweiter Teil. Das Instrumentarium des Vertragsjuristen

Die Fallerwägungen zeigen:

> Die Vormerkung ist ein herausragendes akzessorisches Sicherungsmittel im Grundstücksrecht. Sie schützt sowohl vor beeinträchtigenden Verfügungen des Schuldners, als auch vor dem zwangsweisen Zugriff Dritter sowie im Falle der Insolvenz. Ihre Haupterscheinungsform ist die Eigentumsverschaffungsvormerkung, doch sind auch sonstige Ansprüche auf Einräumung, Inhaltsänderung oder Aufhebung eines dinglichen Rechts an einem Grundstück durch Vormerkung sicherbar.

235 **b) Hinterlegung beim Notar, sonstige Treuhandtätigkeiten, Vollzugsweisungen.** Die Hinterlegung von Geld beim unparteiischen Notar, namentlich die Hinterlegung des Kaufpreises bei Grundstücksgeschäften, kann, muß aber nicht je nach den Umständen des Einzelfalles ein geeignetes Mittel sein, um Sicherungsinteressen beider Vertragsteile zu entsprechen. Ob dem so ist, bedarf sorgfältiger Prüfung im Einzelfall (§ 54a Abs. 2 Nr. 1 BeurkG, hierzu eingehend Brambring, DNotZ 1999, 381).

Beispiel: In einem Grundstückskaufvertrag ist – wie üblich – vorgesehen, daß der Käufer den Kaufpreis erst zahlt, wenn u. a. zu seinen Gunsten im Grundbuch eine Eigentumsverschaffungsvormerkung eingetragen ist und die Löschung bestehender Grundpfandrechte aus dem Kaufpreis sichergestellt ist. Der Verkäufer möchte den Grundbesitz dem Käufer erst nach Kaufpreiszahlung übergeben und bis dahin sich auch das Eigentum vorbehalten. Allerdings wird die Übergabe schon für einen festen Zeitpunkt vier Wochen nach Vertragsschluß beiderseitig gewünscht. Die Eintragung der Vormerkung dauert beim zuständigen Grundbuchamt erfahrungsgemäß jedoch vier bis sechs Monate, die Einholung der Löschungspapiere bei den abzulösenden Banken ca. vier Wochen, ebenso die Vorkaufsrechtsverzichtserklärung der zuständigen Gemeinde.

In einem solchen **Fall vorgezogener Übergabe** dient die Kaufpreishinterlegung beim Notar beiderseitigen Sicherungsbedürfnissen. Durch entsprechende Gestaltung kann erreicht werden, daß zum Schutz des Käufers der Kaufpreis erst an den Verkäufer bzw. dessen abzulösende Gläubiger ausgekehrt wird, wenn alle vereinbarten Voraussetzungen eingetreten sind. Der Interessenschutz des Verkäufers läßt sich dadurch bewirken, daß er zur Übergabe des Objektes erst nach Kaufpreishinterlegung verpflichtet und ferner der Notar angewiesen wird, die bereits im Kaufvertrag erklärte Auflassung (§ 925) erst zum Vollzug einzureichen, wenn der Kaufpreis hinterlegt ist bzw. (alternativ) zur Auszahlung kommt.

236 Kommt es, wie im Beispiel, auf Grund vertraglicher Vereinbarungen zur Hinterlegung beim Notar, so sind zwei Rechtsbeziehungen sorgfältig zu unterscheiden:
- Die schuldrechtliche Abrede der Beteiligten, daß, wann und wo der Kaufpreis auf Notaranderkonto zu hinterlegen ist **(Hinterlegungsvereinbarung)**.
- Das gemeinsame Hinterlegungsersuchen beider Vertragsteile gegenüber dem Notar **(Verwahrungsauftrag)**, dessen Annahme durch den Notar ein dem öffentlichen Recht zuzuordnendes verwahrungsähnliches Rechtsverhältnis zustandebringt. Für dessen Inhalt sind in erster Linie die übereinstimmend erteilten Weisungen maßgeblich, die den Notar und die Beteiligten im Prinzip

B. Das Sicherheits- und Risikodenken des Vertragsjuristen

binden und grundsätzlich nicht einseitig widerrufen werden können (§ 54c Abs. 2 BeurkG). In den §§ 54a bis e BeurkG hat die Hinterlegung von Geld, Wertpapieren und Kostbarkeiten beim Notar nunmehr erstmalig eine gesetzliche Regelung erfahren, die der Notar sorgfältig zu beachten hat.

Auch außerhalb des Bereichs der Hinterlegung von Geld gibt es eine Vielzahl von Treuhandtätigkeiten des Notars, die im Sicherungsinteresse eines Beteiligten oder mehrerer Beteiligter übernommen werden, z.B. die treuhänderische Einholung und Verwahrung von Löschungsunterlagen über grundbuchliche Belastungen, bei der der Notar dem Treugeber (zumeist einer Bank) gegenüber in der Verantwortung steht, daß von den Unterlagen nur Gebrauch gemacht wird nach bzw. gegen Zahlung der aufgegebenen Geldbeträge.

Erwägt der Vertragsjurist, im Rahmen einer von ihm zu konzipierenden Regelung einen Notar im Sicherungsinteresse eines Vertragsteils oder beider Teile treuhänderisch oder z.B. durch übereinstimmende Weisungen zum Vollzug des zu beurkundenden Rechtsgeschäfts einzuschalten, tut er gut daran, im Vorfeld mit dem betreffenden Notar Fühlung aufzunehmen und von dort abklären zu lassen, ob und inwieweit und ggf. mit welchen Maßgaben die Übernahme treuhänderischer Tätigkeiten und die Annahme von Weisungen in Betracht kommen.

Weiterführend: Zum Widerruf der notariellen Verwahrungsanweisung näher Brambring, ZfIR 1999, 333.

Aufgabe Nr. 7

In einem langfristigen Gewerbemietvertrag zwischen der Firma V (= Vermieter) und der Firma M (= Mieter) über eine größere Büroimmobilie soll geregelt werden, daß der Mieter eine Bankbürgschaft stellt in Höhe einer Jahresmiete (netto, ohne Nebenkosten).
Formulieren Sie
1. die entsprechende Passage des Mietvertrages,
2. den Text der Bankbürgschaft.
Soweit noch Klärungsbedarf besteht, formulieren Sie die zu klärenden Fragen und unterstellen Sie lebensnahe und praxisgerechte Antworten.

IV. Risikovorsorge (2): Die störende Entwicklung des Lebenssachverhaltes

Fall Nr. 18:
Die Eheleute Fleißig – beide Ende 60 – bewohnen ein in ihrem je hälftigen Eigentum stehendes Einfamilienhaus mit großem Garten. Das Einfamilienhaus wurde mit viel Eigenleistung errichtet und soll „in der Familie" bleiben. Die Instandhaltung von Haus und Garten macht ihnen zunehmend Mühe. Die Ehel. haben drei Söhne. Sohn Siegfried ist in der Nähe berufstätig und wohnt mit seiner Frau Frieda in (noch) kinderloser Ehe im Haus der Eltern. Zwischen den Eheleuten Fleißig und Sohn Siegfried herrscht seit Jahren Einverständnis, daß er das Haus eines Tages erben soll und zum Ausgleich seine Brüder herauszuzahlen hat. Da Siegfried und

Frieda sich Kinder wünschen, das Haus für zwei Familien auf Dauer aber zu wenig Platz bietet, treffen sie mit den Eltern folgende Übereinkunft: Das Haus wird bereits jetzt auf Frieda und Siegfried überschrieben. Die Erwerber übernehmen die Abzahlung noch verbliebener, durch Grundpfandrechte gesicherter Objektschulden, richten für die Eltern durch Ausbau- und Anbaumaßnahmen eine „Altenteilerwohnung" her, die sie – wie das ganze Haus – stets instandzuhalten haben, gewähren den Eltern dort lebenslanges Wohnrecht und zahlen den Brüdern bei Übergabe Gleichstellungsgelder. Der konsultierte Notar Bedächtig beauftragt den jungen Notarassessor Schnellmann einen Entwurf zu fertigen. Dieser Entwurf beinhaltet im wesentlichen
- Übertragung auf beide Erwerber zu je 1/2 Anteil (die schenkungsteuerliche Problematik wurde mit den Erwerbern erörtert!),
- Gegenleistung/Bedingungen:
  - Herauszahlung der Brüder binnen sechs Wochen,
  - Herrichtung der Altenteilwohnung binnen sechs Monaten,
  - Übernahme der Verzinsungs- und Tilgungspflicht für die Restschulden im Innenverhältnis,
  - Einräumung eines lebenslangen dinglichen Wohnungsrechtes für die Ehel. Fleißig als Gesamtberechtigte nach § 428 BGB, verbunden mit Unterhaltsreallast (Instandhaltung der Wohnung),
- Übergabe: Sofort.

1. Erfüllungsstörungen und sonstiges Störungspotential

237 In den bisherigen Erörterungen zum Risikodenken des Kautelarjuristen ging es um Vorsorge gegen mögliche Nachteile aus nicht ordnungsgemäßer Vertragserfüllung. Bei der Bearbeitung von Fall Nr. 18 ist Notar Bedächtig auch in dieser Hinsicht gefordert.

> Inwiefern?

Denkbar und nach der Lebenserfahrung keineswegs auszuschließen wäre die Nichterfüllung der von der Erwerberseite zu übernehmenden Pflichten, namentlich
- Nichtabtragung restlicher Objektfinanzierungsschulden
- Nichtbereitstellung der vereinbarten Altenteilerwohnung
- Nichtzahlung der Gleichstellungsgelder an die Brüder.

> Können Sie stichwortartig Lösungsansätze der Vertragsgestaltung nennen, um diese Risiken möglichst zu beherrschen?

- Erfüllen Siegfried und Frieda die Schuldentilgungspflicht nicht, könnte die Bank die Ehel. Fleißig persönlich in Anspruch nehmen oder die Objektverwertung aus dem eingetragenen Grundpfandrecht betreiben. In diesem Fall verlören die Eltern das ihnen einzuräumende dingliche Wohnungsrecht, weil die Bank kaum bereit sein wird, dem Wohnungsrecht grundbuchlich den

B. Das Sicherheits- und Risikodenken des Vertragsjuristen

Vorrang einzuräumen. Freistellungs- bzw Rückgriffsansprüche gegen Siegfried und Frieda nützen im Konfliktfall wenig, selbst eine Schuldübernahme im Außenverhältnis würde am grundbuchlichen Risiko nichts ändern. Es bleibt stets die Möglichkeit für die Eltern, im Krisenfall zur Vermeidung der Zwangsversteigerung die offenen Schuldbeträge persönlich zu zahlen. Zu denken wäre noch an ein Rückforderungsrecht hinsichtlich des Hausgrundstücks für den Fall der Nichterfüllung der Tilgungspflicht, gesichert durch eine Vormerkung. Gegenüber dem Zwangsvollstreckungszugriff der Bank schützt dies jedoch ebenfalls nicht, solange die Ehel. Fleißig nicht auch aufgelaufene Rückstände tilgen. I.E. ist dieses Risiko also nicht befriedigend beherrschbar.
- Die Nichterfüllung der Pflicht zur Wohnungsbereitstellung könnte sanktioniert werden durch ein Rücktrittsrecht der Eltern. Bis zur Erfüllung könnte durch gemeinsame Anweisung an den Notar der grundbuchliche Vollzug der Eigentumsumschreibung ausgesetzt werden, ebenso die tatsächliche Übergabe des Objektes. Letzteres ist der Sache nach zwingend – insoweit ist die Lösung von Schnellmann falsch –, weil die Eltern selbstverständlich auch vor Herrichtung ihrer Wohnung rechtlich gesichert im Haus wohnen wollen.
- Zur Sicherung der Herauszahlungspflicht gegenüber den Brüdern kämen – ohne Vertiefung der Regelungsmöglichkeiten – in Betracht:
    - Zahlungsverpflichtung gegenüber den Brüdern im Wege eines Vertrags zugunsten Dritter (§ 328) in vollstreckbarer Form,
    - Eintragung von Grundpfandrechten zugunsten der Brüder am übertragenen Grundbesitz (Werthaltigkeitsfrage!),
    - Rücktrittsrecht der Eltern, kombiniert mit Aussetzung der Eigentumsumschreibung bis zur Zahlung der Gleichstellungsgelder.

> Gibt der Sachverhalt Anlaß, über sonstige Risiken nachzudenken?

Bei Vertragssituationen wie in Fall Nr. 18 gehen die Beteiligten ausgesprochen oder unausgesprochen, bewußt oder unbewußt von einem bestimmten Lebenssachverhalt und bestimmten Zukunftserwartungen aus. Diese zu erforschen, sich dort hineinzudenken und einzufühlen gehört zu den besonders anspruchsvollen Aufgaben eines Vertragsjuristen.

> Wie lassen sich der zugrunde liegende Lebenssachverhalt und die vermutlich bestehenden Erwartungen in Fall Nr. 18 beschreiben?

Vermutlich gehen die Eltern Fleißig von folgendem aus:
- Sie leben bis ans Ende ihrer Tage friedlich in „ihrem" Haus; solange sie leben, wird das Haus nicht in fremde Hände kommen.
- Der Sohn Siegfried wird sie überleben.
- Die Ehe von Siegfried und Frieda wird „halten".

Dieses Vorstellungsbild kann enttäuscht werden. Sonstige Ereignisse, an die keiner der Beteiligten bislang gedacht hat, können eintreten.

> Beschreiben Sie denkbare Sachverhaltsentwicklungen!

Nach allgemeiner Lebenserfahrung nicht fernliegend sind z. B.
- Versterben des Sohnes Siegfried vor dem Längstlebenden der Eltern, mit/ohne Hinterlassen von Kindern;
- Sohn Siegfried/Schwiegertochter Frieda geraten in finanzielle Schwierigkeiten; Gläubiger greifen durch Zwangsvollstreckung auf das übertragene Hausanwesen zu; Siegfried bzw. Frieda geraten in Insolvenz;
- Scheidung der Ehe von Siegfried und Frieda;
- Veräußerung des Hausanwesens zu Lebzeiten der Eltern z. B. wegen finanzieller Notlage;
- Zerwürfnis zwischen Eltern Fleißig und Sohn Siegfried/Schwiegertochter Frieda, keine weitere Basis für ein „Leben unter einem Dach", faktische Entwertung des Wohnungsrechtes durch Auszug;
- Erfordernis stationärer Pflege der Eltern/des verbleibenden Elternteils, mangelnde Kostendeckung, Wertlosigkeit des Wohnungsrechtes.

> **Fortführung von Fall Nr. 18:**
> In einem weiteren Gespräch erörtert Notar Bedächtig mit den Beteiligten die denkbaren Problemsituationen. Die Eltern machen ihm unter Zustimmung von Siegfried und Frieda ihre Haltung zu den erörterten Fällen wie folgt deutlich:
> - Was nach dem Ableben beider Elternteile mit dem Haus geschieht, solle nicht geregelt werden. Insofern vertraue man dem Sohn. Bis zu diesem Zeitpunkt soll jedoch möglichst sichergestellt werden, daß das Hausanwesen nicht infolge Versterbens des Sohnes Siegfried an die Schwiegertochter oder deren Verwandtschaft fällt, vielmehr, soweit vorhanden, den gemeinsamen Kindern bzw. der näheren Verwandtschaft von Siegfried zugute kommt.
> - Eine Veräußerung der Immobilie zu Lebzeiten eines Elternteils ist tunlichst auszuschließen; ebenso werden Vorkehrungen gegen Insolvenz und Zwangsvollstreckungszugriff Dritter gewünscht.
> - Bei Scheidung der Ehe von Siegfried und Frieda soll Frieda nicht das halbe Haus „mitnehmen"; selbstverständlich soll sie aber Erstattung getätigter Investitionen erhalten.
> - Wenn sich die Notwendigkeit der Aufgabe des Wohnungsrechtes ergäbe (Zerwürfnis, Pflegebedürftigkeit in stationärer Pflege), soll der Wert des Wohnungsrechtes den Eltern zufließen, z. B. durch laufende Mieteinnahmen oder Zahlung einer einmaligen Entschädigungssumme.

238 Für den erfahrenen Vertragsjuristen sind diese Äußerungen keineswegs überraschend. Sie geben typische Denkweisen wieder und entsprechen der beruflichen Lebenserfahrung.

> Welche Überlegungen zum Vertragskonzept wird Notar Bedächtig aufgrund dieses Gespräches anstellen?

Er wird der Frage nachgehen, welche Rechtslage sich nach dem bisherigen Vertrag bzw. nach dem Gesetz ergibt, wenn die erörterten Fallkonstellationen eintreten.

B. Das Sicherheits- und Risikodenken des Vertragsjuristen

Wie läßt sich dieser Arbeitsschritt methodisch kennzeichnen?

Methodisch handelt es sich um **hypothetische Rechtsanwendung**: Die simulierte Situation wird rechtlich durchgespielt und mit dem Anforderungsprofil, abzuleiten aus dem Parteiwillen, verglichen.

Zu welchem Ergebnis wird Notar Bedächtig kommen?

Nach bisherigem Entwurfsstand hätten die Ehel. Fleißig beim Vorversterben des Sohnes keine vertraglichen Handlungsmöglichkeiten. Dies gilt auch für die weiter erörterten Konfliktfälle. Letztlich kämen zur Korrektur dieses Ergebnis allenfalls eine ergänzende Vertragsauslegung in Betracht, möglicherweise auch die Anwendung der Regelungen über den Wegfall der Geschäftsgrundlage. Ob den Eltern hiermit geholfen werden könnte, scheint zweifelhaft. Angesichts des unzweideutigen Parteiwillens kann der Vertragsjurist solche Unsicherheiten nicht akzeptieren. I.E. besteht deshalb **Handlungsbedarf** dahingehend, daß nach vertraglichen Lösungsmöglichkeiten Ausschau gehalten wird, die in den erörterten potentiellen Störungsfällen dem Willen der Beteiligten möglichst zur Geltung verhelfen.

Notar Bedächtig überlegt, wie die fraglichen Situationen in den Griff zu bekommen sind. Können Sie Lösungsansätze für eine entsprechende ergänzende Gestaltung nennen?

Naheliegend sind folgende Überlegungen und Lösungsansätze: 239
- Die Fälle Scheidung, Zwangsvollstreckung, Insolvenz und Vorversterben von Siegfried sind durch irgendwelche vertraglichen Abreden nicht zu verhindern. Es kann also nur um eine Reaktion auf diese Situationen gehen.
- Hinsichtlich der Veräußerung des Objektes zu Lebzeiten der Eltern wären indessen entsprechende Unterlassungspflichten denkbar, sinnvollerweise auch bezüglich einer Grundstücksbelastung etwa durch weitere Grundpfandrechte. Doch wirkt diese Verpflichtung nicht dinglich (§ 137). Der unerwünschte Zustand läßt sich auch hier nicht zuverlässig verhindern.
- Für beide vorgenannten Komplexe kommt in Betracht, als Reaktion auf den unerwünschten Zustand einen Rückübertragungsanspruch der Eltern bzw. des Längstlebenden von ihnen zu begründen, grundsätzlich hinsichtlich der gesamten Immobilie, für den Scheidungsfall nur hinsichtlich des Hälfteanteils der Schwiegertochter. Dieser bedingte Anspruch kann durch Eintragung einer Vormerkung dinglich gesichert werden. I.E. erfährt damit das schuldrechtliche Verfügungsverbot eine Art Verdinglichung. Einzelheiten des Rückforderungsrechtes, welches ausgeübt werden kann aber nicht muß (elastische Rechtsgestaltung), wären zu durchdenken, insbesondere die Frage der Entschädigung für geleistete Investitionen (Schuldentilgung, Herrichtung der Altenteilerwohnung).

· Hinsichtlich des Wohnungsrechtes wäre zu denken an
  – einen schuldrechtlichen Anspruch auf Abfindung dieses Rechtes durch Kapitalzahlung im Falle des Auszuges der Eltern,
  – die Einräumung der Befugnis der Wohnungsberechtigten zur Fremdvermietung, damit ggf. Mieteinkünfte erzielt werden können (§§ 1093 Abs. 2, 1092 Abs. 1 S. 2).

2. Das gedankliche Verfahren der Risikovorsorge

> Wie läßt sich, allgemein formuliert, das von Notar Bedächtig in Fall Nr. 18 praktizierte gedankliche Verfahren beschreiben?

Die Denkschritte ähneln stark dem Verfahren bei der Risikovorsorge gegen nicht ordnungsgemäße Vertragserfüllung (siehe oben). **Drei Hauptschritte** lassen sich unterscheiden:

> **Erster Schritt:** Welche denkbaren Entwicklungen des Lebenssachverhaltes mit möglicher Relevanz für den Parteiwillen sind zu berücksichtigen? Womit muß gerechnet werden?

240 Im Rahmen dieses ersten Arbeitsschrittes stellt sich zunächst die Frage, wie der Vertragsgestalter aus der unendlichen Fülle denkbarer Ereignisse und Entwicklungen des Lebenssachverhaltes diejenigen auswählt, die im konkreten Fall zum Problem werden können. Mit anderen Worten: Wie erkennt der Kautelarjurist das in Betracht zu ziehende Störungspotential?

Drei nach Bedeutung zu stufende **Erkenntnisquellen** zur Beantwortung dieser Frage lassen sich unterscheiden:

241 • **Die allgemeine und die spezielle – berufliche – Lebenserfahrung.**

> Nennen Sie allgemeine Beispiele für mögliche Entwicklungen des einem Vertrag zugrundeliegenden Lebenssachverhaltes!

Nach allgemeiner Lebenserfahrung muß z. B. gerechnet werden mit
– Tod, Berufsunfähigkeit, Pflegebedürftigkeit, Heirat, Scheidung einer natürlichen Person;
– Liquidation, Verschmelzung, sonstige Strukturänderung einer juristischen Person;
– Insolvenz eines Vertragspartners, Zwangsvollstreckungszugriff auf sein Vermögen generell oder den das Vertragsverhältnis betreffenden Vermögensgegenstand;
– Beginn, Aufgabe einer Berufstätigkeit, Aufnahme einer Konkurrenztätigkeit;
– Veräußerung des Vertragsobjektes;
– Änderung der Gesetzeslage, z. B. Einführung neuer Abgaben.

B. Das Sicherheits- und Risikodenken des Vertragsjuristen

- **Sachbereichsspezifisches Störungspotential**   242
Läßt sich der zu entwerfende Vertrag einem anerkannten Vertragstypus zuordnen, so helfen die für nahezu alle wesentlichen Vertragstypen publizierten Vertragsmuster und Checklisten dem Kautelarjuristen zu erkennen, welche Entwicklungen des Lebenssachverhaltes wegen ihres regelmäßig bestehenden Störungspotentials zu durchdenken sind.

- **Konkreter Lebenssachverhalt**   243
Ganz besonders wichtig ist die Arbeit auf der konkreten Sachverhaltsebene, das Hineindenken in die Vorstellungswelt der Beteiligten, die als konstant vorausgesetzten Elemente des Lebenssachverhaltes, auch soweit sie nicht ausdrücklich mitgeteilt worden sind. Hieraus ergeben sich Fragen: „Was gilt, wenn dies oder jenes geschieht?"
Wer als Vertragsjurist den Beteiligten nicht lediglich eine mustermäßige Standardlösung anbieten will, ist gut beraten, diese Arbeitsebene als wichtigste zu akzeptieren und sich den oft damit verbundenen Mühen (u.U. mehrere Gesprächsrunden) nicht zu entziehen. Dabei mag am Ende dieser Überlegungen und Prüfungen durchaus das Ergebnis stehen, daß eine mustermäßig sich anbietende Lösung „paßt". Aber: Die Lösung erweist sich sodann nicht als zufällig richtig, sondern aufgrund einer der Aufgabe des Vertragsgestalters angemessenen konkreten Prüfung. Hierdurch wird den Beteiligten zugleich vermittelt, daß sie mit ihrem besonderen Anliegen, ihren Gedanken, Wünschen und Vorstellungen ernst genommen wurden.

Da der Blick in die Zukunft eine kaum überschaubare Fülle von denkbaren Ereignissen zutage fördern würde, muß der Vertragsjurist im Rahmen der Zusammenstellung zu durchdenkender Fallsituationen (**Stoffsammlung**) zugleich eine Art **Vorauswahl** treffen. Näher in Betracht ziehen wird er **Ereignisse mit möglicher Relevanz** für den konkreten Fall. Ob ein Ereignis in diesem Sinn von vornherein als irrelevant ausgeblendet werden kann, hängt vom jeweiligen Kontext, insbesondere dem Vertragstyp ab.

Beispiel: Pachtet ein verheirateter Koch längerfristig ein Restaurant, ist die abstrakt denkbare Scheidung seiner Ehe – vorbehaltlich besonderer Umstände des Einzelfalles – kein Ereignis von Relevanz für das Pachtverhältnis und die Gestaltung des Pachtvertrages. Anders aber im obigen Fall Nr. 18 bei Scheidung der Ehe von Siegfried und Frieda zu Lebzeiten der Eheleute Fleißig: Der Wille der Übertragenden ist auf Weitergabe der Immobilie innerhalb der Familie gerichtet. Da hier auch der Schwiegertochter ein $^{1}/_{2}$-Anteil am Hausanwesen übertragen werden soll, ist die mögliche Auflösung der Ehe des Sohnes näher zu betrachten.

Im Kopf des erfahrenen Kautelarpraktikers läuft die Vorauswahl näher zu durchdenkender Eventualitäten auf der Basis der drei geschilderten Erkenntnisebenen beinahe automatisch ab. Wie weit der Kreis durchzuspielender Situationen zu ziehen ist („was wäre, wenn …"), läßt sich allerdings jenseits eines Kernbereichs nicht objektiv bestimmen.

Wie ließe sich ein solcher **Kernbereich** beschreiben?

Zweiter Teil. Das Instrumentarium des Vertragsjuristen

Was in anerkannten Vertragsmustern durchgängig als mögliche Fallsituation geregelt wird, kann man als einen inneren Kreis von Ereignissen betrachten, über deren gedankliche Berücksichtigungsbedürftigkeit in der Fachwelt weitgehend Einvernehmen herrscht (Kernbereich). Diesem Kernbereich weiterhin zuzurechnen sind Ereignisse, deren sich aufdrängende Relevanz erst aus der Analyse der besonderen Vertragssituation und der Interessenlage der Beteiligten folgt. In welchem Maß jenseits dieses Kernbereichs der Kautelarjurist nach Art äußerer konzentrischer Kreise weitere Eventualitäten durchspielt, miteinander kombiniert, sich dabei tendenziell mehr und mehr von dem nach Lebenserfahrung und Wahrscheinlichkeit Naheliegenden entfernt, kurz: wie weit sein Risikovorsorgestreben geht, hängt einerseits von der Lebenseinstellung und dem Risikobewußtsein der Beteiligten ab, die mitunter auch Vorkehrungen gegen fernliegende Eventualitäten wünschen, andererseits von der beruflichen und allgemeinen Lebenserfahrung des Vertragsgestalters. Wer in seiner privaten oder beruflichen (Lebens-)Praxis Fernliegendes einmal als konkret werdend und störend erlebt hat, wird dazu neigen, es künftig regeln zu wollen, auch wenn der Wiederholungsfall äußerst unwahrscheinlich ist.

> **Zweiter Schritt**: Besteht insofern Regelungsbedarf?
> Dieser Arbeitsschritt läßt sich in **zwei Teilschritte** gliedern:
> - Erfaßt das bisherige Vertragskonzept die vorgestellte Situation? Wenn ja, mit welchem Ergebnis? Entspricht dieses Ergebnis der Interessenlage bzw. dem Parteiwillen?
> - Falls die erörterte Situation vertraglich nicht (ausdrücklich) erfaßt ist: Was würde gesetzlich gelten? Entspricht dieses Ergebnis der Interessenlage bzw. dem Parteiwillen?

244 Man kann die hier erforderlichen gedanklichen Operationen auch gliedern in
– **hypothetische Rechtsanwendung** (auf vertraglicher, ersatzweise gesetzlicher Basis),
– **Bewertung des Ergebnisses** vom Blickwinkel des Parteiwillens bzw. der Interessenlage. Nicht selten wird sich hierbei die Notwendigkeit ergeben, mit den Beteiligten die fragliche Situation gesprächsweise durchzuspielen, um ihre Bewertung zu erfahren.
Führen das bisherige Vertragskonzept bzw. die gesetzlichen Vorschriften nicht zu einer befriedigenden Lösung des hypothetischen Falles, so besteht Regelungsbedarf.

> **Dritter Schritt**: Welche Regelungsmöglichkeiten für den fraglichen Fall kommen in Betracht?

245 Hierbei können die zum jeweiligen Vertragstyp vorliegenden Muster wichtige Anregungen und Hilfestellungen geben. Im übrigen entspricht der weitere Gedankengang bereits der im Ersten Teil dargestellten Methode des Vertragsjuristen.

B. Das Sicherheits- und Risikodenken des Vertragsjuristen

3. Praktische Relevanz

Es liegt auf der Hand, daß Risikovorsorge unter dem Blickwinkel möglicher störender Veränderungen des Lebenssachverhalts weniger bei Verträgen mit einmaligem Leistungsaustausch, sondern eher bei Verträgen mit zeitlicher Dauerwirkung von Bedeutung ist. Zur letzten Gruppe zählen keineswegs nur die sog. Dauerschuldverhältnisse, wie Fall Nr. 18 verdeutlicht: Selbst wenn der Erwerber nicht die Pflicht zur Schuldentilgung übernehmen würde (Dauerpflicht), bestünde Anlaß zur Vorsorge gegen mögliche störende Entwicklungen des zugrundeliegenden Lebenssachverhaltes. Andererseits kann auch bei Verträgen, die ein einmaliges Verhalten zum Gegenstand haben, insoweit Risikovorsorgebedarf bestehen. So etwa, wenn ein Nachbar schuldrechtlich seine Zustimmung zum Überbau seines Grundstücks erteilt (siehe oben Rn 117ff). Man kann solche Fälle kennzeichnen als objektbezogene Vereinbarungen, bei denen die Möglichkeit der Einzelrechtsnachfolge als denkbarer Störfall zu prüfen ist. 246

> Können Sie Vertragstypen nennen, bei denen regelmäßig Risikovorsorge im hier behandelten Sinne angezeigt ist?

Zu nennen sind etwa 247
- **Eheverträge** und **Scheidungsfolgenvereinbarungen**

Beispiel: Soll ein vereinbarter nachehelicher Unterhaltsverzicht auch gelten, wenn aus der Ehe gemeinsame Kinder hervorgehen und ein Ehepartner wegen ihrer Betreuung keine Berufstätigkeit mehr ausübt? (Vgl. hierzu BGH NJW 1992, 3164).

- **Erbverträge**

Beispiel: Gewünscht wird, daß mit erbvertraglicher Bindungswirkung zunächst der überlebende Ehegatte, nach dessen Ableben die gemeinsamen Kinder zu gleichen Teilen Erben werden sollen. Was soll gelten im Falle der Wiederheirat des überlebenden Partners? (Hintergrund: Gesetzliches Anfechtungsrecht des überlebenden Ehegatten nach § 2079, auf welches jedoch im Erbvertrag verzichtet werden kann). Was soll gelten, wenn nach Ableben des Erstversterbenden ein schweres Zerwürfnis zwischen einem der Kinder und dem Überlebenden entsteht oder ein sonstiger Grund, die Kinder ungleich zu bedenken? Möglich wäre z.B., dem Überlebenden die Befugnis einzuräumen, innerhalb der gemeinsamen Abkömmlinge die Erbquoten zu verändern (Änderungsvorbehalt).

- **Dauerschuldverhältnisse wie Miete, Pacht, Leasing, Darlehen, Erbbaurechtsverträge**

Beispiel: Was soll gelten, wenn das vom Erbbauberechtigten errichtete Haus abbrennt? Was soll in einem Erbbaurechtsvertrag gelten, wenn der Gesetzgeber neue Grundbesitzabgaben einführt?

- **Gesellschaftsverträge aller Arten**

Hier ergibt sich aus den anerkannten Mustern und Checklisten ein typischer Kanon von regelungsbedürftigen Eventualfällen.
In besonderen gesellschaftsrechtlichen Gestaltungen kann **spezieller Vorsorgebedarf** entstehen.

Zweiter Teil. Das Instrumentarium des Vertragsjuristen

Beispiel: An einem Kommanditgesellschaftsanteil soll der Nießbrauch eingeräumt werden. Neben der notwendigen Regelung des damit verbundenen Rechtsinhaltes des dinglichen Rechts ist hier etwa an den hypothetischen Fall einer späteren Kapitalerhöhung zu denken: Wie wirkt sich diese auf den Nießbrauch aus?

– Unternehmensverträge

Beispiel: Welche Auswirkungen auf einen sog. Ergebnisabführungsvertrag hat der Untergang eines beteiligten Rechtsträgers durch Verschmelzung im Wege der Vermögensübertragung auf den aufnehmenden Rechtsträger oder die Veräußerung sämtlicher Anteile durch die herrschende Gesellschaft?

4. Zusammenfassung

248 Bei Verträgen, die auf kurzfristigen Leistungsaustausch gerichtet sind, steht die Risikovorsorge gegen nicht ordnungsgemäße Vertragserfüllung im Vordergrund des Risikodenkens des Kautelarjuristen. Beinhaltet der zu konzipierende Vertrag objektbezogene schuldrechtliche Verpflichtungen oder entfaltet er im weitesten Sinne eine Dauerwirkung, so ist Risikovorsorge gegen mögliche störende Entwicklungen des Lebenssachverhaltes angezeigt, ggf. neben der erstgenannten Vorsorge gegen Erfüllungsstörungen. Hierbei geht es um das gedankliche Durchspielen von möglichen Ereignissen und Situationen mit Relevanz für Parteiinteresse und Parteiwille mit dem Ziel, einen etwaigen Regelungsbedarf zunächst zu erkennen und das erkannte Problem sodann durch geeignete Gestaltung möglichst zu lösen. Der Vertragsjurist ist zunächst gefordert, mit Phantasie und Einfühlungsvermögen die denkbaren Störfälle überhaupt erst in den Blick zu bekommen, ohne sich auf völlig Abseitiges und Fernliegendes zu kaprizieren. Erkenntnishilfen sind neben der allgemeinen Lebenserfahrung die aus anerkannten Vertragsmustern ableitbaren typischen Vorsorgebedürfnisse, vor allem aber das intensive Hineindenken in die Lebenssituation der Beteiligten und deren Entwicklungsmöglichkeiten, so wie die Beteiligten diese sehen und bewerten.

Weiterführend:

- Zur Erkenntnis und Bewältigung von potentiellen Vertragsstörungen Zankl, anwaltliche Praxis, Rn 295–449.
- Zur Zukunftsprognose als Aufgabe der Kautelarjurisprudenz näher Kanzleiter NJW 1995, 905.
- Über typische Regelungsnotwendigkeiten und Regelungsmöglichkeiten bei sog. Übertragungsverträgen informiert praxisnah Wegmann, Grundstücksüberlassung.

Aufgabe Nr. 8

In der Anwaltskanzlei von Rechtsanwalt Rüstig erscheinen Herr Riesling und Frau Wonne. Die Besprechung führt der dort mitarbeitende Rechtsreferendar Kundig. Herr Riesling ist Deutscher; Frau Wonne ist Spanierin. Sie beabsichtigen, demnächst die

B. Das Sicherheits- und Risikodenken des Vertragsjuristen

Ehe miteinander einzugehen. Beide sind Anfang 30, seit Jahren berufstätig und wollen dies auch bleiben. Die Frage von Kindern sei zur Zeit nicht „aktuell". Würde man Kinder in die Welt setzen, wäre es selbstverständlich, daß sie durch die Eltern betreut werden, vorrangig durch die Mutter. Herr Riesling hat vor einem Jahr ein gebrauchtes Haus zum Preise von 250 000,– DM erworben. Der Kaufpreis wurde voll durch Aufnahme von Finanzierungsmitteln finanziert.

Die Beteiligten haben sich folgendes überlegt:
Frau Wonne wird in den Grundbesitz des Herrn Riesling in den nächsten Jahren aus ihrem laufenden Einkommen einige Geldbeträge investieren für Ausbau-, Umbau- und Renovierungsmaßnahmen. Die Höhe dieser Beträge steht im Einzelnen derzeit noch nicht fest. Da die Beteiligten keine „Buchhalter" sein wollen, soll Frau Wonne insofern abgesichert werden durch pauschale Ausgleichszahlungen wie folgt: Falls es innerhalb der ersten 7 Jahre zum Antrag auf Scheidung der Ehe kommt, soll Frau Wonne zur pauschalen Abgeltung ihrer Investitionen einen Betrag von jährlich 20 000,– DM erhalten, ohne Nachweis dessen, was sie tatsächlich investiert hat. Nach Ablauf des 7-Jahres-Zeitraumes ohne Scheidungsantrag soll der Ehefrau zur pauschalen Abgeltung ihrer Investitionen das Hausgrundstück hälftig übertragen werden unter hälftiger Übernahme der dann noch vorhandenen objektbezogenen Belastungen. Abgesehen von dem genannten Hausgrundstück und der jeweiligen Wohnungseinrichtung verfügt keiner der Beteiligten über nennenswertes Vermögen.

Im Hinblick auf die beiderseitige Berufstätigkeit und die damit verbundene wirtschaftliche Unabhängigkeit wünschen die Beteiligten eine Gütertrennung, jedenfalls für den erwähnten 7-Jahres-Zeitraum. Rechtsreferendar Kundig nimmt diesen Sachverhalt auf. Weitere Informationen werden ihm in diesem Gespräch nicht gegeben; er stellt keine weiteren Fragen. Sodann fertigt der Referendar den Entwurf einer notariell zu beurkundenden Vereinbarung mit folgendem Inhalt (grob skizziert):

„Verhandelt zu . . . . . am
Vor mir dem Notar . . . . mit dem Amtssitz in
erschienen, ausgewiesen durch
Herr   Riesling, geboren am
und Frau   Wonne, geboren am
beide wohnhaft
und baten um Beurkundung ihrer Erklärungen wie folgt:

I.
Gütertrennung

1. Für unsere künftige Ehe vereinbaren wir hiermit den Güterstand der Gütertrennung.
2. (Belehrungen des Notars).

II.
Ausgleichszahlung

1. Frau Wonne wird in den im Eigentum des Herrn Riesling stehenden Grundbesitz, verzeichnet im Grundbuch des Amtsgerichts ... von ... Blatt ... als Flur ... Flurstück ..., Geldbeträge investieren für Ausbau-, Umbau- und Renovierungsmaßnahmen. Die Höhe dieser Beträge ist derzeit noch nicht absehbar. Es ist Absicht der Beteiligten, durch die nachstehenden Vereinbarungen die Ehefrau für die von ihr in das Haus des Ehemannes geflossenen Investitionen schadlos zu stellen für den Fall, daß der Antrag auf Scheidung der Ehe innerhalb der ersten 7 Jahre nach Eheschließung gestellt wird.

2. Vor diesem Hintergrund verpflichtet sich Herr Riesling für den Fall, daß einer der künftigen Eheleute den Antrag auf Scheidung der Ehe stellt, seiner Ehefrau als pauschale Entschädigung für von ihr geleistete Investitionen, die diese in den Hausgrundbesitz des Ehemannes getätigt hat, für das Kalenderjahr 01 und für jedes darauffolgende Kalenderjahr des Bestehens der Ehe einen Betrag von 20 000,– DM zu zahlen. Diese Regelung gilt höchstens bis zum 31. 12. des Jahres 07. Der insgesamt zu zahlende Entschädigungsbetrag ist zahlbar binnen einer Frist von drei Monaten nach Rechthängigkeit des Scheidungsverfahrens auf ein noch anzugebendes Konto der Ehefrau.

Nach Belehrung durch den Notar verzichten die Beteiligten auf die Vereinbarung von Fälligkeitszinsen für den Fall, daß der Ehemann den Entschädigungsbetrag nicht rechtzeitig zahlt.

3. (Zwangsvollstreckungsunterwerfung des Herrn Riesling).

III.
Schlußbestimmungen

1. (Salvatorische Klausel).
2. (Regelung der Urkundskosten).
(Schlußformel)."

---

(1) Was ist gemäß Sachverhaltsschilderung der Wille der Beteiligten? Inwiefern bestehen insoweit noch Unklarheiten?
(2) Unterziehen sie den mitgeteilten Entwurf auf dieser Basis einer Kritik!
(3) Besteht Anlaß zur Risikovorsorge gegen mögliche „störende" Sachverhaltsentwicklungen?
(4) Entwerfen Sie einen überarbeiteten Vertragsentwurf! Soweit Sie Klärungen für erforderlich halten, unterstellen sie lebensnahe Antworten und Ergebnisse!

V. Schädlichkeitsprüfung

249 Zum Risikodenken des Vertragsjuristen gehört neben den behandelten Aspekten der kontrollierende Blick auf etwaige Nachteile, die mit dem erwogenen Vertrag verbunden sind und bislang nicht im Zentrum der Überlegungen standen, weil es sich eher um **Neben-** und **Reflexwirkungen** handelt. Denn schon bei der Auswahl des Lösungsansatzes wird der Vertragspraktiker ins Auge springende Nachteile abwägend berücksichtigen.

Im vorliegenden Zusammenhang geht es indessen darum, das erwogene Konzept aus einer gewissen gedanklichen Distanz heraus auf solche bislang nicht geprüften Nachteile hin abzuklopfen. Dies mag je nach Sachlage während der Konzeptionsphase geschehen – als zwischengeschaltete Kontrollüberlegung – oder auch abschließend als kontrollierender Abschlußschritt.

Der Versuch, mögliche nachteilige Neben- bzw. Folgewirkungen des beabsichtigten Vertrages zu ordnen, legt eine Gliederung nahe in

B. Das Sicherheits- und Risikodenken des Vertragsjuristen

– Haftungstatbestände,
– Anfechtungstatbestände,
– Kosten und Steuern,
– sonstige Nachteile.

Dazu einige **Beispiele:** 250

- **Haftungstatbestände**
  – Der konzipierte Pachtvertrag zwischen dem Gesellschafter einer GmbH und seiner Gesellschaft könnte sich als sog. kapitalersetzende Gebrauchsüberlassung nach § 32a Abs. 3 GmbHG darstellen (zu Tatbestand und Rechtsfolgen dieser Figur näher Lutter/Hommelhoff §§ 32a/b Rn 138 ff).
  – Durch die vertraglich vereinbarte Aufnahme der Geschäfte einer GmbH vor deren Eintragung in das Handelsregister kann sich in Höhe der Differenz zwischen dem nominalen Stammkapital (abzüglich satzungsmäßiger Gründungskosten) und dem Wert des Gesellschaftsvermögens im Eintragungszeitpunkt eine persönliche Haftung der Gesellschafter ergeben (Anlaufverluste, hierzu näher Scholz/K. Schmidt § 11 Rn 124 ff).
  – Gründet jemand mit dem Inhaber eines einzelkaufmännischen Unternehmens eine Handelsgesellschaft, so haftet diese für die bisherigen Schulden des Einzelunternehmens, auch wenn dessen Firma nicht fortgeführt wird (§ 28 HGB). Für die Schulden der Handelsgesellschaft haften wiederum die Gesellschafter persönlich (ggf. begrenzt auf die geleistete Kommanditeinlage).
  – Die Veräußerung eines Kommanditanteils begründet bis zur Eintragung der Sonderrechtsnachfolge im Handelsregister eine persönliche unbegrenzte Haftung des Erwerbers für bislang entstandene Schulden der Kommanditgesellschaft (BGH NJW 1983, 225 m. Anm. K. Schmidt).
  Lösung: Vereinbarung einer aufschiebenden Bedingung der Abtretung bis zur Handelsregistereintragung.
  – Bei einer beabsichtigten Schenkung/gemischten Schenkung kann im Einzelfall die Gefahr einer Rückforderung nach § 528, ggf. auch durch den Sozialhilfeträger nach § 90 BSHG gegeben sein.

- **Anfechtungstatbestände**
  – Die objektiv ohne Gegenleistung erfolgende Übertragung von Grundbesitz zwischen Ehegatten kann einen Anfechtungstatbestand nach dem Anfechtungsgesetz (§ 4 AnfG) auslösen.
  – Rechtsgeschäfte, die in der Krise eines Unternehmens vorgenommen werden, können der Insolvenzanfechtung unterliegen nach §§ 129 ff InsO.

- **Steuern**
  Die Auswechslung von nahezu allen Gesellschaftern einer Gesellschaft bürgerlichen Rechts kann unter den Voraussetzungen von § 1 Abs. 2a GrEStG zu behandeln sein wie die Veräußerung eines zum Gesellschaftsvermögen gehörenden Grundstückes und deshalb eine Grunderwerbsteuerpflicht auslösen.

Weiterführend: Zankl, anwaltliche Praxis, Rn 775–862, der allerdings einen weiteren Begriff der Schädlichkeitsprüfung zugrunde legt.

C. Vertrags- und Regelungsmuster in der Kautelarpraxis

I. Sachverhaltstypus und Vertragstypus

250 Jeder Vertragsjurist weiß, daß beileibe nicht jede von ihm zu bearbeitende Gestaltungsaufgabe einzigartig ist. Oft ähneln sich die zugrunde liegenden Lebenssachverhalte und die Ziele der Beteiligten mehr oder minder, bis hin zur Deckungsgleichheit. In der Vielzahl der Einzelfälle läßt sich Verbindenden und Trennendes ausmachen, stetig Wiederkehrendes erscheint als für eine bestimmte Gruppe von Fällen – die Fallgruppe – typisch. Das Bedürfnis nach Orientierung und Systematisierung über den einzelnen Fall hinaus führt zu einer wertenden Ordnung der Lebenssachverhalte, vor allem unter dem Gesichtspunkt der verfolgten Zwecke nach Fallgruppen oder Falltypen (hierzu und zum folgenden Langenfeld, Vertragsgestaltung Rn 40 ff).

Für den Vertragsjuristen bedeutet eine solche Ordnung eine gar nicht zu unterschätzende Hilfestellung. Lösungen, die er für eine bestimmte Situation entwickelt hat, erweisen sich als ganz oder teilweise auf andere Fälle übertragbar, nachdem Klarheit darüber geschaffen ist, daß und inwieweit jeweils derselbe Falltyp vorliegt: Das Rad muß nicht stets neu erfunden werden.

Für typische Gestaltungsaufgaben hat die Kautelarjurisprudenz unterhalb der Ebene des abstrakten Gesetzes, teilweise unter Verbindung gesetzlicher Grundtypen, teilweise auch als Neuschaffungen typische Lösungen entwickelt, die „Vertragstypen der Praxis". Innerhalb solcher Regelungsmodelle sind oft Einzelbausteine – von Langenfeld, Vertragsgestaltung (Rn 90) treffend als Regelungstypen bezeichnet –, bereitgestellt, oft mit alternativen Lösungen. Der **Regelungstyp** ist **die typische Detaillösung** in Abgrenzung von der im **Vertragstypus** enthaltenen **Gesamtlösung**.

> Können Sie – unter Mitberücksichtigung der bisherigen Fallerörterungen – Beispiele für Vertrags- und Regelungstypen nennen?

251 Beispiele kautelarjuristischer Vertragstypen:
– modifizierte Zugewinngemeinschaft,
– Grundstücksübertragungsvertrag
– (Grundstücks-)Leasingvertrag,
– Bauträgervertrag,
– Kauf einer gebrauchten Immobilie,
– Unternehmenskauf,
– Kauf eines gebrauchten PKW,
– Gewerbemietvertrag,
– Vertragshändlervertrag,
– Franchisingvertrag,

C. Vertrags- und Regelungsmuster in der Kautelarpraxis

– Generalunternehmervertrag/Generalübernehmervertrag,
  – nach VOB,
  – nach BGB.

Beispiele für Regelungstypen/Einzelbausteine:
– die in Abschnitt A VI. behandelten Allgemeinklauseln,
– Varianten von Abfindungsklauseln in Gesellschaftsverträgen für den Fall des Ausscheidens eines Gesellschafters,
– Bausteine zur Gewährleistungshaftung des Verkäufers beim Unternehmenskauf (abgestufte Zusicherungen und Garantien).

Wodurch lassen sich kautelarjuristische Vertragstypen kennzeichnen, insbesondere in Abgrenzung zu den gesetzlichen Vertragstypen?

Kautelarjuristische Vertragstypen sind u.a. dadurch **gekennzeichnet**, daß sie 252
– bei der Wirklichkeit, den dort vorfindlichen wirtschaftlichen und sozialen Sachverhaltsebenen ansetzen, diese wertend zu Typen (Fallgruppen) ordnen, nicht hingegen auf der Abstraktionsebene des Gesetzes verbleiben, statt dessen konkrete Lösungsrahmen bieten **(Konkretheit)**,
– den typischen Lebenssachverhalt unter allen einschlägigen rechtlichen Aspekten erfassen, ohne Rücksicht auf die Systematik des Gesetzes und unter Einbeziehung aller von der Sache her betroffenen Rechtsgebiete **(Einheitlichkeit und Querlaufen)**,
– die abstufbare Verwendung ihres Lösungsrahmens jeweils in dem Maße ermöglichen, in dem in concreto die bereit gestellte Lösung einschlägig ist, wenn nur insgesamt eine wertende Zuordnung des Sachverhalts zum Vertragstyp möglich ist **(Abstufbarkeit)**.

II. Die Bedeutung von Vertragstypen für den Kautelarjuristen

Man stelle sich vor, ein Jurist, erstmals im Vertragswesen tätig, solle den Gesell- 253
schaftsvertrag einer Gesellschaft bürgerlichen Rechts für eine Grundbesitzfamiliengesellschaft oder den Vertrag einer personalistisch strukturierten Handwerker-GmbH allein unter Zuhilfenahme des Gesetzes sowie von Gesetzeskommentaren entwerfen. Er wäre überfordert. Die Beispiele ließen sich beliebig vermehren. Was fehlt, ist die Kenntnis der Zwischenschicht zwischen dem an den Juristen herangetragenen Regelungswunsch im Einzelfall und dem abstrakten Gesetz, nämlich die Ordnung der Lebenssachverhalte nach Falltypen und die hierfür in der Fachpraxis entwickelten Lösungsrahmen einschließlich Alternativen und Varianten. Erst die kritische Handhabung dieser in der Praxis bereitgestellten Vertragslösungen und der ihnen zugrundeliegenden Ordnung der Lebenssachverhalte ermöglicht zielgerichtetes Nachfragen zum Sachverhalt und zu Detailzielen, ermöglicht strukturiertes Denken und führt aus der subjektiven Beliebigkeit und Zufälligkeit des Fragens und Gestaltens heraus. Auch dort, wo ungewöhnliche komplexe Gestaltungsaufgaben an den Vertragsjuristen herangetragen

werden, die sich nicht einem anerkannten Vertragstypus der Praxis zuordnen lassen, ist die Kenntnis dieser Typen von wesentlicher Bedeutung: Im Vergleich und in der Abgrenzung von konkreter Aufgabe und nächstliegendem Vertragstypus erkennt der Praktiker Strukturähnlichkeiten und – unterschiede und hieraus ableitbare Regelungsnotwendigkeiten.

> Die Kenntnis und Beherrschung der einschlägigen Vertrags- und Regelungstypen gehört zum unverzichtbaren Handwerkszeug des Kautelarjuristen.

1. Vorteile der Orientierung an Vertragstypen

254 Können Sie Vorteile zusammentragen, die mit der Orientierung an Vertragstypen verbunden sind?

- Der Vertragstyp, dargestellt in publizierten Mustern (zumeist mit Kommentierung), lenkt die Aufmerksamkeit auf die in dem jeweiligen Bereich typischerweise regelungsbedürftigen Fragen und zwar quer durch alle betroffenen Rechtsgebiete. Dem Vertragstyp kommt so die Funktion einer **Problemcheckliste** zu.
- Der Vertragstyp bietet für Einzelfragen zumeist alternative Gestaltungen und Regelungstypen, die jeweils einen gesicherten Weg zu einer bestimmten Lösung einer Einzelfrage weisen (**Elastizität im Detail**).
- Vertrags- und Regelungstypen in ihrer Bearbeitung durch anerkannte Fachkenner bieten standardisierte und fachkompetente Formulierungen (**Formulierungssicherheit**).
- Vertragstypen berücksichtigen und verarbeiten u.a. folgende Fragen mit (**Problemsicherheit**):
  – Welche gesetzlichen Vorgaben sind zu berücksichtigen?
  – Welche sachgebietstypischen Besonderheiten sind zu beachten?
  – Wie lassen sich sachbereichstypische Risiken bestmöglich beherrschen – spezielle Risikovorsorge –?
- Weitere Vorteile:
  – **Konsensfähigkeit** der in der Fachpraxis entwickelten Standards,
  – Arbeitszeitersparnis,
  – Verminderung **des Haftungsrisikos**.

2. Zum sachgerechten Umgang mit Vertrags- und Regelungstypen

255 a) **Bedeutung für den Unerfahrenen.** Dem Anfänger im Vertragswesen und dem in dem jeweiligen Sachgebiet Unerfahrenen bieten die Vertragsmuster die Möglichkeit, sich über die sachtypischen Regelungsprobleme zu informieren, zugleich auch über gesetzliche Vorgaben, das Umfeld und die typische Interessen-

C. Vertrags- und Regelungsmuster in der Kautelarpraxis

lage. Zum Verständnis der angebotenen Lösungen und vorgeschlagenen Formulierungen sind die zumeist beigefügten Erläuterungen wesentlich und sollten stets mitgelesen werden. Zur Einarbeitung empfehlenswert ist die Methode, sich zunächst mit den einschlägigen gesetzlichen Vorschriften vertraut zu machen, ggf. mit der Systematik des Gesetzes, u.U. unter Zuhilfenahme von Lehrbuch bzw. Kommentar, und im Anschluß daran anerkannte Muster durchzuarbeiten. Das beinhaltet das Nachvollziehen von Ausgangs- und Interessenlage, Regelungsproblemen und Regelungsmöglichkeiten von der jeweiligen Grundidee bis zu den Formulierungsdetails. Erst so gerüstet macht es Sinn, sich den ersten Gestaltungsaufgaben zu stellen.

U.U. kommt es zu dieser Einarbeitungsphase erst nach dem ersten Mandantenkontakt, in welchem zunächst die gröberen wirtschaftlichen Ziele des Mandanten erörtert und Ausgangssituation sowie Umfeld abgefragt werden, nämlich dann, wenn gestalterische Sachgebiete betroffen sind, in denen der Berater (noch) nicht zu Hause ist.

b) Bedeutung für den erfahrenen Praktiker. Dem erfahrenen Vertragsjuristen 256 dienen anerkannte Vertragsmuster auf seinen „Hausgebieten" zur Kontrolle und zur Anregung hinsichtlich Details:
– Habe ich nichts Wichtiges übersehen?
– Gibt es für ein bestimmtes Regelungsproblem vielleicht eine elegantere Lösung als die bisher von mir erwogene?

Im übrigen neigt der Kautelarjurist dazu, im Laufe der Zeit seine eigene Mustersammlung zusammen zu stellen, die ihm als Orientierung dient. Wenn er verantwortungsbewußt ist, wird er laufend kontrollieren, ob und inwieweit seine Lösungen von anerkannten Regelungstypen und hierzu publizierten Mustern abweichen, ob er diese Abweichung bewußt aufrechterhalten will und ob ggf. Anpassungsbedarf an veränderte rechtliche Rahmenbedingungen besteht.

c) Gefahren. Ist die beschriebene Orientierung an Vertragstypen notwenig und 257 hilfreich, so birgt der Griff zum Vertragsmuster bzw. zum Vorstück jedoch ganz erhebliche Gefahren für die Qualität und Richtigkeit des kautelarjuristischen Arbeitsergebnisses. Nach Beobachtung des Verfassers sind vor allem drei Erscheinungsformen des **Fehlumgangs mit Mustern** zu verzeichnen:
- Es werden Vertragsmuster verwendet, ohne daß das Sachgebiet, der Vertragstypus und das Muster zuvor vom Verwender analytisch durchdrungen sind.
- Benutzt werden unkommentierte Fremdmuster und -vorstücke, denen der zugrunde liegende Sachverhalt, das Regelungsziel und sonstige Besonderheiten nicht zuverlässig entnommen werden können und deren Aktualtiät zweifelhaft ist (Gesetzesänderungen?).
- Es wird vorschnell zu einer Musterlösung gegriffen, um weitere Mühen und Zeit im Detail zu sparen.

Vorschnell ist die Verwendung eines Musters, wenn der Vertragsjurist sich nicht ausreichend hineindenkt und – fühlt in den Lebenssachverhalt, die Vorstellungen der Beteiligten und ihre zum Teil unausgesprochenen Ziele, und deshalb Besonderheiten nicht erkennt, die naturgemäß im Mustertext nicht verarbeitet werden können. Was immer wieder unterschätzt wird und zu kurz kommt, ist die oft mühsame, aber letztlich ertragreiche **Arbeit auf der Sachverhaltsebene.** Das Ergebnis solcher Defizite ist oft eine Lösung „von der Stange", die nicht recht paßt, weil eine „Maßanfertigung" erforderlich wäre. Auch wenn es unter Zeitgesichtspunkten verlockend ist, nach wenigen Sätzen des Mandanten über sein Anliegen mit diesem einen Typus zu assoziieren und einen Mustertext beizuziehen, kann vor der damit verbundenen **Gefahr der Oberflächlichkeit** nicht eindringlich genug gewarnt werden!

Beispiel: Bei Rechtsanwalt R erscheinen vier niedergelassene Orthopäden. Ihr Anliegen ist die Gründung einer GmbH zum Betrieb eines ambulanten Trainings- und Rehabilitations-Zentrums in X-Stadt nach einer ganz speziellen Behandlungs- und Trainingsmethode. Die Grundidee besteht darin, daß die vier Fachärzte ihre in diesem Sinne trainings- und therapiebedürftigen Patienten dem Zentrum „zuführen". Dort wird mit professionellen Trainern gearbeitet. Soweit ärztliche Leistungen in den Räumen der GmbH von den vier Gesellschaftern erbracht werden (Diagnostik), entrichtet der behandelnde Arzt an die GmbH hierfür eine angemessene Entschädigung für die Nutzung von Räumen und Gerätschaften.
Rechtsanwalt R zieht eine Checkliste zur GmbH-Gründung heraus, erfragt die dort vorgesehenen Standardpunkte (z.B. Firma, Sitz, Stammkapital, Beteiligungsquoten, Geschäftsführung, Beschlüsse der Gesellschafter, Gewinnverwendung, Kündigung, Einziehung und Abfindung etc.) und entwickelt hieraus einen Standardvertrag.
Dabei übersieht er folgendes:
Wenn die Gesellschafter davon ausgehen (Sachverhaltselement), daß die Gesellschaft von den seitens der Gesellschafter zugeführten Patienten lebt, also von der Existenz der vier freiberuflichen Praxen, ist die Frage zu stellen, was denn gelten soll, wenn ein Gesellschafter nicht mehr als freiberuflicher Orthopäde tätig ist (Berufsunfähigkeit, Ruhestand etc.). Dieser Fall war weder von R bedacht noch im Gesichtsfeld der Gesellschafter. Die Erörterung des „Störungsfalles" ergab, daß für diese Situation ein Ausscheiden des betroffenen Gesellschafters gegen Abfindung gewünscht wird (besonderer Einziehungsgrund).

258 **Fazit:** In allen drei genannten Erscheinungsformen fehlerhaften Umgangs mit Vertragsmustern besteht die Gefahr der Verwendung von Lösungsbausteinen, an denen rein formulierungstechnisch nichts auszusetzen ist, weil es sich um abstrakt richtige, anerkannte Klauseln handelt, die aber auf den konkreten Fall nicht passen, etwa Wesentliches nicht berücksichtigen, deshalb eher schädlich sind, jedenfalls aber keine adäquate Lösung der gestellten Aufgabe darstellen.
Daß heute aufgrund der Publikationswelle der letzten Jahre mittlerweile zu nahezu jedem praxisrelevanten Vertragsbereich qualitätsvolle kommentierte Vertragsmuster anerkannter Fachleute zur Verfügung stehen, ist ebenso ein Segen, wie die Entwicklung von Fallgruppen und Vertragstypen überhaupt, auch wenn die Praxis nicht nur Typisches bietet. In den beschriebenen Mißbrauchsfällen wird indes der Segen zum Fluch. An der Bedeutung dieser Orientierungs- und Gestaltungshilfen für den Vertragsjuristen ändert dies gleichwohl nichts.

Weiterführend: Zur Vertiefung unbedingt zu empfehlen ist Langenfeld, Vertragsgestaltung Rn 40 bis 113.

LÖSUNGSHINWEISE ZU DEN AUFGABEN

Lösungshinweise zu Aufgabe Nr. 1

I. Entwurf durch den Rechtsanwalt des Herrn Reich
Der gewünschte Vertragstyp – Gewerbemietvertrag – steht fest. Der Anwalt wird in einem Informations- und Beratungsgespräch mit Herrn Reich die typischen wesentlichen Inhalte eines solchen Vertrages erörtern und hierzu jeweils den Sachverhalt und die Vorstellungen des Mandanten und, soweit vorhanden, den übereinstimmenden Willen der Vertragsparteien erforschen. Ggf. wird er zur Willensbildung seines Mandanten beratend beitragen. Dabei wird er von den Hauptpflichten zu den Nebenpflichten fortschreiten und Besonderheiten der Ausgangssituation gesondert erörtern. Eine solche Besonderheit liegt hier darin, daß die Mietsache erst im Plan, nicht in der Wirklichkeit existiert. Nach Komplexen geordnet wird der Anwalt namentlich folgende Fragen ansprechen:

1) Mietgegenstand
a) Besteht Einigkeit über die Mieträume nach Anzahl, Lage und Größe? Sollen Nebenräume (Keller usw.) mitvermietet werden? Werden PKW-Stellplätze miteinbezogen?
b) Welche Unterlagen zur näheren Beschreibung der zu schaffenden Mietsache liegen zur Zeit vor (Art und Genauigkeit der Pläne, Bau- und Ausstattungsbeschreibung)? Eine ausreichend detaillierte Bau- und Ausstattungsbeschreibung erscheint in einem solchen Fall als Vertragsbestandteil unverzichtbar, um späteren Meinungsverschiedenheiten vorzubeugen. Der Mieter wird berechtigterweise Klarheit verlangen, welches Aussehen und welches Niveau sowohl die Mieträume, als auch das gesamte Objekt haben werden. In der Terminologie des Mietrechtes gesprochen geht es um die vertragliche Fixierung der Sollbeschaffenheit der Mietsache. Der Anwalt wird Herrn Reich darauf hinweisen, daß solche Leistungsbeschreibungen dem Bauherrn sinnvollerweise immer gewisse Abweichungsspielräume belassen müssen, solange die Gleichwertigkeit der alternativen Lösung gegeben ist und essentielle Interessen des Mieters, die entsprechend zu definieren wären, nicht betroffen sind. Letztere können sich z. B. auf den Zuschnitt einzelner Räume und eine zu liefernde Gesamtfläche beziehen.

2) Fertigstellungsfrist, Fertigstellungsrisiko
Existiert schon eine Baugenehmigung? Gibt es informelle Vorabklärungen mit den zuständigen Behörden? Insoweit wird der Anwalt gemeinsam mit Herrn Reich das Risiko einzuschätzen versuchen, daß das Bauvorhaben in der geplanten Form gar nicht errichtet, die Mietsache also nicht realisiert werden kann. Ggf. wird er mit Herrn Reich die Möglichkeit erörtern, daß Herr Reich sich für den Fall der Nichterteilung der Baugenehmigung binnen bestimmter Frist ein Rücktrittsrecht vorbehält.
Bei der zu vereinbarenden Fertigstellungsfrist wird der Anwalt das Risiko von Verzögerungen gegenüber der kalkulierten Zeit ansprechen (z.B. aufgrund Ausfall eines Subunternehmers, Schlechtwetter). Die Vorstellungen der Vertragsteile berücksichtigen regelmäßig nicht, welche Komplikationen im Zuge einer Baudurchführung auftreten können. Verpflichtungen, Zusagen, Garantien des Herrn Reich in diesem Bereich müssen daher stets unter dem Blickwinkel des damit vorhandenen Haftungsrisikos durchdacht werden. Abhilfe könnte z. B. geschaffen werden durch eine differenzierte Regelung der Rechtsfolgen von Fristüberschreitungen.

Lösungshinweise

3) Laufzeit
Ist eine Mindestlaufzeit vereinbart? Nur bei Verträgen von mindestens 10 Jahren Festlaufzeit ist eine Indexierung der Miete rechtlich zulässig (§ 2 Preisangaben- und Preisklauselgesetz vom 15. 6. 1998 i.V.m. § 4 Abs. 1 Preisklauselverordnung vom 23. 9. 1998).

4) Mietzins
a) Pauschalpreis oder Mietzins je tatsächlich errichtetem Quadratmeter Nutzfläche? Gesonderter Mietzins für eventuell mitvermietete Stellplätze? Indexierung? Staffelmiete?
b) Soll zur Umsatzsteuer optiert, d.h. auf die gesetzlich an sich vorgesehene Umsatzsteuerbefreiung verzichtet werden? I.E. scheidet diese Option hier aus, da die Nutzer des Fitneß-Studios als „Endverbraucher" die Räumlichkeiten nicht „als Unternehmer nutzen" (§ 4 Nr. 12a i.V.m. § 9 I, II UStG).
c) Mieter ist eine GmbH. Sie hat typischerweise nur ein Stammkapital von 50000,– DM. Wieviel davon heute und in Zukunft noch vorhanden ist, ist ungewiß. Bei Nichterfüllung des langfristigen Mietvertrages (z.B. Einstellung des Betriebes, Insolvenz der GmbH) sind erhebliche Mietausfälle denkbar. Die üblichen Mietkautionen können dieses Risiko in der Regel ebensowenig abdecken, wie das gesetzliche Vermieterpfandrecht nach § 559 BGB, letzteres schon wegen der zeitlichen Beschränkung des § 559 Satz 2. Deshalb könnte man an die Stellung persönlicher Sicherheiten durch den Alleingesellschafter denken (Schuldbeitritt, Bürgschaft). Ist hierüber mit dem Mieter verhandelt worden? Soll das ggf. noch angestrebt oder sogar verlangt werden?

5) Nebenkosten
Welche entstehenden Bewirtschaftungskosten sollen vom Mieter (anteilig) getragen werden? Dies ist Vereinbarungssache. Der Umlagemaßstab ist eindeutig zu bestimmen. Festzulegen ist eine angemessene Vorauszahlung.

6) Instandhaltung, Renovierung
Wesentlich ist weiterhin die Festlegung, hinsichtlich welcher Bereiche (Bauteile, Ausrüstungsteile) der Mieter auf seine Kosten für Instandhaltung und Renovierung zu sorgen hat, hinsichtlich letzterer auch in welchem Turnus.

II. Entwurf durch den Rechtsanwalt des Herrn Fitmann

Der Anwalt des Herrn Fitmann wird mit seinem Mandanten u.a. dieselben Eckpunkte eines Mietvertrages durchsprechen, allerdings aus der Sicht der Interessenlage des Herrn Fitmann:
Trägt die Bau- und Ausstattungsbeschreibung nach inhaltlicher Genauigkeit und verbleibenden Abweichungsspielräumen den Betriebsinteressen des Herrn Fitmann genügend Rechnung? Sind Gesamtgröße sowie Zuschnitt einzelner Räume und deren Ausstattung so fixiert, daß die Betriebsnotwendigkeiten für den Mieter erfüllt sind? Wie ist die mietvertragliche Situation des Herrn Fitmann bzw. seiner GmbH hinsichtlich der zur Zeit angemieteten Räume (Vertragslaufzeit, Kündigungsfristen)? Zentrales Anliegen ist insoweit die Absicherung des Herrn Fitmann, nicht wegen Fertigstellungsverzögerung des Neubaus mit seinem Betrieb „auf der Straße zu sitzen". Ebenso wird die Frage der Vertragsdauer aus der Sicht des Mieters erörtert werden. Dabei ist auch zu erwägen, ob die Miträume während der ins Auge gefaßten Vetragszeit zu klein werden können. Wenn ja, sollte die Bindungszeit für den Mieter möglichst begrenzt und ggf. mit einer Verlängerungsoption des Mieters verknüpft werden. Verlängerungsoptionen geben ein Recht ohne Verpflichtung und schaffen Dispositionssicherheit.

Aufgabe Nr. 2

Über die in Abschnitt I. behandelten Punkte hinausgehend wird der Anwalt die Aufmerksamkeit des Herrn Fitmann auf weitere aus der Sicht seines Mandanten wichtige Fragen lenken: Befugnis zur ggf. teilweisen Untervermietung? Befugnis des Mieters zur Vornahme baulicher Veränderungen? Regelung von Mietereinbauten und deren rechtliches Schicksal bei Vertragsbeendigung? Anbringung von Werbeanlagen und Hinweisschildern: Festlegung von Art und Umfang solcher Anlagen ist im Interesse der Streitvermeidung unbedingt anzuraten. Ist ein langfristiges Interesse des Herrn Fitmann am Erwerb der Miettäume denkbar? Ggf. müßte mit dem Vermieter verhandelt werden mit dem Ziel, daß dieser das Gebäude in selbständig veräußerbare Teileigentumsrechte nach dem Wohnungseigentumsgesetz aufteilt und sodann dem Mieter unter bestimmten Voraussetzungen (z. B. stichtagbezogen) ein Erwerbsrecht an den Miettäumen oder zumindest ein Vorkaufsrecht einräumt und grundbuchlich absichert durch Eintragung einer Auflassungsvormerkung bzw. eines dinglichen Vorkaufsrechtes.

Zur Vertiefung: Beck'sches Formularbuch, Form. III D 2 sowie – kürzer – Münchener Vertragshandbuch Bd. 4, 1. HB, Form. II 2, jeweils mit Anmerkungen.

Lösungshinweise zu Aufgabe Nr. 2

I.

1. Rechtsanwalt Grübler könnte zunächst ungeordnet Regelungspunkte notieren, deren Aufnahme in das Vertragsmuster in Betracht kommt **(Stoffsammlung)**. In einem zweiten Arbeitsschritt wären diese Einzelpunkte zu ordnen und zu gliedern, woraus sich ein Grobraster des Vertrages nach möglichen Regelungsgegenständen ergäbe, allerdings noch keine Lösungen oder Formulierungen **(Stoffgliederung)**. Sodann wäre zu klären, wie die einzelnen Fragen sinnvollerweise geregelt werden sollten. Hierbei wären alternative Vereinbarungsmöglichkeiten in Betracht zu ziehen und vor dem Hintergrund der gesetzlichen Ausgangslage, der gesetzlichen Regelungsmöglichkeiten, der typischen Interessenlage und der Verkehrsgewohnheiten gegeneinander abzuwägen **(Lösung einzelner Regelungsfragen)**. Hieran würde sich die Formulierung des Vertragsmusters anschließen **(Formulierungsphase)**.
2. Methodisch empfehlenswerter ist es hier indes, die Arbeitsschritte 1 und 2 in umgekehrter Reihenfolge zu durchlaufen und wie folgt anzusetzen:
a) Welche Bestandteile gehören aufgrund gesetzlicher Vorgaben oder aufgrund Sachgesetzlichkeit unverzichtbar zum Inhalt eines solchen Vertrages **(zwingender Inhalt)**?
b) Welche Fragen kommen darüber hinaus als regelmäßig sinnvoller Vertragsinhalt in Betracht **(zu empfehlender Regelinhalt)**?
c) Gibt es Regelungspunkte, deren Berücksichtigung je nach den Umständen des Einzelfalles sinnvoll sein kann? Lassen sich derartige Fragen in ein Vertragsmuster einarbeiten (im Einzelfall **ergänzend zu empfehlender Vertragsinhalt**)?

II.

Die Umsetzung des Denkansatzes in Abschnitt I. Ziff. 2. ergibt:
1) Das Zustandekommen des schuldrechtlichen Geschäftes (§ 433 BGB) setzt als **Minimalvertragsinhalt** voraus:
 – Festlegung der Vertragsbeteiligten
 – Festlegung des Kaufgegenstandes
 – Einigung über den Kaufpreis.

Lösungshinweise

2) **a)** Zu den **unbedingt zu empfehlenden** Regelungspunkten zählt die Festlegung der Kaufpreiszahlungsmodalitäten.
b) Die Übereignung (Übergabe) des PKW gehört nicht zu den gesetzlich zwingenden Vertragsbestandteilen. Sie betrifft vielmehr das dingliche Erfüllungsgeschäft. Es ist allerdings sinnvoll, die Modalitäten dieses Erfüllungsgeschäftes nach Zeit, Ort und ggf. Bedingungen (Zug-um-Zug-Leistung, ggf. Vereinbarung eines Eigentumsvorbehaltes) in den Vertrag aufzunehmen. Dafür spricht nicht zuletzt, daß in der Rechtspraxis der bürgerlich-rechtliche Unterschied zwischen Kausalgeschäft und Erfüllungsebene kaum geläufig ist, vielmehr mit dem Begriff „Kaufvertrag" der Gesamtvorgang gemeint wird.
c) Empfehlenswert sein könnte weiterhin eine Regelung zur Sachmängelgewährleistung des Verkäufers.
d) Das gleiche Bedürfnis könnte für die Rechtsmängelhaftung des Verkäufers bestehen.
e) Schließlich kommen Vereinbarungen betreffend die Haltereigenschaft und die Versicherungspflicht als generell empfehlenswert in Betracht.
3) Im Einzelfall können sich je nach Sachlage z. B. folgende Regelungen als ergänzend sinnvoll erweisen:
a) Die Verpflichtung des Verkäufers, vor Übergabe bestimmte Reparaturmaßnahmen oder sonstige Maßnahmen (TÜV-Abnahme) durchzuführen.
b) Die Einbeziehung von serienmäßigem Zubehör, Sonderausstattungen und dergleichen wie z. B. Schonbezüge, Anhängerkupplung, Dachgepäckträger in den Kaufgegenstand.

III.

1) Der zwingend erforderliche Vertragsinhalt gemäß II. 1) wirft keine weiteren Fragen auf. Hinsichtlich der darüber hinaus in II. 2) und 3) aufgeführten möglichen Regelungsgegenstände wird Rechtsanwalt Grübler – unter Umständen unbewußt – folgendes gedankliche Verfahren durchlaufen:
   – Welche Regelung gilt, wenn der Vertrag keine Vereinbarung zu der Frage treffen würde?
   – Wie ist typischerweise die Interessenlage?
   – Welches sind die gesetzlichen Grenzen vertraglicher Vereinbarungen (gesetzlicher Gestaltungsspielraum)?
   – Welche Regelung wäre demnach sinnvoll und zulässig?
2) **a) Zahlungsmodalitäten und Übereignung**
Wird hierzu nichts vereinbart, ist der Kaufpreis sofort fällig (§ 271), kann allerdings nur Zug-um-Zug gegen Übereignung des PKW verlangt werden (§ 320). Im Interesse der Klarheit sollte diese Frage geregelt werden. Der Regelungsinhalt ist aber eine Frage des Einzelfalls. Das Muster muß hierzu eine „offene Formulierung" vorsehen.
b) Sachmängelhaftung
Mängelansprüche des Käufers bestehen, wenn die Ist-Beschaffenheit des Fahrzeugs von der vertraglich vereinbarten Soll-Beschaffenheit nachteilig abweicht oder Eigenschaftszusicherungen des Verkäufers sich als unrichtig herausstellen (§ 459 I, II). Ist über die Soll-Beschaffenheit nichts vereinbart (auch nicht stillschweigend), so kommt es darauf an, ob der tatsächliche Zustand vom gewöhnlichen (normalen) Zustand eines Fahrzeugs vergleichbarer Art (Baujahr, Kilometerleistung etc.) abweicht.
Die Interessenlage des Verkäufers geht regelmäßig dahin, den PKW so zu schulden, wie dessen Zustand sich im Verkaufszeitpunkt darstellt, also die Ist-Beschaffenheit als Soll-Beschaffenheit zu vereinbaren. Dies läßt sich erreichen, indem der bei Besichtigung und Probefahrt erkennbare Zustand als maßgeblich vereinbart wird. Aus der Interessensicht des Käufers ist u. a. von Bedeutung, ob der PKW Un-

fallschäden hatte und ggf. welche; Unfallschäden erhöhen die Gefahr verborgener (Folge-)Mängel und mindern u. U. den Verkehrswert des PKW.
Problematisch ist das Risiko von verborgenen Mängeln. Über ihm bekannte verborgene Mängel ist der Verkäufer aufklärungspflichtig. Das sollte ihm im Vertragstext vor Augen geführt werden. Eine Haftungsfreizeichnung für bekannte verborgene Mängel ist – jedenfalls bei schwerwiegenden Mängeln – unwirksam (vgl. Staudinger/Honsell, § 476 (1995) Rn 24). Die denkbare und verbreitete Klausel „verkauft wie besichtigt" schneidet dem Käufer die Berufung auf verborgene Mängel nicht ab (vgl. Staudinger/Honsell, § 476 (1995) Rn 6, 17). Dies dürfte regelmäßig der Interessenlage entsprechen, da die Preisbildung entscheidend von dem erkennbaren Zustand des PKW abhängt. Ist ein weitergehender Haftungsausschluß auch für verborgene Sachmängel gewollt, müßte dies ausdrücklich vereinbart werden.

c) Rechtsmängelhaftung
Nach § 434 haftet der Verkäufer dafür, daß der PKW frei von Rechten Dritter ins Eigentum des Käufers übergeht. Dies entspricht der Interessenlage. Ein Regelungsbedarf besteht nicht. Mit Rücksicht auf einen möglichen gutgläubigen Erwerb nach § 932 BGB sollte im Vertrag allerdings klargestellt werden, ob der Verkäufer Eigentümer des PKW ist.

d) Vereinbarungen zu Haltereigenschaft und Versicherungspflicht
Der Verkäufer eines PKW ist nach § 27 III StVZO verpflichtet, der Zulassungsstelle die Anschrift des Erwerbers anzuzeigen, dem Erwerber Fahrzeugschein und Fahrzeugbrief gegen Empfangsbestätigung auszuhändigen und diese Empfangsbestätigung seiner Veräußerungsanzeige an die Zulassungsstelle beizufügen. Die Übergabebestätigung betr. die Papiere kann gesondert ausgestellt werden, wird aber zweckmäßigerweise in den Vertrag aufgenommen.

Die bestehende Haftpflichtversicherung des Veräußerers geht kraft Gesetzes auf den Erwerber über, der den Versicherungsvertrag jedoch ausdrücklich oder konkludent kündigen kann (§§ 158 h, 69 ff VVG). Das Risiko, daß der Erwerber nach Übernahme des Fahrzeugs und vor Ummeldung einen Haftpflichtschaden verursacht und der Veräußerer als Folge davon in der Schadensfreiheits-Klasse seiner Versicherung zurückgestuft wird, ließe sich nur durch gemeinsame sofortige Ummeldung des Fahrzeugs ausschließen. Das ist in der Praxis zumeist nicht realisierbar.

e) Die für den Einzelfall als sinnvoll erwogenen Regelungen (II. 3) entziehen sich einer generellen Formulierung. Das Vertragsmuster kann diese Fragen nur als „Merkposten" berücksichtigen.

IV.
Das Muster des Rechtsanwalt Grübler wird in Stichworten wie folgt aussehen:

KAUFVERTRAG

zwischen
Herrn/Frau A (Anschrift)
und
Herrn/Frau B (Anschrift)

1) Kaufgegenstand
   a) (Bezeichnung des im Eigentum des A stehenden PKW nach Typ, Jahr der Erstzulassung, amtliches Kennzeichen, Fahrgestellnummer, Kilometerstand)
   b) Auflistung mitverkauften Zubehörs: ...

2) Kaufpreis und Zahlungsmodalitäten

Lösungshinweise

3) Gewährleistung
Veräußerung „wie besichtigt und probegefahren";
Versicherung des A, daß ihm verborgene Mängel nicht bekannt sind und das Fahrzeug keine Unfallschäden hatte;
Verkäufer wird vor Übergabe noch folgende Maßnahmen auf seine Kosten durchführen: ....

4) Übereignung

5) Fahrzeugpapiere, Ummeldung
Bestätigung der Übergabe der Fahrzeugpapiere durch den Erwerber. Hinweis auf sofortige Ummeldepflicht des Erwerbers.

Lösungshinweise zu Aufgabe Nr. 3

Eine sachgerechte anwaltliche Prüfung eines Vertragsentwurfs darf sich nicht auf die immanente Prüfung des ihm vorgelegten Textes beschränken. Es ist deshalb gemäß Fallschilderung davon auszugehen, daß Rechtsanwalt Beisser sich von seinem Mandanten Köbau GmbH anläßlich der Überlassung des Entwurfs mit dem zugrundeliegenden Sachverhalt und den Absichten der Köbau GmbH zumindest in groben Zügen vertraut gemacht hat. Die Prüfung des vorgelegten Vertragstextes vor diesem Hintergrund wird Rechtsanwalt Beisser zu folgenden Hinweisen und Fragen veranlassen:

1) Die Kaufpreisbemessung richtet sich im Grundsatz nach der Größe der tatsächlich geschaffenen Wohnfläche. Zugleich soll gemäß Vertragstext der dort als vorläufig ausgewiesene Kaufpreis auch als Mindestkaufpreis gelten. Dies bedeutet, daß der Käufer den ausgewiesenen Betrag auch dann zu zahlen hätte, wenn er die vorläufig von ihm ermittelten Flächen aus welchen Gründen auch immer tatsächlich nicht errichtet. Ein Grund hierfür kann auch darin liegen, daß die vom Käufer kalkulierte Gesamtfläche sich bei näherer Prüfung baurechtlich als nicht realisierbar herausstellt, etwa weil in Aussicht genommene oder erhoffte Befreiungen bzw. Ausnahmen nicht gewährt werden. Im Zusammenhang mit dieser Regelung in § 2 des Entwurfes ist § 9 des Entwurfes zu sehen, wonach der Verkäufer für eine bestimmte Beschaffenheit und Verwendbarkeit des Kaufgrundbesitzes keine Gewähr leistet. Die Nichtrealisierbarkeit der vom Käufer erstrebten Ausnutzung aus Rechtsgründen kann deshalb vom Käufer nicht als Sachmängel kaufpreismindernd geltend gemacht werden.

I.E. trägt deshalb der Käufer das volle Risiko, daß sich die von ihm vorläufig ermittelten Flächen, die der Kaufpreisbemessung zugrundegelegt worden sind, auch realisieren lassen. Darauf wird Rechtsanwalt Beisser seinen Mandanten hinweisen und mit ihm erörtern, welche baurechtlichen Risiken in dieser Hinsicht noch bestehen und wie sie ggf. bis zum Vertragsabschluß noch minimiert werden könnten.

2) Nach § 4 des Entwurfs übernimmt der Käufer die unbedingte Verpflichtung, mit dem Bau bis zum 15. 9. des Jahres X zu beginnen. Nach dem Gesamtzusammenhang des Vertrages und der Interessenlage der Stadt soll es sich hierbei um einen absoluten Fixtermin handeln. Die Übernahme einer solchen Verpflichtung begegnet zwei Bedenken:

a) Es ist keineswegs gewährleistet, daß dem Käufer bis dahin eine Baugenehmigung erteilt ist. Im Einflußbereich des Käufers liegt lediglich eine Erarbeitung und Einreichung des Bauantrags innerhalb einer zu bestimmenden Frist, nicht jedoch die Bearbeitungsdauer bei der Behörde. Die Verpflichtung, mit dem Bau zu einem bestimmten Fixtermin zu beginnen auch dann, wenn eine Baugenehmigung nicht vorliegt, würde sich auf etwas rechtlich Unmögliches richten. Da dieser Termin für die Stadt offenbar von entscheidender Bedeutung ist und die Baupflicht wohl eine Hauptpflicht des Vertrages darstellen dürfte, andererseits dem Käufer bei alsbaldiger Einreichung des Bauantrages aus der nicht rechtzeitigen Erteilung einer Baugenehmigung kein Verschuldensvorwurf gemacht werden könnte, könnte ein Fall der vom Käufer nicht zu vertretenden Leistungsunmöglichkeit mit der Rechtsfolge nach § 323 I, III eintreten. Dafür spräche, daß das Interesse der Stadt an der Erfüllung der Baupflicht nur dadurch gewahrt werden kann, daß mit dem Bau unter allen Umständen am 15. 9. begonnen wird, anderenfalls die Erfüllung der so geschuldeten Baupflicht im Sinne des Vertrages unmöglich wird. Die daran ggf. anknüpfenden Rechtsfolgen können für den Käufer in ihren Auswirkungen fatal sein. Diese Regelung ist deshalb für den Käufer in dieser Form schwerlich hinnehmbar. Rechtsanwalt Beisser wird auf eine Änderung des Entwurfs dahingehend drängen, daß diese Baupflicht unter der Voraussetzung steht, daß die Baugenehmigung erteilt ist. In diesem Zusammenhang könnte sich der Käufer verpflichten, den Bauantrag bis zu einem bestimmten Zeitpunkt einzureichen.

b) Selbst wenn die Baugenehmigung fristgerecht erteilt wird, ist der Baubeginn rechtlich nur möglich, wenn bis dahin an den in Anspruch zu nehmenden Flächen die Pachtverhältnisse aufgehoben werden. Nach § 10 des Entwurfes enden die Pachtverhältnisse erst sechs Wochen nach geschuldetem Baubeginn. Weiterhin ist vereinbart, daß sich die Stadt um eine vorzeitige Freistellung der erforderlichen Flächen bemühen wird; sie übernimmt hierfür jedoch keine Einstandspflicht.
Insoweit wird Rechtsanwalt Beisser zu folgender Vertragsergänzung raten:
„Die Verpflichtung zu termingerechtem Baubeginn durch den Käufer setzt voraus, daß die hierfür festgelegten Teilflächen dem Käufer fristgerecht rechtlich und tatsächlich pachtfrei zur Verfügung gestellt werden."

3) Die in § 4 Ziff. 1) vorgesehene Nutzungsbindung ist zeitlich nicht befristet. Sie beinhaltet eine „ewige" Bindung des Käufers an die in dem jetzigen Bebauungsplan zugelassene Nutzungsmöglichkeit. Soweit baurechtlich künftig etwa gewerbliche Nutzungen möglich wären, wäre dies aufgrund des Vertrages nur mit Zustimmung der Stadt zulässig. Die Realisierung einer intensiveren Nutzung würde überdies innerhalb von 20 Jahren die Nachzahlungspflicht des § 7, ferner das Rücktrittsrecht nach § 6 auslösen. Die Nachzahlungspflicht ist in der Handhabung problematisch, weil der Anpassungsmaßstab vage ist. Rechtsanwalt Beisser wird deshalb dazu raten, eine Veränderung dieser Regelungen anzustreben.

Lösungshinweise zu Aufgabe Nr. 4

I. Überlegungen zur Vertragsformulierung

Bei der Umsetzung der vom wirtschaftlichen Sachverhalt her klaren Gestaltungsaufgabe in einen Vertragstext ist insbesondere auf folgende Punkte zu achten:
1) Nach Zweck und Hintergrund der Darlehnsgewährung soll Herr Leichtfuß den Darlehnsbetrag nicht zur freien Verfügung erhalten. Vielmehr soll seine „wirtschaftliche Erholung" dadurch gefördert werden, daß der Darlehnsbetrag zweckgebunden zur Tilgung bestimmter Verbindlichkeiten des Herrn Leichtfuß ausgezahlt werden soll. Dies ist auch formulierungsmäßig zu beachten. Durch eine solche Zweckbindung wird i. E. die Unpfändbarkeit des Darlehnsauszahlungsanspruches (§ 851 ZPO) bewirkt (vgl. OLG Düsseldorf NJW 1988, 1677).
2) Die Bestellung der vereinbarten Sicherheit ist, wenn die Sicherheit ihren Zweck erfüllen soll, als Voraussetzung für die Darlehnsauszahlung aufzunehmen.

Lösungshinweise

3) Das Darlehen soll nicht in einer Summe bei Vertragsende oder bei Kündigung zurückgezahlt werden, sondern durch laufende Leistungen (Tilgungsdarlehen) und eine Schlußzahlung. Hierbei sollen Verzinsungs- und Tilgungsleistungen zu einer Leistungsrate verschmolzen werden. Regelungsbedürftig ist insofern, wann die in den Raten enthaltenen Tilgungsanteile als Rückführung des zu verzinsenden Kapitals verbucht werden. Dies dürfte mit sofortiger Wirkung gewollt sein.

II. Vertragsformulierung

Darlehnsvertrag

zwischen
Herrn Fleissig, – nachfolgend „Darlehnsgeber" genannt –,
und
Herrn Leichtfuß – nachfolgend „Darlehnsnehmer" genannt –.

§ 1 Darlehen

Der Darlehnsgeber gewährt hiermit dem Darlehnsnehmer ein Darlehen in Höhe von **100 000,– DM.**

§ 2 Zweck

1) Das Darlehen wird ausdrücklich vorrangig zu dem Zweck gewährt, folgende Verbindlichkeiten des Darlehensnehmers zu tilgen:
   a) ...
   b) ...
2) Die Auszahlung des Darlehens wird der Darlehnsgeber in Form der direkten Begleichung der vorgenannten Schulden für Rechnung des Darlehnsnehmers vornehmen nach Vorlage entsprechender Forderungsaufstellungen durch die Gläubiger des B. Ein etwa verbleibender Restbetrag ist an den Darlehnsnehmer auszuzahlen.
3) Die Darlehnsauszahlung erfolgt ... Kalendertage nach Beschaffung der vom Darlehnsnehmer zu stellenden Sicherheit (§ 4).

§ 3 Verzinsung und Tilgung

1) Das Darlehen ist für seine gesamte Laufzeit mit jährlich 5 % zu verzinsen und laufend wie folgt zu tilgen: Der Darlehnsnehmer schuldet eine vierteljährlich zahlbare stets gleichbleibende Zins- und Tilgungsrate von 1500,– DM, zahlbar jeweils zum 31. 3., 30. 6., 30. 9. und 31. 12. jeden Jahres. Die in der vereinbarten Leistungsrate enthaltenen Tilgungsanteile werden mit Eingang der Leistungsrate von dem fortan zu verzinsenden Kapital abgeschrieben. Für den Zeitraum zwischen Darlehnsauszahlung und dem ersten regelmäßigen Leistungsratentermin hat der Darlehnsnehmer eine entsprechend anzupassende Leistungsrate zu entrichten.
2) Der nach Ablauf von fünf Jahren seit Darlehnsgewährung noch nicht getilgte Betrag ist sodann in einer Summe zur Rückzahlung fällig.

§ 4 Sicherheiten

Der Darlehnsnehmer bestellt dem Darlehnsgeber auf seine Kosten eine brieflose Buchgrundschuld von 100 000,– DM nebst 5 % Zinsen jährlich an erster Rangstelle an seinem Privathaus X-Straße in ..., eingetragen im Grundbuch von ... Blatt ... Die Grundschuld ist gemäß § 800 ZPO vollstreckbar auszugestalten.
Die mit der Sicherheitenbestellung und späteren Löschung verbundenen Kosten gehen zulasten des Darlehnsnehmers.

§ 5 Kündigung

Dem Darlehnsgeber steht ein Recht zur fristlosen Kündigung des Darlehens zu, wenn
- der Darlehnsnehmer mit zwei fälligen Leistungsraten in Rückstand geraten ist,
oder
- in den Verhältnissen des Darlehnsnehmers für den Darlehnsgeber nachteilige Umstände eingetreten sind, die Banken nach Maßgabe ihrer Allgemeinen Geschäftsbedingungen zu einer Kündigung aus wichtigem Grunde berechtigen.

Die Kündigung durch den Darlehnsgeber bedarf der Schriftform.

§ 6 Vorzeitige Rückzahlung

Der Darlehnsnehmer ist zur vorzeitigen Rückzahlung des Darlehens auch in Teilbeträgen jederzeit berechtigt.

Lösungshinweise zu Aufgabe Nr. 5

I. Interessenlage

1. Interessen des Käufers

Der Käufer möchte das Grundstück nur erwerben, wenn
- die geplante Nutzung baurechtlich möglich ist,
- eine sog. Altlastenverantwortung mit Kostenrisiko für ihn nicht begründet wird.

Wesentlich ist für ihn weiterhin,
- daß der Verkäufer das Objekt kurzfristig räumt, spätestens dann, wenn die anderen voraufgeführten Fragen positiv beantwortet sind,
- daß der Verkäufer hinsichtlich des Verkaufs des Grundstücks sofort endgültig gebunden ist, während der Käufer eine Bindung im Sinne der Entscheidung für eine endgültige Vertragsdurchführung erst will, wenn die oben aufgeführten Fragen positiv geklärt sind.

2. Interessen des Verkäufers

Der Verkäufer will
- hinsichtlich einer etwaigen Bodenverunreinigung des Kaufgrundbesitzes keinerlei Verantwortung und diesbezügliche Verpflichtung übernehmen,
- keine wie auch immer geachtete Verantwortung für die Realisierung des Verwendungszweckes des Käufers übernehmen,
- den Grundbesitz erst dann räumen, wenn feststeht, daß die Angelegenheit auch abgewickelt wird.

Generell möchte auch der Verkäufer, daß der Käufer – vorbehaltlich der positiven Beantwortung der voraufgeführten Fragen – an den Verkauf endgültig gebunden ist.

II. Gestaltungsüberlegungen

Grundstruktur des Vertrages

1. Gestaltungsansätze

Die Antworten auf die Fragen der Verwendbarkeit des Grundbesitzes und einer etwaigen Bodenverunreinigung sind derzeit offen. Es steht deshalb noch nicht fest, ob es tatsächlich zu dem ins Auge gefaßten Austauschgeschäft tatsächlich kommen wird. Vor diesem Hintergrund kommen folgende Gestaltungsansätze in Betracht:

Lösungshinweise

a) Ein **bindendes Verkäuferangebot,** das der Käufer erst annimmt, wenn die Fragen der baurechtlichen Verwendbarkeit und der Bodenverunreinigung geklärt sind.
b) Ein **Vorvertrag,** der beide Seiten zum Abschluß des Hauptvertrages verpflichtet, wenn und sobald die genannten Fragen positiv geklärt sind.
c) Ein **unbedingter Kaufvertrag mit** normalem Leistungsaustausch und einem Lösungsrecht des Käufers **(Rücktrittsrecht)** für den Fall, daß die genannten Fragen nicht positiv geklärt werden.
d) Ein beiderseitig bindenden „**endgültigen**" **Kaufvertrag,** der inhaltlich so gestaltet wird, daß seine Abwicklung (Leistungsaustausch) abhängig gemacht wird von der Klärung der oben genannten Voraussetzungen.

2. Bewertung dieser Ansätze
a) Das bindende Verkäuferangebot genügt der Interessenlage des Käufers, an einen Kauf erst endgültig gebunden zu sein, wenn feststeht, daß seine vitalen mit dem Objekt verbundenen Interessen durchsetzungsfähig sind. Die mit diesem Angebot geschaffene Rechtslage bewirkt jedoch, daß der Käufer frei wäre, daß Angebot nicht anzunehmen, obwohl die beschriebenen Klärungen zu seiner Zufriedenheit erfolgt sind. Die Angebotsposition schafft für den Käufer mithin mehr an Freiheit, als er von seiner Interessenlage her benötigt, denn er will seinerseits den Vertrag, wenn die beschriebene Klärung ein positives Ergebnis erbringt. Wegen dieser Freiheit des Käufers entspricht dieser Lösungsansatz andererseits nicht dem Interesse des Verkäufers, den Käufer unter den genannten Voraussetzungen zu binden. Dieser Lösungsansatz ist deshalb insgesamt nicht interessenadäquat.
b) Der Abschluß eines Vorvertrages mit beiderseitiger Pflicht zum Abschluß eines Hauptvertrages unter der Bedingung der positiven Klärung der zentralen Interessen des Käufers entspricht dem grundsätzlich vorhandenen beiderseitigen Bindungsinteresse und den beschriebenen Vorbehalten der Käuferseite. Rechtstechnisch wäre er ein adäquates Mittel zur Interessenrealisierung. Dem Wesen eines Vorvertrages entsprechend erfolgt der tatsächliche Leistungsaustausch erst auf der Grundlage eines noch abzuschließenden Hauptvertrages, dessen wesentliche Eckdaten im Vorvertrag bereits festgelegt sein müssen, damit beidseitig ein klagbarer Anspruch auf Abschluß eines Hauptvertrages begründet wird. Es entstehen zwangsläufig zwei Regelungsebenen, was einen zusätzlichen Gestaltungsaufwand und vor allem zusätzliche Kosten verursacht, weil beide Verträge der notariellen Beurkundung bedürfen (§ 313).
Zu fragen ist deshalb, ob es weniger aufwendige und weniger kostenintensive Lösungsmöglichkeiten gibt.
c) Der Abschluß eines beiderseitig bindenden (Haupt-)Vertrages mit einseitiger Lösungsmöglichkeit (Rücktrittsrecht) des Käufers entspricht grundsätzlich auch der beschriebenen Interessenlage, wenn das Rücktrittsrecht so ausgestaltet ist, daß der Käufer nur zurücktreten kann, wenn sich herausstellt, daß seine oben beschriebenen Interessen nicht realisierbar sind. Allerdings hat der Käufer objektiv kein Interesse daran, daß der beiderseitige Leistungsaustausch zunächst einmal vollzogen wird und er sodann ggf. ein Rücktrittsrecht ausüben könnte. In diesem Fall trüge er nämlich das Risiko, den bereits geleisteten Kaufpreis zurück zu erlangen. Darüber hinaus könnte nach zwischenzeitlichem Übergang des Eigentums, aber auch schon beim Übergang von Besitz und Nutzen am Grundbesitz eine gesetzliche Sanierungsverantwortung des Käufers für etwaige Bodenverunreinigungen begründet werden (§ 4 Abs. 3 Bundes-Bodenschutzgesetz vom 17. 3. 1998, BGBl. S. 502), die auch durch einen Vertragsrücktritt nicht wieder entfiele. Ein so ausgestaltetes Rücktrittsrecht entspräche also nicht der objektiven Interessenlage des Käufers. Vielmehr muß der Käufer ein Interesse daran haben, daß es zu einem Leistungsaustausch erst kommt, wenn die beschriebenen Risikopunkte positiv geklärt sind.

d) Damit erweist sich derjenige Lösungsansatz als allseitig interessengerecht, der im sofortigen Abschluß eines beidseitig bindenden Hauptvertrages besteht, dabei den Leistungsaustausch jedoch hinausschiebt, bis das baurechtliche Verwendungsrisiko und das Bodenverunreinigungsrisiko ausgeschlossen sind. Damit ein solcher Aufschub des Leistungsaustausches nicht zu einer andauernden Schwebelage des Vertrages führt, kommt die Einräumung eines Rücktrittsrechtes für den Fall in Betracht, daß diese Risikopunkte nicht bis zu einem bestimmten Datum positiv geklärt sind oder vor diesem Datum eine negative Klärung herbeigeführt ist. Das Rücktrittsrecht hätte die Funktion einer Vertragsauflösung vor Leistungsaustausch, nicht die Aufgabe, eine Rückabwicklung nach erfolgtem Leistungsaustausch zu ermöglichen. Näher zu überlegen wäre, ob dieses Rücktrittsrecht ausschließlich dem Käufer oder aber beiden Vertragsteilen eingeräumt werden sollte.

III.
Konkretisierung des Lösungsansatzes
1. Regelungselemente
Aus der Wahl des oben beschriebenen Lösungsansatzes geben sich vor dem Hintergrund der Interessenlage beider Beteiligten folgende Regelungselemente einer Vertragslösung:
a) Zahlung des Grundstückskaufpreises durch den Käufer (Kaufpreisfälligkeit) erst nach
– Schaffung der üblichen Abwicklungssicherungen für Grundstückskaufverträge (Rechtswirksamkeit des Vertrages, Eintragung einer Eigentumsverschaffungsvormerkung im Grundbuch, behördliches Negativattest hinsichtlich gesetzlicher Vorkaufsrechte, Sicherung der vertragsgemäßen Freistellung von grundbuchlichen nicht übernommenen Belastungen),
– positiver Klärung des Altlastenrisikos,
– positiver Klärung der baurechtlichen Verwendbarkeit des Grundbesitzes,
– Räumung des Grundbesitzes durch den Verkäufer.
b) Regelungen zur Klärung der oben angegebenen besonderen Fälligkeitsvoraussetzungen:
– Pflicht des Käufers, innerhalb einer bestimmten Frist die gewünschte baurechtliche Klärung herbeizuführen durch entsprechende Antragstellung bei der Behörde,
– Pflicht des Käufers, innerhalb einer bestimmten Frist auf seine Kosten ein Bodengutachten in Auftrag zu geben.
c) Beseitigung des mit den besonderen Fälligkeitsvoraussetzungen verbundenen „Schwebezustandes" durch Rücktrittsrecht
– Voraussetzung des Rücktrittsrechtes: Keine positive Klärung der Risikofragen innerhalb bestimmter Frist oder negative Klärung vor Ablauf dieser Frist.
– Rücktrittsberechtigung: Das Rücktrittsrecht dient grundsätzlich dem Interessenschutz des Käufers. Gelingt die Klärung der Risikofragen nicht innerhalb der zu vereinbarenden Frist, so könnte es je nach Sachlage für den Käufer gleichwohl von Interesse sein, am Kaufvertrag festzuhalten, etwa weil eine gutachtlich aufgezeigte Altlastenverantwortlichkeit nur mit einem relativ geringen Kostenrisiko verbunden ist. Die Einräumung eines beiderseitigen Rücktrittsrechtes für diesen Fall würde dem Käufer diesen Entscheidungsspielraum nehmen. Der Verkäufer ist andererseits dagegen zu schützen, daß der Käufer im Rücktrittsfalle den Vertrag durch Nichtausübung des Rücktrittsrechtes für längere Zeit in der Schwebe hält, den Verkäufer also zunächst weiter bindet. Diesem Interesse kann genüge getan werden durch eine Befristung des einseitigen Rücktrittsrechtes des Käufers. Eine solche Befristung macht nur Sinn, wenn die Nichteinhaltung der Frist Folgen für die weitere Abwicklung des Vertrages hat, nämlich die, daß die Kaufpreiszahlung nicht mehr von den betreffenden Risikofragen abhängig sein darf.

Lösungshinweise

d) Ausschluß der Verantwortlichkeit des Verkäufers:
   - Ausschluß der Verkäufergewährleistung für die Verwendbarkeit des Grundbesitzes;
   - Ausschluß der Verkäuferhaftung für jegliche Bodenverunreinigungen (Freizeichnung). Grenzen dieser Freizeichnungsmöglichkeit bestehen im Falle arglistigen Verschweigens einer dem Verkäufer bekannten Altlastenbelastung.

e) Räumungspflicht des Verkäufers:
   Da der Verkäufer den Grundbesitz erst räumen will, wenn die besonderen vertraglichen Hindernisse für den Leistungsaustausch ausgeräumt sind, muß die Räumungspflicht an die Klärung dieser Fragen anknüpfen.

f) Übergang von Besitz und Nutzungen und des Eigentums:
   - Aus der Sicht der Verkäuferinteressen sollte diese Verkäuferleistung erst erfolgen, wenn der Käufer seine Zahlungsverpflichtungen erfüllt hat;
   - wegen der beschriebenen Altlastenverantwortung hat der Käufer seinerseits ein Interesse, erst dann Besitz und Eigentum am Grundbesitz zu erlangen, wenn die erörterten Risikofragen geklärt sind. Mit Rücksicht auf die allgemeinen oben beschriebenen Erwerbssicherungen als Voraussetzungen für die Kaufpreisfälligkeit kann der Käufer akzeptieren, Besitz und Eigentum erst zu erhalten nach Zahlung des Kaufpreises.

g) Aus diesen Überlegungen ergibt sich folgende logisch-zeitliche Abfolge des beiderseitigen Leistungsaustausches:
   - Schaffung der üblichen Erwerbssicherheiten für den Käufer, Klärung der Baurechtsfrage und des Altlastenrisikos,
   - sodann Räumung,
   - sodann Zahlung des Kaufpreises,
   - sodann Übergang von Besitz und Nutzungen sowie Eigentumsumschreibung im Grundbuch.

2. Einzelfragen

a) Sicherung des Verwendungszwecks

Zu klären bleibt, auf welche Weise im vorliegenden Fall die Frage der baurechtlichen Nutzbarkeit des Kaufobjektes geklärt werden soll. In Betracht kommen zum einen die Stellung eines kompletten Bauantrages des Käufers mit allen hierzu erforderlichen Unterlagen, zum anderen die Beantragung eines baurechtlichen Vorbescheides, in dem sinnvollerweise sowohl planungsrechtliche als auch bauordnungsrechtliche Grundsatzfragen zur Entscheidung vorgelegt werden. Letzteres dürfte hier das angemessene Sicherungsmittel darstellen, welches in einem relativ kurzen Zeitrahmen dem Käufer die erforderliche Sicherheit verschafft.

Denkbar ist weiterhin, daß die Genehmigungsbehörde zum Schutz etwa berührter Nachbarinteressen die Zustimmung betroffener Nachbarn verlangt. Eine behördliche Genehmigung, die unter der Bedingung der näher bezeichneten Nachbarzustimmung steht, würde dem Käufer nicht weiterhelfen, wenn diese Nachbarzustimmung nicht zu erlangen ist. Dies ist formulierungstechnisch zu erfassen.

Zur Realisierung seines Vorhabens benötigt der Käufer ferner eine Abbruchgenehmigung für das vorhandene Wohnhaus. Bauordnungsrechtlich birgt dies grundsätzlich kein besonderes Risiko. Nach der Sachverhaltsschilderung hat der Käufer die Problematik des sog. Zweckentfremdungsverbotes von Wohnraum bereits geklärt.

b) Altlastenrisiko

Das Bundes-Bodenschutzgesetz enthält Begriffsbestimmungen, die mit dem bis dahin üblichen Sprachgebrauch nicht deckungsgleich sind. Für die Frage einer etwaigen öffentlich-rechtlichen Verantwortlichkeit des Käufers als neuem Eigentümer ist darauf abzustellen, ob der Kaufgrundbesitz im Sinne der Begriffsbestimmungen des Bundes-Bodenschutzgesetzes schädliche Bodenveränderungen oder Altlasten aufweist (§ 4 Abs. 2 ff i. V. m. § 2 Abs. 3 bis 5 Bundes-Bodenschutzgesetz).

Aus Verkäufersicht ist der Ausgleichsanspruch nach § 24 Abs. 2 Bundes-Bodenschutzgesetz zu beachten. Ergibt sich trotz negativen Bodengutachtens im Zuge der späteren Baumaßnahme des Käufers, daß sanierungsbedürftige schädliche Bodenveränderungen bestehen und wird der Käufer hierzu behördlich herangezogen, so hat er nach § 24 Abs. 2 Bundes-Bodenschutzgesetz einen Rückgriffsanspruch gegenüber dem Verkäufer. Vorbehaltlich arglistigen Verschweigens von solchen Bodenverunreinigungen soll der Verkäufer nach dem Parteiwillen jedoch keinerlei diesbezügliche Verantwortung übernehmen. Zu einem Leistungsaustausch soll es erst kommen, wenn ein vom Käufer veranlaßtes Bodengutachten keine entsprechenden Hinweise gibt. Das verbleibende Risiko, daß dennoch eine Bodenbelastung besteht, soll allein der Käufer tragen. Demzufolge ist der gesetzliche Rückgriffsanspruch nach § 24 Abs. 2 Bundes-Bodenschutzgesetz im Interesse des Verkäufers auszuschließen.

III.
Formulierungsvorschlag
für einzelne Regelungselemente des Kaufvertrages

...
(...) Der Kaufpreis ist fällig und zahlbar binnen 14 Kalendertagen nach Eintritt folgender Voraussetzungen:
  a) Zugang einer schriftlichen Mitteilung des Notars bei den Beteiligten, daß
  aa) zur Sicherung des Anspruchs des Käufers auf Eigentumsübertragung eine Vormerkung im Grundbuch eingetragen ist und zwar in Abteilung II und III mit Rang ausschließlich nach den derzeit eingetragenen oben angegebenen Belastungen,
  bb) die zuständige Gemeinde bestätigt hat, daß ein gesetzliches Vorkaufsrecht nach dem Baugesetzbuch nicht besteht oder nicht ausgeübt wird,
  cc) die Löschungsunterlagen über die nicht übernommenen grundbuchlichen Belastungen dem Notar vorliegen unter Auflagen, die aus dem vereinbarten Kaufpreis erfüllbar sind.
  b) Die vom Käufer bei der Stadt Hohmar noch zu stellende Bauvoranfrage zur Errichtung einer Ein- und Ausfahrt zum Betriebsgelände wird positiv beschieden und zwar ggf. nur unter solchen Bedingungen und Auflagen, die das Vorhaben des Käufers (Abriß des Wohnhauses und Errichtung der Ein- und Ausfahrt gemäß Bauvoranfrage) wirtschaftlich, nutzungsmäßig oder technisch nicht mehr als nur unwesentlich beeinträchtigen. Sind gemäß Forderung der Bauaufsichtsbehörde Zustimmungen Dritter, insbesondere Nachbarzustimmungen erforderlich, zählt deren auflagenfreies Vorliegen ebenfalls zu dieser Fälligkeitsvoraussetzung.
  c) Die vom Käufer auf seine Kosten zu veranlassende Bodenuntersuchung des Kaufgrundstücks ergibt gemäß fachgutachterlicher Stellungnahme keinen Hinweis auf schädliche Bodenveränderungen oder Altlasten im Sinne des Bundes-Bodenschutzgesetzes, die im Hinblick auf das vom Käufer geplante Vorhaben behördliche Untersuchungs-, Sanierungs- oder Schutz- und Beschränkungsmaßnahmen mit Kostenfolge für den Käufer erwarten lassen.
  d) Der Grundbesitz ist vollständig geräumt.
Es wird klarstellend vereinbart, daß die vorstehend aufgeführten Fälligkeitsvoraussetzungen lit. b) und c) allein im Risikobereich des Käufers liegen, der Verkäufer für den Eintritt dieser Voraussetzungen mithin keinerlei Leistungspflicht oder Gewähr übernimmt. Der Nichteintritt dieser Fälligkeitsvoraussetzungen löst deshalb ausschließlich die in Abschnitt ... eingeräumten Rücktrittsrechte des Käufers aus.
...

Lösungshinweise

(...) Der Verkäufer versichert, daß ihm nichts über das Vorhandensein schädlicher Bodenveränderungen oder Altlasten im Sinne des Bundes-Bodenschutzgesetzes bekannt ist. Über die bisherige Nutzung des Nachbargrundstückes und die daraus folgende Möglichkeit einer Verunreinigung auch des Kaufgrundbesitzes ist der Käufer informiert. Der Verkäufer haftet nicht für etwaige sichtbare oder unsichtbare Sachmängel des zum Abriß mitveräußerten Gebäudes sowie des Grund und Bodens; ebensowenig haftet der Verkäufer für eine bestimmte Bodenbeschaffenheit und Verwendbarkeit des Kaufgrundbesitzes für die vom Käufer geplanten Zwecke.

Der Verkäufer erklärt sich damit einverstanden, daß der Käufer auf seine Kosten bereits vor Besitzübergang ein Bodengutachten eines Ingenieurbüros in Auftrag gibt mit dem Ziel festzustellen, ob schädliche Bodenveränderungen bzw. Altlasten vorhanden sind, die im Hinblick auf das Vorhaben des Käufers behördliche Untersuchungs-, Sanierungs- oder Schutz- und Beschränkungsmaßnahmen erwarten lassen. Den Umfang der erforderlichen Bodenuntersuchungen legt der Käufer fest. Die Kosten des Bodengutachtens trägt der Käufer. Dem Verkäufer ist das erstellte Bodengutachten abschriftlich zur Kenntnis zu bringen. Der Käufer verpflichtet sich, ein solches Bodengutachten innerhalb von ... Tagen nach dem heutigen Vertragsabschluß in Auftrag zu geben und dies dem Verkäufer nachzuweisen. Bei Nichteinhaltung dieser Frist gilt die diesbezügliche Fälligkeitsvoraussetzung für die Zahlung des Grundstückskaufpreises als eingetreten.

(...) Der Besitz und die Nutzungen, die Gefahr und die Lasten sowie die allgemeinen Verkehrssicherungspflichten gehen auf den Käufer über mit Wirkung vom Tage der Übergabe des Kaufgrundbesitzes, die unmittelbar nach Kaufpreiszahlung durch gesonderte Verhandlung in einem Ortstermin zu erfolgen hat.
...

(...) Der Käufer verpflichtet sich, zur Klärung der Verwendbarkeit des Kaufgrundbesitzes für den von ihm vorgesehenen Zweck innerhalb von ... Wochen eine Bauvoranfrage bei der zuständigen Behörde zu stellen, die die grundsätzliche bauplanungsrechtliche und bauordnungsrechtliche Zulässigkeit der vorgesehenen Maßnahme (Abbruch des vorhandenen Gebäudes, Errichtung einer Ein- und Ausfahrt zum Betriebsgelände des Käufers) zur Prüfung stellt. Bei Versäumung dieser Frist gilt die diesbezügliche Fälligkeitsvoraussetzung für die Zahlung des Grundstückskaufpreises als eingetreten.

(...) Der Käufer ist zum Rücktritt von diesem Vertrag berechtigt für den Fall, daß
    a) die oben in Abschnitt ... lit. b) formulierte Fälligkeitsvoraussetzung betr. die positive Bescheidung der noch zu stellenden Bauvoranfrage trotz deren fristgemäßer Einreichung nicht bis zum ... eingetreten ist oder die fristgemäß gestellte Bauvoranfrage vor diesem Datum abgelehnt wird,
    oder
    b) die vom Käufer vertragsgemäß veranlaßte Untersuchung des Grund und Bodens gemäß fachgutachterlicher Einschätzung begründete Anhaltspunkte für kostenverursachende behördliche Anordnungen im Sinne der Fälligkeitsvoraussetzung gemäß Abschnitt ... lit. c) ergibt.

Der Rücktritt bedarf des eingeschriebenen Briefes und ist nur zulässig innerhalb von einem Monat nach Eintritt des jeweiligen Rücktrittsgrundes. Wird das Rücktrittsrecht nicht form- bzw. fristgerecht ausgeübt, so gilt die diesbezügliche Voraussetzung der Kaufpreisfälligkeit als eingetreten.

Im Rücktrittsfalle hat der Käufer die zu seinen Gunsten eingetragene Eigentumsverschaffungsvormerkung unverzüglich auf seine Kosten zur Löschung zu bringen. Im übrigen sind sonstige wechselseitige Ansprüche ausgeschlossen.
...

(...) Miet- und Pachtverhältnisse bestehen nach Angaben des Verkäufers nicht. Der Verkäufer nutzt das Kaufobjekt ausschließlich selbst. Er steht im Sinne einer selbständigen Garantie dafür ein, daß das Objekt vollständig geräumt ist innerhalb von ... Wochen nach Zugang der Fälligkeitsmitteilung des Notars über die von diesem zu überwachenden Fälligkeitsvoraussetzungen (siehe oben ...) sowie Zugang einer schriftlichen Bestätigung des Käufers, daß die Fälligkeitsvoraussetzung betr. Bauvoranfrage und eventueller Bodenverunreinigungen eingetreten sind. Zur unverzüglichen Abgabe einer solchen schriftlichen Mitteilung ist der Käufer zu gegebener Zeit verpflichtet.
...
(...) Der Notar wird angewiesen, die Eintragung des Eigentumswechsels erst zu veranlassen, wenn ihm Zahlung des Kaufpreises nachgewiesen ist. Vorher soll er dem Käufer und dem Grundbuchamt keine die Auflassung enthaltende Ausfertigung oder begl. Abschrift dieser Urkunde erteilen.
...

Lösungshinweise zu Aufgabe Nr. 6

I.
Überlegungen zum Inhalt der Vollmacht

1. Bevollmächtigt werden sollen hier zwei Personen. Das wirft die Frage auf, ob jede für sich allein handlungsbefugt sein soll **(Einzelvollmacht),** oder ob die Vollmacht als gemeinschaftliche gewünscht ist.
   Die **gemeinschaftliche Bevollmächtigung** bewirkt eine gegenseitige Kontrolle: Wirksam gehandelt werden kann nur, wenn beide Bevollmächtigten zusammen wirken. Darin kann der beschriebene Vorteil liegen, ebenso aber auch der Nachteil, daß eine Stellvertretung aufgrund Vollmacht ausscheidet, wenn einer der Bevollmächtigten verhindert ist. Diese Gesichtspunkte sind mit Herrn Panther zu diskutieren. Angesichts des von Herrn Panther mitgeteilten Vertrauens dürfte hier der Rat naheliegen, die Vollmacht jeweils als **Einzelvollmacht** zu erteilen.
2. Zu klären ist weiter, welchen **Inhalt** die Vollmacht haben soll. Sie soll die gesamte Verwaltung des Vermögens ermöglichen. Das Vermögen besteht aus sehr unterschiedlichen Positionen. Eine Eingrenzung auf bestimmte Rechtserklärungen und Handlungen scheidet deshalb aus. Vielmehr sprechen der Sachverhalt und die Interessenlage für die Erteilung einer **Generalvollmacht,** die z. B. auch Erklärungen gegenüber Gerichten und Behörden mit umfaßt. Bei einer Generalvollmacht bedarf es nicht der Aufzählung der einzelnen Befugnisse des Bevollmächtigten.
   Anders wäre es etwa bei der gleichzeitigen Erteilung einer **Vorsorgevollmacht,** insbesondere für den Fall von Krankheit und Gebrechlichkeit (hierzu näher Baumann, MittRhNotK 1998, 1 ff). Darum geht es nach dem Inhalt des Sachverhaltes und den mitgeteilten Zielvorstellungen des Herrn Panther jedoch nicht.
3. Sollen die Bevollmächtigten von den Bindungen des **§ 181** befreit werden?
   Gegen die Notwendigkeit dieser Befreiung spricht, daß bei Geschäften, an denen ein Bevollmächtigter persönlich beteiligt ist, der andere Bevollmächtigte handeln könnte. Andererseits könnte gerade dieser verhindert sein. Angesichts des „unbegrenzten Vertrauens" des Herrn Panther zu seinen Söhnen spricht hier alles für eine Befreiung sowohl vom Verbot der Mehrfachvertretung als auch des In-Sich-Geschäfts.
4. Sollen die Bevollmächtigten berechtigt sein **Untervollmacht** zu erteilen? Hierfür besteht meistens ein praktisches Bedürfnis, so etwa, wenn es um die Erteilung von Auftrag und Vollmacht an einen Rechtsanwalt zur Wahrung bestimmter Vermö-

Lösungshinweise

gensinteressen des Herrn Panther geht. Nicht empfehlenswert ist die Möglichkeit zur Erteilung von Untervollmacht als Generalvollmacht, weil dies besonderes Vertrauen voraussetzt und nur von Herrn Panther selbst entschieden werden sollte. Untervollmacht sollte deshalb grundsätzlich erteilt werden können, jedoch beschränkt auf bestimmte einzelne Rechtsgeschäfte (Einzelvollmacht) bzw. einen bestimmten Kreis von Rechtsgeschäften (Gattungsvollmacht). Hinsichtlich des Unterbevollmächtigten erscheint eine Befreiungsmöglichkeit von den Beschränkungen des § 181 nicht notwendig und sollte deshalb unterbleiben.

5. Welche Zeitdauer soll die Vollmacht haben? Soll sie über den Tod hinaus gelten?

   a) Da die Vollmacht jederzeit widerruflich ist und nicht nur bestimmte zeitlich gebundene Rechtsgeschäfte zum Gegenstand hat, sind keine Gesichtspunkte für eine zeitliche Begrenzung (Befristung) erkennbar.

   b) Nach § 168 i.V.m. §§ 672, 675 gilt die Vollmacht, der ein Grundverhältnis (Auftrag, Geschäftsbesorgung) zugrunde liegt, im Zweifel über den Tod des Vollmachtgebers hinaus und wirkt bis zu einem Widerruf auch gegenüber den Erben. Die Vollmacht ist aber auch als isolierte Vollmacht denkbar, auch über den Tod hinaus. Im Interesse der Rechtsklarheit empfiehlt sich die Klarstellung, ob diese transmortale Wirkung gewollt ist. Regelmäßig wird die Legitimation der Erben durch Erbschein oder gerichtliches Eröffnungsprotokoll einer (notariellen) letztwilligen Verfügung einige Zeit nach dem Erbfall in Anspruch nehmen. Besteht in der Zwischenzeit Handlungsbedarf, könnte dem über eine transmortale Vollmacht Rechnung getragen werden. Jeder Erbe kann durch jederzeitigen Widerruf die Wirkungsdauer dieser Vollmacht beenden.

6. Zu klären ist schließlich die erforderliche oder zweckmäßige **Form der Vollmacht**. Aus Rechtsgründen ist hier keine besondere Form zwingend zu beachten. Da jedoch Grundbesitz zum zu verwaltenden Vermögen gehört und diesbezügliche Erklärungen stets der Form der öffentlichen Urkunde bedürfen (§ 29 GBO), empfiehlt sich unter diesem Blickwinkel zumindest die notarielle Beglaubigung der Vollmacht. Um schließlich etwaigen Zweifeln an der Rechtswirksamkeit der Vollmacht vorzubeugen (Geschäftsfähigkeit des Vollmachtgebers) und dem Vollmachtgeber die Bedeutung einer solchen Vollmacht mit ihren theoretischen Mißbrauchsgefahren deutlich vor Augen zu führen, empfiehlt sich die notarielle Beurkundung. Dies wird bei Generalvollmachten auch weithin so gehandhabt.

II.

Hieraus ergibt sich folgende **allgemeine Checkliste** für die Formulierung von Vollmachten:

1. Bei mehreren Bevollmächtigten: Einzelvollmacht oder Gemeinschaftsvollmacht?
2. Inhalt der Vollmacht, insbesondere
   – Spezialvollmacht (genaue Umschreibung; alles vom Zweck der Vollmacht Umfaßte muß von der Vertretungsmacht gedeckt sein; Durchspielen möglicher Vertretungsnotwendigkeiten);
   – Gattungsvollmacht für einen bestimmten Kreis von Rechtsgeschäften (z.B. Verwaltung einer bestimmten Immobilie);
   – Generalvollmacht
   – Sonderfall: Vorsorgevollmacht
3. Befreiung des Bevollmächtigten von den Beschränkungen des § 181?
4. Erteilung von Untervollmacht zulässig? Wenn ja, Befreiung des Unterbevollmächtigten von den Beschränkungen des § 181 BGB?
5. Befristung, auflösende Bedingung?
6. Vollmacht über den Tod hinaus?
   Sonderfall: postmortale Vollmacht, die erst ab dem Todesfall gilt.

7. Form der Vollmacht
   Grundsatz: Formfreiheit
   Ausnahmen:
   – spezialgesetzliche Ausnahmen, z. B. § 2 II GmbHG,
   – § 313 BGB, falls mit der Vollmachterteilung bereits rechtlich oder tatsächlich eine Bindung zur Grundstücksveräußerung / zum Grundstückserwerb einhergeht;
   – für Grundbuchzwecke außerhalb von § 313 BGB zumindest Beglaubigung im Hinblick auf § 29 GBO sinnvoll.

III.
Formulierungsvorschlag

(Urkundseingang)
erschien, von Person bekannt
Herr Peter Panther, geboren am
wohnhaft in

Der Erschienene bat um Beurkundung der nachfolgenden

GENERALVOLLMACHT

und erklärte:
1. Hiermit erteile ich meinen Söhnen
   1. Herrn Siegfried Panther, geboren am
      wohnhaft in
   2. Herrn Roy Panther, geboren am
      wohnhaft in
   – nachstehend „Bevollmächtigte" genannt –,
   und zwar jedem einzeln

VOLLMACHT,

mich in allen persönlichen und vermögensrechtlichen Angelegenheiten, soweit dies gesetzlich zulässig ist, gerichtlich und außergerichtlich zu vertreten.
Die Bevollmächtigten sind befugt, Rechtsgeschäfte mit sich im eigenen Namen und als Vertreter Dritter vorzunehmen (Befreiung von den Beschränkungen des § 181 BGB).
Die Bevollmächtigten sind berechtigt, für einen bestimmten Kreis von Rechtsgeschäften oder für einzelne Rechtsgeschäfte Untervollmacht zu erteilen, jedoch ohne die Möglichkeit, den Unterbevollmächtigten von den Beschränkungen des § 181 BGB zu befreien.
2. Die Vollmacht soll durch meinen Tod nicht erlöschen, ebenfalls nicht durch Eintritt von Geschäftsunfähigkeit. Sie soll auch dann wirksam bleiben, wenn für mich ein Betreuer bestellt wird.
3. Jedem Bevollmächtigten sind zwei Ausfertigungen dieser Urkunde zu erteilen.
4. Ich bin darüber informiert, daß diese Vollmacht jederzeit widerrufen werden kann, daß die Vertretungsmacht der Bevollmächtigten jedoch gegenüber Dritten bestehen bleibt, bis alle von der Vollmacht erteilten Ausfertigungen zurückgegeben wurden oder die Vollmacht für kraftlos erklärt ist.
5. Der Notar hat mich über die umfassenden Verwendungsmöglichkeiten einer Generalvollmacht belehrt.

(Schlußformel)

Lösungshinweise

Lösungshinweise zu Aufgabe Nr. 7

**I.
Überlegungen zur Lösung**

1. Die zu stellende Bürgschaft ist in allen wesentlichen Eckdaten so zu beschreiben, daß Meinungsverschiedenheiten hierüber möglichst ausgeschlossen sind. Das erfordert die Klärung zumindest folgender Fragen:
   a) Person des Bürgen
   Praxisnah ist hier die Betrachtung, daß die Bürgschaft von einer deutschen Bank oder Sparkasse zu übernehmen ist.
   b) Gesicherte Forderungen
   Zu eng wäre hier die Formulierung „zur Sicherung der Ansprüche des Vermieters auf Mietzinszahlung". Die Sicherheit soll auch etwaige Schadensersatzansprüche des Vermieters z. B. wegen verspäteter Rückgabe nach Vertragsbeendigung, wegen Beschädigung der Mietsache etc. decken. Richtig ist deshalb, „alle Ansprüche des Vermieters aus dem Mietvertrag" abzusichern. Damit verbliebe nur das geringe Restrisiko nicht erfaßter gesetzlicher Ansprüche, z. B. aus §§ 812 ff bei formnichtigem Mietvertrag.
   c) Einreden des Bürgen
   Als üblich und zumutbar sollten die Einreden der Vorausklage, der Anfechtbarkeit und der Aufrechenbarkeit ausgeschlossen werden. Da von einer „Bürgschaft zur Zahlung auf erstes Anfordern" seitens des Vermieters bislang nicht die Rede ist, besteht auch keine Veranlassung, diese Verschärfungsform hier zu wählen.
   d) Beschränkung auf einen Höchstbetrag
   Die Bürgschaft soll hier ersichtlich auf einen Höchstbetrag lauten. Die Nichtberücksichtigung von Nebenkosten und Umsatzsteuer beschreibt nur die Berechnungsmethode zur Ermittlung des Höchstbetrages (Jahresnettokaltmiete), soll jedoch diese Anspruchsteile nicht unberücksichtigt und nicht ungesichert lassen.
   e) Bedingung
   Die Einfügung einer Bedingung ist hier nicht veranlaßt.
   f) Hinterlegungsrecht des Bürgen
   Vorsichtshalber ausgeschlossen werden sollte das Recht der Bank, sich jederzeit durch Hinterlegung von der Bürgschaftspflicht zu befreien.
2. Da es hier um die schuldrechtliche Verpflichtung zur Stellung einer Bürgschaft geht, ist zu überlegen, welche Schutzmechanismen in Betracht kommen, falls die verabredete **Sicherheit** nicht vertragsgemäß gestellt wird. Eine einfache und praktikable Lösung liegt darin festzulegen, daß die Bürgschaft vor/bei Objektübergabe in einwandfreier Form vorliegen muß, anderenfalls der Vermieter die Übergabe verweigern kann und der Mieter für den damit verbundenen Mietausfallschaden aufzukommen hat. Die gesetzlichen Beschränkungen zur Stellung von Sicherheiten bei Mietverträgen über Wohnraum (§ 550 b) sind hier nicht einschlägig und auch nicht entsprechend anwendbar.

II.

Dies führt zu folgenden Formulierungsvorschlägen:

1. Pflicht zur Bürgschaftsstellung im Mietvertrag:

„Sicherheiten"
Der Mieter verpflichtet sich, vor Übergabe des Mietobjektes zur Sicherung aller Ansprüche des Vermieters aus diesem Mietvertrag die Bürgschaft einer deutschen Bank oder Sparkasse zu übergeben über den Betrag einer Jahresnettokaltmiete (ohne Um-

satzsteuer, ohne Nebenkosten), also über den Betrag von ... DM. Die Bürgschaft hat den Verzicht auf die Einreden der Vorausklage, der Anfechtbarkeit und der Aufrechenbarkeit zu enthalten. Sie muß unbefristet sein und darf kein Recht des Bürgen beinhalten, sich jederzeit durch Hinterlegung aus der Bürgschaftsschuld zu befreien. Der Vermieter ist berechtigt, die für den ... festgesetzte Objektübergabe zu verweigern, solange der Mieter seiner vorstehend vereinbarten Verpflichtung zur Sicherheitsbestellung nicht nachgekommen ist. Etwa dadurch verursachte Mietausfälle des Vermieters wegen verzögerter Übergabe hat der Mieter zu ersetzen.

2. Formulierung der Bankbürgschaft

„Bürgschaft

Mit Vertrag vom ... hat die Firma V (Vermieter) an die Firma M (Mieter) das Objekt in ... vermietet. Hierbei hat sich der Mieter in § ... des Mietvertrages verpflichtet, dem Vermieter als Sicherheit für alle Ansprüche des Vermieters aus dem Mietvertrag eine Bankbürgschaft zu stellen über den Betrag von ... DM.
Dies vorausgeschickt übernimmt die

A-Bank

gegenüber der Firma V (Vermieter) zur Sicherung aller Ansprüche des Vermieters gegenüber dem Mieter aus dem oben angegebenen Mietvertrag die selbstschuldnerische Bürgschaft bis zum Höchstbetrag von ... DM. Auf die Einreden der Anfechtbarkeit und Aufrechenbarkeit wird verzichtet.
Diese Bürgschaft erlischt mit Rückgabe der Bürgschaftsurkunde.
..., den

(Unterschrift)"

Lösungshinweise zu Aufgabe Nr. 8

1. Der Wille der Beteiligten

a) Die Beteiligten wollen die künftige Ehefrau hinsichtlich ihrer geplanten Investitionen in das Haus des Ehemannes schützen durch eine sehr spezielle Abrede, die aus zwei Elementen besteht:
- Pauschale Ausgleichsbeträge, die mit jedem verstrichenen Ehejahr steigen, ohne Rückgriff auf die tatsächlich investierten Beträge;
- Nach 7 Jahren Ehezeit soll an die Stelle der vereinbarten Jahresbeträge die Übertragung des hälftigen Hausgrundstücks treten. Offenbar sind die Beteiligten der Auffassung, daß die Ehefrau binnen dieses Zeitraumes etwa soviel investieren wird, dass es „gerecht" ist, ihr das halbe Haus unter anteiliger Schuldenübernahme zu übertragen.

b) Diese sehr spezielle Regelung soll offenbar die gesetzlichen Mechanismen des Zugewinnausgleichs im Scheidungsfalle überspielen. Darin dürfte ein Grund dafür liegen, warum die Beteiligten sich eine Gütertrennung vorstellen, jedenfalls für den 7-Jahres-Zeitraum. Da sonstiges wesentliches Vermögen nicht vorhanden ist, wären im Scheidungsfalle in erster Linie die durch die Investitionen der Ehefrau verursachten Vermögensverschiebungen beim Zugewinnausgleich zu berücksichtigen. Diese allgemeinen Regelungen sollen aber nicht zum Zuge kommen.

c) Unklar ist, ob die Beteiligten nach Ablauf des 7-Jahres-Zeitraumes aus anderen Gründen die Gütertrennung beibehalten wollen. Dies bedürfte weiterer Erörterung und Entscheidung. Der Gesichtspunkt der Spezialität der Ausgleichsmechanis-

Lösungshinweise

men für Investitionen wäre mit Übertragung des hälftigen Hausgrundstücks auf die Ehefrau nach Ablauf des 7-Jahres-Zeitraumes erledigt, die innere Begründung für die Fortdauer der Gütertrennung entfallen.

Denkbar ist allerdings, daß die Beteiligten aus anderen Motiven darüber hinaus die Gütertrennung für richtig halten, etwa im Hinblick auf den ihnen vorschwebenden Ehetyp der Doppelverdienerehe wirtschaftlich unabhängiger Partner.

2. Kritik des vorgelegten Entwurfes

a) Die Sachverhaltsinformation, daß die künftige Ehefrau Spanierin ist, gibt immerhin Anlaß zu prüfen, ob im vorliegenden Fall eine internationalprivatrechtliche Problematik vorliegt, die besondere Vorkehrungen erfordert. Dies ist offenbar von Rechtsreferendar Kundig überhaupt nicht in Betracht gezogen worden. Nach Art. 15 Abs. 1 EGBGB richten sich die güterrechtlichen Wirkungen der Ehe nach dem für die allgemeinen Wirkungen der Ehe im Zeitpunkt der Eheschließung maßgebenden Recht. Die Vorschrift verweist also auf das allgemeine Ehestatut im Zeitpunkt der Eheschließung. Da die künftigen Ehegatten keine gemeinsame Staatsangehörigkeit haben, kommt es nach Art. 14 Abs. 1 Nr. 2 EGBGB darauf an, in welchem Staat die beiden Ehegatten im Zeitpunkt der Eheschließung ihren gewöhnlichen Aufenthalt haben. Nach dem Sachverhalt kann davon ausgegangen werden, daß beide Partner im Zeitpunkt der Eheschließung auf dem Gebiet der BRD wohnen. Trifft dies zu, so ist auf die güterrechtlichen Verhältnisse deutsches Recht anwendbar.

b) Nicht klar geregelt ist im Entwurf die Frage, ob der Ehefrau im Falle eines Scheidungsantrages der für das Scheidungsjahr vereinbarte pauschale Ausgleichsbetrag unabhängig davon zusteht, in welchem Zeitpunkt des dann laufenden Kalenderjahres Antrag auf Scheidung gestellt wird. Zur Vermeidung von Meinungsverschiedenheiten sollte dies klar geregelt werden.

c) Die von den Beteiligten gewünschte Übertragung des hälftigen Hausgrundstücks auf Frau Wonne nach Ablauf des 7-Jahres-Zeitraums ist im Entwurf nicht geregelt. Dem Willen der Beteiligten entspricht es, wenn sich Herr Riesling für diesen Fall bereits jetzt gegenüber Frau Wonne verpflichtet, dieser das hälftige Eigentum am Hausgrundstück zu übertragen gegen Übernahme der hälftigen sodann noch verbliebenen objektbezogenen Darlehnsverbindlichkeiten zumindest im Innenverhältnis der Ehepartner. Dieser bedingte Übereignungsanspruch könnte im Interesse der künftigen Ehefrau durch Eintragung einer Erwerbsvormerkung im Grundbuch gesichert werden.

3. Risikovorsorge gegen „störende" Sachverhaltsentwicklungen

a) Nicht bedacht ist bislang der Fall, daß Herr Riesling innerhalb des 7-Jahres-Zeitraumes das Hausgrundstück veräußern möchte bzw. tatsächlich veräußert. Zu klären wäre zunächst, ob er sich diese Freiheit vorbehalten will. Würde man den bedingten Übertragungsanspruch der Ehefrau durch Eintragung einer Erwerbsvormerkung im Grundbuch sichern, so würde diese Eintragung eine Veräußerung durch den Ehemann vor Ablauf des 7-Jahres-Zeitraumes zwar rechtlich nicht hindern, praktisch jedoch unmöglich machen. Die Vorschrift des § 1365 erfaßt zwar auch die Verfügung über einen einzelnen Vermögensgegenstand, wenn es sich hierbei um das im Wesentlichen ganze Vermögen eines Ehegatten handelt, jedoch wünschen die Beteiligten ja zumindest für den fraglichen 7-Jahres-Zeitraum die Vereinbarung von Gütertrennung, so daß die genannte Vorschrift nicht anwendbar ist. An die hier erörterte Möglichkeit einer vorzeitigen Veräußerung haben die Beteiligten offenbar gar nicht gedacht. Regelungsbedarf besteht insoweit jedenfalls dann, wenn sich Herr Riesling diese Verfügungsfreiheit vorbehalten will. Der bisherige Vertragsentwurf regelt diesen Fall nicht. Das Ergebnis einer ergänzenden Vertragsauslegung für diesen Fall ist zumindest nicht zweifelsfrei.

Die Veräußerung des Objektes vor Ablauf des 7-Jahres-Zeitraumes hat zur Folge, daß der angestrebte pauschale Ausgleich durch Übertragung des hälftigen Hausgrundstücks nicht mehr möglich ist. Andererseits entspricht es auch nicht dem Willen der Beteiligten, die bis zum Veräußerungstage getätigten Investitionen der Ehefrau unberücksichtigt zu lassen. Für den geschilderten Veräußerungsfall kommt es dem Parteiwillen am nächsten, wenn man dieses Ereignis einem Antrag auf Scheidung der Ehe gleichstellt mit der Folge, daß der Ehefrau für die bis dahin verstrichenen Jahre die vereinbarten pauschalen Entschädigungsbeträge zustehen.

b) Die Beteiligten gehen weiterhin davon aus, daß sie jedenfalls für überschaubare Zeit eine Doppelverdienerehe führen werden mit wirtschaftlich unabhängigen Partnern. Demgegenüber ist als reale Sachverhaltsentwicklungsmöglichkeit der Fall zu bedenken, dass aus der Ehe gemeinsame Kinder hervorgehen, deshalb ein Ehepartner – namentlich die Ehefrau – möglicherweise zumindest zeitweilig nicht mehr berufstätig ist, also auch keine Einkünfte erzielt und wirtschaftlich nicht mehr selbständig ist. Während der Jahre der Betreuung gemeinsamer Kinder wäre es dem nicht berufstätigen Ehepartner mangels Einkommen auch verwehrt, eigenes Vermögen zu bilden bzw. zu vergrößern. Das führt zu der Frage, ob Motiv für die gewünschte Gütertrennung neben der erörterten speziellen Ausgleichsregelung für Grundstücksinvestitionen der beschriebene Ehetyp ist. Ist diese Frage zu bejahen, besteht auch hier Handlungsbedarf, weil das Ergebnis einer ergänzenden Vertragsauslegung bzw. der eventuellen Heranziehung der Grundsätze über den Wegfall/die Anpassung der Geschäftsgrundlage nicht zweifelsfrei ist. Naheliegend wäre in einem solchen Fall zu vereinbaren, dass die Gütertrennung entfällt, wenn und sobald aus der Ehe gemeinsame Kinder hervorgehen. Davon ist die bereits angesprochene Frage zu trennen, ob die Gütertrennung unabhängig davon mit Ablauf des 7-Jahres-Zeitraumes entfallen soll. Dies muß mit den Beteiligten geklärt werden.

Zu bedenken ist in diesem Zusammenhang schließlich, welche Auswirkungen das Entfallen der Gütertrennung für die Zukunft hätte, wenn dieser Güterstandswechsel während des 7-Jahres-Zeitraumes eintritt. Interessengerecht wäre in diesem Fall, für die bis dahin verstrichenen Jahre den gewollten pauschalen Ausgleich zu gewähren und das sich hiernach ergebende Vermögen der beiden Beteiligten jeweils als Anfangsvermögen für den sodann eintretenden Güterstand der Zugewinngemeinschaft zu definieren. Denn nach den geäußerten Vorstellungen der Beteiligten dürfte es, wenn aus der Ehe gemeinsame Kinder hervorgehen, nicht mehr zu weiteren Investitionen der Ehefrau aus eigenen Erwerbseinkünften kommen.

4. Formulierungsvorschlag:

„(Urkundseingang wie oben)

Vorbemerkung:
Wir beabsichtigen, demnächst die Ehe miteinander einzugehen. Die künftige Ehefrau ist spanische Staatsangehörige. Der künftige Ehemann besitzt die deutsche Staatsangehörigkeit. Derzeit haben beide Ehegatten ihren gewöhnlichen Aufenthalt auf dem Gebiet der Bundesrepublik Deutschland, so daß die güterrechtlichen Wirkungen der künftigen Ehe gemäß Art. 15 Abs. 1 EGBGB i.V.m. Art. 14 Abs. 1 Nr. 2 EGBGB deutschem Recht unterliegen.

Lösungshinweise

Einen Ehevertrag haben wir bislang nicht geschlossen. Kinder haben wir nicht. Zur Regelung unserer vermögensrechtlichen Verhältnisse wollen wir die nachstehenden Vereinbarungen treffen.

I.
Gütertrennung

(wie oben)

II.
Ausgleich von Investitionen

1. (wie oben).
2. Vor diesem Hintergrund verpflichtet sich Herr Riesling für den Fall, daß einer der künftigen Eheleute den Antrag auf Scheidung der Ehe stellt, seiner Ehefrau als pauschale Entschädigung für von ihr geleistete Investitionen, die diese in den Hausgrundbesitz des Ehemannes getätigt hat, für das Kalenderjahr 01 und für jedes darauffolgende Kalenderjahr des Bestehens der Ehe einen Betrag von 20 000,- DM zu zahlen. Es wird klargestellt, daß die Höhe der vereinbarten jährlichen Entschädigungsbeträge unabhängig davon ist, in welchem Umfang die Ehefrau tatsächlich in diesem Zeitraum in den Grundbesitz des Ehemannes investiert hat. Diese Regelung gilt höchstens bis zum 31. 12. des Jahres 07. Der Ausgleichsbetrag ist letztmalig zahlbar für das Kalenderjahr, in dem der Antrag auf Scheidung der Ehe gestellt wird, für dieses Jahr nicht zeitanteilig, sondern in voller Höhe. Der insgesamt zu zahlende Entschädigungsbetrag ist zahlbar binnen einer Frist von drei Monaten nach Rechthängigkeit des Scheidungsverfahrens auf ein noch anzugebendes Konto der Ehefrau.
3. Für den Fall, daß die Ehe über den 31. 12. 07 hinaus Bestand hat und Antrag auf Scheidung der Ehe bis dahin nicht gestellt ist, soll der Ausgleich der von der Ehefrau beabsichtigten Investitionen pauschal dadurch erfolgen, daß der Ehemann der Ehefrau einen hälftigen Miteigentumsanteil an seinem oben beschriebenen Grundbesitz überträgt gegen hälftige Übernahme restlicher objektbezogener Darlehnsverbindlichkeiten (im Innenverhältnis). Unter den vorgenannten Voraussetzungen verpflichtet sich der Ehemann hiermit zu einer solchen Grundstücksübertragung. Die Kosten dieser Übertragung tragen die künftigen Eheleute jeweils zur Hälfte.
Zur Sicherung dieses bedingten Anspruchs der Ehefrau auf Übertragung eines hälftigen Miteigentumsanteils bewilligt und beantragt Herr Riesling die Eintragung einer Vormerkung zugunsten von Frau Wonne und zu Lasten des oben angegebenen Grundbesitzes von Herrn Riesling in das Grundbuch.
4. Die Befugnis von Herrn Riesling, den Grundbesitz an Dritte zu veräußern, bevor die Bedingung für das Entstehen des Übertragungsanspruchs der Ehefrau eingetreten ist (Ziff. 3.), bleibt unberührt. Kommt es zu einer solchen Veräußerung, so zahlt Herr Riesling seiner Ehefrau Ausgleichsbeträge in der Höhe, die sich ergeben würde, wenn zum Zeitpunkt der Veräußerung Antrag auf Ehescheidung gestellt worden wäre. Zug um Zug gegen Zahlung der Ausgleichsbeträge hat die Ehefrau auf ihre Kosten die Löschung der Erwerbsvormerkung zu bewilligen.
5. Die Ansprüche der Ehefrau auf Ausgleich geleisteter Investitionen sollen sich ausschließlich nach den vorstehenden Vereinbarungen richten; anderweitige, insbesondere weitergehende Ansprüche sind ausgeschlossen. Dem Ehemann ist andererseits der Einwand verwehrt, die Ehefrau habe nicht in dem vorausgesetzten oder angenommenen Umfang tatsächlich Investitionen in den Grundbesitz getätigt.
6. (Zwangsvollstreckungsunterwerfung des Ehemannes).

III.
Bedingte Güterstandswahl

1. Für den Fall, daß aus unserer Ehe gemeinsame Kinder hervorgehen, vereinbaren wir bereits jetzt, daß ab diesem Zeitpunkt für unsere Ehe der Güterstand der Zugewinngemeinschaft gelten soll, über dessen Grundzüge uns der amtierende Notar belehrt hat.
2. Tritt dieser Fall während des in Abschnitt II. beschriebenen 7-Jahres-Zeitraumes ein, so soll es entsprechend den in Abschnitt II. getroffenen Vereinbarungen zu einer pauschalen Abgeltung der bis dahin geleisteten Investitionen der Ehefrau so kommen, als wäre zum Zeitpunkt der Geburt des gemeinsamen Kindes Antrag auf Scheidung der Ehe gestellt worden. Der sich nach Zahlung dieser Ausgleichsbeträge ergebende Vermögensstand soll sodann das jeweilige Anfangsvermögen der Ehegatten im dann geltenden Güterstand der Zugewinngemeinschaft darstellen.

IV.
Schlußbestimmungen

(wie oben)
(Schlußformel)".

Sachregister

Die Zahlen verweisen auf Randnummern

Abänderung von Pflichten 94 ff
Abtretung 110, 123
Alternativen 59
Altlastenklausel 93
Andienungspflichten 153
Andienungsrechte 153
Anforderungsprofil 31, 45
Angebotsvertrag 150
Angemessenheit 93
Anwaltliches Mandat
   Prüfung eines Vertragsentwurfes 68 ff
   Umfang und Gegenstand 67
Anwartschaftsrecht 110
Arbeitsmethode des Vertragsjuristen 3 ff
   Phasengliederung 12
   Sachverhalts- und Willensermittlung 13 ff
Auflassungsvormerkung 39
Ausgewogenheit 52 ff

Bedingung 130 ff, 138 ff
Befristung 134
Begriffsbestimmungen 93
Behördliche Genehmigungserfordernisse 46
Belehrung 6, 62 ff
Beratung 64 ff
Beschaffenheitsvereinbarung 103
Beschränkte Persönliche Dienstbarkeit 43
Betagung 135 f
Betriebsaufspaltung 43
Bindendes Angebot 150
Bürgschaft 206 ff
   auf erstes Anfordern 208

   Checkliste 213
   Selbstschuldnerische Bürgschaft 207
   Sonderformen 214

Dauernutzungsrecht 43
Drittwirkung von Pflichten 120 ff

Ehevertrag 7
Eigenkapitalersetzende Nutzungsüberlassung 43
Eigenschaftszusicherung 103
Eigentumsvorbehalt 195, 218 f
   Verlängerter Eigentumsvorbehalt 219
Erbbaurecht 43
Erfüllungsplanung 83, 89, 185
Erfüllungsübernahme 112

Fälligkeitszinsen 165
Freistellung 115 f
Freistellungsversprechen der Bank 233
Fristvereinbarungen 177

Garantie 210
   Checkliste 215
Garantieversprechen 105, 169
Gerichtsstandsvereinbarungen 178
Geschäftsführervertrag 70 f
Gesetzesnormen
   Verbotsnormen 46
   Zwingende 46
Gesetzeswiedergabe 81
Gesprächstechnik 29 ff
Gleichwertigkeitsgebot 95
Gütertrennung 4 ff

Sachregister

Handeln durch Vertreter ohne Vertretungsmacht 151
Hauptpflichten 106

Informationsfunktion des Vertrages 72, 81
Insichgeschäft 189
Insolvenzverwalter
    Wahlrecht 232
Interessenlage 20, 44

Kauf mit Optionsvorbehalt 15
Kaufangebot 14
Kettenschenkung 50
Kettenverträge 122
Kollisionsregeln 102
Konkretisierung von Pflichten 94 ff

Langfristige Nutzungsüberlassung 43
Leistungsänderungsrechte 94 ff
Leistungsbestimmungsrechte 94 ff
Lösungsansatz 40 ff, 55 ff
Lösungshypothesen 41

Maklerklausel 125
Mehrfachvertretung 189
Mitwirkung Dritter 193
Modifizierte Zugewinngemeinschaft 7
Mündlich Bevollmächtigter 189

Nebenpflichten 106
Notar
    Hinterlegung 235 f
    Treuhandtätigkeiten 235 f
    Vollzugsweisung 236

Offene Begriffe 93
Offene Rechtsbegriffe 73
Option 13 ff, 148 f

Patronatserklärung 216
Personalsicherheiten
    Mischtatbestände 211

Potestativbedingung 149
Präambel 163 f
Preisklausel 96
Primäre Vertragspflichten 85 ff
Problemaufspaltung 58

Querdenken 57

Rangordnung von Vertragsanlagen 102
Realsicherheiten 217 ff
Rechtsbedingung 136
Rechtsnachfolgeklausel 121
Rechtswahl 178
Rechtswirksamkeit von Verträgen 188 ff
Regelungsmuster 250 ff
Risikoplanung 83, 89, 185, 195 ff
    Änderungen des Lebenssachverhalts 237 ff
    Hypothetische Rechtsanwendung 197
    Störungspotential 197
Risikovorsorge
    Schädlichkeitsprüfung 249 f
Risikozuweisung 86
Rücktrittsrecht 152
Rücktrittsvorbehalte 138 ff

Sachverhaltsermittlung 22 ff
Salvatorische Klausel 180
Schädlichkeitsprüfung 187, 249 f
Schiedsgutachterklausel 98 f
Schiedsvereinbarung 175
Schlüsselgewalt 5
Schriftformklausel 179
Schuldbeitritt 206 ff
Schuldübernahme 112 f
Sicherheiten
    Anwendungsbereiche 211 f
    Gliederung 203 f
    Notarieller Gestaltungsbereich 230 ff
    Personalsicherheiten 205 ff
    Realsicherheiten 217 ff

Sachregister

Sicherungsabtretung 110, 220 ff
Sicherungsgrundschuld 223 ff
Sicherungshypothek 223 ff
Sicherungsübereignung 110, 195, 220 ff
Sicherungsvertrag 221 f
Sonderwunschklausel 96
Spekulationssteuer 50
Sprachebene 36 ff
Subjektiv-dingliche Rechte 126

Teileigentum 86
Topisches Denken 60
Typenzwang im Sachenrecht 46
Typusdenken 61

Überbau 120
Untervollmacht 190

Verdinglichung 120
Verhandlungsklausel 96
Verlängerungsoption 149
Vernetzung
  Abwicklungsvernetzung 160
  als Denkverfahren 154
  als Gestaltungstechnik 155 ff
  Rechtswirksamkeitsvernetzung 159
  Rückabwicklungsvernetzung 161
Vertrag mit Optionsvorbehalt 149
Vertrag zugunsten Dritter 118, 124 ff
Vertragsabschluß durch mündlich Bevollmächtigten 151
Vertragsausfertigungen 182
Vertragsdauer 177
Vertragsform 192
Vertragsformulierung 70 ff

Vertragsgestaltung
  Aktionsraum 47
Vertragsgliederung 75 f
Vertragskostenklausel 181
Vertragsmuster 250 ff
Vertragssprache 80
Vertragsstrafe 107, 167 ff
Vertragstechnik 84 ff
Vertragstypen 251 ff
Vertragsübernahme 109, 112 ff
Vertragsübertragung 123
Verweisung 78
Verzugszinsen 166
Vollmacht 189
Vorbemerkung 163 f
Vormerkung 231 ff
Vorrechte 176
Vorvertrag 153

Wahlrecht des Insolvenzverwalters 112
Wertsicherungsklausel 172 ff
Widerspruchsfreiheit 73 f
Wiederkaufsrecht 112
Wirtschaftliches Eigentum 43
Wohnfläche 102
Wohnrecht 39

Zieladäquanz 44
Zielvorstellungen der Beteiligten 20 ff
  unmögliche Ziele 26
  Zielkonflikte 27
Zugewinnausgleich 7
Zukunftsoffene Gestaltung 35
Zumutbarkeit 93
Zwischenüberschriften 77

Universitätsbuchhandl.
04109 Leipzig   VK 57669

Schmittat, K.-O.:
Einf.Vertragsgestaltung
KNO 9 01 55 46 ISBN 3-406-46719-9 WG 17730
20,50 EUR
LS 33052   BZ 01-WINTZER

9 783406 467196